HISTÓRIA DA IGREJA CATÓLICA NO BRASIL

Dados Internacionais de Catalogação na Publicação (CIP)
(Câmara Brasileira do Livro, SP, Brasil)

Domezi, Maria Cecilia
História da Igreja Católica no Brasil / Maria Cecilia Domezi. – Petrópolis, RJ : Vozes, 2025. – (Coleção Iniciação à Teologia)

ISBN 978-85-326-7175-2

1. Igreja Católica – Brasil – História I. Título. II. Série.

25-255501 CDD-282.0981

Índices para catálogo sistemático:

1. Brasil : Igreja Católica : História 282.0981

Aline Graziele Benitez – Bibliotecária – CRB-1/3129

MARIA CECILIA DOMEZI

HISTÓRIA DA IGREJA CATÓLICA NO BRASIL

EDITORA VOZES

Petrópolis

© 2025, Editora Vozes Ltda.
Rua Frei Luís, 100
25689-900 Petrópolis, RJ, Brasil
www.vozes.com.br

Editoração: Rafaela Milara Kersting
Diagramação: Guilherme Ayres
Revisão gráfica: Fernando Sergio Olivetti da Rocha
Capa: Editora Vozes

ISBN 978-85-326-7175-2

Este livro foi composto e impresso pela Editora Vozes Ltda.

Sumário

Siglas e abreviações

ABEFC	Articulação Brasileira pela Economia de Francisco e Clara
ACO	Ação Católica Operária
AI-5	Ato Institucional n. 5
ALN	Aliança Libertadora Nacional
Anec	Associação Nacional de Educação Católica
Arena	Aliança Renovadora Nacional
Asett	Associação Ecumênica de Teólogos do Terceiro Mundo
CAL	Pontifícia Comissão para a América Latina
CEBs	Comunidades Eclesiais de Base
Cedi	Centro Ecumênico de Documentação e Informação
Celam	Conselho Episcopal Latino-Americano
Cese	Coordenadoria Ecumênica de Serviços
Ceseep	Centro Ecumênico de Serviços à Evangelização e Educação Popular
Cimi	Conselho Indigenista Missionário
Clar	Conferência Latino-Americana dos Religiosos
CNBB	Conferência Nacional dos Bispos do Brasil
CNL	Conselho Nacional de Leigos
CNLB	Conselho Nacional de Leigos do Brasil
Conic	Conselho Nacional de Igrejas Cristãs
CPT	Comissão Pastoral da Terra
CRB	Conferência dos Religiosos do Brasil
DAp	Documento de Aparecida
Dops	Departamento de Ordem Política e Social

Funai	Fundação Nacional do Índio
IBGE	Instituto Brasileiro de Geografia e Estatística
Ibrades	Instituto Brasileiro de Desenvolvimento
IDCs	Influenciadores Digitais Católicos
Improa	Instituto para a Reforma Agrária
JEC	Juventude Estudantil Católica
JMJ	Jornada Mundial da Juventude
JOC	Juventude Operária Católica
JUC	Juventude Universitária Católica
MDB	Movimento Democrático Brasileiro
MEB	Movimento de Educação de Base
MST	Movimento dos Trabalhadores Rurais Sem Terra
ONU	Organização das Nações Unidas
PJ	Pastoral da Juventude
PL	Projeto de Lei
PO	Pastoral Operária
PUC	Pontifícia Universidade Católica
RCC	Renovação Carismática Católica
Renec	Representação Nacional de Emissoras Católicas
Repam	Rede Eclesial Pan-Amazônica
Selacc	Secretariado da América Latina e Caribe de Cáritas
Soter	Sociedade de Teologia e Ciências da Religião
STF	Supremo Tribunal Federal
SUS	Sistema Único de Saúde

Introdução

Meu silêncio seja
meu poema, irmãos,
junto ao vosso canto.
[...]
Velhos de esperança –
tantas luas cheias,
tantas noites foscas –
eu e o Araguaia
já nos conhecemos,
rios de um só rio
ajeitando o curso
entre Deus e o Povo.
(Pedro Casaldáliga)[1]

Enfrentamos hoje uma perda do sentido da história.

Diz o Papa Francisco que essa perda está entre outras perdas e dissoluções causadas por poderes econômicos transnacionais que aplicam o lema "divide e reinarás". O privilégio é dado para os interesses individuais. A dimensão comunitária da existência fica debilitada. Dissolvem-se as identidades das regiões mais frágeis e pobres, que se tornam mais vulneráveis e dependentes. Com esse alerta, o papa, em sua encíclica *Fratelli Tutti*, dá a todos um conselho que havia dado aos jovens:

> Se uma pessoa vos fizer uma proposta dizendo para ignorardes a história, não aproveitardes da experiência dos mais velhos, desprezardes todo o passado olhando

1. Do poema de Dom Pedro Casaldáliga: "Junto ao vosso canto" (Casaldáliga, 1983, p. 131).

> apenas para o futuro que essa pessoa vos oferece, não será uma forma fácil de vos atrair para a sua proposta a fim de fazerdes apenas o que ela diz? Aquela pessoa precisa de vós vazios, desenraizados, desconfiados de tudo, para vos fiardes apenas nas suas promessas e vos submeterdes aos seus planos. Assim procedem as ideologias de variadas cores, que destroem (ou desconstroem) tudo o que for diferente, podendo assim reinar sem oposições. Para isso, precisam de jovens que desprezem a história, rejeitem a riqueza espiritual e humana que se foi transmitindo através das gerações, ignorem tudo quanto os precedeu (*Fratelli Tutti*, 12-13).

Temos aqui o desafio de nos debruçarmos sobre a história viva e pulsante da Igreja Católica num país de dimensão continental como o Brasil. Em toda essa trajetória histórica de mais de cinco séculos, a ação do Espírito, Divina Ruah, permeia a densidade dos testemunhos e apelos humanos, as marcas de pés que abriram trilhas, os impasses entre o carisma e a instituição, o medo e a coragem.

Além de eloquentes vozes, haveremos de escutar os silêncios, os gritos e as rezas que permeiam a pregação. Que os anuviamentos trazidos pela febre do ouro não nos impeçam de ver, nessa caminhada de Igreja em missão, o evangelho testemunhado e transmitido, inclusive por mulheres pobres e analfabetas cujos nomes as crônicas se recusaram a registrar. Também poderemos ver, por entre as brechas dos poderes instituídos, a evangélica ousadia – e o testemunho martirial – dos que remaram contra a corrente.

No entanto, dois critérios são especialmente necessários.

O primeiro é o do exercício exigente de olharmos os fatos num tempo em movimento, considerando as mudanças de época e tanta sucessão de gerações. O povo brasileiro, assim como os outros povos, está ligado ao tempo num mundo que não é sempre igual. Cada povo, em permanente processo de formação, vai amadurecendo ao passar por muitos ciclos da vida humana. Cada geração imprime sua marca própria enquanto mantém um permanente fluxo de transmissão, de modo diversificado e complexo.

Outro critério é o de ter em conta a eclesialidade pautada no Concílio Vaticano II. Aqui está a abertura aos conceitos modernos de tempo e de história, ao mesmo tempo da perspectiva do Reino de Deus em sua plenitude. A Igreja em autoconsciência de Povo de Deus ultrapassa aquela ideia de estabilidade e imutabilidade que se havia impregnado nela no decorrer da história.

> A própria Igreja não ignora quanto tenha recebido da história e da evolução da humanidade, *[ela]* caminha juntamente com a humanidade inteira. Experimenta com o mundo a mesma sorte terrena; é como que o fermento e a alma da sociedade humana a ser renovada em Cristo e transformada na Família de Deus (*Gaudium et Spes*, 44.40).

Aqui nos atrevemos a construir uma interpretação da trajetória histórica da Igreja Católica no Brasil. Ela tem sua singularidade, tanto assim que nos referimos a ela também como "Igreja do Brasil". João Batista Libanio (1974, p. 17-59) nos ajuda a entender como a Igreja se faz particular e local.

Com a proposição do Concílio Vaticano II da volta às fontes do cristianismo, de imediato houve uma redescoberta da Igreja particular em sua identidade, função e missão. Cada Igreja particular, mais do que território e organização jurídica como diocese, é porção do Povo de Deus, sinal da unidade e do prolongamento da Encarnação de Jesus nas particularidades da história. É constituída por pessoas, eventos e fraternidade. Nela, o bispo é sinal visível, princípio e fundamento da unidade. Os bispos, herdeiros do colégio apostólico, em comunhão com as demais Igrejas locais, são o liame que faz passar da Igreja local à Igreja universal, ou vice-versa (cf. *Lumen Gentium*, 23 e 26).

Na América Latina, desde a Conferência de Medellín, ficou visível o rosto de algumas Igrejas particulares, com seu protagonismo singular e profetismo. Elas se tornaram referência no empenho em ser Igreja pobre, solidária com os pobres e oprimidos. Nessa compreensão, da parte do Brasil falamos em "Igreja de Crateús", por exemplo. É em sua relação com o mundo concreto, auscultando a voz de Deus numa situação histórica concreta e se inculturando ali, que uma Igreja particular ou local tem seu jeito específico.

A reflexão com atitude de conversão não se dissocia da objetividade científica. A ciência histórica ocupa-se dos fatos ocorridos no tempo, com um método interpretativo, crítico e engajado no presente vivido por nós. Portanto, fazer e estudar história não é simplesmente colecionar fatos e acontecimentos, mas construir problematizações relevantes e produzir reflexão. Assim, não há neutralidade. Teremos de nos posicionar, com ética, humanismo, fraternidade social, abertura ecumênica e diálogo.

É oportuno este testemunho de Hans Küng (2002, p. 15-16):

> [...] escrevi esta história como alguém que nela está envolvido. A partir do contexto histórico, posso "entender" fenômenos como repressão intelectual e a Inquisição, o hábito de queimar bruxas, a perseguição aos judeus e a discriminação contra a mulher, mas isso não quer dizer que, por conseguinte, eu possa perdoar de algum modo estes fenômenos. Escrevo como alguém que toma partido daqueles que se tornaram vítimas, ou já em seu tempo reconheciam e censuravam determinadas práticas da Igreja como não sendo cristãs.

Acrescentamos um grato e carinhoso reconhecimento àqueles e àquelas que nos legaram – com propriedade, paixão e eficiência – os frutos do seu trabalho incansável de historiografia e de reflexão teológica sobre a Igreja da América Latina – especialmente a do Brasil. Graças a eles e a elas podemos entrar com confiança e esperança neste ensaio de interpretação histórica, mergulhando no passado com a pungência das dores e o palpitar da esperança, que saltam do vivido por nós hoje, desde o chão no qual estão nossos pés.

O agradecimento é, principalmente, aos que chamamos aqui, através dos seus escritos, para uma interlocução mais intensa: José Oscar Beozzo, Riolando Azzi e Eduardo Hoornaert.

PARTE I

A Igreja Católica no Brasil Colônia e Império

1
A ordem da conquista

Era o alvorecer do século XVI. Os portugueses chegaram ao vasto território que, batizado como Terra de Santa Cruz, passou a chamar-se Brasil. Obviamente era uma descoberta pró-forma. Tratava-se da parte leste do continente já descoberto em 1492 pelo navegador italiano Cristóvão Colombo, que estava a serviço da Coroa espanhola. Convicto de ter chegado a uma região periférica do oeste da Ásia, ele afirmava ter alcançado as Índias pelo lado ocidental.

Coube a um outro italiano, Américo Vespúcio, naturalizado espanhol, seguir o litoral na direção sul e constatar que se tratava de um continente até então desconhecido pelos europeus. Daí o nome América, que o homenageia.

Portugal e Espanha eram duas nações cristãs que se lançavam na aventura da navegação, da exploração e da colonização. Em 1492 formalizaram a repartição das terras que já haviam descoberto e as que ainda iriam descobrir, assinando o Tratado de Tordesilhas.

De Portugal partiu Pedro Álvarez Cabral chefiando uma frota de navios. Ele se pôs na rota marítima de Vasco da Gama, que, em maio de 1492, havia chegado a Calicute, atualmente Estado de Kerala, na Índia. Estavam ali abertas promissoras perspectivas comerciais entre Portugal e o Oriente (cf. Vieira, 2016, p. 11). É provável que tenha feito um desvio na direção do Ocidente, à altura de Cabo Verde, seguindo instruções secretas da Coroa portuguesa. Foi aquele desvio, atribuído aos ventos por providência divina, que permitiu que Portugal "descobrisse", política e oficialmente, as terras do Brasil em 22 de abril de 1500 (cf. Bidegain, 1993, p. 43-44).

Neste capítulo focamos o impacto da chegada dos cristãos portugueses colonizadores ao Brasil. Com que mentalidade chegaram? Como entenderam e trataram os habitantes deste lugar? Com que dinâmica estabeleceram a religião? São algumas indagações para formularmos uma compreensão e interpretação histórica.

1.1 A cruz chantada em Pindorama

A terra de grande riqueza e extensão, descoberta pela oficialidade da Coroa portuguesa, já tinha dono. Pertencia a seus habitantes, gente de muitas etnias, com uma rica diversidade quanto à história, à antiguidade, à cultura, à crença e ao trato do sobrenatural. Essa terra também tinha nomes. Os povos do tronco Tupi, por exemplo, a chamavam Pindorama, que traduzimos por Terra das Palmeiras. Mas tudo foi drasticamente alterado a partir da chegada dos navegadores lusitanos[2], pautados no exclusivismo cristão e empenhados como missionários da expansão da Cristandade.

A compreensão da Igreja como Cristandade está ligada a um projeto de edificação de uma sociedade hegemonicamente cristã. Ora, os portugueses entendiam essa edificação como realização do reino de Cristo sobre a terra (cf. Azzi, 2004, p. 24), por isso sua

2. Os portugueses eram chamados lusitanos porque Portugal, em grande parte, constituiu-se no território de uma província romana chamada Lusitânia, que existiu em tempos muito antigos no oeste da Península Ibérica. Os lusitanos, que estavam entre numerosas tribos de origem indo-europeia, por muito tempo haviam resistido contra a invasão dos romanos. Embora não tenham deixado registros de sua história antes da conquista romana, temos dados sobre eles por meio de relatos de autores gregos e romanos. Note-se que a obra de Camões – que é a epopeia nacional dos portugueses – intitula-se *Os lusíadas*. Para saber mais sobre a Lusitânia, cf. Mattoso (1992).

prioridade era dilatar a fé e o império de Portugal. É o que vemos na Carta de Pero Vaz de Caminha, endereçada ao monarca: havia muitas riquezas a serem aproveitadas nessa terra "em tal maneira graciosa", mas o melhor fruto era "salvar esta gente" e fazer o "acrescentamento de nossa santa fé" (Castro, 1985).

O que explica essa liberdade do escrivão Caminha em aconselhar assim o rei Dom Manuel I? A convicção dos portugueses de que eles constituíam uma nação sacralizada. Eles se entendiam como o novo povo eleito, escolhido e predestinado por Deus para reduzir os infiéis, conservar a fé cristã e expandi-la. Tratava-se de uma mentalidade messiânica. Cada membro dessa sociedade, fosse padre ou não, tomava essa tarefa como sua, firme na ideia de que o reinado de Deus se estabelecia por meio de Portugal. Sua monarquia seria de fundação divina; seu rei, uma figura sagrada, "dado por Deus" e eleito de Deus para ser seu representante na Terra. E a sacralidade da monarquia revestia de sacralidade também toda a atuação de conquistas e expansão do reino lusitano (cf. Azzi, 2004, p. 15-34).

Tudo isso tinha a confirmação do papa, a quem se atribuía o domínio absoluto sobre toda a terra e seus habitantes. Em 1454, por meio da bula *Romanus Pontifex*, o Papa Nicolau V havia concedido aos reis de Portugal as terras que iam desde os cabos Bojador e Num até a Índia. As conquistas já realizadas pela Coroa e as suas futuras conquistas foram sacralizadas pela autoridade papal. Assim, as expansões política e comercial lusitanas estavam na esfera religiosa e passavam a ser consideradas como uma conquista da Cristandade, pois vinculavam-se à propagação da fé e à salvação das almas. E as concessões pontifícias foram sendo confirmadas pelos papas seguintes. Além disso, à instituição denominada Ordem de Cristo foram conferidos bens e direitos eclesiásticos sobre todas as conquistas efetuadas por Portugal (cf. Azzi, 2004, p. 44-45)[3].

Desse modo, os reis da Península Ibérica gozavam de uma concessão de poder sagrado para serem porta-vozes da mensagem de Cristo no mundo e estabelecerem o império cristão. Nas terras que conquistavam, consideradas territórios de Deus, tinham a missão de implantar e expandir a Cristandade, junto à prerrogativa de administradores plenipotenciários. Essa prerrogativa, chamada Padroado, foi ganhando o significado de proteção.

Por ser uma concessão de poder sagrado bem ao modo medieval, conflitava-se com os novos ventos da modernidade. A justificativa do papa era a de que Portugal e Espanha haviam comprovado especial fidelidade à Igreja, em suas contínuas guerras contra os não cristãos, principalmente contra os árabes muçulmanos, chamados mouros.

Entretanto, o fervor religioso dos portugueses, como novos cruzados em missão salvacionista, misturava-se a uma incontida ambição e desenfreada violência. Eles eram, ao mesmo tempo, exploradores e comerciantes dominados pela febre do ouro. Sua intenção missionária logo foi traída pela busca por enriquecimento pessoal e por salvaguarda dos interesses materiais do reino lusitano. O próprio nome cristão do território que diziam ter descoberto – Terra de Santa Cruz – foi logo mudado dentro da dinâmica da exploração colonizadora, num frenético desmatamento das florestas de pau-brasil. O saque sistemático dessa madeira nobre com sua tintura vermelha – descoberta na segunda viagem, em 1501 – intensificou-se desde 1503. Assim, o nome Brasil evidencia que o princípio religioso cedeu ao princípio da exploração comercial.

---

3. Cf. a bula em Suess (1992, p. 228).

Estava aí o paradoxo da cristianização misturada à colonização, com exploração predatória e escravismo, embora nos gestos exteriores aparecesse com força a missão de expandir a Cristandade. Portugal, senhor dos "mares nunca dantes navegados", como exalta Camões (s.d.) em *Os lusíadas*, cumpria conscienciosamente sua tarefa de implantador e organizador da Igreja. Por onde chegava, fincava na terra o seu padrão: uma cruz estreitamente unida às armas reais. Essa cruz foi "chantada", isto é, fixada no chão, como escreveu Caminha:

> Chantada a cruz com as armas e divisa de Vossa Alteza, que lhe primeiro pregaram, armaram altar ao pé dela. Ali disse missa o padre Frei Henrique, a qual foi cantada e oficiada por esses já ditos. Ali estiveram conosco a ela obra de cinquenta ou sessenta deles, assentados todos de joelhos, assim como nós (Castro, 1985).

Era a segunda missa, oficiada pelo frade franciscano Henrique de Coimbra, como ministro de Deus e súdito do rei de Portugal. O ritual de "chantar" a cruz e diante dela celebrar a missa selava solenemente a posse do território como uma posse divina.

1.2 Os nativos vistos como seres sem fé, sem rei e sem lei

Em toda a América, todo indivíduo da população nativa com sua rica diversidade foi chamado com o nome genérico de "índio". Isso vinha da convicção que Colombo tinha de ter chegado a um passo das Índias Ocidentais.

Os "índios" que os portugueses encontraram eram principalmente os do grande tronco étnico Tupi, que ocupavam praticamente toda a costa do Atlântico. Originários do interior, por diversos motivos – inclusive por motivação religiosa –, os tupis foram se deslocando para o litoral por meio de ondas migratórias, algumas delas ainda recentes em 1500. Os povos do tronco Jê haviam sido obrigados por eles a se retirarem para a floresta, mas alguns de seus grupos ainda permaneciam na região da costa, o que ocasionava conflito.

Outros grandes grupos linguísticos eram os Arawak e os Karib. O Brasil era habitado por uma variedade imensa de povos, com sua diversidade de línguas, processos históricos, culturas e cosmovisões. Eles constituíam uma "alteridade" bem desafiante para quem chegava da Europa Ocidental. No entanto, os que chegaram da Europa Ocidental impuseram o seu modo de vida como a única cultura, enquanto tratavam como barbárie as culturas diferentes. Essa perspectiva monoculturalista, junto à mentalidade de exclusivismo cristão, impediu que os colonizadores europeus percebessem a realidade dos outros que eram diferentes deles.

Foi o que ficou evidenciado em um documento produzido por Joaquim Nabuco, um tabelião público de Lisboa, que juntou às informações da Carta de Caminha os relatos de Américo Vespúcio. Este havia dito que os nativos do Brasil viviam conforme a natureza, sem qualquer lei ou fé, sem rei e sem obedecer a ninguém. O documento de Nabuco, registrado por ele em seu cartório, foi lido e aprovado pelo rei de Portugal com seu conselho, em 4 de agosto de 1502. Dizia:

> Os habitantes desse mundo não têm fé, nem religião, nem idolatria, nem conhecimento algum do Criador, nem estão sujeitos a leis ou a qualquer domínio, mas apenas ao conselho dos velhos [...] (Souza, 1956, p. 140-141).

Seguiram-se os escritos de André Thevet e Jean de Léry, por muito tempo repetidos nos relatos e nos escritos sobre os indígenas do Brasil. Thevet, um frade franciscano, era cosmógrafo; Léry, pastor e missionário da Igreja Reformada de Genebra, era escritor. Ambos se influenciaram mutuamente e influenciaram outros autores na afirmação que se tornou praxe entre os colonizadores: a de que aos "índios" faltavam as letras do alfabeto "f", "r" e "l", pois não tinham fé, nem rei, nem lei.

Hoje é preciso buscar entender aqueles colonizadores e missionários cristãos dentro da realidade à qual pertenciam, com sua história e mentalidade. Em sua cultura, marcada pela filosofia clássica, eles tinham uma cosmovisão toda pautada em dicotomias e hierarquias. Entendiam a realidade humana em uma separação, uma independência e uma superioridade em relação à realidade natural, e a vida urbana como superior à vida em ambiente rural. Causava-lhes horror o simples fato de os nativos viverem completamente inseridos no mundo natural, como selvagens. O próprio Thevet, ao observar como eles retiravam a casca das árvores – com todo o respeito, ficando sem comer e sem beber nada nesse dia –, entendeu esse ritual como um tolo preceito (cf. Thevet, 1978, p. 128).

Foi assim que, num universo totalmente estranho ao deles, os portugueses, os espanhóis e outros europeus que colonizaram a América passaram à tentativa de interpretar e tratar o universo dos povos diferentes dentro das categorias filosóficas e teológicas, da mentalidade e dos costumes europeus ocidentais. Convictos de que a hierarquização dos seres que faziam era já dada por natureza, impuseram a servidão e a escravidão aos habitantes da terra e aos negros africanos para ela deportados. Julgavam-se superiores a eles. Também desmataram e retiraram muita vegetação nativa, para impor uma flora com outro padrão e para construir aldeias, entendendo que a natureza "selvagem" precisava ser domada e destruída para a vitória da sua civilização. E mesmo desprezando as coisas materiais e passageiras para valorizar o que é espiritual e material, eram utilitaristas em proveito próprio (cf. Azzi, 2001, p. 17-21).

Desse modo, em vez de encontro de culturas houve um confronto marcado por dominação, imposição e violência. E o discurso cristão o legitimou.

1.3 A ordem da conquista contra o domínio de Satanás

Os portugueses chegaram imbuídos da sua responsabilidade missionária. Entretanto, influenciados pelo longo período das Cruzadas, agiram com atitude de guerra santa contra os considerados inimigos da fé. O termo em voga era "conquista espiritual", com a convicção de que aquela cruzada em terras longínquas libertava os territórios ocupados por inimigos da fé e os conquistava para a fé católica, e que também libertava das garras do demônio as almas daqueles que ali habitavam (cf. Suess, 1992, p. 15).

Mas a obra missionária da salvação das almas se fazia sujeitando os povos diferentes deles ao rei de Portugal, com todos os vínculos estruturais e todos os interesses político-econômicos da Coroa portuguesa. Por isso, a conquista era também material. Os povos dominados, se não quisessem ser combatidos e eliminados como inimigos da fé e do império, tinham que se submeter a essa dominação política e religiosa.

Em toda a Península Ibérica dizia-se que "as missões são de El-Rei", pois os monarcas dali, por força da concessão do Padroado Régio, tinham a incumbência de gerenciar a implantação da fé. Assumindo-se patronos da Igreja nos territórios que conquistavam e colonizavam, agiam como verdadeiros chefes religiosos. No entanto, a conversão de todos à fé cristã, bem como a expansão da Cristandade, era assumida como obrigação por todos os que vinham da parte da metrópole, clérigos e leigos.

Para isso, como entendiam, era preciso vencer o domínio de Satanás, que povoava a terra descoberta de mentiras, enganos e desordens. Assim, os portugueses e outros colonizadores cristãos europeus empenharam-se em estabelecer a ordem da conquista. Com sua mentalidade medieval de mundo sagrado, entendiam a ordem nos termos da sua própria civilização. Para eles, só se podia cristianizar civilizando, obviamente nos moldes europeus ocidentais.

Desse modo, os colonizadores implantaram a ordem da conquista contra o que entendiam como desordem da barbárie. Em sua compreensão, quanto mais próximo da natureza fosse um modo de vida, mais bárbaro ele seria e, portanto, mais afastado de Deus e alvo das garras do demônio. Por isso, trataram de tirar os indígenas da dispersão no meio da natureza, conduzindo-os aos aldeamentos. Eram aldeias que operavam a redução, isto é, progressivamente reduziam a cultura e a identidade dos nativos da terra.

Na América espanhola a redução indígena foi introduzida já no início da colonização, e determinada, em 1512, como método fundamental de cristianização, por meio das Leis de Burgos. O que havia de proteção aos indígenas na formulação dessas leis era por influência de um segmento de frades dominicanos em missão no Caribe, especialmente Antônio de Montesinos. De maneira corajosa, eles atuaram em sua defesa contra a violência dos colonizadores espanhóis. As Leis de Burgos, que defendiam a liberdade dos indígenas, contraditoriamente mantinham o sistema da chamada *encomienda*, que dava aos espanhóis recebedores dos repartimentos das terras o direito de submeter ao trabalho forçado os indígenas que nelas estivessem, e que passavam a ser os seus "encomendados". Por pressão dos dominicanos, a essas leis foram anexadas quatro moderações, com medidas de proteção aos indígenas.

Porém, com uma frouxidão por parte das autoridades, além de um vai e vem de medidas legislativas contraditórias, prevaleceu o desrespeito às leis e uma constante violência contra os direitos humanos dos povos indígenas. Em oposição a isso, destacou-se um outro dominicano desse segmento, Frei Bartolomeu de Las Casas, que defendeu o direito dos indígenas de resistirem contra a imposição da civilização europeia. Ele elaborou um método não violento de cristianização, ao qual dedicou toda a sua vida. Defendia a persuasão por meio de argumentos, com respeito à liberdade dos indígenas (cf. Las Casas, 2005). Seu método incluía o aldeamento.

Os aldeamentos foram largamente praticados em toda a América Latina na dinâmica da redução. Considerando-se a origem em latim, o termo "reduzir" significa "reconduzir". Os colonizadores, presos ao seu padrão cultural-civilizatório, espantavam-se com o modo de vida dos nativos daqui, que eram vistos como desviados do modo de um ser humano. Para eles, seriam selvagens brutos, desprovidos de racionalidade humana, mais animais do que seres humanos; no mínimo, seriam pobres criaturas não sensatas. Por isso, os colonizadores entendiam como tarefa missionária agregar esses nativos e reconduzi-los à civilização e à urbanidade para que atingissem a condição de humanizados. Era imprescindível tirá-los de suas sociedades tribais, que não tinham rigidez na delimitação em relação ao mundo natural. Desse modo, o termo "redução" ganhou o significado específico de "reagrupamento", "concentração" (cf. Azzi, 2001, p. 57-58, 194-196).

Os indígenas aldeados eram introduzidos numa organização social totalmente diferente, que lhes reduzia a alteridade no sentido da religião e da política daquela organização social. Também lhes era imposto um modo de entender o tempo totalmente diferente do seu, além de outras práticas. Suas línguas eram reduzidas para possibilitar sua doutrinação. Os missionários jesuítas, inclusive, entendiam que, se eles fossem deixados soltos como os animais, ficariam subjugados por um demônio que lhes havia ensinado costumes abomináveis e não poderiam agir como sujeitos políticos (cf. Agnolim, 2007, p. 289-290).

Combater a barbárie, segundo essa mentalidade e essas práticas, era também combater o modo cultural de sobrevivência dos nativos, visto como marcado pelo ócio, pela preguiça que os impediria de progredir. O remédio aplicado era o submetimento ao trabalho de servidão, segundo o modo capitalista. Contra suas línguas, vistas como pagãs, impunha-se a língua dos colonizadores, considerada cristã. Contra a nudez impunha-se o uso de roupas.

E passavam a valer as regras da moral dos dominadores, muitas vezes com dois pesos e duas medidas, deixando em prejuízo os colonizados e dominados.

A ordem da conquista conflitou-se especialmente com o modo como os povos indígenas se relacionavam com as realidades sobre-naturais. Aqueles cristãos não admitiam o que não se enquadrasse em seu sistema religioso. Perseguiram implacavelmente os pajés. Condenaram e combateram os rituais indígenas como demoníacos. Pode-se ver, por exemplo, o caso dos povos Tupinambá, pertencentes ao tronco linguístico tupi-guarani.

Os tupinambás tinham um ritual sagrado de refeição festiva, por meio do qual, com todo o respeito, comiam da carne de um contrário. Muitas vezes era um guerreiro inimigo. Acreditavam que assim se apropriavam da sua vitalidade e dos seus valores. Horrorizados, os cristãos chamaram isso de antropofagia, e contra essa prática foi construído um discurso bem-elaborado por missionários, cronistas, historiadores e antropólogos (cf. Agnolim, 2005).

1.4 De volta às questões iniciais

Buscamos uma compreensão histórica da chegada dos cristãos portugueses ao território que passou a se chamar Brasil, atentos à dinâmica por meio da qual eles estabeleceram aqui a Cristandade.

Situados em nossa época, nesse recuo ao passado levamos a nossa mentalidade, assim como a nossa consciência dos direitos humanos e da autonomia dos povos diferentes. E, como Igreja, revisitamos o passado abertos aos atuais desafios no sentido do diálogo intercultural e inter-religioso, em parceria com os que se empenham em favor da justiça, da paz e do bem comum, independentemente de crença ou de não crença.

Ao mesmo tempo, buscamos mergulhar, o quanto possível, na mentalidade dos portugueses do século XVI, cuja chegada a estas terras que desconheciam causou um grande impacto nelas e nos seus habitantes. Levamos em conta a história, a mentalidade e a realidade a que pertenciam aqueles colonizadores e missionários cristãos.

Com sua cosmovisão medieval, sua perspectiva monoculturalista e sua defesa messiânica do exclusivismo cristão, eles tiveram grande dificuldade de perceber a realidade dos povos outros, que eram diferentes deles. Viram os chamados "índios" como bárbaros, ociosos, atrasados, dispersos na desordem do mundo natural, distantes da ordem de Deus e aprisionados nas garras do demônio. Como remédio, esses colonizadores obrigaram os povos nativos aos aldeamentos-reduções, submeteram-nos ao trabalho servil, impuseram-lhes seus padrões morais, proibiram seus rituais religiosos e perseguiram seus pajés. Foi assim que confundiram cristianização com civilização nos moldes europeus ocidentais.

Na concepção do império de Cristo, que devia se estender a todo o orbe terrestre, a Igreja foi estabelecida no Brasil como Cristandade, com a cruz chantada e a missa, e com as concessões de gerenciamento dadas pelo papa aos reis de Portugal. Entendia-se a Igreja como o reinado de Cristo concretizado na terra. O papa a governava na terra, mas concedera aos monarcas conquistadores os privilégios e as prerrogativas para gerenciá-la na terra conquistada. Assim, a missão de expandir a Cristandade e de salvar as almas era assumida por todos os membros da nação portuguesa. Essa nação se autocompreendia messianicamente como sagrada e predestinada a reduzir os infiéis em todo o orbe.

Entretanto, não faltaram missionários que, questionando essa dinâmica, defenderam os direitos humanos dos colonizados, subjugados e escravizados. Veremos, mais adiante, essas importantes exceções.

2
A missão na lógica da conquista colonial

A Coroa portuguesa não teve pressa em colonizar o Brasil; ela estava mais interessada no comércio lucrativo com o Oriente. E, além da falta de recursos econômicos para sistematizar a colonização, não havia encontrado aqui nenhum metal precioso. Por isso, um projeto de colonização só se fez quando o comércio oriental se enfraqueceu e estrangeiros ameaçaram invadir a terra. Além disso, surgia a possibilidade da produção e do comércio de açúcar em larga escala. Então, era preciso povoar o Brasil, pois os portugueses estavam numa desenfreada busca por mão de obra.

A primeira expedição colonizadora chegou em 1530, chefiada por Martim Afonso de Souza. Este distribuiu sesmarias a beneficiários em nome do rei de Portugal. Eram lotes de terra, com o objetivo de cultivar as terras virgens. Ele também trouxe as primeiras mudas de cana-de-açúcar e fundou a Vila de São Vicente. Mas a colonização só começou, de fato, em 1534, com o sistema das donatarias, ou capitanias hereditárias. O rei Dom João III, que já havia implantado esse sistema nas ilhas atlânticas de Madeira, Açores e Cabo Verde, recortou o território brasileiro em 15 imensos lotes, constituídos em capitanias e entregues por mercê a 12 donatários. Esses capitães passaram a ser os governadores das respectivas capitanias (cf. Kuhnem, 2005, p. 317).

O rei, em sua prerrogativa de grão-mestre da Ordem de Cristo, concedeu diversos direitos aos donatários, armando-os com muitos poderes. Eles estariam a serviço de Deus, trariam proveito ao rei e fariam o povoamento e o aproveitamento da terra. Mas a organização estabelecida era feudal e aleatória, com inúmeros problemas. E os donatários, geralmente oriundos da pequena nobreza, eram afeitos a usufruir da conquista sem sair do conforto da metrópole (cf. Abreu, 1998, p. 52-80).

Quase todas as capitanias fracassaram. Entre os problemas estavam o isolamento entre elas e delas com a Coroa, o gigantismo territorial, a falta de verbas com os altos tributos a serem pagos, os ataques de piratas, as lutas dos indígenas para reaverem as terras tomadas deles. O sistema perduraria até 1759, mas convivendo com outras estruturas administrativas. Muitas das capitanias seriam compradas pelo governo e outras seriam incorporadas por abandono (cf. Arruda; Piletti, 2000).

Foi em seu papel de chefe religioso que Dom João III impôs o governo centralizado. Em um nepotismo já evidente na raiz da colonização, o primeiro governador-geral do Brasil foi Tomé de Souza, filho de Martim Afonso de Souza. Em 1548 o rei lhe deu o regimento que, na introdução, expunha as razões do projeto colonizador: em primeiro lugar, "o serviço a Deus e o exalçamento de nossa santa fé"; em segundo, "o serviço meu em proveito dos meus reinos e senhorios"; por último, "o enobrecimento das capitanias e povoações das terras do Brasil, e proveito dos naturais delas" (cf. Regimento, 1998, p. 13-14).

Entretanto, face aos problemas, Dom João III decidiu que a conquista do Brasil seria feita "domando" os nativos por meio da cristianização. Desse modo, o primeiro projeto de missão com os indígenas, que foi o projeto dos jesuítas, chegou juntamente com o governo centralizado e como parte dele.

É importante termos em conta a lentidão e as limitações da estruturação societária da Igreja Católica no Brasil colonial. Ela estava aos cuidados da Coroa portuguesa, que, com sua prerrogativa de gerenciadora da fé, agia de forma alheia ao Concílio de Trento. Este se realizou na Europa, de 1545 a 1563.

É verdade que os chamados "curas de almas"[4] começaram a chegar em 1540. Chegaram primeiro em Porto Seguro, e um deles foi distinguido como vigário. Em 1531 já havia, na Vila de São Vicente, um vigário e quatro capelães. A paróquia começou a existir em 1551, com o estabelecimento do bispado da Bahia. No fim do século XVI, a colônia por inteiro teria apenas cerca de 16 paróquias instituídas (cf. Londoño, 1997, p. 51).

Dessa maneira, nosso foco está mais na atuação dos missionários, membros de ordens religiosas. E aqui tratamos do projeto jesuíta de missão com os indígenas, buscando entender sua originalidade, sua força, seus limites e sua eficácia. Também buscamos entender a relação dos jesuítas com o sistema colonial.

Para essa interpretação histórica será oportuno um documento que é também obra literária clássica, do padre jesuíta Manuel da Nóbrega, intitulado *Diálogo sobre a conversão do gentio* (cf. Leite, 1954-1958, vol. II, p. 317-435).

2.1 O projeto missionário dos jesuítas

Como fazia parte da navegação portuguesa ter capelão a bordo, já na expedição capitaneada por Cabral, em 1500, vieram oito religiosos franciscanos e nove padres seculares, mas todos retornaram nos mesmos navios. Os enviados para permanecer como missionários tinham que primeiro passar por audiência particular com o rei, inclusive os que não eram portugueses. Para dar autorização explícita, o rei exigia deles juramento de fidelidade, o que implicava condicionarem sua trajetória ao sistema colonizador português (cf. Hoornaert, 1992a, p. 33-35).

4. No português arcaico, o termo "cura" refere-se a padre ou vigário.

Quem aqui ficou em 1500 foram dois degredados, abandonados pelo Capitão Cabral. Não poucos foram sendo deixados por força na terra conquistada – por exemplo, o cristão-novo Cosme Fernandes, conhecido como Bacharel de Cananeia, trazido na expedição de Gonçalo Coelho em 1502. Cristãos-novos eram judeus convertidos. Bastante conhecido é João Ramalho, sobrevivente de um naufrágio em 1513, que depois ajudaria na fundação das vilas de São Vicente e de São Paulo. Em 1509, seis náufragos conseguiram se salvar do mar, mas foram capturados pelos indígenas tupinambás, que deixaram vivo só Diego Alvares Correia, porque se impressionaram com o tiro de pólvora por ele desfechado para caçar um pássaro. Acreditando que tivesse poderes mágicos, apelidaram-no Caramuru. E, conforme seu ritual de tradição, ofereceram-lhe como esposa Paraguaçu, filha do cacique Taparica[5]. Caramuru tornou-se muito rico. E Paraguaçu, em 1535, mandou que se erigisse no povoamento de Vila Velha, em Salvador da Bahia, a Igreja de Nossa Senhora da Graça, posteriormente herdada pelo Mosteiro de São Bento (cf. Vieira, 2016, p. 14-16).

Em meio aos imprevistos das viagens e às expedições de conquista, esporadicamente chegavam missionários de diversas ordens religiosas. Mas o Brasil ficou por três décadas praticamente abandonado, numa dinâmica colonizadora restrita à exploração da terra, de forma desmedida, violenta e predatória. O atendimento religioso, dirigido quase que exclusivamente aos colonos portugueses, era feito por padres seculares, embora religiosos francisca-

5. Os nativos tinham a tradição da oferta de uma jovem mulher ao estranho ou estrangeiro que chegasse à sua comunidade. Ao assumi-la como esposa, o estranho a tinha como sua temericó, ou seja, aquela que estabelecia todos os laços de parentesco do povo dela com ele. Por meio dela ele se tornava parente de todos os membros daquela comunidade. Os portugueses colonizadores, em sua desenfreada busca por mão de obra, usaram e abusaram dessa antiga tradição indígena como um cunhadismo socialmente instituído. Arranjaram várias temericós para poderem contar com uma multidão de parentes a seu serviço (cf. Ribeiro, 1995, p. 81-85).

nos também estivessem atuando junto aos indígenas, mas sem um planejamento de missão (cf. Azzi, 1992, p. 213).

Convém lembrar que o aparelhamento institucional da Igreja Católica no Brasil se fazia muito lentamente. O rei tinha o direito de criar bispados, paróquias e cargos eclesiásticos em geral, com o dever de financiar as atividades da Igreja. Mas o Brasil era, na prática, uma possessão da Ordem de Cristo, organização muito rica, de caráter medieval e militar. A ambição em ser seu grão-mestre, da parte dos reis portugueses, foi alimentando um absolutismo estatal nas terras de missão. E, sob esse gerenciamento, por 37 anos o único vínculo eclesiástico foi com a Diocese de Funchal, em Portugal (cf. Vieira, 2016, p. 16).

Sendo assim, só podemos falar de um projeto missionário a partir de 1549. Foi quando o rei Dom João III enviou ao Brasil membros da Companhia de Jesus como uma peça-chave em seu plano de colonização. Diante do fracasso do sistema das capitanias, ele se convenceu de que o prosseguimento da conquista tinha que ser feito através da missão, entendida como cristianização capaz de domar os indígenas. E a escolha dos jesuítas era porque eles tinham um projeto propriamente missionário.

No entanto, para essa jovem ordem religiosa que seguia o carisma de Inácio de Loyola, o especial desafio da missão no Brasil trazia uma fervorosa expectativa. A Companhia de Jesus só tinha 15 anos desde a sua fundação, sendo nove anos desde que o Papa Paulo III havia lhe concedido a aprovação oficial da Igreja.

O entusiasmo desse início já havia sido expresso nas palavras do Padre-mestre Simão Rodrigues, superior da província de Portugal, fundada em 1546: "Quero ser o primeiro no Brasil, pois não mereci ser o segundo na Índia" (cf. Leite, 1954-1958, vol. I, p. 17). E o Padre Manuel da Nóbrega, recém-chegado ao Brasil, expressou este arroubo numa carta endereçada ao Padre Simão

Rodrigues, em 9 de agosto de 1549: "Esta terra é nossa empresa e o mais Gentio do mundo!" (cf. Leite, 1954-1958, vol. I, p. 123).

Os seis primeiros jesuítas – quatro padres e dois irmãos leigos – chegaram à Bahia de Todos os Santos em março de 1549. Vieram na armada de Tomé de Sousa. Nóbrega, em seus 32 anos de idade e com as simpatias do rei e do primeiro governador-geral, veio com os encargos de superior e fundador da missão. Logo teria também o encargo de superior da província da Companhia de Jesus no Brasil, fundada em 1553 (cf. Beozzo, 2009b, p. 44-45). Ali, na capital da colônia, rapidamente esses jesuítas construíram o Colégio dos Meninos de Jesus e a Capela da Ajuda.

Os bispos tinham que se sujeitar à autoridade civil. A pedido de Nóbrega, e tendo conseguido a aprovação do Papa Júlio III, o rei estabeleceu um bispado no Brasil. Em 1551 foi instituída a Diocese de Salvador da Bahia, como sufragânea de Lisboa. O bispo nomeado, Dom Pero Fernandes Sardinha, chegou em 1552. Teve um breve e conturbado ministério em conflito com o segundo governador-geral. Chamado em Portugal, viajou para se explicar, mas o navio encalhou, e os viajantes, apesar de terem conseguido desembarcar, pereceram nas mãos dos indígenas caetés. Assim, o primeiro bispo do Brasil foi morto em 1556 (cf. Azzi, 1992, p. 173, 180).

Entretanto, Nóbrega abriu diversas frentes de missão e fundou colégios para meninos na Bahia, em São Vicente, em Pernambuco e no Espírito Santo. Merece destaque a missão na aldeia de Piratininga, iniciada por ele em 1554. A construção da capela e do Colégio de São Paulo ali marcou o início da cidade de São Paulo. Diferentemente dos demais colégios, que eram para meninos das famílias dos portugueses, o de Piratininga destinava-se, exclusivamente, aos indígenas, chamados "gentios da terra". Um grupo de jovens irmãos jesuítas, liderados por José de Anchieta, esmerou-se em aprender a língua dos povos Tupi. Criaram vocabulário, gramática e catecismo nessa língua indígena, que chamavam de língua brasílica (cf. Beozzo, 2009b, p. 45, 23-25).

Havia uma rica pluralidade de falas tupis, com muitas variações. Mas os colonos e os missionários viam os povos Tupi como se fossem culturalmente homogêneos. Por isso, os jesuítas sistematizaram um tupi universal, ao modo de uma língua geral. E o que dizer da diversidade cultural ainda maior dos povos não tupis? Chamados com o nome genérico de "tapuias", eram vistos como gente "de língua travada". Está certo que os jesuítas elaboraram catecismos e gramáticas também na língua dos Cariri e de outros povos indígenas. Para estes, aplicaram, com constantes adaptações, o projeto missionário feito para os tupis. Porém, só consideravam instrumento de catequese a língua geral ou brasílica, criada da variedade tupi (cf. Pompa, 2001, p. 221, 434).

José de Anchieta também aprendeu as melodias dos tupis e nelas adaptou o catecismo da doutrina cristã. Valia-se, ainda, do teatro, já que havia aprendido com Gil Vicente a arte dos autos da fé. Enquanto deixava os anjos e os santos vinculados à cultura branca dos colonizadores, vinculava os demônios à cultura Tupi. Isso pode ser visto no Auto de São Lourenço (cf. Anchieta, 1997).

Condicionados pela mentalidade da conquista espiritual, aqueles jesuítas elaboraram uma rede interpretativa que reduzia a cultura dos nativos e estruturava a catequese ao redor do que viam na língua tupi como bestialidade demoníaca. E dado que a tradução não é apenas linguística, mas também conceitual, acabavam dando mais peso aos conceitos europeus ocidentais. No entanto, nessa difícil tarefa de adotar e transformar a língua tupi, acabavam operando acomodamentos, de forma consciente e também inconsciente, bem como adotando alguns repertórios culturais indígenas (cf. Agnolim, 2007, p. 32, 91).

Nos primeiros tempos no Brasil, em suas várias frentes missionárias, os jesuítas exerceram um tipo de missão mais itinerante, buscando atrair os indígenas e catequizá-los com mais suavidade. Aderiam aos seus costumes em gestos, danças, melodias e instrumentos musicais. Nas procissões inseriam coreografias e cantigas em tupi. Também permitiam intérpretes para as confissões. Tentaram morar junto deles e até buscaram formar mamelucos para a ordenação sacerdotal. Porém, nesses esforços de abertura ao mundo Tupi, mesmo mantendo a aliança com o poder colonizador, enfrentaram oposições das autoridades coloniais e também do Bispo Sardinha (cf. Hoornaert, 1992a, p. 52).

2.2 O diálogo sobre a conversão do gentio

Manuel da Nóbrega escreveu o seu *Diálogo sobre a conversão do gentio* entre os anos de 1556 e 1557. Além de consistir numa avaliação e num relançamento da missão dos jesuítas no Brasil após sua primeira fase, trata-se de uma importante obra literária, que até o século XIX circulou manuscrita e no âmbito interno da Companhia de Jesus.

De acordo com Serafim Leite (1954), a primeira impressão do *Diálogo* foi feita em 1880, na *Revista do Instituto Histórico e Geográfico*, e o manuscrito serviu de referência.

As dificuldades da missão eram múltiplas e sérias. O segundo governador-geral, Duarte da Costa, não era amigo de Nóbrega, como havia sido Tomé de Sousa. Também da autoridade eclesiástica não lhe vinha o apoio desejado. Aliás, a sucessão do primeiro bispo, Dom Pero Fernandes Sardinha, capturado pelos indígenas caetés naquele mesmo ano de 1556, só se daria em 1559, por Dom Pedro Leitão. Mas de Portugal viera a ordem de que o superior provincial residisse na Bahia, próximo ao bispo e ao novo governador. Então, Nóbrega foi residir na aldeia indígena de Rio Vermelho, que estava perto da cidade de Salvador. Dali governava a província, deslocando-se para o colégio da Bahia quando necessário. Dedicava-se à meditação, escrevia e respondia a muitas cartas. E passou a delinear as medidas que lhe pareciam necessárias para incrementar e consolidar a missão (cf. Beozzo, 2009b, p. 45-46).

Nesse primeiro ciclo missionário, chamado litorâneo, estiveram também franciscanos, beneditinos e carmelitas, mas o movimento mais forte foi o dos jesuítas. A missão acompanhou a conquista e a ocupação na costa do pau-brasil, seguindo principalmente a produção do açúcar, desde o atual Rio Grande do Norte até a região de São Vicente, no litoral paulista. A lógica colonizadora do rei Dom João III era a da imposição do plantio da cana, o que supunha a eliminação dos indígenas. Nesse intento, foi nomeado Mem de Sá como terceiro governador-geral, em 1556. A experiência da dureza do sistema com suas leis inexoráveis fez com que os colégios, que os jesuítas haviam fundado como suporte para a missão, passassem à função de ensino dos colonos (cf. Hoornaert, 1992a, p. 46-47).

Os franciscanos seguiram os passos da conquista do litoral nordestino, do Rio Grande do Norte a Alagoas. Acompanhavam as guerras dos colonizadores contra os indígenas e sua captura para a escravização, e benziam os engenhos de açúcar que ali se estabeleciam. Sem deixar seus conventos, exerceram a missão entendendo-a como dilatação das fronteiras do sistema católico.

Os beneditinos não tiveram vinculação direta com a missão entre os indígenas. Desde sua chegada à Bahia, em 1581, multiplicaram suas abadias, com grande enriquecimento.

A dedicação dos frades carmelitas era principalmente aos colonos, aos quais davam assistência religiosa. Os quatro primeiros chegaram em 1580, na armada de Frutuoso Barbosa, que vinha para conquistar a Paraíba, mas um temporal obrigou os frades a permanecerem em Olinda, de onde se irradiariam por todo o Brasil.

Na conquista da Paraíba ficaram bastante evidentes os conflitos da missão com o sistema colonial. A armada de Frutuoso Barbosa, com três carmelitas e dois ou três beneditinos, insurgiu-se contra os indígenas potiguares, que estavam em aliança com os franceses. A colaboração mais efetiva com a Coroa portuguesa teve que ser dos jesuítas, que sabiam a língua dos indígenas, rezavam missa diária, ministravam sacramentos e intervinham pela pacificação. Os portugueses venceram os franceses em 1584. No ano seguinte, os jesuítas aldearam os potiguares. Porém, uma parte desse povo permaneceu rebelde e na aliança com os franceses, derrotando o Governador Frutuoso Barbosa, o qual passou a duvidar dos jesuítas e os substituiu pelos franciscanos. Mas os conflitos continuaram, e então Barbosa entregou a aldeia ao clero secular. Houve fuga em massa dos potiguares em 1619 (cf. Hoornaert, 1992a, p. 59-62).

O *Diálogo sobre a conversão do gentio*, obra que é um retrato impressionista da missão e de seus problemas, com indicação de novos rumos, contextualiza-se na crise após sete ou oito anos. Há fracasso em algumas áreas; os missionários são poucos para um território imenso, e vários deles já morreram; nas aldeias, epidemias e guerras movidas pelos portugueses deixam um lastro de morte; as autoridades pouco cooperam. E como atesta a intensa correspondência de Nóbrega, entre os jesuítas o sentimento não é mais como no início da missão, quando eles enalteciam a facilidade dos nativos em abraçar a fé cristã. Agora percebem uma enganosa aceitação. É só passar por eles algum pajé famoso que abandonam as missões e retornam aos seus antigos costumes. Além disso, por toda parte surgem confrontos armados dos indígenas, em luta de resistência. Daí um mal-estar difuso da parte dos missionários, uma sensação de estarem trabalhando em vão, uma incerteza acerca do futuro da empresa missionária no Brasil e a dúvida sobre a capacidade dos indígenas de se converterem (cf. Beozzo, 2009b, p. 58-65, 42).

O gênero literário dá asas a um diálogo simulado entre dois interlocutores, na boca dos quais Nóbrega põe a experiência cotidiana e as opiniões do conjunto dos missionários jesuítas que atuam no Brasil. Entretanto, os dois personagens dessa interlocução são reais. Trata-se de dois irmãos leigos jesuítas, ambos igualmente indispensáveis no trabalho de converter os nativos: Gonçalo Alvarez, o "língua", que atua no Espírito Santo e é chamado de "Trombeta da Palavra"; e Matheus Nogueira, o ferreiro, que atua em Piratininga e a quem Anchieta chamou de "deus Vulcão" (cf. Beozzo, 2009b, p. 46-58).

Gonçalo Alvarez é um prático da língua que, como humilde intérprete do tupi, presta um inestimável serviço à missão. O próprio Nóbrega nunca aprendeu o tupi e sempre precisou se fazer acompanhar por algum "língua", ou por algum menino indígena. Como responsável pela missão, ele havia tomado providências para que o Colégio de São Paulo, em Piratininga, se tornasse um centro de cultivo da língua brasílica (cf. Beozzo, 2009b, p. 48-53).

Matheus Nogueira é aquele que trabalha na missão por meio de marteladas. Como ferreiro, além de abastecer a casa é diretamente responsável pelo incremento da missão, pois as ferramentas de trabalho que produz com perfeição atraem com eficiência os indígenas para a catequese. Não raro os adultos resistem em entregar seus filhos aos padres, além de que as próprias crianças frequentemente fogem das escolinhas. Mas os tupis são fascinados pelos instrumentos feitos de metal. Onde o fracasso da missão é notório, somente o irmão ferreiro consegue resultados com suas cunhas, seus machados, seus anzóis e suas facas. Não fala tupi, mas é amado pelos indígenas, que retribuem sua incansável dedicação no trabalho pesado da forja trazendo-lhe espontaneamente farinha, legumes e, às vezes, carne e peixe (cf. Beozzo, 2009b, p. 56-58).

Nos comentários dos jesuítas da missão paira a dúvida acerca da capacidade dos indígenas para aprender a fé cristã, já que seriam bestiais, "sem fé nem rei nem lei". Assim, Nóbrega faz o irmão ferreiro dizer que tem a sensação de trabalhar em vão em sua forja, perguntando se não estarão perdidas "tantas marteladas, tanto suor, tanta vigília" (*Diálogo* 85-86)[6] e expressar sua desconfiança das conversões conseguidas por meio de instrumentos de ferro:

> *Matheus Nogueira*: Uma coisa têm estes gentios pior de todas, que quando vêm à minha tenda, com um anzol que lhes dê os converterei a todos, e com outros os tornarei a desconverter, por serem inconstantes, e não lhes entrar a verdadeira fé nos corações [...]. Vemos que são cães em se comerem e matarem, e são porcos nos vícios e na maneira de se tratarem [...] (*Diálogo* 29-32, 36-38).

O desabafo do "língua" é o de que anda "meio desesperado da conversão" dos indígenas, que, com a mesma facilidade, dizem "sim" e dizem "não", ou dizem aos padres o que estes querem ouvir (*Diálogo* 9-10, 65-69).

Pesa o mau exemplo dos colonizadores. Logo da sua chegada à Bahia, Nóbrega se havia mostrado escandalizado com o que chamou de "os dois grandes pecados da terra". O primeiro, era o de cristãos possuírem pessoas escravizadas fora da captura em "guerra justa"; o outro, o fato de muitos colonos cristãos e muitos padres viverem amancebados com mulheres indígenas, tendo filhos de todas elas e não se casando com nenhuma. Em uma medida extrema, mas em vão, Nóbrega tentou fazer valer a negação da absolvição aos que estivessem nesses pecados e não os reparassem. Sua esperança passou a ser a da vinda de um bispo que reformasse o clero e impusesse a todos essa medida, mas isso também não ocorreu (cf. Beozzo, 2009b, p. 63).

---

6. Para as citações do *Diálogo sobre a conversão do gentio*, seguimos, como Beozzo, a numeração corrida, adotada por Serafim Leite em sua obra *Cartas dos primeiros jesuítas do Brasil* (1957, vol. II).

Assim, ele expressa no *Diálogo* a sua triste constatação de que se torna difícil para os indígenas verem alguma diferença entre os portugueses que os oprimem e os missionários que os catequizam: "[...] ontem lhe pedíeis o filho por escravo, e estoutro dia os quereis enganar. Têm razão de temerem de os quererdes enganar, porque isto é o que comumente tratam os maus cristãos com eles" (*Diálogo* 537-541). "Isso é verdade – contesta Alvarez – mas os padres que lhes falam com tanto amor, porque não creem neles?" E Nogueira responde: "Porque até agora não têm os índios visto essa diferença entre os Padres e os outros Christãos" (*Diálogo* 342-345).

Na verdade, as guerras de resistência se acendiam por toda parte porque os indígenas já não suportavam tanto sofrimento causado pelos colonos, que destruíam suas plantações, tomavam suas terras, os enganavam, os odiavam e os escravizavam. E com as guerras dos colonizadores e tanto maltrato, sem nenhuma defesa dos seus direitos e sem justiça alguma a seu favor, eles estavam sempre acossados, fugitivos (cf. Beozzo, 2009b, p. 58-62).

A aliança com o sistema colonizador aprisionava a missão. O terceiro governador, Mem de Sá, seguiu a lógica da obtenção do lucro pela produção do açúcar, com a eliminação de indígenas e o estabelecimento do rigor escravocrata. O sucesso da sua política estava garantido pela aliança com os jesuítas na pessoa de Nóbrega. E essa aliança foi protótipo das diversas alianças entre missão e poder colonizador que estiveram na origem de diversas cidades, como: Salvador e Recôncavo Baiano, na aliança de Mem de Sá com os jesuítas; Rio de Janeiro e Baía da Guanabara, na aliança de Estácio de Sá com os mesmos jesuítas; Paraíba e Vale do Rio Paraíba, na aliança do colonizador Frutuoso Barbosa com os frades carmelitas e beneditinos; São Luís e toda a ilha do Maranhão, na aliança do primeiro governador, o português Francisco Coelho de Carvalho com o franciscano Frei Cristóvão de Lisboa (cf. Hoornaert, 1992a, p. 48).

Nesse contexto, a missão havia entrado em crise por causa de uma fé assumida por medo, esvaziada interiormente, levando ao fingimento em vez da conversão do coração e da adesão da vontade.

Por outro lado, entre os missionários é recorrente a visão dos indígenas como bestiais, inconstantes, incapazes. Por isso, no *Diálogo* constam expressões como: não se deve "dar o santo aos cães" e "pedras preciosas aos porcos"; a conversão é muito difícil "por sua rudeza e bestialidade"; estes são "mais esquecidos da criação do que os brutos animais, e mais ingratos do que os filhos das víboras que comem suas mães".

Era bastante difundida entre os colonos a tese da irracionalidade dos indígenas, que, como diziam, "não são homens como nós". Os missionários não aceitavam essa tese. Mas não poupavam palavras para apresentar, com muita dramaticidade, a condição dos indígenas como totalmente distante dos padrões humanos da vida civilizada. Fato interessante é que a afirmação da irracionalidade indígena no discurso dos missionários variava conforme os interesses, as estratégias e os êxitos por eles obtidos. Queriam ressaltar a importância da atividade missionária. Os colonos, por seu turno, usavam esse discurso para justificar a escravização e até o extermínio dos indígenas (cf. Azzi, 2001, p. 45-61).

As medidas propostas por Manuel da Nóbrega não retomam os esforços do início, de persuasão e amor, convivência com os indígenas, com método pacífico e maior proximidade com seu mundo cultural. Ao contrário, diante da crise da missão, ele passa a propor a chamada guerra justa contra os indígenas e a legalização de sua mão de obra para os engenhos e as fazendas. Como escreveu ao rei:

> Sujeitando-se o gentio, cessarão muitas maneiras de haver escravos mal havidos, e muitos escrúpulos, porque serão os homens escravos legítimos, tomados em guerra justa, e terão serviço e vassalagem dos índios e a terra se povoará e Nosso Senhor ganhará muitas almas

> e Vossa Alteza terá muita renda, porque haverá muitas criações e muitos engenhos, já que não haja ouro e prata (Leite, 1954-1958, vol. III, p. 116).

Nóbrega, muito prático em seus objetivos, queria garantir o sustento financeiro da missão e o apoio para o estabelecimento da Companhia de Jesus no Brasil. Ele seguia a teoria recorrente da guerra de missão: sujeitar o infiel prepara a sua conversão; dominar é condição para converter (cf. Hoornaert, 1974, p. 46, 60).

José de Anchieta tinha o mesmo pensamento. Ele chegou a louvar a guerra justa que obrigou os indígenas a se reagruparem no aldeamento. Em uma carta, afirmou que "para este gênero de gente não há melhor pregação do que a espada e a vara de ferro, na qual mais do que em nenhuma outra é necessário que se cumpra o *compelle eos intrare*", obriga-os a entrar. Em uma alegoria à Parábola do Banquete, no capítulo 14 do Evangelho Segundo São Lucas, ele citou o versículo 23, defendendo o uso da força (cf. Anchieta, 1988, p. 196).

Nóbrega acredita que o método deve ser o da sujeição pela força, inclusive pelas armas, como processo preliminar para incutir neles a fé cristã. A conclusão do seu *Diálogo* é a de que não dá para converter o indígena pelo amor, pois ele não ouve, escapa.

A esperança é projetada para os filhos e netos dos indígenas convertidos à força. E o novo incremento da missão se delineia em duas medidas: fazer vir ao Brasil muitos portugueses que subjuguem os indígenas e multiplicar colégios nas cidades para a educação dos meninos indígenas, com o objetivo da redução.

2.3 Missionários na contramão do sistema

Em Portugal e na Espanha houve muita discussão acerca do problema jurídico da legalidade da conquista. No entanto, os jesuítas não discutiram mais essa questão desde sua chegada ao Brasil em 1549. E, assim como as demais ordens religiosas que aqui faziam missão, adotaram o sistema de propriedade latifundiária com mão de obra escravizada. Em geral, foi em função da catequese civilizatória que defenderam a liberdade dos indígenas, como também condenaram os excessos de tortura na escravização dos negros (cf. Suess, 1992b, p. XLIII, XLV).

Porém, alguns jesuítas tomaram atitudes alternativas frente às contradições do processo colonial. Pensaram e agiram fora do consenso geral dos seus contemporâneos e ergueram suas vozes nas margens dos sistemas político e eclesiástico. Conforme Suess (1992b, p. XLII-XLVI) e Couto (1999, p. 151-165), trazemos a memória de alguns deles.

O jovem Padre Miguel Garcia chegou à Bahia em 1576. Foi o primeiro professor de Teologia do Brasil. Em 1583, quando o colégio de Salvador já tinha 70 pessoas escravizadas, ele escreveu ao superior-geral, Padre Aquaviva, mostrando sua percepção de que a Companhia de Jesus exercia o papel de uma força consciente na relação com o sistema escravista. Afirmou que nenhum escravizado no Brasil era "justamente cativo". Diante dos perigos que isso representava para a própria salvação, e expressando o peso de sua consciência, confessou já ter pensado que "mais seguramente serviria a Deus e me salvaria *in saeculo* (no mundo) do que em Província, onde vejo as coisas que vejo". E repropôs a medida prática já tentada por Nóbrega: negar a absolvição aos que confessassem ter escravizados em suas casas vivendo à custa de trabalho escravo.

Seu posicionamento suscitou escândalo, pois o colégio se mantinha à custa do trabalho escravo. O visitador-geral da Ordem averiguou a questão, consultando, em Portugal, as autoridades, os principais moralistas e também os juristas importantes, entre os quais estava o jesuíta Padre Luís de Molina. Desse modo, junto ao consenso dos padres, o visitador deu o seu parecer contrário ao de Miguel Garcia, que foi obrigado a retornar a Portugal.

Outro padre, Gonçalo Leite, chegou à Bahia em 1572, com a idade de 26 anos. Atuou durante 14 anos no colégio de Salvador, sendo ali o primeiro professor de Artes, isto é, de Filosofia. Como defensor dos indígenas, em 1586 escreveu ao superior-geral da Companhia de Jesus:

> Bem se podem persuadir os que vão a salvar as almas, mas a condenar as suas. Sabe Deus com quanta dor de coração isto escrevo, porque vejo os nossos padres confessar homicidas e roubadores da liberdade, fazenda e suor alheio, sem retribuição do passado nem remédio dos males futuros, que da mesma sorte cada dia se cometem (Leite, 1945, vol. II, p. 229).

Com base em informes negativos referentes a ele, enviados a Roma pelo visitador da Companhia, o Padre Cristóbal de Gouveia, Gonçalo Leite foi considerado inadaptado e inquieto, sendo repatriado em 1586.

Dignos de nota foram os esforços do Padre Luís da Grã. Ele liderou um segmento de jesuítas adeptos de uma vida de simplicidade, despojamento, ascetismo e pobreza, que eram contrários à proliferação rápida de colégios com posse de bens e de pessoas escravizadas. O Padre Manuel da Nóbrega, numa carta ao superior-geral da Companhia, Padre Diego Laynes, queixou-se do Padre da Grã, que queria a conversão dos indígenas pela via da pobreza, "sem granja nem escravos", assim como Pedro, os apóstolos e São Francisco (cf. Leite, 1945, vol. III, p. 364s.).

Nóbrega atuava no sentido de uma rápida expansão das atividades missionárias dos jesuítas. Já de início, aceitou terras cedidas pela Coroa. Mas a posse de terras levava a angariar mão de obra. E pelo fato de que já se discutia poupar os indígenas da escravização, providenciou a substituição deles pelos negros. Já em 1551, solicitou ao rei Dom João III que mandasse "alguns escravos de Guiné para fazerem mantimentos", sendo logo atendido.

Contra a proposição dos jesuítas que seguiam Luís da Grã, venceu o posicionamento do bloco majoritário que seguia Nóbrega. Assim legitimou-se não somente a posse de africanos escravizados, mas também a de indígenas escravizados por intermédio da chamada guerra justa.

Merece ser lembrado também o estilo alternativo de missão assumido pelo espanhol Pedro Palácios, um irmão leigo franciscano. Desde 1558 ele viveu como eremita na região do Espírito Santo, numa pequena caverna ao pé do morro de Vila Velha, com a sua "penha" ali construída. Dali saía às ruas de sobrepeliz e com a cruz na mão. Doutrinava as crianças e pedia esmolas para o próprio sustento e o de outros pobres. Após sua morte, em 1570, os amigos construíram a ermida dedicada a Nossa Senhora da Penha, que doaram à custódia dos franciscanos de Olinda (cf. Röwer, 1957, p. 191-202).

2.4 De volta às questões iniciais

A originalidade do projeto missionário dos jesuítas com os indígenas, no Brasil colonial, esteve na vinculação ao carisma e à relativa autonomia da Companhia de Jesus, mantendo a marca da catequese via colégios. Esse projeto foi conduzido com força suficiente para dar suporte ao projeto colonizador da Coroa portuguesa, particularmente sob o governo-geral de Mem de Sá.

Nessa originalidade e força, também temos que reconhecer a dedicação incansável de cada missionário, inclusive com inteligência e criatividade da parte de muitos deles. É admirável seu empenho e sua eficiência no aprendizado da língua tupi, bem como na sua recriação como "a língua brasílica", praticamente um dialeto a partir das múltiplas variações linguísticas dos povos Tupi, com vocabulário, gramática e catecismo. Eles não mediram sacrifícios e realmente se aproximaram do mundo cultural daqueles indígenas.

Por outro lado, como se vê no *Diálogo sobre a conversão do gentio*, a missão jesuíta no litoral brasileiro entrou em contradição por acomodar-se aos imperativos do sistema colonial. Os limites do enquadramento no sistema escravista da produção açucareira comprometeram a eficácia do trabalho de converter os nativos ao cristianismo. Com crueldade, fazia-se a eliminação de indígenas e a proliferação de engenhos. E os jesuítas, legitimando e até recomendando a chamada "guerra justa" contra eles, partiram para a imposição da doutrina. Sem reconhecimento da alteridade dos nativos e da dignidade do seu modo de vida, prevaleceu a mentalidade da conquista espiritual, com dúvidas sobre sua capacidade como pessoas humanas e com descrença na eficácia da evangelização pacífica, amorosa, dialógica.

Mas não faltaram propostas e atitudes contrárias a esse *status quo*, tanto por parte de alguns jesuítas quanto por parte de um segmento da Companhia de Jesus liderado por Luís da Grã, contrários ao abuso de mão de obra escravizada e favoráveis a um testemunho de vida na sobriedade e na pobreza.

3
A missão contra a ganância dos colonos

Mapas do início da colonização apresentavam um Brasil achatado e quase restrito à faixa litorânea. É preciso reconhecer todo o mérito dos cartógrafos que os fizeram sem nunca terem pisado neste território dos brasis. Com seus conhecimentos científicos e escuta atenta das descrições dos que aqui estiveram, eles tornaram vivas as ilustrações clássicas de sua época, ao desenharem detalhes do pau-brasil, dos indígenas chamados selvagens e de muitos papagaios.

Agora, o Brasil era também o seu vasto interior a ser conquistado, explorado e colonizado por quem partia decididamente em busca de riquezas e poder. Assim, os percursos coloniais seguiram rigidamente a ambição dos grandes proprietários das fazendas de gado, que prosperaram dizimando os indígenas e abusando da mão de obra escravizada. Por isso, no século XVII fica bem visível o conflito da missão com a lógica agrária escravista e desumana.

Portugal tinha a maior dificuldade em colonizar e fiscalizar a imensa região da Amazônia. Povoada de muitos povos indígenas, era mais vulnerável à pirataria, às invasões e ao contrabando. Então a Coroa criou uma unidade administrativa portuguesa chamada Grão-Pará e Maranhão, à maneira de um Estado distinto do Brasil. Ali, a entrada decisiva dos portugueses só ocorreu no início do século XVII, com guerra contra os indígenas, expulsão dos estrangeiros, mapeamento de novas áreas, fundação de fortes e estabelecimento de feitorias.

Os franceses conseguiram fazer colônia no Maranhão, embora por pouco tempo. Inconformados, desde o Tratado de Tordesilhas, por não terem sido beneficiados, e com interesse no comércio do pau-brasil, haviam feito muitas tentativas de invasão e colonização, inclusive com estímulo a práticas de pirataria. Em 1555 estabeleceram a sua França Antártica na Baía de Guanabara, Rio de Janeiro, onde ergueram o Forte Coligny. Passaram por conflitos internos e, depois de apenas cinco anos, foram derrotados e expulsos pelos portugueses, por meio do governador-geral Mem de Sá. Expulsos também da Paraíba em 1584, ocuparam a Ilha de Upaon-Açu, no Maranhão. Nessa região fundaram a cidade de São Luís em 1612, estabelecendo como colônia a sua França Equinocial. Mas os portugueses os expulsaram apenas três anos depois.

É importante lembrar a situação dos povos indígenas a partir de meados do século XVI em meio a guerras constantes. Os que sobreviviam ao extermínio indiscriminado eram obrigados a conviver com pequenos núcleos europeus, em alianças ou aldeamentos, sendo muitas vezes submetidos ao trabalho servil e à escravidão nas vilas e nas lavouras. Sem aqueles pactos de caráter mercantil com os europeus, costumeiros no início da colonização, agora viam-se obrigados a se aliar aos brancos que pareciam ser mais favoráveis à sua tentativa de escapar da morte, ora holandeses, ora franceses, ora espanhóis, ora os próprios portugueses, a quem chamavam de "peró".

Grande impacto teve o discurso proferido pelo chefe tupinambá Momboré-uaçu a um grupo de franceses que estavam em missão diplomática no Maranhão, tratando de estabelecer aliança com os povos indígenas da região. Este discurso, registrado pelo frade capuchinho e etnólogo Claude d'Abbeville, evidencia a crescente violência colonizadora contra os indígenas:

> Vi a chegada dos peró [portugueses] em Pernambuco e Potiú; e começaram eles como vós [franceses] fazeis agora. De início, os peró não faziam senão traficar, sem

> pretenderem fixar residência. Nessa época dormiam livremente com as raparigas, o que os nossos companheiros de Pernambuco reputavam grandemente honroso. Mais tarde disseram que nos devíamos acostumar a eles, e que precisavam construir fortalezas para se defenderem, e edificar cidades para morar conosco. E assim parecia que desejavam que construíssemos uma só nação. Depois começaram a dizer que não podiam tomar as raparigas sem mais aquela, que Deus somente lhes permitia possuí-las por meio do casamento e que eles não podiam casar sem que elas fossem batizadas. E para isso eram necessários os paí [padres]. Mandaram vir os paí; e estes ergueram cruzes e principiaram a instruir os nossos e a batizá-los. Mais tarde afirmaram que nem eles nem os paí podiam viver sem escravos para os servirem e por eles trabalharem. E, assim, se viam os nossos constrangidos a fornecer-lhos. Mas não satisfeitos com os escravos capturados na guerra, quiseram também os filhos dos nossos e acabaram escravizando toda a nação; e com tal tirania e crueldade a trataram, que os que ficaram livres ficaram, como nós, forçados a deixar a região. Assim aconteceu com os franceses... (D'Abbeville, 1975, p. 115).

Nesse processo que fez o sofrimento dos indígenas se agravar, esteve, inclusive, a interrupção da tradição de aliança deles com os estrangeiros por meio da oferta da mulher.

Para uma interpretação histórica desses dois espaços ou ciclos de missão, o dos sertões do Rio São Francisco e o do Maranhão e Grão-Pará, focaremos os conflitos mais estruturais ocorridos entre a missão e as determinações das autoridades coloniais, bem como os conflitos dos missionários com colonos gananciosos por riquezas e poder. Também buscaremos entender as atitudes dos missionários frente a esses conflitos que traziam limitações e desafios à missão.

3.1 Missionários *versus* latifundiários

Foi só na segunda metade do século XVII que os portugueses deitaram seu olhar colonizador ao rio mais antigo que o Amazonas, o São Francisco. Os tupis-guaranis o chamavam simplesmente Pará, que significa mar, ou muita água. Descoberto pelo navegador Américo Vespúcio em 4 de outubro de 1501, dia de São Francisco, recebeu o nome do santo. Em 1667, o rei de Portugal Dom Afonso VI incitou os paulistas bandeirantes a buscar ouro e pedras preciosas nos sertões desse rio (cf. Hoornaert, 1992a, p. 73).

Também o governador da Bahia formou bandeiras para descobrir nessa região o que era chamado de "novos Potosí". Lendas do "El Dorado" atiçavam a cobiça dos colonos, após a descoberta das minas de Potosí no Alto Peru, atual Bolívia. Daquela montanha, o Cerro Rico, desde 1545 foram extraídas, pela Coroa espanhola, pelo menos 62,5 mil toneladas de prata. O trabalho de extração, em condições desumanas, era feito pelos indígenas obrigados à "mita", isto é, ao trabalho compulsório temporário instaurado como lei pelo vice-rei Francisco de Toledo. Era incontável o número dos que morriam por soterramentos e quedas de grandes alturas, além das condições insalubres, da fome e das doenças.

No Nordeste do Brasil, a missão era praticamente atropelada pela febre do ouro, caça às riquezas e extermínio dos nativos. Nesse contexto, nasceu o poderio da chamada Casa da Torre, uma família latifundiária de Salvador da Bahia, representada pelo Coronel Francisco Dias d'Ávila, que estendeu seu poder por várias gerações.

Dedicaram-se à missão nos sertões do Rio São Francisco jesuítas, franciscanos, capuchinhos e oratorianos. Uma característica particular dos capuchinhos e dos oratorianos era a de serem missionários apostólicos, menos dependentes do rei e ligados à Congregação da Propagação da Fé, com sede em Roma, que foi fundada em 1622 justamente para evitar a dominação do Padroado sobre a ação missionária. Isso lhes possibilitava tomar maior distância do sistema colonial. Quanto aos padres seculares, os registros são escassos e escritos por religiosos, geralmente interessados em documentar os que chegaram ao Brasil "por força maior" – isto é, degredados –, além dos padres brasileiros mamelucos, membros de famílias bandeirantes que "desciam índios"[7] e possuíam pessoas escravizadas (cf. Hoornaert, 1992a, p. 43-44, 63).

Dois padres seculares oratorianos ali chegaram, partindo de Pernambuco pelas cabeceiras do Rio Capibaribe. Eram João Duarte do Sacramento e João Rodrigues Vitória. Mas logo adoeceram e tiveram que se retirar à ermida de Santo Amaro, próxima de Olinda. Ali deixaram marcas de sua espiritualidade, como Escravos de Nossa Senhora da Saudade.

Dos que permaneceram, os jesuítas foram os primeiros, alguns desde 1650. Diversos desses jesuítas enfrentaram conflitos com os fazendeiros, que opunham resistência à sua tentativa de realizar aldeamentos indígenas afastados dos centros coloniais. Eles já tinham experiência do fracasso da missão em aldeamentos indígenas próximos às vilas. Por outro lado, a ganância do sistema colonial já estava presente nas margens e nos sertões do Rio São Francisco. O sistema havia se concretizado na pessoa do fazendeiro, que passava a ser o grande inimigo dos missionários (cf. Hoornaert, 1992a, p. 71-72).

Foi o caso do Coronel Francisco Dias d'Ávila, da Casa da Torre[8]. Ele representava a terceira geração dessa família instauradora de coronelismo no Brasil. Seu embate foi principalmente com o padre capuchinho Martin de Nantes, que assim o descreveu: um homem "realmente muito pequeno", para o qual bastaria "pouca fazenda para se vestir e tão pouca comida para se alimentar", mas

---

7. "Descimentos" de indígenas eram expedições realizadas por missionários, geralmente seguindo os rios. "Descidos" de suas aldeias, eles eram aldeados nas proximidades dos núcleos coloniais. No século XVII, passaram a ser realizados com escolta militar e comandados por colonos capitães de aldeia, que tinham o poder de fazer a repartição dos indígenas aldeados. Depois, mesmo em meio a conflitos, o controle dos descimentos foi devolvido aos missionários.

8. Para uma compreensão histórica da Casa da Torre, pode-se ler, por exemplo: Bandeira (2000); Barros (1919); Bicalho (2005); Calmon (1939); Doria (2000); Holanda; Gondim (2002).

que, além de toda a riqueza que já possui, pretende usurpar "o pouco que resta aos índios de todas estas terras que lhes pertence pelo direito das gentes" (cf. Nantes, 1979, p. 60).

Seu avô, Garcia d'Ávila, chegou à Bahia em meados do século XVI e, com 24 anos, já tinha em suas mãos um acúmulo de riqueza e poder, com muitas terras, muito gado e uma tropa particular de indígenas "amansados". Ele logo fundou, à distância de 13 ou 14 léguas ao norte de Salvador, a fortificação que viria a ser a Casa da Torre de Tatuapara, ou de Garcia d'Ávila, cujas ruínas ainda permanecem na atual Praia do Forte, município de Mata de São João. Através do consórcio pelo casamento com a família de Caramuru, que era o português Diogo Álvares, o neto Francisco Dias d'Ávila tornou-se o herdeiro, com o morgado[9] da Casa da Torre.

Em seus 11 anos de idade, ele já acompanhava seu pai nas expedições pelo sertão, que iam preando e matando indígenas, principalmente os cariris. Era a busca incansável por jazidas de minerais preciosos, enquanto se ampliavam as propriedades da Casa da Torre. Consequentemente, ampliava-se o domínio português. Na idade adulta, Francisco Dias d'Ávila tornou-se coronel, além de ser, por diversas vezes, capitão-mor de entradas por todo o sertão nordestino.

Como entende Eduardo Hoornaert (1992a, p. 74), ele foi "o mais famoso bandeirante da Bahia do primeiro pacto colonial" e mestre de campo dos auxiliares da Torre. Invadiu os sertões da Paraíba, do Rio Grande do Norte, do Ceará, do Piauí e também do Maranhão, com sua tropa de 900 homens de regimento, 200 indígenas mansos, 100 mamelucos, 150 escravizados e alguns missionários, além de muita munição. Foi matando e afastando os

9. "Morgado" refere-se a bens transmitidos pela linhagem primogênita masculina, ou, se não houvesse, era a filha mais velha quem herdava o morgado (cf. Bluteau, 1712-1728).

indígenas sem o mínimo escrúpulo que ele abriu a área do Rio São Francisco para a colonização europeia. E os favores das autoridades coloniais lhe foram abundantes, como no caso da expedição em busca de minas de prata em 1671. O Governador Afonso Furtado de Mendonça deu ordem para que fosse fornecida à sua tropa toda ajuda e favor, por todos os lugares onde fossem, com mantimentos, indígenas, cavalgaduras, escravizados e tudo o que fosse necessário. Vindo a falecer em 1695, deixou para a Casa da Torre muito salitre e gado. Mais tarde, os Ávila também angariaram muito ouro. Uma estrada foi construída para a passagem das boiadas entre Juazeiro e Salvador, e os franciscanos foram convidados para a missão em Juazeiro.

Contra esse coronel e outros latifundiários, posicionou-se o missionário capuchinho bretão Martinho de Nantes. Ele chegou à Bahia em 1671 e, já no ano seguinte, foi para a missão entre os cariris. Por longo tempo conviveu com eles. Aprendeu a fundo a sua língua, deu apoio à sua economia de subsistência e os defendeu das violentas incursões dos bandeirantes da Família Dias d'Ávila. Por duas vezes teve que viajar a Salvador para defender-se contra as acusações de subversivo feitas pelos coronéis. Acabou sendo retirado das missões em 1682, quando foi nomeado superior do hospício de Salvador. Cinco anos depois foi atacado por bexiga e teve que retornar à Europa (cf. Edelweiss, 1979).

Nantes tinha uma boa formação jurídica e deixou escritos importantes, que mostram a reação dos missionários contra a Casa da Torre. Na relação que escreveu em 1706, conhecida como "Relação Sincera", mostrava a agudeza dos confrontos por questões das terras e sua convicção de que os missionários eram chamados por Jesus Cristo para serem protetores dos indígenas (cf. Nantes, 1979).

Na oposição à Casa da Torre esteve também o padre jesuíta Simão de Vasconcelos. Em 2 de novembro de 1669 ele escreveu para o superior-geral da Companhia de Jesus uma carta intitulada

"Contra a Casa da Torre e os padres que preferem composição amigável com ela". Nessa carta defendia a ação missionária do seu confrade holandês Jacob Roland e denunciava que um capitão da Casa da Torre havia destruído as igrejinhas construídas por ele no sertão (cf. Hoornaert, 1992a, p. 74-75).

O padre jesuíta Jacob Roland fez missão no sertão baiano por 20 anos, desde 1666. Ali, onde atualmente está a cidade de Jacobina, dedicou-se aos tapuias e aprendeu a língua quiriri. E não escondeu sua decepção com a atuação do padre português da Casa da Torre, Antônio Pereira, que era tio de Francisco Dias d'Ávila. Em uma carta que escreveu aos seus confrades, em 15 de janeiro de 1667, Roland tocou no ponto nevrálgico da missão com a pergunta: Os Tapuia e outros povos "mediterrâneos" devem ser levados para o litoral a fim de serem iniciados nos mistérios cristãos ou não? A questão era tão importante que ele a formulou em latim[10]. Mas teve pouca receptividade. Decepcionado, ele saiu do Brasil e foi fazer missão na Ilha de São Tomé em 1684, vindo a falecer no mesmo ano (cf. Hoornaert, 1992a, p. 72-73).

Na carta à qual nos referimos, Roland evidencia que seu afastamento das práticas missionárias no Brasil foi pela consciência de que não há poder de luta e de autoridade da missão contra o latifúndio. Ele presenciou muitas atrocidades, como destruição de igrejas, apresamento e extermínio de indígenas já submetidos, e tudo isso com apoio religioso aos fazendeiros, na pessoa do Padre Antônio Pereira. Então, insurgiu-se contra os da Casa da Torre e seus bandeirantes e também fez pedido de ajuda ao Geral da Ordem e solicitação às autoridades locais para que fossem demarcadas as terras indígenas, garantindo-se a missão e o sustento dos indígenas. Foi diante da raiva dos Ávila e do descaso das autorida-

10. "*Quaestio: Ultrum Tapuiae et Mediterraeis propius litora adducendi sint ut christianis inicientur sacris, na non?*" (Leite, 1947, vol. IX, p. 102).

des que ele levantou a nevrálgica questão. Seu parecer, sintonizado com uma consciência já solidificada entre os jesuítas, era o de que a catequese devia ser feita no sertão, em aldeamentos distantes dos centros coloniais (cf. Ambires, 2005).

Também merece ser destacada a presença atuante dos ermitães, ou eremitas, que geralmente ficaram no anonimato. Ficou conhecido o Frei Francisco da Soledade. Vindo de Portugal para a Bahia aos 20 anos, seu nome era Francisco de Mendonça. Começou pobre e angariou riquezas, mas, depois de algum tempo, despojou-se de tudo para viver como devoto. Alforriou seus escravizados e distribuiu suas posses. Por volta de 1695, passou a viver numa gruta, distante 550 quilômetros de Salvador. Muitas pessoas pobres passaram a procurá-lo, num movimento crescente de peregrinação. O arcebispo de Salvador o nomeou capelão, assim integrando o movimento aos canais eclesiásticos, mas a peregrinação continuou, e a gruta recebeu o nome de Bom Jesus e Nossa Senhora da Soledade (cf. Pierson, 1960, p. 140).

Por sua vez, os indígenas sempre resistiram contra a opressão de diversas maneiras. Resistiram por meio de seus rituais, por meio de movimentos sociorreligiosos pautados em sincretismo indígena-católico e também por meio de guerras.

No sertão do Rio São Francisco, por mais de 70 anos houve resistência armada de diversas etnias dos chamados tapuias, especificamente povos do tronco Macro-Jê. Eles foram constituindo alianças entre si, enquanto enfrentavam as forças colonizadoras portuguesas que, com seus bandeirantes, à força bruta, estabeleciam a pecuária na região, base para a economia açucareira. Entre 1650 e 1720, dentre múltiplos conflitos, destacaram-se a guerra no Recôncavo Baiano e a Guerra do Açu. Os mandatários da Coroa e os colonos diziam ser a Guerra dos Bárbaros. A força de ataque portuguesa, militarizada e em aliança com indígenas tupis, operou uma verdadeira chacina, inclusive adiando a repressão que fazia ao Quilombo dos

Palmares, para que seus combatentes pudessem reforçar o ataque ao que entenderam como a "confederação cariri". E quanto mais se reforçava a resistência indígena, mais se explicitava o empenho dos colonizadores em exterminá-los (cf. Puntoni, 2002).

Veio depois a perseguição pombalina, da qual ainda vamos tratar. Os poucos "tapuias" que escaparam tiveram que conviver com a violência, a escravidão, as doenças, a desestruturação do *ethos* indígena. Os que não migraram foram aldeados por missionários e acabaram se aliando aos portugueses. A região mudou completamente, e os aldeamentos acabaram, notadamente desde o alvará publicado em Belém, em maio de 1758, que converteu as aldeias em vilas, as missões em paróquias e os missionários em párocos.

Restaram os capuchinhos peregrinos de vida pobre, com suas missões volantes. Eles partiam do hospício pobre do Rio de Janeiro e percorriam grandes distâncias a pé, até o Sul do país. Carregando nas mãos o breviário e o bordão, viviam de esmolas, pregavam a penitência, difundiam a devoção popular em torno dos santuários e iam ao encontro dos pobres e necessitados. Suas figuras foram profundamente assimiladas na cultura popular devota, tanto assim que seriam continuadas por Padre Cícero Romão Batista e pelo capuchinho Frei Damião de Bozzano (cf. Hoornaert, 1992a, p. 68).

A devoção a São Francisco das Chagas segue nas águas do Rio São Francisco, que, em seu sofrimento, é como um porta-voz das "lamentações das almas dos penitentes". E o santuário do Bom Jesus da Lapa, na gruta do Bom Jesus e de Nossa Senhora da Soledade, guarda as resistências indígenas e negras.

3.2 Missionários defensores da liberdade dos indígenas

Foi só depois da retirada dos franceses da cidade de São Luís que os portugueses começaram a entrar na imensa planície do Norte, que se constituiu no Maranhão e Grão-Pará, uma região distinta e separada do Brasil. Seguiram primeiro o curso dos rios maranhenses, depois o do Amazonas.

Missionários pioneiros ali foram franciscanos e carmelitas. A missão conflitou-se especialmente com a escravização contínua dos indígenas, que incluía perseguição e violência desenfreadas. O abuso da mão de obra indígena piorou ainda mais a partir de 1624, quando o rei de Portugal proibiu o tráfico de negros para essa região.

A justificativa era a dificuldade financeira, que não permitia aos conquistadores dali comprarem africanos escravizados, de custo bem mais alto do que os indígenas. É verdade que ali havia grande pobreza numa lavoura de subsistência. E, diante das disputas ultramarinas, a política da Coroa portuguesa era a de priorizar medidas militares para a defesa do território (cf. Corrêa, 2011, p. 49-65). Porém, no século XVII, as atividades econômicas já traziam grande enriquecimento para os colonos.

Eles tinham numerosos plantéis de indígenas, que aprisionavam em frequentes expedições para o sertão. E os povos indígenas, sob a dominação colonial, e na necessidade de organizar a produção, foram obrigados a manter uma relação de proximidade com os colonos. Consequentemente, contraíram doenças contagiosas. A escravidão indígena impactou fortemente as populações nativas e também a sociedade colonial, em sua constituição e economia. Concorreu para o despovoamento não só de vastas regiões litorâneas, como também dos sertões mais acessíveis aos europeus. E os nativos escravizados, deslocados de suas terras e aldeias para a produção nos aldeamentos coloniais, eram obrigados a recompor sua identidade e sua vida no novo contexto (cf. Monteiro, 1994).

A missão de catequizar, que, como parte integrante do sistema colonial, seguiu os ciclos da exploração dos territórios e da colonização, na região amazônica, foi especialmente instrumentalizada para que garantisse os interesses da colônia. Nos ombros dos missionários pesava uma dupla tarefa: pacificar os indígenas e integrá-los no sistema; e segurar as fronteiras contra os concorrentes estrangeiros – principalmente franceses e holandeses –, salvaguardando o exclusivismo comercial de Portugal e sua posse das riquezas (cf. Hoornaert, 1992a, p. 75-92).

Porém, os missionários nem sempre se conformaram ao papel de inocentes úteis. Além de insistirem na defesa da liberdade dos indígenas, representavam uma variedade de projetos e formas diversas de conduzi-los. Apesar da forte ligação com a Coroa – como era o caso dos franciscanos –, frequentemente iam contra os interesses das autoridades coloniais, extrapolando o papel que lhes cabia de funcionários régios. A partir de conflitos localizados, constituíam-se em grupos de poder, com relativa independência da máquina administrativa. Valiam-se das suas relações e das redes que articulavam, com as desavenças e as múltiplas alianças, para transitar pelos diferentes níveis da sociedade colonial (cf. Carvalho Júnior, 2009, p. 43, 148-150).

Entretanto, a busca desenfreada dos conquistadores por mão de obra indígena levou a população local ao confronto direto. O colono via o indígena como mera mão de obra a seu serviço. Mas, no contexto da missão, o indígena era visto sob o prisma da conquista espiritual. Então, as razões de Estado, acima do interesse imediato do colono, tinham que determinar leis de liberdade aos indígenas. Por isso, a Coroa obrigou-se a estabelecer uma legislação mínima para regulamentar a exploração do trabalho indígena. Porém, eram leis contraditórias, quase sempre acompanhadas de restrições e limitações, numa estratégia de atender mais aos interesses dos colonos (cf. Beozzo, 1983a, p. 20).

Três províncias franciscanas de Portugal mantiveram missões no Grão-Pará. Destacou-se a de Santo Antônio, cujos frades foram os primeiros a chegar. Em 1617 já fizeram tentativas de aldear os tupinambás de Una, nas proximidades de Belém, e até 1693 eram os únicos na região amazônica. A atividade missionária dos franciscanos estava tão inserida no projeto conquistador que quase era uma face da conquista (cf. Fragoso, 1982, p. 130, 146).

Em 1624, chegou de Portugal o franciscano Frei Cristóvão de Lisboa, junto ao primeiro governador do Maranhão, Francisco Coelho de Carvalho. Frei Cristóvão, que era comissário da sua província em Portugal, teve também as nomeações de qualificador do Santo Ofício e de primeiro custódio da província franciscana do Maranhão, e percorreu a região tentando organizar as missões (cf. Hoornaert, 1992a, p. 76-80).

Reconhecido como um pregador famoso, Cristóvão de Lisboa era também letrado e cientista. Sua atividade intelectual era aquela em que seu tempo se chamava História Natural, atualmente correspondente aos estudos de botânica, zoologia e biologia. No Brasil, em meio às atividades da missão, desenhou e classificou muitos bichos e plantas, dentro do que ele chamou de "projeto historiográfico" pela coleta de imagens (cf. Lisboa, 1967, p. 26).

Os carmelitas eram quase todos portugueses, o que lhes dava vantagem na aproximação com os indígenas. Dois deles, na tarefa de capelães militares, já em 1615, fizeram parte da expedição que expulsou os franceses. Derrotados os franceses no Maranhão, os carmelitas estabeleceram um convento em São Luís. Suas missões floresceram entre 1693 e 1728, na ligação com São Luís e Belém. Foram criticados por seu lucro exorbitante, obtido através de trabalho escravo dos indígenas, e seguraram bem as fronteiras, por isso não sofreram a perseguição de Marquês de Pombal (cf. Hoornaert, 1992a, p. 79-80), da qual trataremos adiante.

No entanto, o poder central da colônia contou mais com os jesuítas. Em 1620 já se sentia o fracasso na tentativa de utilizar oficiais militares como administradores das aldeias. Os militares eram mais fracos do que os tupinambás. Então, os missionários jesuítas foram reconhecidos como os mais capacitados para fazer mediação cultural entre os interesses ibéricos e os povos indígenas, pois já tinham mais de 70 anos de experiência de trabalho missionário e de administração nas aldeias tupinambás (cf. Agnolim, 2007, p. 431-435).

Os jesuítas, com sua capacitação de intelectuais, e por serem seguidores da ética teológica de Santo Tomás de Aquino, foram ali os maiores defensores da liberdade dos indígenas. Por outro lado, eram senhores de negros escravizados e também de indígenas escravizados, daí as contradições em seu discurso, que ora se opunha à escravidão, ora a admitia através da chamada guerra justa, ora mostrava cumplicidade pela omissão em combater as práticas escravistas (cf. Vainfas, 1986, p. 84-86).

A vantagem de contar com os jesuítas era principalmente por seu conhecimento e suas práticas da língua falada pelos povos indígenas de todo o litoral do Brasil. O conhecimento das línguas dos nativos era a maior carência dos missionários em geral. E a Companhia de Jesus, atendendo ao pedido da Coroa, enviou para o Maranhão a maior autoridade de então nos estudos da língua brasílica: o Padre Luiz Figueira (cf. Magalhães, 2011, p. 369-371).

É oportuno lembrar que, com suas atitudes corajosas a favor da liberdade dos indígenas, ao mesmo tempo da contribuição intelectual e prática, destacaram-se os padres jesuítas João Felipe Bettendorff, Luiz Figueira e Antônio Vieira.

Luiz Figueira, jesuíta desde os 17 anos, foi quem fundou as missões no Maranhão e Grão-Pará. Havia atuado na Bahia. Entre 1607 e 1608 partiu numa expedição para o Maranhão, com 60 indígenas, juntamente com o Padre Francisco Pinto, que era reconhecido como perito e muito eloquente na língua brasílica. Foram inúmeras as dificuldades, e Francisco Pinto foi morto pelos indígenas instigados pelos franceses. Figueira refugiou-se no mato até ser resgatado de barco pelo jesuíta Gaspar de Samperes. Retornou a Pernambuco, assumindo o cargo de prefeito no colégio de Olinda, onde fez sua profissão religiosa solene e foi nomeado reitor em 1612. As autoridades coloniais o consultaram quanto à forma de assegurar a conquista do Norte, e ele aconselhou que fossem estabelecidas missões entre os indígenas (cf. Leite, 1940).

Figueira chegou em São Luís no ano de 1622, juntamente com outro jesuíta, Benedito Amodei. Eles enfrentaram manifestações contrárias por parte dos moradores, que não queriam os jesuítas junto aos indígenas. Provavelmente, esse fato pesou na entrega de vastos poderes aos franciscanos, cujo custódio era o Frei Cristóvão de Lisboa. Mas o ânimo dos colonos não demorou a se voltar também contra os franciscanos, que tinham poder sobre os indígenas e defendiam sua liberdade. Eles acabaram largando a jurisdição e, em 1636, regressaram ao reino. No Maranhão ficaram apenas 20 missionários, 19 portugueses e um siciliano, que era o jesuíta Amodei (cf. Magalhães, 2011, p. 375).

O sonho do Padre Luiz Figueira era criar uma nova Igreja no Maranhão, com os aldeamentos desligados do poder colonizador. Isso atraiu outros jesuítas num posicionamento mais corajoso, com linguagem direta e desafiadora diante das autoridades coloniais. Como observa Beozzo (1983, p. 20), o modo como os colonos tratavam os indígenas e os escravizavam punha obstáculos intransponíveis para a catequese, para o incremento demográfico e a atividade comercial.

Apesar de todos os tropeços, as bases da missão jesuíta foram lançadas: em São Luís, a partir do colégio de Nossa Senhora da Luz; e, em Belém, a partir do colégio de Santo Alexandre. Figueira faleceu em 1643, e sua importante obra, a *Arte da língua brasílica*, continuou como ferramenta estratégica para as missões. Em 1652 ela foi retomada pelo Padre Antônio Vieira, acompanhado por 23 jesuítas. Como ele escreveu, "a cultura de toda esta grande messe nos está encarregada por S. Majestade". E acrescentou: "Aceitamos toda, porque assim se supõe ao princípio e assim o fez Padre Luiz Figueira" (Leite, 1940, p. 254).

Vieira viveu na Bahia desde menino, depois foi para a Corte de Lisboa, de onde saiu em 1652 para fazer missão no Maranhão, levando consigo um grupo de jesuítas de destacada atuação missionária. À sua defesa da liberdade dos nativos acrescentava a insistência em salvá-los do contato com os brancos. Para isso, teve que enfrentar os moradores de São Luís e também alguns superiores de ordens religiosas. A varíola contraída dos europeus dizimava a população das aldeias. A isto se somavam as violências praticadas pelos capitães donatários do Maranhão e do Pará.

Em 1655 Vieira contabilizou mais de 1.500 casos de cativeiro ilícito de indígenas que aguardavam julgamento pela lei de 1652. E, em 1657, ele calculou que "em um espaço de quarenta anos se mataram e se destruíram por estas costas e sertões mais de dois milhões de índios, e mais de quinhentas povoações" (Azevedo, 1925, p. 449). Toda essa devastação dos povos indígenas no Maranhão pode ser considerada, no processo de conquista da América, um dos maiores desastres demográficos (cf. Magalhães, 2011, p. 401).

Ficaram célebres os *Sermões* do Padre Vieira[11], que também se constituíram em obras clássicas da literatura. Três deles são mais conhecidos: o sermão das tentações, pronunciado no primeiro domingo da Quaresma, que explica a inoperância das leis indigenistas; o sermão das verdades, mais conhecido como "Sermão de Santo Antônio aos peixes", porque diz: "Se os homens não querem

11. Cf. Vieira (1945, vol. III), especialmente "Sermão da Primeira Dominga da Quaresma" (p. 6-26), e Vieira (1948, vol. XI e XII), especialmente "Sermão da Terceira Quarta-feira da Quaresma" (p. 253-279); "Décimo Quarto Sermão do Rosário" (p. 285-321); "Vigésimo Sermão do Rosário" (p. 85-121); e "Vigésimo Sétimo Sermão do Rosário" (p. 333-371).

ouvir-me, pregarei aos peixes"; e o sermão das missões, também chamado amazônico, no qual ele expõe a vontade de criar para os indígenas um mundo separado do mundo colonial.

Contundente é esta passagem do seu "Sermão da Primeira Dominga da Quaresma":

> El-Rei poderá mandar que os cativos sejam livres, mas que os livres sejam cativos, não chega lá sua jurisdição. Se tal proposta fosse ao reino, as pedras da rua se haviam de levantar contra os homens do Maranhão (Vieira, 1993, vol. 1).

Vieira tomou o sermão como sua grande arma. Com voz possante, denunciava os erros da colonização. Por isso teve que resistir a muitos embates, inclusive com os tribunais da Inquisição. Com 73 anos de idade ele retornou ao trabalho missionário no Brasil (cf. Hoornaert, 1974, p. 61).

Motivado pelo modo como Vieira exercia a missão, com inteligência e liderança política, o Padre João Felipe Bettendorff chegou ao Maranhão em 1660. Ele se valeu da amizade que tinha com o rei de Portugal, Dom Pedro II, para favorecer os indígenas.

Houve disputas entre franciscanos e jesuítas no que se refere à administração temporal dos aldeamentos. Os jesuítas tinham mais prestígio, por seu tino organizador e por serem bastante influentes junto à Coroa portuguesa. Assim, em 1680, foi-lhes confiada com exclusividade essa administração, fato considerado injusto pelos religiosos das outras ordens (cf. Fragoso, 1982, p. 130-134).

Depois do regimento das missões, promulgado pela Coroa em 1686, ficou evidente que era preciso distribuir melhor as responsabilidades missionárias entre as várias ordens religiosas. Uma repartição dos territórios de missão na região amazônica foi feita pelo rei Dom Pedro II em 1693. Os jesuítas, mais numerosos, ficaram com toda a extensão à margem direita do Rio Amazonas. A margem esquerda coube aos mercedários e franciscanos. E as confluências dos rios Solimões, Negro e Madeira, região que constitui o atual Estado do Amazonas, coube aos carmelitas. No entanto, não deixaram de surgir atritos pela imprecisão geográfica e pelo desconhecimento da realidade local (cf. Fragoso, 1982, p. 131).

A escravização dos indígenas continuou até 1757. Foram 140 anos – 70 anos sob o comando de leigos colonos, por meio do sistema dos capitães de aldeias; e outros 70 anos sob o comando dos missionários, por meio do Regimento das Missões (cf. Pontes Filho, 2000, p. 72).

Mesmo cumprindo a lei, os missionários afastaram-se do modo de colonização que incluía estruturalmente a escravização dos indígenas, e que não tinha escrúpulos em eliminá-los. Por isso, sofreriam perseguição no século XVIII, sob acusações diversas.

3.3 De volta às questões iniciais

O padre jesuíta Jacob Roland questionou o fato de se retirar os indígenas do seu *habitat* e levá-los para o litoral a fim de serem catequizados. Não foi ouvido. Mas essa era uma questão estrutural, que punha em xeque os aldeamentos enquanto reduções a serviço do sistema colonizador. A missão seguiu como peça integrante da conquista e da colonização, indispensável para amansar os indígenas, reduzi-los, submetê-los, torná-los disponíveis ao trabalho servil e escravo.

Porém, no século XVII, o conflito estrutural ficou mais evidente. O poder central instrumentalizava a missão para segurar as fronteiras e manter os indígenas dominados. Além disso, favorecia os colonos ávidos de riqueza e poder. Os missionários, de diferentes maneiras, defendiam a liberdade dos nativos, mas as leis favoráveis a eles eram frouxas e insuficientes. Assim, o enriquecimento desmedido dos colonos latifundiários, à custa da enorme quantidade de indígenas apresados e escravizados, fez acordar o senso ético e o humanismo de não poucos missionários.

Além da abnegação e da eficiência no trabalho referente às línguas indígenas, destacou-se a coragem dos missionários que enfrentaram coronéis, bandeirantes e autoridades coloniais para a defesa da liberdade e da vida dos nativos. Foram muitos os conflitos e as limitações, pelas diferenças de posicionamento frente à ordem colonial, por dissonâncias entre as ordens religiosas e pela perseguição e deportação dos missionários mais empenhados na defesa dos oprimidos.

Os aldeamentos de reduções acabaram quando a ganância cega passou ao extermínio dos indígenas. Mas a violência dos bandeirantes e dos conquistadores não conseguiu deter a inserção dos missionários volantes no meio do povo sofredor.

4
Igreja e escravidão negra no Brasil do açúcar

Havia passado o primeiro Brasil, que era um conglomerado de feitorias, capitanias, sesmarias e fazendas. Nele, as autoridades coloniais se impunham sem dificuldade. Ainda não havia tantas pessoas negras escravizadas, pois o tráfico negreiro estava mais voltado para os mercados europeus.

A importação de africanos em contingentes numerosos começou uma década antes da chegada dos primeiros jesuítas. Afirmava-se a economia açucareira. Com a imensidão das terras para o cultivo da cana e a quantidade de trabalho nos engenhos, desde 1539 os colonos foram intensificando suas reclamações contra a falta de negros (cf. Goulart, 1975, p. 56). O padre jesuíta Antonil escreveu: "Os escravos são as mãos e os pés do senhor de engenho, porque sem eles não é possível fazer, conservar e aumentar a fazenda, nem ter engenho corrente" (Antonil, 1982, p. 89).

Por dois séculos e meio o açúcar foi o primeiro produto de exportação do Brasil. O negro escravizado era o segundo produto de maior valor dentro da economia capitalista colonial, que abusava do escravismo como um modo de produção. Todo o negócio negreiro era extremamente lucrativo, e a Coroa portuguesa tinha total interesse no tráfico de escravizados, que lhe rendia um dos impostos mais altos.

Desde o século XVII, o Oceano Atlântico entrou em ebulição com as imensas levas de negros que eram trazidas através dele. Caçá-los na África, fazer sua torturante travessia e sujeitá-los no Brasil tornou-se o grande negócio dos europeus. Aparentemente, a Coroa punha um limite nesse frenesi, limitando a importação por cada senhor de engenho em até 120 "peças". Porém, nos mercados de escravizados, a compra não tinha limite. Foi assim que, nos 300 anos de tráfico negreiro, os concessionários reais mantiveram um dos mais sólidos negócios da colônia. Transladando milhões de africanos ao Brasil, absorviam a maior parcela de rendimento do que aqui se produzia, que era o custo da mão de obra escravizada (cf. Ribeiro, 1995, p. 146).

Instaurou-se a escravização em escala industrial. Foi uma tragédia humanitária que deixou sequelas profundas. Dos cerca de 12,5 milhões de africanos trazidos à força para toda a América, o Brasil ficou com quase 5 milhões, ou seja, 40% do total. Além de ser o maior território escravista do continente, seria o último a abolir o sistema da escravatura. O Brasil foi construído por africanos escravizados em todos os ciclos econômicos, desde o ciclo do açúcar, passando pelo do ouro e dos diamantes e chegando ao do café (cf. Gomes, 2019).

Acrescente-se que todos os ingressantes na colônia, na classe senhorial, tinham que possuir pessoas escravizadas. Esse ingresso já lhes garantia os privilégios de honra, fazendas e riquezas. Seriam tanto mais ricos quanto mais escravizados possuíssem. Era considerado morador honrado o colono que conseguia sustentar sua família sem desempenhar nenhum trabalho (cf. Vainfas, 1986, p. 70).

Neste capítulo buscaremos uma compreensão histórica da relação da Igreja com a escravidão negra, tanto com o sistema de escravatura e seus sustentadores quanto com as pessoas negras escravizadas. Para isso são oportunas estas questões formuladas por Beozzo (1988, p. 89, 118): Como foi possível a consolidação da ordem escravista num espaço dito cristão? Como entender a elaboração de uma teologia da escravidão, acompanhada de ética e de prática sacramental, em vez de uma teologia da libertação? Como explicar a flagrante contradição com a mensagem do evangelho e também com a palavra de papas[12] da época?

4.1 Igreja escravocrata

Para entender a relação da Igreja Católica com a escravidão negra no Brasil colonial é importante lembrar que aqui a instituição eclesiástica era bem menos organizada do que na América espanhola. Sob um sistema central inoperante diante das necessidades concretas do povo, muitos serviços foram organizados pelos próprios moradores. Foi o caso das Santas Casas de Misericórdia, que funcionavam como hospitais, orfanatos, bancos, lugares de reunião e de assistencialismo. Elas foram organizadas nas principais cidades e vilas sem interferência direta dos órgãos do poder central. O mesmo ocorreu com as confrarias, que assumiram importante papel social, respondendo a uma série de necessidades, religiosas ou não (cf. Hoornaert *et al.*, 1992, p. 276).

Os bispados, bem poucos e inexpressivos, dependiam do Padroado por meio da Mesa de Consciência e Ordens. Esse organismo da Igreja, instituído em 1532 e extinto em 1828, só existiu no Brasil. Por meio dele, o poder colonial exerceu maior controle sobre a Igreja. De fato, a Mesa centralizou diversos privilégios papais. Um deles era o da nomeação de bispos, que ficavam no papel de funcionários régios, pagos pelo rei, que era o grão-mestre da Ordem de Cristo e, como tal, supervisor da Mesa. Os bispos, que

12. Beozzo refere-se, especialmente, à bula *Sublimis Deus*, que pode ser lida em Suess (1992, p. 273-274). Ali, o Papa Paulo III afirma: "Nós, com autoridade apostólica, pela presente Carta decretamos e declaramos: os ditos índios e todos os demais povos que no futuro vierem ao conhecimento dos cristãos, embora vivam fora da fé de Cristo, não são nem deverão ser privados de liberdade e de propriedade de bens. Pelo contrário, podem livre e licitamente usar, possuir e gozar de tal liberdade e propriedade, e não poderão ser reduzidos à escravidão [...]".

garantiam ao rei o levantamento dos dízimos, muitas vezes eram contrários às atitudes mais corajosas dos missionários defensores da liberdade dos indígenas. E nem sequer conheciam a língua geral, o tupi, falado pela imensa maioria da população até meados do século XIII. Não raro, fugiam para passatempos, sem nenhum impulso missionário (cf. Hoornaert *et al.*, 1992, p. 277-280).

Vale lembrar que, no século XIII, consolidou-se o domínio territorial. Afirmou-se uma sociedade patriarcal agrária e escravocrata, que tinha a casa-grande como seu lugar-símbolo (cf. Vieira, 2016, p. 73).

Mas os senhores da casa-grande, via de regra, não tinham interesse nos cuidados religiosos dos seus escravizados. A constatação do padre jesuíta Jorge Benci, em sua obra *Economia cristã dos senhores no governo dos escravos* (1954/1977, p. 84, 89), publicada originalmente em 1700, era a de que os que vinham "da gentilidade da Guiné e mais partes da África" só tinham de cristãos o batismo, e até este faltava a muitos deles. Os senhores se recusavam alegando serem os negros tão rudes e boçais que não tinham capacidade de aprender as orações e os mandamentos. Além disso, para não perderem horas de trabalho forçado dos negros, deixavam-nos anos e anos "gentilicamente e sem conhecimento de Deus".

Os padres – também sem falar a língua geral – eram mal-sustentados. Oficialmente, constava serem pagos pelos dízimos eclesiásticos, mas o sistema funcionava mal. Os dízimos eram canalizados para o rei e redistribuídos através dos governadores. Além disso, o sistema colonial não tinha interesse em financiar o que hoje chamamos de cuidado pastoral. Por isso, eram raras as paróquias de criação régia. Os bispos passaram a criar paróquias independentemente do Padroado, as quais se sustentavam com dificuldade, por meio de ofertas voluntárias e das chamadas "conhecenças", um pequeno dízimo pessoal dado ao padre pelos fiéis, como forma de penitência por ocasião da confissão e da comunhão pascal. No entanto, os senhores procuravam esconder sua escravaria no período em que deviam pagar as conhecenças (cf. Hoornaert *et al.*, 1992, p. 284).

Havia um grande número de padres, mais concentrados em Salvador da Bahia. Muitos eram capelães de engenho ou fazenda e, como funcionários do senhor, seguiam suas regras. Conforme Antonil, em sua obra *Cultura e opulência do Brasil por suas drogas e minas* (1992), as obrigações do capelão de engenho eram: dizer missa na capela do engenho, com a "doutrina cristã"; ouvir confissão; atalhar discórdias entre os moradores; honrar Deus e a Virgem, cantando, aos sábados, o terço e as ladainhas; providenciar a licença por escrito dos vigários para os batismos e a recepção dos noivos; morar fora da casa do senhor de engenho; benzer o engenho se o senhor não convidasse o vigário; e catequizar os filhos da casa-grande.

Bem diferentes do modelo de clero do Concílio de Trento, os capelães de engenhos ou fazendas, de navios negreiros, de bandeiras, de confrarias, de tropas, de misericórdia, representavam uma religião familiar. Estavam mais ligados ao familismo rural do que ao bispo. Dentro da tradição medieval portuguesa, faziam a assistência sacramental e a "desobriga", isto é, possibilitavam aos fiéis se desobrigarem cumprindo a lei canônica da confissão anual e da comunhão pascal. Já o bispo e o vigário, mais distantes nas cidades e vilas, representavam Roma e sua organização (cf. Hoornaert *et al.*, 1992, p. 281-288).

A Igreja enquanto instituição acomodou-se à realidade da escravidão que era constitutiva do Brasil. Abusou da mão de obra escravizada, legitimou o sistema escravista, pouca missão exerceu nos engenhos e esteve longe de agir em favor da libertação dos escravizados.

Em referência à posse de pessoas escravizadas, podemos ver alguns dados de relatórios paroquiais da Bahia no Arquivo Histórico Ultramarino (C.A., 26, doc. 8814). Em 1757, nas paróquias do interior, os negros escravizados constituíam a maioria absoluta. Havia religiosos proprietários de engenhos de açúcar com escravizados. Os jesuítas, por exemplo, eram proprietários do engenho situado na Freguesia da Invenção de Santa Cruz da Vila dos Ilhéus. Os carmelitas eram proprietários do engenho Terra Nova, na paróquia de São Sebastião das Cabeceiras de Passé. Em 1775, os 97 frades carmelitas calçados de Nossa Senhora do Carmo tiveram 41 pessoas escravizadas (34 homens e 7 mulheres da comunidade), além de 94 escravizados particulares. Por sua vez, as 81 freiras clarissas possuíram 298 pessoas escravizadas (sendo 290 mulheres e 8 homens), além de 40 servas forras.

4.2 Assistência religiosa mínima para os negros escravizados

O jesuíta Jorge Benci é o primeiro a falar de "obrigações" dos senhores para com seus escravizados. Como explica em seu manual *Economia cristã dos senhores no governo dos escravos*, as obrigações são de catequizar, dar trabalho, castigar e sustentar. O senhor, para ser justo e agir com reta razão, deve dar ao servo "o sustento, a disciplina e o trabalho" (Benci, 1977, p. 51). Entendendo o sustento não só como material, mas também espiritual, afirma:

> Pois a esses brutos, a esses alarves, a esses boçais se há de ensinar a vossa doutrina? Sim, diz Cristo: todas as gentes, por brutas, por boçais e rudes que sejam, todas sem excepção, hão de ser instruídas nos mistérios de minha Fé e nos Mandamentos de minha Lei: *Docete omnes gentes*. Pois se assim o manda Jesus Cristo: poque o não hão de pôr em execução os senhores com os escravos, ainda que estes se pareçam na rudeza com os brutos? (Benci, 1977, p. 86-87).

No entanto, a catequese para os negros foi bastante negligenciada pelos donos de escravizados, e até pela própria Igreja. Havia o temor de que ela despertasse neles o raciocínio, os valores da liberdade e da igual dignidade. Aliás, todo o cuidado religioso para com a população negra escravizada era deficiente, como apontam escritos da época. Geralmente, os pretextos eram o tamanho pequeno das igrejas nos engenhos e nas fazendas, a nudez dos escravizados e o seu mau cheiro. Também o fato de que, nos domingos e feriados, os escravizados iam logo ao amanhecer buscar pelos matos o que comer, já que os senhores não lhes davam (cf. Vainfas, 1986, p. 82).

Os interesses materiais e econômicos prevaleciam, a ponto de, entre os senhores, se espalhar o medo de que os escravizados batizados perdessem preço. Além disso, pesavam o estilo da família patriarcal e a mentalidade senhorial. Os senhores entendiam que todos os seus pertences eram automaticamente cristãos. Assim, bastava colocar os negros no ritmo do calendário cristão e fazê-los aprender umas poucas fórmulas repetitivas, num clima de medo do inferno e na submissão à hierarquia. A catequização, quando se fazia, era à noite, entregue a uma pessoa escravizada, com os negros exaustos e sem possibilidade de assimilação. Outra dificuldade eram as suas diferentes línguas.

A interpretação de Beozzo (1992, p. 264-273; 1988, p. 109-122; 1993a, p. 30, 51-53) é oportuna para entendermos essa dinâmica.

O que se fez em termos de catequese, pastoral, assistência religiosa para os negros escravizados no Brasil, em nada se assemelha ao esforço dos jesuítas na catequização dos indígenas. A legislação eclesiástica e as insistências de Benci foram negligenciadas. Por outro lado, estava aí na religião o instrumento eficaz para dominar e controlar a massa escravizada, quando a colônia chegou a uma situação explosiva, com um número muito elevado de negros. A violência do chicote e de todas as formas de tortura não conseguiam dobrar as mentes e os corações, mas a religião obrigatória conseguia fazê-lo, levando-os à aceitação da condição de escravizados, de bom grado ou com alguma resignação.

A assistência sacramental, subordinada ao sistema escravista, passou por arranjos, desvirtuamento de sentido e muita negligência. O batismo era absolutamente obrigatório, inclusive para o controle de cada indivíduo e sua integração na estrutura socioeconômica. Ser ordenado padre era terminantemente proibido aos negros e também aos indígenas, chamados negros da terra. Dificultava-se em extremo o matrimônio, que daria aos escravizados a possibilidade de organizarem uma pequena sociedade.

A quase impossibilidade de constituir família sacramentada começava por um desequilíbrio demográfico causado pelo tráfico negreiro. A proporção entre os sexos estabelecida por esse tráfico transatlântico era em torno de dois terços de homens para um terço de mulheres. Depois, homens e mulheres eram separados para a exploração no trabalho forçado; também dormiam trancafiados separados nas senzalas. Assim eram impedidos de ter laços e mútua solidariedade. E os senhores, com poder de vida e morte sobre os seus escravizados, abusavam sexualmente das mulheres, deixando-as com uma dupla maldição: gerar filhos para o cativeiro e saber que eles cresceriam sem pai conhecido ou reconhecido. Isso, de modo especial, acarretou uma negação da família.

O batismo tinha a função religiosa de incorporar os recém-nascidos formalmente à Igreja Católica, mas também cumpria um reconhecimento das redes de relações existentes na sociedade, mesmo que estas fossem furtivas e clandestinas. Desse modo, além de acolher publicamente a criança nascida como fruto dessas relações, estruturava e legitimava a outra rede de relações informais já existentes, por meio dos padrinhos e das madrinhas e da instituição do compadrio. Para as pessoas destituídas de família legal, dava origem a uma família espiritual, com obrigações recíprocas que as pessoas envolvidas levavam muito a sério.

Podemos entender por que o batismo era assumido pelas pessoas escravizadas com devoção, amizade e festa. Sua apropriação dinâmica desse sacramento, de certa forma, recriava os laços e os pertencimentos violentamente rompidos pelo regime escravista.

Outro fato relevante é o da implacável perseguição a qualquer manifestação religiosa de origem africana. Os cultos africanos eram considerados manifestações diabólicas, como se vê no *Compêndio narrativo do peregrino da América*, do moralista Nuno Marques Pereira (1988, p. 145). Ali há uma contundente repreensão aos fazendeiros que deixavam passar práticas de origem africana, mesmo adivinhações e folguedos, considerados idolatria e feitiçaria.

A inserção na sociedade colonial supunha a renúncia aos cultos dos seus antepassados e a unilateral aceitação dos preceitos católicos. E como forma de compensar os negros pela perda da sua identidade religiosa, oferecia-se a eles o subsídio da proteção celeste nos moldes do catolicismo, por meio do culto a Nossa Senhora e aos santos (cf. Azzi, 2004, p. 103).

Na verdade, foi principalmente através da devoção a Nossa Senhora e aos santos que as pessoas negras aderiram ao cristianismo católico. Religiosos e padres valeram-se dessa oportunidade para a catequização, inclusive promovendo o culto a santos negros.

Um caso ilustrativo é o da Ordem do Carmo, respaldada pelo livro *Os dois atlantes de Etiópia*, escrito em 1735 pelo frade carmelita José Pereira de Santana. O autor pôs em realce os santos Elesbão, da Etiópia, e Efigênia, da Núbia. Escreveu valendo-se dos seus conhecimentos da África, embora marcado por estereótipos, ambiguidades e idealizações. Ao apresentar esses santos como carmelitas, explicar as virtudes de ambos e expor a dimensão catequética do culto aos santos, acabou fazendo uma invenção de tradições. Como de praxe, salientou a submissão desses dois santos negros a Deus e à Igreja. Essa devoção se espalhou não só pela ação de membros do clero, mas também pela ação dos escravizados (cf. Oliveira, 2008).

Foi de modo especial no espaço da religião obrigatória, na oportunidade das irmandades e confrarias de devoção aos santos, que se deu a resistência dos negros contra a escravidão. Era quase a única forma de associação permitida à população escravizada, que as constituiu como espaços de sociabilidade, solidariedade e construção da própria identidade. Muitas eram devotadas a santas e santos do universo dos negros, como Nossa Senhora do Rosário dos Pretos, São Benedito e Santa Efigênia.

4.3 Uma teologia da escravidão

A Igreja enquanto instituição deu seu aval ao trabalho forçado, que foi norma em toda a colônia escravista. Legitimou o racismo dessa escravidão que, mantida por tanto tempo, incluiu torturas, mortes, humilhações, desumanidades. A prática escravista esteve no interior da Igreja Católica e das Igrejas protestantes que se estabeleceram no Brasil.

Na obra de Benci (1977) estão explícitos o entendimento e a justificativa do trabalho forçado: o servo é, por natureza, insolente e vicioso; o trabalho é o melhor remédio para sujeitá-lo e domá-lo. O senhor tem a obrigação de lhe dar o pão, para que não desfaleça; o ensino, para que não erre; e o trabalho, para que não se faça insolente. Entretanto, um agravante assustador era o racismo. Mais do que os brancos, os negros eram considerados inclinados aos vícios e hábeis em todo o tipo de maldade.

Como atestam as crônicas oficiais das conquistas nas costas da África, a escravização se fazia em nome da fé cristã, para resgatar os negros no corpo e na alma. Sob o tema do resgate, articulava-se a escravidão com a salvação da alma. Segundo Zurara[13]:

13. Gomes Eanes de Zurara foi o 5º guarda-conservador da Livraria Real em Portugal e também guarda-mor da Torre do Tombo.

> [...] a força do maior bem era deles mesmos, posto que os seus corpos estivessem em alguma sujeição, isto era pequena cousa em comparação das suas almas, que eternamente haviam de possuir verdadeira soltura (Zurara, 1973, p. 80).

Riolando Azzi (cf. 2001, p. 207-232) explica os fundamentos e a dinâmica da aceitação e do trato do escravismo como algo natural. Na plena conjunção dos interesses da conquista espiritual das almas com os interesses da conquista política e do proveito econômico, escravizar era enquadrar seres humanos na ordem social. E essa ordem era sacralizada.

A contradição com o cristianismo foi profunda. A escravidão dos negros foi aceita até pelo Padre Antônio Vieira, defensor veemente da liberdade dos indígenas. Mais do que isso, Vieira domesticou as mentes dos escravizados para a submissão passiva. Ele, um intelectual orgânico da Companhia de Jesus, fez isso através do importante instrumento que foram seus sermões. Mostrava-se sensível aos males da escravidão, mas não aceitava que as pessoas escravizadas se rebelassem contra ela, e, com sua pedagogia da escravidão, tentava mostrar-lhes que ser escravo era uma espécie de glória, uma imitação do sofrimento de Cristo, um caminho seguro para que quem serviu a Deus nesta vida fosse servido por Deus na outra (cf. Ferreira Júnior; Bittar, 2003).

Mas, como pondera Riolando Azzi (2004, p. 95-97), a principal justificativa para a escravidão negra era a doutrina da guerra justa. Quando os portugueses combatiam em defesa das suas bases coloniais na África, contra as incursões e os ataques dos sarracenos, a escravização de negros capturados era considerada de acordo com os padrões da justiça. Porém, como alguém da colônia brasileira iria conferir se os escravizados vendidos vinham desse padrão de guerra considerada justa? Era praticamente impossível. Ainda mais porque as elites militares africanas, estimuladas pelos portugueses, passaram a promover guerras contra tribos rivais. E os inimigos capturados nessas guerras, indiscriminadamente, acabavam traficados para o Brasil.

Além disso, alguns teólogos da época perceberam a ambiguidade da argumentação religiosa da moralização e da conversão dos negros à fé cristã. Foi o caso do jesuíta Luís de Molina, que afirmou ser a conversão cristã apenas um pretexto para justificar o interesse econômico dos traficantes de pessoas escravizadas. Na verdade, era uma justificativa ideológica para a falta de ética. Prevaleceu a ganância de riqueza, e esta levou os conquistadores a considerarem os negros como pertencentes a uma raça inferior (cf. Azzi, 2004).

Por outro lado, elaborou-se amplamente uma teologia legitimadora da escravidão dos negros, que respaldou a pregação em nome da fé cristã. E com o agravante do racismo.

A formulação do discurso apoiava-se em determinados textos bíblicos, descontextualizados e interpretados de modo a justificarem a escravidão. Jorge Benci (1977, p. 47) atribuía aos africanos a maldição de Caim que matou Abel (Gn 4,1-16) e a maldição de Cam que zombou do pai Noé (Gn 9,18-27). Os africanos seriam a raça maldita dos descendentes de Caim e de Cam, e a cor negra de sua pele seria o sinal de maldição imposto por Deus. Marcados por duplo pecado original, eles estariam condenados à escravidão por seus irmãos Jafé (europeus) e Sem (semitas).

Outro texto bíblico ideologizado e recorrente é o de Mateus 1, 11-12, com o tema da transmigração babilônica. A partir dele, elaborou-se uma teologia da transmigração, ponto básico para o discurso sobre o lugar dos negros no plano da salvação eterna. Nessa teologia estão os sacramentos, a autoridade, o dualismo corpo-alma, a pacificação, o engenho e a mina. A África é vista como o inferno, terra do demônio, e a transferência dos negros dali para o Brasil é explicada como a graça divina da transmigração da Babilônia.

Pode-se ver isto, por exemplo, na introdução do Sermão 27 do Rosário, do Padre Antônio Vieira.

No entanto, não faltaram vozes e atitudes alternativas. Em capítulo anterior já fizemos menção aos padres jesuítas Miguel Garcia e Gonçalo Leite, que, por seus questionamentos em relação à posse de pessoas escravizadas da parte do colégio jesuíta da Bahia, foram obrigados a regressar a Portugal.

Outros membros do clero, não conformados com a acomodação da Igreja diante dos horrores da escravidão negra, levantaram questionamentos e fizeram propostas no sentido do combate aos abusos.

Um deles foi o bispo Dom Sebastião Monteiro da Vide, que esteve à frente do arcebispado da Bahia durante 20 anos, de 1702 a 1722. Empenhado em formar um Brasil mais independente de Portugal, em 1707 ele promoveu e proclamou as *Constituições primeiras do arcebispado da Bahia*, o primeiro documento de legislação da Igreja no Brasil. Apesar do crivo da inquisição portuguesa e do condicionamento da impressão em Portugal, essas constituições tinham a perspectiva de uma legislação eclesiástica adaptada à realidade brasileira (cf. Hoornaert *et al.*, 1992, p. 280-282).

Como legislação eclesiástica pioneira no Brasil, as *Constituições primeiras* visavam combater a promiscuidade moral dos senhores e preservar a família entre os escravizados. Embora não tenha tido eficácia, seu cânon 303 determinava aos senhores que

> [...] não ponham impedimento a seus escravos para se casarem, nem com ameaças e mau tratamento lhes encontrem o uso do matrimônio em tempo e lugar conveniente, nem depois de casados os vendam para partes remotas de fora, para onde suas mulheres, por serem escravas ou terem outro impedimento legítimo, os não possam seguir (Vide, 2011).

Manoel Ribeiro Rocha, padre secular e advogado português, vivia na Bahia e era amigo de alguns jesuítas. Sua obra *Etíope res-*

gatado, empenhado, sustentado, corrigido, instruído e libertado pode ser vista como um discurso sobre a libertação dos escravizados no Brasil de 1758. Ali, a proposta era a libertação das pessoas escravizadas após 20 anos de trabalho, já que, com o trabalho de cinco anos, um escravizado havia pago o preço da sua compra, e, após 20 anos, havia ganho para seu senhor mais três pessoas escravizadas. Porém essa proposta não foi seguida.

4.4 De volta às questões iniciais

A lógica da escravidão provocou contradições sem saída para a missão cristã. Do apelo e das denúncias de missionários indignados contra os cativeiros injustos, passou-se à impotência, à omissão na pregação, à acomodação, chegando-se à busca de um novo quadro doutrinal justificador e legitimador das práticas correntes (cf. Beozzo, 1988, p. 93).

O espaço era cristão, mas a Igreja entendeu a prática da escravidão como uma necessidade incontestável do sistema colonial. Para preservar a ordem colonial estabelecida fez adaptações, interpretações e ajeitamentos na teologia, na pregação, na moral e nas práticas sacramentais. Incorporou pessoas escravizadas à sua comunidade e, com elas, teve pouco interesse missionário. Perseguiu as culturas e religiões africanas.

As altas autoridades coloniais, com seu poder de gerenciamento da Cristandade através do Padroado Régio, não tinham interesse algum em seguir determinações papais, como as de Paulo III por meio da bula *Sublimis Deus*.

Em seu aparelho institucional, a Igreja foi incapaz de levantar sua voz contra a tão grave injustiça que foi a escravidão negra. Porém, vozes e atitudes de alguns membros do clero tentaram amenizar as torturas infringidas aos escravizados e sinalizaram que estes deviam ser vistos e tratados como pessoas humanas, não como peças ou mercadorias.

5
Igreja e escravidão negra no Brasil do ouro

O Brasil do ouro foi o do século XVIII. Mas ele já havia começado na última década dos anos de 1600, com a descoberta das minas. Os bandeirantes paulistas descobriram, em 1698, a zona de mineração das serras de Minas Gerais; em 1719, a do Mato Grosso; e, em 1725, a de Goiás (cf. Ribeiro, 1995, p. 372-374).

Nessas regiões passaram a ser ainda mais atrozes as torturas contra os negros escravizados. E não faltou escravização de indígenas. Os bandeirantes que vinham do Planalto de Piratininga, em suas expedições financiadas por autoridades régias, procuravam metais preciosos, mas principalmente pilhavam os povos indígenas e capturavam muitos deles para o trabalho escravo.

É importante considerar que os bandeirantes, com uma economia pouco vinculada ao mercado, não tinham condição econômica para comprar africanos escravizados. Então, escravizar indígenas lhes era um grande negócio (cf. Volpato, 1985, p. 45).

A mineração se fez sem planejamento e sem critérios. A depredação, o desmonte hidráulico e a devastação do meio ambiente foram tão grandes que a serra de Ouro Preto chegou a ser totalmente descaracterizada.

Nesse panorama caótico das regiões das minas, a população aumentou rapidamente. De forma imprevisível, surgiu uma sociedade desarranjada e complexa. Sobre ela, a Coroa portuguesa tentava manter certo controle social, mas não abria mão da arrecadação do "quinto", isto é, de 20% de todo o ouro retirado das minas. Daí a repressão sem limites, bem como a proibição da presença de missionários das ordens religiosas nas zonas de mineração. E o poder central passou a impor-se com um centralismo absolutista.

Aqui, propomos um olhar mais alargado aos sujeitos da missão cristianizadora, atuantes às margens do sistema e de forma geralmente anônima, haja vista que, nas regiões de mineração, sob rígido controle, a missão cristã católica foi exercida principalmente por pessoas leigas.

5.1 Guaratinguetá entre as minas e o mar

Um povoado havia nascido no Vale do Paraíba em 1640, ao redor de uma capelinha coberta de palha dedicada a Santo Antônio. O lugar, oficializado em 1651 como Vila de Santo Antônio de Guaratinguetá, teve seu ritmo drasticamente mudado na última década dos anos de 1600, por causa da descoberta das jazidas, primeiro de ouro e, logo depois, também de diamantes. Chegou a corrida do ouro, com graves conflitos sociais e crescente repressão policial.

Na febre do ouro, milhares de exploradores passavam por essa vila. Os ricos vinham bem aparelhados, com muitos negros guineanos escravizados especializados na mineração, além de gado, ferramentas e provisões. E os mineradores sem recursos vinham munidos de qualquer apetrecho.

Em meio a todo tipo de pessoa que por ali passava, estavam muitos portugueses indesejados e descartados. Povos indígenas eram confrontados e atacados. Muitos mendigos vagavam pelos arraiais, e era comum encontrar gente morta debaixo de pontes e no fundo de córregos. Havia sonegação do imposto sobre o ouro extraído, motins, tentativas de exclusividade no comércio da carne, alta exagerada no preço dos alimentos. Além do despreparo para a mineração, aquela população comprava os alimentos com ouro e não se preocupava com a agricultura, nem com a criação de animais, daí a alta nos preços (cf. Cordeiro, 2018, p. 44-47).

Os paulistas, que os de fora chamavam de "bandoleiros sem lei", viam-se no direito do domínio exclusivo das minas, que diziam pertencer à Capitania de São Vicente. Alegavam os seus esforços em descobri-las e o mérito de abrir caminhos até elas, além de se orgulharem do fato de a Coroa portuguesa ter recorrido a eles para derrotar o Quilombo dos Palmares e a Confederação dos Cariris.

Mas também se impunham os estrangeiros e os brasileiros vindos de outras capitanias, apelidados pelos paulistas de "emboabas". Eles eram principalmente portugueses que chegaram depois e, pela força das armas e do dinheiro, apoderaram-se das melhores minas. Nessa multidão vaga e tumultuária, em nenhum dos lados havia amor à terra, mas todos eram forasteiros na disputa de riqueza.

O conflito resultou na Guerra dos Emboabas, em 1707. Nas regiões de Sabará, Caeté, Vila Rica e São João Del Rei houve combates que resultaram em muitas mortes. Com um grande exército, em 1709, os emboabas fizeram os paulistas se renderem e se retirarem. Então, a Coroa portuguesa reorganizou a administração da Colônia de modo a priorizar o controle da produção aurífera. Criou a Capitania de São Paulo e Minas do Ouro, apartadas das de São Vicente e Rio de Janeiro. Para manter a ordem nessa nova capitania, impedindo quaisquer manifestações no local, enviou duas equipes de força militar, as Companhias de Dragões. Mas a exagerada cobrança de impostos ocasionou revoltas e rebeliões, em meio ao contrabando, à sonegação de informações sobre as descobertas de ouro e à distribuição ilegal para outras regiões. A repressão e o controle então se tornaram mais rígidos, com proibição de abertura de novas estradas e passagens (cf. Cordeiro, 2018, p. 44-47).

No entanto, a guerra entre paulistas e emboabas, em 1709, ainda não era conhecida em Lisboa quando Antônio de Albuquerque chegou ao Rio de Janeiro, nomeado governador-geral dessa capitania. Com seus conhecimentos militares e sua larga experiência nos negócios coloniais, ele subiu às minas para apaziguar a região e estabelecer o poder da Coroa. Como explica Romeiro (2008), esse governador ficou consagrado pela interpretação histórica de um segmento da oficialidade como um herói medieval, modelo de funcionário ideal da Coroa, aquele que conseguiu a passagem da barbárie para a sociedade política. Assim o entendeu Claudio Manuel da Costa, em seu poema "Vila Rica" (cf. Costa, 1996, p. 372). No entanto, Albuquerque viajou disfarçado e limitou-se a afastar as lideranças mais destacadas. E vendo que os paulistas haviam se embrenhado pelos matos ou retornado às vilas vicentinas, mostrou ter ficado do lado dos emboabas.

No oposto está a compreensão da trajetória de Dom Pedro Miguel de Almeida Portugal, o Conde de Assumar. A historiografia tem sido unânime em descrevê-lo como um homem autoritário, violento e repressor. Zeloso em fazer com que as leis de Portugal fossem cumpridas, ele inaugurou a repressão ali na região.

O território mineiro foi todo militarizado. Além da instituição repressora chamada Regimento dos Dragões, multiplicaram-se capitães do mato à caça de negros foragidos. E correspondente à figura do capelão de engenho, obediente ao patriarca, ali surgiu a figura do capelão militar, obediente ao coronel. Mas além da militarização houve maior controle sobre a Igreja. A Coroa proibiu a presença de ordens religiosas. Sem aldeamentos indígenas, sem catequese em tupi, sem missionários na linha dos jesuítas, restou um clero marcadamente português (cf. Hoornaert, 1974, p. 92).

O Conde de Assumar governou as Minas Gerais de 1717 a 1721. Em 1716, Dom João V o havia nomeado governador e capitão-geral de São Vicente, capitania que ainda abrangia as províncias de São Paulo e Minas Gerais. Assim, em junho de 1717, ele chegou ao Rio de Janeiro. Em agosto, viajou para São Paulo. Seguia dali para Minas, quando chegou à Vila de Guaratinguetá, no dia 17 de outubro de 1717.

A piedosa narrativa do encontro de uma pequena imagem da Senhora da Conceição por três pescadores, que a retiraram do fundo do Rio Paraíba do Sul, situa-se na passagem desse governador de fria crueldade na relação com os negros escravizados. Em uma carta que escreveu em 21 de novembro de 1719, ele deu ordem para que todo negro fugitivo tivesse a artéria do pé cortada. Ordenou a decapitação e a exposição da cabeça de um negro. Tomou uma série de medidas para impedir a ascensão social de um bando de negros que havia fugido em 7 de abril do mesmo ano, como a de negar a obtenção de carta de alforria sem o consentimento do rei e a de não soltar os negros aprisionados pelos capitães do mato sem que os ouvidores-gerais averiguassem todo o tempo da sua fuga e o lugar onde foram presos (cf. Carta de D. Pedro..., códice 11, fl. 282v.).

Indignado com o que via como "frouxidão" dos senhores, que deixavam "liberdade licenciosa" aos seus escravizados de andarem pelas ruas (cf. Carta de D. Pedro..., códice 11, fl. 170), o Conde de Assumar tentou controlar as relações sociais entre brancos e negros e diminuir a liberdade dos negros nas minas. Sua política administrativa repressora acabou desestabilizando os costumes da região e fazendo aumentar a resistência das pessoas escravizadas.

É fato que os negros nunca aceitaram passivamente a escravidão. Resistiram de diversas formas, inclusive com agressões contra os senhores. Sua resistência se fez também através de fugas, individuais ou em massa. Centenas de quilombos no Brasil foram constituídos por negros que escapavam da escravidão pela fuga e recompunham formas de organização social semelhantes às africanas. O de Palmares, com sua rede de povoados situada onde atualmente está parte do estado de Alagoas, teve milhares de habitantes. Formado no início do século XVII, durante quase um século o Quilombo dos Palmares resistiu aos ataques dos portugueses e dos holandeses, até sucumbir às tropas comandadas pelo bandeirante Domingos Jorge Velho, em 1695 (cf. Fausto, 1996, p. 30).

A resistência por meio da religião foi muito importante. Tratava-se do catolicismo, absolutamente obrigatório e hegemônico, mas entendido e vivido pela população de escravizados e de pobres através de outros códigos, outras maneiras, outras chaves culturais.

Os escravizados estavam na base da sociedade colonial, e o trabalho mais duro era o da mineração; ainda pior quando escasseou o ouro do leito dos rios. Obrigados a trabalhar nas galerias subterrâneas, os escravizados contraíam doenças como disenteria, malária e infecções pulmonares. Eram comuns as mortes por acidente. Assim, conforme estimativas, a vida útil de um escravizado minerador era de 7 a 12 anos (cf. Fausto, 1996, p. 64).

Entre as minas e o mar, Guaratinguetá era uma triste amostra do caos, com todo o tipo de problemas sociais. Transformada num entreposto de mercadorias e de escravizados, era a única passagem para as tropas, os aventureiros, exploradores, comerciantes, em vultosa transladação humana.

De um lado estava Minas Gerais, segregada das demais capitanias, sem estradas abertas, aprisionada pela Coroa portuguesa que queria usurpar-lhe o ouro e os diamantes; do outro lado, o estreito acesso que levava ao Rio de Janeiro. Era pelo mar, no Rio de Janeiro, que entravam escravizados e suprimentos, lugar pelo qual também saía o ouro extraído das minas.

Isso fez o eixo da Colônia deslocar-se da Bahia para o Centro-Sul. Naquelas primeiras décadas da mineração, foi afetada até a principal economia, a açucareira. O preço da mão de obra escravizada aumentou por causa da maior demanda e houve deslocamentos populacionais. A desenfreada busca por riqueza ocorreu numa região sem estrutura apropriada, o que gerou fome e inflacionou toda a colônia. Embora Minas Gerais passasse a ostentar uma vida cultural favorecida pela febre do ouro, nas regiões mineradoras a população era eclética. A riqueza se concentrava nas mãos de uma minoria. Foi na complexidade que sobreviveu a ampla camada de população livre e pobre, com suas limitadas possibilidades econômicas (cf. Fausto, 1996, p. 61, 65).

5.2 Da Senhora da Conceição a Nossa Senhora Aparecida

A imagem sagrada encontrada por três trabalhadores da pesca foi, desde o início, chamada de Aparecida. Vemos isso na narrativa preservada na memória da comunidade devota, tecida e compartilhada num cotidiano de interação da fé com a luta pela sobrevivência. Com sua linguagem mítica, o relato preserva o sentido mais profundo da experiência de fé dos sujeitos[14].

Os pescadores de Guaratinguetá receberam da Câmara a ordem de apresentar todo o produto da sua pesca para o banquete do governador, o Conde de Assumar, com a sua comitiva. Três deles – Domingos Martins Garcia, João Alves e Filipe Pedroso – lançaram suas redes desde o porto de José Correa Leite, percorrendo grande distância sem tirar peixe algum. Chegando ao porto de Itaguaçu, João Alves lançou sua rede de rastro e tirou o corpo da Senhora, sem a cabeça. Lançou a rede novamente, mais abaixo, e tirou a cabeça da mesma Senhora. Guardou as partes num pano. Dali por diante, em poucos lanços, foi tão copiosa a pescaria que

14. A narrativa do encontro da imagem de Nossa Senhora Aparecida, com seu contexto histórico, pode ser lida na obra do padre redentorista Júlio Brustoloni (1998). Com base nos relatos dos moradores e do Padre Villela, vigário daquela região, o Padre João de Morais e Aguiar escreveu uma descrição, que foi firmada em 1757 no Primeiro Livro do Tombo da paróquia de Guaratinguetá, 40 anos após os eventos descritos.

os três tiveram receio de que as canoas naufragassem pelo peso. Admirados, retiraram-se para as suas vivendas.

Por cerca de 15 anos, a imagem foi cultuada na casa de Filipe Pedroso. Depois, com idade avançada, Filipe a confiou a seu filho Atanásio Pedroso, que lhe construiu uma capelinha na beira da estrada e a colocou num altar de paus. A comunidade devota lá acorria todos os sábados para rezar, cantar o terço e as ladainhas, testemunhar prodígios. A devoção irradiou-se rapidamente em vasta região. Pela grande afluência do povo, em 1745 foi erigida, no Morro dos Coqueiros, uma capela maior, construída por escravizados do Capitão Raposo Leme e com a ajuda voluntária de vizinhos (cf. Brustoloni, 1998, p. 67-71).

Em uma viva tradição, os testemunhos de fatos extraordinários se vão incorporando à narrativa original, gerada na oralidade do discurso teológico popular. Um dos primeiros testemunhos, naquele contexto de dor mais pungente da escravidão negra, é o da libertação de Zacarias, escravizado fugitivo que foi recapturado pelo capitão do mato. Zacarias pediu para rezar diante da imagem da Aparecida. As pesadas correntes que prendiam seus punhos e pés, quebradas ali milagrosamente, permanecem em destaque na imensa sala dos ex-votos da Basílica-santuário de Aparecida. Como afirma Lucy Penna (2009, p. 64):

> Aparecida chega preta e decapitada. Sua imagem parece mais com a alma cabocla atingida pela extrema humilhação que os escravos, índios e descendentes sofriam sem ninguém para recorrer do que a Virgem Maria das igrejas. E aquela santinha decapitada, possivelmente jogada no rio como imprestável, transformou-se em matriz da força dos humildes. Fonte de esperança, luz no desespero, uma estrela anunciando dias melhores.

Toda essa trajetória da imagem recolhida aos pedaços, reciclada e curada, rebatizada e cultuada nas margens da sociedade e da religião oficial, nos faz pensar positivamente numa relativa heterodoxia.

Não se trata de heresia, mas da ortodoxia vivida de outra maneira, com uma sensibilidade a mais, um cuidado redobrado em lugar e uma circunstância mais exigentes da vida em sua complexidade.

O ícone era da Senhora da Conceição, padroeira de Portugal com todas as suas colônias. Vencido o domínio espanhol, que vigorou de 1580 a 1640, em 25 de março de 1646, o rei Dom João IV celebrou a vitória da restauração portuguesa cumprindo a promessa que fizera, de consagrar a ela Portugal e seus domínios ultramarinos (cf. Hoornaert *et al.*, 1992, p. 349).

A respeito da permanência no fundo do rio, disse o Papa Francisco em sua mensagem ao Conselho Episcopal Latino-Americano (Celam), quando da celebração dos 300 anos da Aparecida: a imagem cercada de lama mostra a Mãe que, dedicada aos filhos, vai até onde não se espera, "não tem medo de se submergir com eles nas vicissitudes da história e, se necessário, sujar-se para renovar a esperança [...]" (cf. Não tenhamos..., 2017).

Digno de nota é o modo inovador com que o artista santeiro devoto modelou aquela imagem de terracota, imprimindo-lhe traços da apropriação no mundo dos pobres e dominados. Mesmo seguindo os padrões da oficialidade, não a fez com a costumeira inclinação para a frente, mas com um porte levemente inclinado para trás. Tornou-a mais parecida com as mulheres brasileiras, com um leve sorriso nos lábios, covinha no queixo, flores que lhe enfeitam os cabelos soltos e também a testa (cf. Domezi, 2007, p. 83-86).

Nas possibilidades da heterodoxia, do espaço indefinido entre as fronteiras e da ambiguidade como resistência, a imagem tinha a necessária hibridez para um crescente enegrecimento. Assim, apropriada pela fé dos pobres, a imagem-significado pôde circular livremente entre os espaços oficial e popular, aberta aos sincretismos nas dobras da cultura e da religião dominantes. Por meio da imagem-significante da Imaculada Conceição, oficializada no mundo patriarcal dos colonizadores como Senhora e Dona, a fé operante do povo devoto pôde captar um significado descolonizador, o da Nossa Senhora Aparecida. Pôde também sinalizar, por meio da reciclagem de destroços e da bricolagem de significados, uma adesão livre ao cristianismo com potencial de recuperação da dignidade dos subjugados.

Nesse dinamismo cultural-religioso a devoção interage com a luta cotidiana pela sobrevivência, pela dignidade e pela identidade. Como afirma Darcy Ribeiro (1995, p. 131-132), o povo brasileiro se formou de um modo tortuoso, em meio a desarranjos, destruições familiares, quebras culturais, rompimento de laços étnicos e de tradições religiosas, mestiçagem acelerada, estupros de mulheres negras e indígenas. Na condição de não europeus, brasilíndios e afro-brasileiros foram "desindianizados" e "desafricanizados". Assim, obrigaram-se a buscar coesão no plano emocional. E a ambiguidade foi o único espaço para a identidade étnica.

É na fronteira entre a Dona e a Mãe compassiva que os sujeitos devotos, nos dinamismos da cultura popular, valem-se da ambiguidade da "Nossa Senhora", que passa a ser invocada como a "minha Nossa Senhora Aparecida". Em um ponto máximo de proximidade e intimidade com ela, a fé dos sofredores capta o sentido do seu "aparecimento" através do ícone emprestado da oficialidade, na fértil heterodoxia a serviço da redenção e da libertação dos cativos (cf. Domezi, 2017, p. 190-191).

Esse era o modo do cristianismo católico que a imensa população escravizada alcançou viver, já que não houve missão propriamente dita para evangelizá-los. A compreensão do *Peregrino da América*[15] era a de que o caminho para a santidade é o da devoção aos santos e da observância dos mandamentos da lei de Deus, sem

---

15. *Peregrino da América* é um compêndio narrativo que foi *best-seller* em Minas Gerais no século XVIII, com cinco edições portuguesas entre 1728 e 1765. Essas narrativas são de um devoto, em suas andanças pela região (cf. Pereira, 1939).

mediação sacerdotal de modo específico e à margem do controle das autoridades eclesiásticas. Esse caminho de santificação só passa pelos sacramentos oficiais da Igreja de modo periférico e ocasional (cf. Hoornaert, 1992b, p. 307-308).

5.3 Catolicismo leigo, santeiro e comunitário

Os colonizadores implantaram, na terra de Santa Cruz, como religião oficial e obrigatória, uma forma de catolicismo luso-brasileiro com características patriarcais. Porém, longe de ser um catolicismo oficial puro e genuíno, essa forma já trazia uma pluralidade de expressões e, especialmente, um forte acento devocional.

Aliás, na matriz comum do cristianismo ibérico medieval dos conquistadores não se pode dizer que existisse um catolicismo propriamente romano. Era uma forma ocidental ibérica, anterior ao Concílio de Trento e às polêmicas antiprotestantes. E por ter passado por 700 anos de reconquista, na guerra contra os muçulmanos, moldou-se com traços contraditórios, entre a tolerância e a crueldade, com espírito de conquista e de nacionalismo (cf. Espín, 2000, p. 187-190).

No entanto, mesmo com a violência da colonização, a religião que aqui chegou não foi a da alta dogmática, que só era alcançada por uma pequena parte do clero. A maior parte dos padres e as pessoas leigas em geral só alcançavam o essencial da doutrina. Por isso, os colonizadores trouxeram a tradição piedosa das aldeias, que esteve viva ao longo da chamada Idade Média. Nessa tradição estava tudo o que se considerava necessário para uma vida cristã, como as antigas definições de fé, as crenças, as práticas litúrgicas e sacramentais, as devoções piedosas da comunidade, a disciplina, os autos da fé (cf. Espín, 2000, p. 190-195).

Especificamente, o catolicismo do ciclo mineiro primou pelas festas e pelos triunfos eucarísticos. Era religião de confrarias, controladas por funcionários e comerciantes leais à Coroa. Caracterizava-se pelo luxo e pela ostentação por cima da miséria geral. Não foi estabelecido por missionários vindos de Portugal, mas por funcionários e comerciantes ligados à metrópole portuguesa. Fundamentalmente colonialista, esse modo de catolicismo esteve longe de dar resposta aos angustiantes problemas humanos provocados pela escravidão, mais dura do que em outras partes, pela repressão do regimento dos Dragões e pela brutal exploração (cf. Hoornaert, 1974, p. 95-97).

As procissões católicas visualizavam a organização da sociedade mineira. Cada confraria ou irmandade tinha o seu lugar estabelecido. As dos brancos de classe dirigente tinham um lugar privilegiado, enquanto as dos negros escravizados ficavam no último lugar. Desse modo, as cores e as classes sociais andavam juntas, mas sem se confundirem nem alterarem a ordem da hierarquização, que seguia a gradação de cor. Os lugares eram minuciosa e abertamente declarados para cada categoria social: pardos forros, pretos escravizados, pretos forros, mestiços forros, bastardos forros, crioulos escravizados, crioulas escravizadas, crioulas forras, pardas escravizadas, pardas forras, pretas minas, mestiças forras, bastardas escravizadas, indígenas carijós, mestiças escravizadas. Entretanto, as pessoas inferiorizadas estabeleciam coesão entre as da mesma cor, assim contrariando a estrutura colonial que se impunha.

As ordens religiosas foram afastadas dessa região em 1711, pois tinham maior possibilidade de contestação do que o clero secular. Depois, intensificou-se o controle sobre as nomeações de bispos e prelados, de modo que o papel do sacerdote ficou reduzido ao de capelão de confraria. Suas tarefas eram rezar missa, ministrar sacramentos e pregar. O capelão era indispensável, porque a riqueza fácil da mineração chamava festas e cerimônias, que eram sempre religiosas. Havia um grande número de padres seculares, mais concentrados nas cidades (cf. Hoornaert, 1974, p. 93). Eles eram totalmente dependentes do Padroado Régio através da Mesa de Consciência e Ordens.

Note-se que a religião oficial do Brasil colônia tinha um aspecto bastante exterior e tipicamente social. A exigência das autoridades eclesiásticas era a de que fossem cumpridas as obrigações oficiais do culto católico. Paralelamente, mas sempre numa circularidade com o oficial, sobrevivia o catolicismo de devoção, mais íntimo e impregnado de sentimento religioso. Assim, enraizou-se entre o povo o catolicismo devocional com sua larga marca de sincretismo. Seus principais agentes eram pessoas leigas integrantes da própria comunidade, especializadas em determinadas funções e respeitadas no exercício delas, como os cantadores, as benzedeiras e os benzedores, os conselheiros, os irmãos da mesa das irmandades. Eles e elas não se apartavam da vida cotidiana na comunidade, exceto alguns que optavam por uma vida de recolhimento, como os ermitães (cf. Azzi, 2004, p. 314).

A espiritualidade dos ermitães vinha de um movimento de renovação cristã ocorrido no fim do século XVII em Portugal, que se sustentava nas confrarias e nas ordens terceiras. Eles se dedicavam à vida ascética e também promoviam obras de culto e devoção. Seu modo de viver e de ajudar os sofredores contrastava com a vida luxuosa e a conduta imoral dos senhores dos arraiais mineiros. Com o lema "padecer e amar", eles refutavam o luxo e valorizavam a penitência.

Conforme descreveu o historiador mineiro José Ferreira Carrato (1963, p. 183-188), eles geralmente deixavam crescer os cabelos e a barba. Vestidos com tecido rústico e escuro, com uma corda amarrada à cintura e um chapéu rústico desabado, andavam descalços ou com sandálias de couro. Caminhavam muitas léguas pelos sertões, apoiados num bordão. Pendente no pescoço carregavam uma caixa, que era um relicário, com uma imagem do santo da sua devoção. As pessoas devotas beijavam essa imagem, ajoelhando-se ou tirando o chapéu. E, ao redor desses ermitães, cresciam manifestações de devoção popular. Essas manifestações, desaprovadas pelas autoridades eclesiásticas, eram malvistas pelas autoridades do governo colonial e também pelos viajantes estrangeiros, que os chamavam de seres esquisitos, alheios ao mundo, supersticiosos e exóticos.

Os ermitães foram influenciados por um movimento de leigos chamado *Devotio Moderna*, que chegou ao Brasil através de Portugal. Esse movimento tornou a piedade cristã acessível a todos. Antes, ela era enclausurada, reservada só aos praticantes da perfeição cristã que viviam nos conventos. Mesmo sem apoio oficial, a *Devotio* difundiu-se por toda a Europa e, já em 1430, introduziu o livrinho chamado *Imitação de Cristo*. No Brasil, espalhou-se por meio das beatas e dos beatos, principalmente no ciclo da mineração do ouro. Fato interessante é que também padres a praticavam, inscrevendo-se nas confrarias como irmãos ou vestindo um hábito de Ordem Terceira, geralmente de São Francisco ou do Carmo (cf. Hoornaert, 1992b, p. 308-309).

Não será exagero afirmarmos que, na região de Minas Gerais, houve um movimento missionário diferenciado e genuíno, porque impulsionado e sustentado principalmente por pessoas leigas, na base e nas margens da sociedade e da Igreja. Em meio ao caos da violência, da fome, dos perigos de todo o tipo, Minas foi um berço importante do catolicismo popular brasileiro, rico e efervescente em suas manifestações, expressando-se na devoção a Nossa Senhora, ao Senhor Bom Jesus, aos santos e às santas, aos anjos, às almas benditas. Ancorado nas irmandades, nas confrarias e nas ordens terceiras, o catolicismo popular brasileiro alimenta-se das romarias aos santuários.

Enraizado longe da matriz paroquial e quase sem a presença do padre, esse catolicismo desenvolveu-se em torno de capelas, cruzeiros, pequenas igrejas geralmente construídas pelo povo, mesmo sem licença do padre ou do bispo. Apesar das repressões, manteve-se fortemente comunitário, na criação e na estruturação de ritos coletivos e do calendário com festas, pontos de reunião, procissões, novenas, cânticos e ladainhas (cf. Beozzo, 1977, p. 754).

Darcy Ribeiro (1995, p. 90) afirma que o catolicismo popular brasileiro foi implantado principalmente pelas mulheres mamelucas. Como fiéis contritas dos santos e entusiastas seguidoras dos cultos, elas buscavam alcançar a única categoria de gente digna que lhes estava ao alcance. E essa foi a única conversão que os padres conseguiram.

Um aspecto a ressaltar é a devoção mariana, que alcançou uma forte marca de humanização no catolicismo popular. A mesma Nossa Senhora invocada no mundo colonial sob uma grande variedade de títulos que expressavam alegria, dor, ufania, contradição, no meio popular é a Virgem humaníssima, a madrinha e padroeira, mãe como todas as mães, que abraça e amamenta o seu Menino (cf. Carrato, 1963, p. 32).

Também a Bíblia é uma das referências fundamentais do catolicismo popular brasileiro. O acesso a ela tem sido na forma predominantemente oral e comunitária, por meio de diversos caminhos e peripécias. É principalmente a memória coletiva que permite chegar à palavra escrita, com a ajuda de pessoas leigas que são reconhecidas pela comunidade como conhecedoras e leitoras da Escritura Sagrada. O texto bíblico é posto em circulação no meio oral por intermédio de um trabalho coletivo de bricolagem de mitos, histórias, relatos de milagres reunidos numa narrativa local. Desse modo, é possível um conhecimento da Bíblia por meio de memória temática, que não deixa a Palavra de Deus no silêncio da página, mas a coloca na vivacidade da cultura que permeia o tecido social (cf. Domezi, 2016, p. 206).

Mas a efervescente religião popular mineira, que tinha especialmente os ermitães como missionários, foi alcançada pela intervenção do sistema eclesiástico a partir de 1745. Foi quando se estabeleceram os bispados de São Paulo e de Mariana, com as prelazias de Goiás e do Mato Grosso. O bispado de Mariana, constituído unicamente pelo clero secular, empenhou-se em controlar a religião popular, considerando-a supersticiosa, ignorante, fanática e perigosa. O clero exerceu esse controle principalmente por meio do seminário, que formava jovens sem nenhuma sensibilidade pela cultura do seu próprio povo. Assim, menos missionário, o clero mineiro tinha tempo de sobra para dedicar-se aos ofícios de advogado, proprietário de mina ou engenho, negociante, fazendeiro, político, estalajadeiro, curandeiro e até contrabandista de ouro e pedras preciosas. E as paróquias, extremamente distantes da Sé episcopal, eram como um posto avançado de um sistema centralizador (cf. Hoornaert *et al.*, 1992, p. 98-99).

A criação do bispado de Mariana trouxe grande tranquilidade para os senhores brancos, pois, pelo vínculo com o Padroado por intermédio da Mesa de Consciência e Ordens, garantia fidelidade dos padres à Coroa e aos interesses portugueses. Não obstante, o catolicismo popular seguiu seu curso. O povo devoto reunia-se em Congonhas do Campo, seguia nas procissões das confrarias em Ouro Preto, construía igrejas pelo esforço comum dos irmãos de confraria (cf. Hoornaert *et al.*, 1992, p. 98-100).

5.4 De volta às questões iniciais

Na primeira metade do século XVIII a mineração constituiu-se numa tragédia para as pessoas colonizadas, dominadas e escravizadas. Em Minas Gerais formou-se uma sociedade caótica, permeada de graves problemas sociais. A Coroa portuguesa, para garantir sua posse do "quinto" da vultosa extração de ouro e diamantes, exerceu o seu poder com um centralismo radical e muita repressão. Bem mais angustiante foi o sofrimento da população de pessoas escravizadas que trabalhavam nos subterrâneos das minas.

Uma amostra do caos foi a Vila de Guaratinguetá, única passagem dos exploradores com sua escravaria e apetrechos e também único acesso ao mar para exportar os ricos minérios. Justamente ali, uma narrativa de três trabalhadores da pesca, preservada desde a tradição viva das pessoas devotas, testemunha o enorme significado de uma pequena imagem da Senhora da Conceição, recolhida do fundo do rio. Ao fato extraordinário de a rede ter recolhido o corpo sem cabeça e, em seguida, a cabeça da pequena imagem, ao que se seguiu uma milagrosa pesca abundante, outros eventos extraordinários foram sendo vistos aos olhos da fé como intervenção divina, pela mediação da Nossa Senhora que passou a ser invocada como Aparecida. Ressalte-se o testemunho da quebra das correntes que prendiam um negro escravizado.

Com um clero unicamente secular, por causa da proibição da presença de ordens religiosas, os verdadeiros sujeitos da missão cristianizadora nesse ciclo foram pessoas leigas, em diversas funções dentro do catolicismo popular. Destacaram-se os ermitães, que – com sua vida de penitência, caridade e devoção – muito contribuíram com esse modo de viver a religião.

6
Igreja na sociedade em mudança

No fim do século XVIII a colônia brasileira foi afetada pelas marcantes transformações que ocorriam no mundo ocidental. Podemos lembrar a Revolução Industrial a partir da Inglaterra, a Revolução Francesa e a Independência dos Estados Unidos. O Brasil da Casa-Grande e Senzala já não era viável ao novo modo de produção, que modernizava a exploração dos trabalhadores. Também se impunha uma cosmovisão mais racional e científica, contrastante com as mentalidades pautadas numa compreensão sagrada do mundo.

Em Portugal, especial densidade teve o período de 1750 a 1777, com a atuação de Sebastião José de Carvalho e Melo, o Conde de Oeiras. Em 1757 ele se tornou ministro do rei Dom José I e, em 1770, recebeu o título de Marquês de Pombal. Sua liderança cresceu na Corte a ponto de ele exercer o máximo do intervencionismo do Estado na vida interna da Igreja Católica. Ele introduziu modificações radicais no relacionamento da metrópole com a colônia brasileira, misturando as inovações do método mercantilista com o absolutismo do antigo regime. Essas medidas fracassaram, mas causaram crise na colônia, inclusive na economia açucareira e na extração do ouro, que teve queda a partir de 1760.

Em toda a América Latina, a Igreja configurada em suas instituições societárias como cristandade colonial sofreu um abalo considerável, com as reformas iluministas que lhe foram impostas.

Especialmente drástica foi a expulsão dos jesuítas. Na América espanhola, as reformas iluministas se fizeram com um anticlericalismo mais evidente, enquanto, na portuguesa, foi de um modo católico-burguês.

Em 1808 a família real portuguesa transferiu-se para o Brasil, compelida por Napoleão Bonaparte e incentivada pela Inglaterra. Isso fez o Brasil colônia ser temporariamente a sede do governo lusitano.

A fuga em pânico do Rei João VI com toda a família real e seus acompanhantes se deu junto a um tímido movimento de descolonização. A família real acrescentou, repentinamente, cerca de 15 mil pessoas, com todas as suas exigências de conforto e luxo, à população de uns 50 mil habitantes do Rio de Janeiro, habituada a pouco conforto. O fato inesperado provocou a descolonização e mudou os rumos da política no Brasil (cf. Hauck, 1992, p. 11, 20-26).

A abertura dos portos marítimos às nações amigas era abertura a uma conquista burguesa do Brasil, de modo aparentemente pacífico e liberal. Entrava-se em nova época. O Brasil deixava de ser estritamente lusitano e seu espaço religioso deixava de ser estritamente católico (cf. Hoornaert, 1992b, p. 310).

Nossa atenção aqui se volta para os fatores que causaram essa considerável crise na Cristandade, indagando de que modo a Igreja se reorganizou na sociedade em mudança.

6.1 Intervenções iluministas e crise da Cristandade

Desde meados do século XVIII a Inglaterra da Revolução Industrial vinha pressionando as colônias da América Latina a se adequarem ao novo modo de produção econômica. As metrópoles Portugal e Espanha, que estavam financeiramente quebradas, fizeram então um supremo esforço para salvar suas colônias: impuseram-lhes reformas iluministas. Foi como uma segunda conquista da América.

Essas reformas, de cunho nacionalista e regalista[16], tinham como objetivo maior reestruturar a Igreja na condição de submissa à razão do Estado. A maior repercussão foi sentida na expulsão dos jesuítas, primeiro do Brasil e, em seguida, de toda a América Latina.

A política pombalina, pautada no mercantilismo, insistia na colocação dos limites entre as colônias, nas regiões da Amazônia e do Rio da Prata. Na Amazônia, onde os jesuítas se opunham à liberalização da mão de obra indígena, esse empenho foi de Francisco Xavier de Mendonça, irmão do Marquês de Pombal. Mendonça acusou os padres jesuítas de má vontade, falta de apoio, sonegação de indígenas canoeiros e de mantimentos que suas aldeias deviam fornecer. Em 1755, expulsou três daqueles jesuítas; dois anos depois, expulsou outros cinco do Maranhão e mais dez do Pará (cf. Vieira, 2007, p. 21-22, 32).

Os jesuítas eram um empecilho para os que buscavam sistematicamente submeter a Igreja à razão do Estado. A Companhia de Jesus era um baluarte do poder do papado e, como braço militante do Concílio de Trento, reforçava a organização eclesiástica. Além disso, detinha o sistema educacional, reforçando uma posição ética por intermédio da perspectiva humanística da teologia neoescolástica (cf. Bidegain, 1992, p. 125-132).

Mas os homens das altas cúpulas do poder colonial tinham intolerância em relação aos jesuítas também por interesses econômicos. No Brasil, entre as transformações econômicas estava a revalorização das terras e da mão de obra, o que beneficiava as ordens

16. No início do século XIX, entre os católicos no Brasil, a consciência nacionalista adquiriu uma tônica regalista, principalmente pela influência das ideias galicanas, que tinham grande influência na política religiosa de Portugal. O galicanismo apoiava-se na doutrina de João Gerson a respeito das divisões de poder entre Estado e Igreja. Gerson, bem como Ockham, Antônio de Figueiredo e outros tentavam limitar as intromissões e ingerências indébitas da Cúria Romana no âmbito dos estados. Por sua vez, o regalismo pode ser explicado como o entendimento e a prática de uma vinculação mais forte da Igreja local ao poder do Estado, mediante maior independência em relação à Santa Sé (cf. Azzi, 1991, p. 136-146).

religiosas e o clero secular, possuidores de muitas terras e de outros bens que lhes haviam sido outorgados. Então, uma iniciativa oportunista dos reformadores iluministas foi a de levantar acusações de corrupção contra os religiosos, principalmente os jesuítas. E Portugal remediou sua crise financeira desapropriando fortunas da Igreja, da Companhia de Jesus e de famílias nobres de Portugal.

Em especial, as missões dos jesuítas com os indígenas Guarani desagradavam aos homens do poder colonial e à burguesia europeia ilustrada. Embora tolerados por guardarem as fronteiras em territórios mais vulneráveis a invasões, os 30 povos das missões traziam uma experiência alternativa ao sistema colonial. Este trazia um baixo rendimento dos colonos, enquanto nas reduções guaraníticas a produção era abundante e seu usufruto era comunitário.

A intervenção ali foi drástica, a começar pelo Tratado de Madri. Firmado entre os reis João V de Portugal e Fernando VI da Espanha, em 13 de janeiro de 1750, esse tratado definiu os limites das duas conquistas impondo friamente uma permuta de reduções.

A redução do Sacramento, na foz do Rio da Prata, estava onde Portugal havia montado a povoação chamada Colônia do Sacramento. O interesse da Coroa portuguesa estava nas áreas de mineração, principalmente a de São Luís de Potosí, mas a Espanha ficou com essa redução. E para manter os portugueses fora dela, como concessão, entregou a Portugal toda a região dos Sete Povos das Missões, atualmente Rio Grande do Sul. Eram as reduções de São Nicolau, São Miguel, São Borja, São Luís Gonzaga, São Lourenço, São João Batista e Santo Ângelo. Ali atuavam 17 jesuítas espanhóis, que foram obrigados a se retirar, enquanto se permitiu a entrada dos colonos portugueses.

Os jesuítas não aceitaram os termos do acordo, mas de nada adiantaram seus protestos. A política pombalina os acusava de haverem criado um Estado dentro do Estado. Ocorre que também se opuseram à troca a maioria dos Guarani, pois eles consideravam os portugueses seus piores inimigos, principalmente por causa da violência, da matança e da escravização por parte dos bandeirantes paulistas.

Liderados por Sepé Tiaraju e Miguel Taimacay, os Guarani levantaram-se em resistência contra um grupo de demarcadores que, em 1753, atingiu a região de Santa Tecla, atualmente Bagé, então pertencente à redução de São Miguel. Os altos comissários coloniais declararam guerra às missões caso a permuta não se fizesse no prazo de um mês. Foi o estopim para a guerra de resistência dos Guarani, que se estendeu de 1753 a 1756, e cujo desfecho foi o massacre dos Guarani missioneiros pela junção dos exércitos de Portugal e Espanha (cf. Vieira, 2007, p. 21-22).

As poucas reduções que restaram, como as dos franciscanos, gradualmente, se tornariam povoados e paróquias. E os Guarani sofreriam mestiçagem.

Em 1759 os jesuítas foram expulsos do Brasil e de todos os domínios da Coroa portuguesa; em 1764 foram expulsos da França e de seus territórios coloniais; em 1767 foram expulsos da Espanha com suas colônias. Assim, todos os cerca de 2.200 jesuítas que estavam na América Latina foram expulsos sob pena de morte. A Companhia de Jesus chegou a ser suprimida pelo papa em 1773. Contudo, recebidos na Prússia e na Rússia, os jesuítas concentraram-se na Polônia, e a Companhia seguiria seu curso.

Nesse período de apogeu do intervencionismo do Estado na instância interna da Igreja, as relações de Portugal com a Santa Sé foram rompidas, e os documentos pontifícios tinham que depender do beneplácito régio. O impedimento de recorrer a Roma acabou criando múltiplos problemas, principalmente quanto aos restritos e às dispensas. Então, o Marquês de Pombal delegou aos bispos tudo o que estava no poder da Cúria Romana, como dispensas matrimoniais, provisão de beneplácito, sagração de novos bispos diocesanos, mas o povo reagiu negativamente e desobedeceu a certas medidas (cf. Vieira, 2007, p. 23-24).

Após a morte de Dom José I, em 1777, Pombal não conseguiu se manter nesse cargo com prerrogativa de superministro. Mas suas reformas, com a pretensão de modernizar a administração pública de Portugal tirando o máximo de lucro da exploração colonial, atingiram especialmente a colônia brasileira.

O arcebispo Dom José Botelho de Matos manifestou seu desacordo com a expulsão dos jesuítas na Bahia. Não só não foi atendido, como recebeu um decreto de renúncia compulsória. Assim, foi expulso também o núncio apostólico, o arcebispo foi demitido e as relações diplomáticas entre Portugal e a Santa Sé foram interrompidas (cf. Suess, 1992b, p. XLII).

A cristandade colonial brasileira entrou no século XIX abalada por uma profunda crise. No vazio dos jesuítas e com o enfraquecimento das ordens religiosas que aqui restaram, já não tinha clareza da própria identidade. Não havia um centro de unidade dos bispos, que eram poucos. Além disso, esses bispos tinham sua função bastante esvaziada, por causa do gerenciamento leigo e institucional do Padroado Régio. E ninguém substituiu os jesuítas que, com sua rede de colégios, atendiam aos pontos mais importantes do litoral (cf. Hauck, 1992, p. 13).

6.2 Reorganização da Igreja

Uma fase inicial do processo de emancipação começou com a abertura dos portos, em 1808, e se estenderia até o início do segundo reinado, em 1840. Foi um processo diferente daquele da América espanhola. No clima de insatisfação social e política, uma série de movimentos revolucionários e de insurreições culminou na independência em relação a Portugal. A presença da corte no Rio de Janeiro serviu como fator de unificação e fez o processo de independência ser gradativo, numa autonomia por etapas. Em 1815, o Brasil foi proclamado Reino Unido, em igualdade de condições com Portugal, porém continuou a burocracia da administração portuguesa, numa opressão agora mais direta ao povo carente (cf. Hauck, 1992, p. 11, 20-23).

Na América Latina como um todo, a conjugação de insatisfações nos âmbitos da sociedade e da Igreja deu força aos movimentos sociais e populares que se levantaram contra a monarquia e a favor da república. Mas a independência foi proclamada pela elite dos filhos de europeus, desinteressados de uma transformação das estruturas econômicas e sociais. Seu cuidado habilidoso esteve no fato de se manterem dentro da legalidade. Desse modo, os laços com a Europa não foram cortados, mas apenas transformados. O que ocorreu, na verdade, foi uma desintegração dos impérios espanhol e português (cf. Bidegain, 1992, p. 123).

O Brasil passou de colônia a império em 1822, por meio de uma espécie de golpe branco. Diante da iminência de uma emancipação popular, na efervescência de movimentos abolicionistas e republicanos, dos quais também participavam diversos padres, a elite portuguesa se antecipou. Operou uma transformação da colônia, garantindo a continuidade da ligação umbilical com a monarquia portuguesa. Sem independência de fato, o Imperador Pedro I instaurou um regime monárquico constitucional que perduraria até a proclamação da República, em 1889.

Os padres que participavam da luta contra o regime empreenderam esforços na assembleia constituinte de 1823, para que diminuísse o poder do imperador. Porém, Dom Pedro I fechou a assembleia e outorgou sozinho a Constituição brasileira de 1824. Essa Constituição outorgada estabeleceu o catolicismo como religião do Estado, com tolerância em relação aos outros cultos, que ficaram obrigados a se restringir ao espaço privado.

Diversos movimentos populares revolucionários ocorreram no Nordeste do Brasil na primeira metade do século XIX. A partir do Recife, espalhou-se a Revolução Pernambucana, também chamada Revolução dos Padres. Ela eclodiu em 1817 e foi implacavelmente reprimida pelo Rei João VI. Dela participaram padres de ordens religiosas, como os carmelitas, mas também muitos padres diocesanos, cuja formação no seminário de Olinda se fazia na abertura à modernidade.

O reformador foi Dom Azeredo Coutinho, bispo de Olinda de 1798 a 1802. Ele reformou o seminário de Olinda que, voltado para as realidades brasileiras, introduziu no *curriculum* matérias que não eram comuns na formação dos sacerdotes, como a agricultura. O bispo era desenvolvimentista, mas não percebeu o alcance da Revolução Industrial que ocorria na Europa; era liberal, mas contrário às ideias da Revolução Francesa; era contrário aos privilégios dos governadores, mas aceitava e justificava a escravidão. Ele reconhecia o poder absoluto do rei, mas às vezes o contestava, como fez por ocasião da nomeação de um pároco, sendo por isso transferido para Portugal. O seminário de Olinda produziu muitos líderes eclesiásticos das futuras revoluções, mas não contribuiu para uma reforma da Igreja no Brasil (cf. Hauck, 1992, p. 82-83).

A participação de padres também foi marcante na Confederação do Equador, em 1824. Ela ocorreu em Pernambuco e foi violentamente reprimida a mando de Dom Pedro I. Houve enforcamentos, fuzilamentos, açoites até a morte. O carmelita Frei Caneca, que não teve medo de publicar seus escritos contra o imperador, foi condenado ao enforcamento. Diante da recusa do algoz designado para a tarefa, seu martírio foi por fuzilamento (cf. Hauck, 1992, p. 27-29).

Em Pernambuco, o pensamento liberal europeu penetrou mais intensamente entre aristocratas e intelectuais ligados à maçonaria, membros das irmandades católicas, membros das ordens religiosas e do clero diocesano formado no seminário de Olinda. Discussões acaloradas sobre a independência, a liberdade, a Constituição e os direitos dos cidadãos precederam a revolução de 1817. O governador português foi deposto e se organizou um governo provisório da República Pernambucana, com representantes das diversas classes e segmentos da sociedade local. O movimento consolidou-se e ganhou apoio de outras províncias, mas foi logo desbaratado pela repressão. Houve execuções sumárias, suplícios, prisões e confiscos de bens. Pernambuco perdeu a comarca de Alagoas, e o seminário de Olinda foi fechado; contudo, as lutas continuaram. Em 1821, os pernambucanos expulsaram as tropas lusitanas, proclamando um governo autônomo e representativo da sociedade local (cf. Teixeira, 1991).

De modo estrutural, no entanto, continuou vigorando o regime de Padroado, mesmo em meio a polêmicas e conflitos com a secularização. Instituído civilmente na Constituição de 1824, o Padroado obteve a concessão da Santa Sé depois das negociações feitas pelo enviado do imperador, Francisco Correia Vidigal, que era monsenhor da capela imperial. Essa concessão foi feita pelo Papa Leão XII em 1827, por meio da bula *Praeclara Portugalliae*, porém o parecer da Câmara dos Deputados foi o de que esse documento pontifício era anticonstitucional e que o Padroado era inerente à soberania nacional. A Santa Sé nem foi informada sobre a não ratificação da bula, pois não tinha um representante no Brasil (cf. Accioly, 1949, p. 213-312).

Só em 1855 essa informação chegou à Cúria Romana, que enviou ao Brasil um representante, instruído para insistir na explicitação da bula: nomear e apresentar bispos e canonicatos era privilégio pessoal do Soberano por concessão pontifícia. O Padroado não era inerente à Coroa, mas sim uma concessão da Santa Sé, como prerrogativa pessoal do imperador, na qualidade de grão-mestre da Ordem de Cristo. A Cúria seguiu mantendo essa posição, desconsiderando o parecer da Câmara (cf. Santirocchi, 2012).

Esse impasse sobrepôs-se à situação preocupante da Igreja após as intervenções do Marquês de Pombal. Em todo o Brasil, as dioceses eram apenas sete: Salvador, Rio de Janeiro, Olinda, São Luís, Belém, Mariana e São Paulo, além das prelazias de Cuiabá e de Goiás. Não havia nenhuma universidade. O povo, analfabeto em sua imensa maioria, tinha apenas um conhecimento rudimentar da doutrina cristã, enquanto, na classe política e dirigente, circulavam ideias maçônicas, galicanas e com resquícios jansenistas (cf. Vieira, 2007, p. 9).

Nos primeiros anos do Brasil Império, a Santa Sé buscou soluções harmônicas entre os dois poderes, insistindo em obter a colaboração do Estado para recuperar a sua autoridade sobre a Igreja no país e empreender a sua reforma. Para isso, concretizou a representação pontifícia por meio de uma Internunciatura no Rio de Janeiro e também incentivou o movimento ultramontano (cf. Santirocchi, 2012).

O ultramontanismo se contrapunha ao regalismo, corrente dos defensores da intervenção dos governantes na vida interna da Igreja. Ser ultramontano era manter fortemente o centralismo em Roma[17].

Foi buscando voltar a Roma que a Igreja se lançou na própria restauração. O movimento de restauração católica teve um modesto início no Pará, ampliando-se numa cadeia crescente. Dom Romualdo de Sousa Coelho, bispo do Pará de 1819 a 1841, criou um círculo de influências, no qual estiveram seu sobrinho Dom Romualdo Antônio de Seixas, arcebispo da Bahia de 1827 a 1860, e Dom Marcos Antônio de Sousa, bispo do Maranhão de 1827 a 1842. Esses três bispos adotaram o programa de reforma do Concílio de Trento: formação de um clero ilustrado e santo, ver-

17. O termo *ultramontanus*, em latim, pode ser traduzido como "além das montanhas", pois referia-se ao poder da Santa Sé que ultrapassa os Alpes, ou seja, o poder de Roma na Igreja em todas as nações.

dadeiros homens da Igreja; e instrução religiosa do povo por meio da catequese (cf. Hauck, 1992, p. 11, 83).

O impulso maior da restauração católica, que teve apoio e incentivo da Santa Sé, deu-se a partir de meados do século XIX. Os principais centros de difusão foram as dioceses de Mariana e de São Paulo. Os bispos que a lideraram foram, principalmente: Antônio Ferreira Viçoso, de Mariana; Antônio Joaquim de Melo, de São Paulo; Romualdo Seixas, da Bahia; Antônio de Macedo Costa, do Pará; Sebastião Laranjeiras, do Rio Grande do Sul; e Vidal de Oliveira, de Olinda. Sem poder contar com uma colaboração mais eficiente do clero nacional, em grande parte imbuído de ideias liberais e regalistas, esses bispos recorreram a religiosos vindos da Europa, principalmente os padres lazaristas, ou da Missão, que assumiram a direção da maioria dos seminários. Também colaboraram os capuchinhos e os jesuítas, que foram reintroduzidos no Brasil a partir do Segundo Reinado.

Destacou-se Dom Antônio Ferreira Viçoso, bispo da diocese mineira de Mariana desde 1844. Ele era português e havia chegado ao Brasil em 1819, como missionário lazarista. Durante 31 anos exerceu seu ministério de bispo de Mariana. Em inúmeras visitas pastorais, percorria aquela diocese de grande extensão geográfica, realizava pregações diárias para o povo, fazia encontros privados com os padres, recolhia esmolas para a reforma do seminário. Também cuidou da construção do palácio episcopal e dedicou-se, principalmente, à moralização do clero (cf. Vieira, 2007, p. 121-125).

Dom Viçoso criticava as constantes intervenções do governo imperial nos assuntos internos da Igreja. Suas iniciativas estiveram num decidido empenho de reforma do clero, especialmente no que se refere à observância do celibato; à reestruturação do seminário diocesano; ao estabelecimento regular de visitas pastorais às comunidades do seu bispado de grande extensão; e às missões populares. Ele também criou em torno de si um grupo de bispos e sacerdotes atuantes na mesma linha de ação, que seguia minuciosamente as diretrizes de Roma. Isso foi durante o pontificado de Pio IX, que se estendeu de 1846 a 1878 (cf. Matos, 1996, p. 21).

Desse modo, a reforma católica que vigorou foi a que abraçou a mesma concepção de reforma do Concílio de Trento e que uniu os tradicionalistas na defesa da Igreja como sustentáculo do Estado cristão. Na busca de libertar a Igreja da tutela imperial, a estratégia dos bispos foi a de maior aproximação com Roma, com a aplicação efetiva dos decretos disciplinares do Concílio de Trento, embora 300 anos depois do seu evento. Os laços com a Santa Sé passaram a ser reatados num forte alinhamento com Roma. Esse movimento reformador, bastante alinhado com as diretrizes romanas do pontificado de Pio IX, é entendido também como um movimento de romanização da Igreja no Brasil, haja vista que, em 1870, quando ocorreu a invasão da cidade de Roma e a perda do último reduto dos Estados Pontifícios, os diocesanos de Mariana foram exortados a socorrer com preces e doações o papa considerado mártir (cf. Matos, 1996, p. 20-22).

Mas havia tentativa de reforma da Igreja também em outra direção, como ocorreu em São Paulo com a liderança do Padre Diogo Antônio Feijó. Propunha-se uma Constituição Eclesiástica para a Diocese de São Paulo com estas principais propostas: o presbitério como órgão de governo ao lado do bispo; a dispensa da lei do celibato eclesiástico e a ordenação presbiteral de leigos casados capacitados; e a criação de um caixa comum para o conjunto dos sacerdotes. Obviamente, esse projeto foi desaprovado em Roma (cf. Comblin, 2002, p. 16).

No entanto, o protagonismo não foi apenas dos bispos e do clero. Também a imigração europeia, no contexto social do Brasil do café, favoreceu o movimento reformador da Igreja.

No Brasil, em 1840, o café passou a ser o principal produto de exportação. Os senhores de engenho foram substituídos pelos barões do café, que continuaram os padrões da família patriarcal. O novo *status* era o dos comissários do café, ricos intermediários entre os produtores e os exportadores. Mantinha-se a estrutura do latifúndio mesmo ocorrendo uma ocupação mais sistemática do solo. Com poucos indígenas depois de tanto extermínio e a desvalorização dos trabalhadores brasileiros que eram mestiços assalariados, o café era produzido em latifúndios e por mão de obra escravizada. O tráfico negreiro foi intenso para a produção cafeeira e, apesar de ter sido suspenso em 1850, com a promulgação da Lei Eusébio de Queirós, continuou por contrabando.

Foi nesse contexto que o governo imperial incentivou e promoveu a vinda de grandes levas de europeus. Era preciso criar a pequena propriedade e incrementar o trabalho livre, mas o objetivo principal do incentivo à imigração europeia foi o branqueamento da população (cf. Azzi, 1993, p. 68-70).

No início do século XIX, as oligarquias escravocratas da Bahia haviam constatado que o Brasil era uma nação negra. Assustava-os o levante do Haiti em 1804, que eliminou a minoria branca. E, desde a vinda da família real portuguesa para o Brasil, em 1808, afirmou-se a convicção da necessidade do branqueamento da raça. Isso só poderia ocorrer permitindo-se o ingresso de populações europeias, inclusive protestantes, ao mesmo tempo que era feita a substituição de mão de obra escravizada por mão de obra livre (cf. Dreher, 2005, p. 50-51).

Os primeiros imigrantes foram os suíços, em 1819, obrigados a ser católicos. Na época imperial vieram também muitos franceses, ucranianos e russos. Mas o maior número foi de alemães, que se espalharam pelo Sudeste e pelo Sul do país – dos quais muitos eram luteranos. Também se fixaram mais no Sudeste e no Sul os italianos, que começaram a chegar em 1850 e migraram mais intensamente a partir de 1870. Com pequenas propriedades rurais no Estado de São Paulo, os italianos substituíram os negros escravizados nas fazendas de café. Os poloneses, que vieram a partir de 1871 e se fixaram no Sul, tiveram desvantagem porque os alemães e os italianos já haviam ocupado as melhores terras.

Vigorava, ainda, a obrigatoriedade do catolicismo, estabelecido como religião do Estado pela Constituição brasileira de 1824. Os outros cultos eram tolerados, mas tinham que ser privados. Desse modo, o imigrante não católico era considerado cidadão de segunda categoria e, assim, impedido de acessar diversos direitos na sociedade. E a alteração que começava na face religiosa do país se tornaria mais profunda de 1880 a 1914. A diversificação religiosa se faria com a vinda de suíços e alemães luteranos, ingleses anglicanos, norte-americanos batistas e presbiterianos, muçulmanos do Oriente Médio, ortodoxos russos, budistas e xintoístas japoneses, entre tantos outros. Alteravam-se também as ideias, com carbonários italianos saídos das prisões dos Estados Pontifícios em 1836, liberais de esquerda e socialistas europeus, anarquistas e republicanos (cf. Beozzo, 1993b, p. 30-41).

Mas o pluralismo crescia também no interior do próprio catolicismo. Os migrantes católicos vindos de diversos países europeus, fixados em pequenas propriedades, não se reconheciam por completo na forma de catolicismo que vigorava no Brasil. Isso, frequentemente, levou as comunidades locais a improvisar sua prática católica, inclusive com o fenômeno dos "padres leigos", construindo sua capela e distribuindo as tarefas ministeriais. De modo semelhante agiram imigrantes protestantes e de outras religiões (cf. Beozzo, 1993b, p. 40-52).

Os imigrantes católicos se esforçavam para reativar nas novas regiões onde se instalaram a religião de seus pais e de seus lugares de origem. Os italianos, principalmente, trouxeram a hegemonia eclesiástica italiana, de centralismo romano. Ao mesmo tempo, era frequente recorrerem a rezadores e benzedores de tradição cabocla ou africana, em casos de doenças de pessoas e de animais. O catolicismo dos imigrantes, pelo seu caráter familiar, comunitário e rural, ao redor da capela, aproximou-se mais da forma de catolicismo luso-brasileiro do que do catolicismo "romanizado" (cf. Azzi, 1993, p. 92-93).

Mas também é fato que os bispos propulsores da reforma católica tiveram apoio das colônias de imigrantes católicos instalados no Sul do Brasil, principalmente dos italianos e dos poloneses. Do seu meio, surgiram muitas vocações sacerdotais e religiosas.

O apoio foi ainda maior da parte das dezenas de congregações religiosas vindas da Europa, principalmente da Itália, da França, da Alemanha e da Holanda. Foram religiosas e religiosos que contribuíram para o fortalecimento de um catolicismo europeizado e romanizado.

A reforma católica implantou uma expressão de catolicismo mais sacramental e doutrinária, deslocando a ênfase do espaço leigo para o poder do bispo e do padre, da religião familiar para a do templo, das rezas populares para a missa e os sacramentos. Essa reforma buscou substituir os santos da devoção popular por santos da oficialidade da Igreja e com representação europeia e insistiu na instrução catequética, combatendo os rituais de devoção popular, vistos como ignorância e superstição. O clero formado no centralismo romano, distante dos movimentos sociais e da luta pela abolição da escravatura, foi repressor das manifestações de devoção popular, como as do beato Antônio Conselheiro, em Canudos, e as do Padre Cícero Romão Batista, em Juazeiro do Norte.

6.3 A "questão religiosa"

Pedro I abdicou do trono de imperador do Brasil em 1831, pressionado por acusações de favorecimento dos interesses portugueses. Regressou a Portugal, deixando como Príncipe Regente seu sucessor dinástico, o filho Pedro II, de apenas 5 anos, e nomeando José Bonifácio de Andrada e Silva como tutor do menino. Seguiu-se um período regencial até a proclamação da maioridade de Pedro II, com 15 anos de idade. Assim, o segundo imperador foi coroado em 1841.

A Igreja Católica tinha sua própria organização de poder, mas esbarrava nos limites da relação com os poderes civis. À medida que o Estado se organizava, o regalismo imperial tornava-se mais intenso, com interferências cada vez mais incisivas e prepotentes em instâncias antes consideradas da competência do poder espiritual ou, pelo menos, de competência civil-eclesiástica (cf. Santirocchi, 2012).

Da parte de Roma, foram diversas as buscas para resgatar a autoridade da Igreja perante o governo. Houve a tentativa de uma concordata em 1858 e foram reelaborados os acordos que regiam o direito do Padroado. Outras tentativas foram a modificação dos pontos da legislação brasileira que prejudicavam a autonomia e a autoridade da Igreja, o restabelecimento dos seus privilégios judiciários e o incentivo a uma reforma institucional e de costumes. Na relação com o governo brasileiro, a Igreja não obteve sucesso, mas foi bem-sucedido o movimento reformador iniciado pelos bispos do Brasil, nos quais as autoridades da Igreja em Roma passaram a se apoiar mais, além das ordens religiosas (cf. Santirocchi, 2012).

O conflito que ficou conhecido como "a questão religiosa", ocorrido entre 1872 e 1875, esteve entre os que mais evidenciaram o impasse do século XIX, entre a Igreja romanizada, reticente diante da autonomia leiga, e o Estado recém-constituído, com um regalismo receoso do poder da Igreja (cf. Dussel, 1992b, p. 166).

Para uma compreensão de como se instaurou esse conflito entre alguns bispos do Brasil e a maçonaria, aqui dialogamos com alguns autores, principalmente Vieira (2007, p. 220-266) e Guerra (1952).

Os bispos seguiam o posicionamento do Papa Pio IX, que, em sua alocução *Multíplices Inter Machinationes*, pronunciada durante o Consistório de 25 de setembro de 1865, falara em expurgar o clero e as associações católicas leigas da "contaminação" maçônica. Embora no Brasil quase não ocorressem as agressões maçônicas contra a Igreja que se viam na Europa, esses prelados entendiam que o *Guia da maçonaria brasileira e portuguesa*, livro básico e guia ritual, de 1833, negava pontos fundamentais da doutrina cristã, como a Santíssima Trindade, a divindade de Cristo e a inspiração da Bíblia.

Os maçons replicavam, defendendo suas "grandes lojas" como sociedades pias e beneficentes, constituídas por membros virtuosos, dedicados à caridade e ao socorro mútuo. Embora no Brasil, diferentemente da Europa, raramente houvesse agressões maçônicas contra a Igreja, a hierarquia católica não via os maçons como parte do seu rebanho. E a convivência relativamente harmoniosa das grandes lojas maçônicas com a Igreja no Brasil apoiava-se em bases frágeis.

A sequência dos fatos começou com a aprovação da Lei do Ventre Livre pelo Visconde do Rio Branco, em 1871. Essa lei tornou livres os filhos de mulheres escravizadas nascidos daquela data em diante, mas foi negligenciada pelos senhores escravocratas. No Rio de Janeiro, por ocasião da sua comemoração no ano seguinte à promulgação, o padre português José Luís de Almeida Martins pronunciou um discurso, no qual enalteceu a maçonaria na pessoa do Visconde do Rio Branco, que era grão-mestre maçônico.

O fato não agradou ao bispo do Rio de Janeiro, Dom Pedro Maria de Lacerda, que entendia estarem os maçons levando as glórias dessa lei, enquanto era minimizado o mérito da Igreja Católica e de outros amplos setores da sociedade. Mas o Padre Almeida Martins persistiu na desobediência ao bispo, que já vinha alertando-o pelo seu posicionamento. No dia seguinte, o padre mandou publicar no *Jornal do Comércio* o seu controvertido discurso, que exibia a própria assinatura. O bispo ordenou-lhe a desfiliação da maçonaria. Não sendo atendido, suspendeu-o de ordens.

A maçonaria reagiu em peso, com violentos artigos nos jornais. Dom Lacerda manteve-se em silêncio, seguindo a recomendação do internúncio apostólico de ter prudência e paciência. Mas os maçons exibiram sua força numa missa na Igreja do Bom Jesus, em presença de todo o cerimonial maçônico. O vigário indicado por eles, contrariando a proibição do bispo, oficiou aquela celebração.

Amigo e colaborador de Dom Lacerda na campanha antimaçônica era o bispo do Pará, Dom Antônio de Macedo Costa, que tentou dialogar com o imperador. Mas Dom Pedro II insistia no fato de que a maçonaria nada tinha de contrário à religião, e que ela defendia a liberdade de pensamento. Por isso, nada fez.

Ainda em 1872, o jovem franciscano capuchinho Vital Maria Gonçalves de Oliveira fez seu discurso de posse como bispo de Olinda, mostrando um extraordinário carisma. Já antes de sua chegada a Pernambuco, maçons o haviam criticado chamando-o de "jesuíta" e ultramontano, e considerando-o homem perigoso por ser membro de uma ordem religiosa. De fato, em seu discurso, ele deixou claro o seu posicionamento de fidelidade à linha antimaçônica de Roma, e, como bispo, tomou medidas administrativas para tirar a liderança maçônica das irmandades e unir o clero.

Os maçons logo o atacaram fortemente no jornal *Família universal*. E para comemorar a fundação de uma de suas lojas mandaram celebrar uma missa e a anunciaram com alarde. Dom Vital enviou, de maneira sigilosa, uma carta aos seus padres, ordenando que não fossem celebradas missas com aquela finalidade. Os padres o obedeceram, mas a maçonaria partiu para um crescente ataque ao bispo e à doutrina da Igreja. O conflito acirrou-se. O bispo chamou, discretamente, a cada um dos padres maçons e conseguiu que todos abandonassem a maçonaria, exceto dois, que foram suspensos. Também chamou os maçons das confrarias, mas ninguém compareceu, exceto o juiz da irmandade Nossa Senhora do Terço, que pediu um ano de prazo para obedecê-lo.

Após muitas admoestações às irmandades, apenas duas submeteram-se à orientação da diocese. Os maçons passaram à tentativa de difamação do bispo, com ataques na imprensa e calúnias.

Dom Vital, como ultramontano decidido, interditou, em 1873, as irmandades e confrarias do Recife que se negavam a expulsar os membros maçons. Com essa interdição iniciou-se propriamente a "questão religiosa". Ocorre que as confrarias eram instituições mistas, isto é, religiosas e civis, e elas apelaram ao imperador (cf. Dussel, 1992b, p. 166).

Ainda em 1873, Dom Macedo Costa interditou três confrarias em Belém. O governo imperial exigiu que ele suspendesse a interdição, mas o bispo permaneceu firme nessa medida, sendo apoiado pelos demais bispos. A tentativa de fazer os bispos revogarem as penalidades eclesiásticas impostas às confrarias era com a alegação da interferência da Igreja em estatutos de entidades aprovadas na instância governamental. Dom Pedro II enviou o Barão de Penedo ao Vaticano para pedir a Pio IX que condenasse Dom Vital. Em vez de condenar o bispo, o papa lhe enviou carta de apoio.

Contraditoriamente, através da Nunciatura, a Santa Sé aconselhou os bispos a desistirem dessa posição radical, para evitar uma ruptura política entre a Igreja e o Estado. Os bispos foram aconselhados a se manterem dentro da ordem constitucional (cf. Azzi, 1992, p. 69).

Os dois bispos que interditaram confrarias e irmandades foram processados e postos na prisão em 1874: Dom Vital de Oliveira em janeiro e Dom Macedo Costa em abril. Ambos foram condenados a quatro anos de cárcere e trabalhos forçados. O que as autoridades do Brasil imperial consideraram crime, eles fizeram por obediência e fidelidade ao governo da Igreja em Roma.

Note-se que havia na Europa uma diversidade de sociedades secretas. A mais ramificada delas era a maçonaria, fundada em Londres no ano de 1717, e que se instalou na Itália entre 1730 e 1750. Clemente XII foi o primeiro papa a condená-la oficialmente por meio da sua constituição apostólica *In Eminenti*, em 1738. No século XIX foi Leão XII quem condenou categoricamente todas as sociedades secretas que almejassem conspirações contra a Igreja e o Estado. Condenou, em especial, a dos carbonários, que haviam assumido publicamente o combate à Igreja e aos soberanos legítimos. Esse documento papal, de 1825, foi a constituição apostólica *Quo Graviora* (cf. Mattei, 2000).

Para entender o papel da maçonaria naquele período da "questão religiosa" temos que considerar as três instituições que definiam as características sociológicas da nação. Uma era a Igreja, representante da força intelectual e espiritual ordenada desde os primórdios da colônia, e que providenciava o fundo moral à sociedade, através da tradição, do misticismo e de profundas raízes populares. A segunda instituição era o Estado, que personificava a força e a coação e que, por meio da disciplina, ajudava a sustentar o trono. E a terceira era a maçonaria, com seu fundamento político que, com doutrinas revolucionárias, fomentava o progresso baseado no liberalismo (cf. Guerra, 1952).

Porém, na instabilidade dessa relação de forças, o autoritarismo com que o Estado condenou os dois bispos à prisão e a trabalhos forçados deixou desgastada a imagem do imperador. O fato repercutiu mal na opinião pública, tratando-se de um país majoritária e oficialmente católico. A Igreja não pôde esconder a lacuna nas duas dioceses com sede vacante, apesar de seus esforços em colaborar com o Estado para a preservação da ordem constituída. Dom Pedro II obrigou-se a libertar da prisão os bispos em setembro de 1875, depois de cumprida uma parte da pena. Dom Vital, com a saúde abalada, faleceu três anos depois, com apenas 33 anos de idade; e Dom Macedo Costa viveu até 1891.

A maçonaria também se desgastou em sua força política. A rubrica do imperador autorizando a anistia dos bispos foi ponto crucial para o rompimento do seu apoio ao trono. Os maçons passaram a criticar a incapacidade de Dom Pedro II. Criticavam o regime, chamavam a Princesa Isabel de ultramontana e tratavam de inviabilizar que ela viesse a ser a imperatriz de um Terceiro Reinado. Ela havia visitado os bispos na prisão e tentado interceder para que seu pai os libertasse (cf. Medeiros, 2020, p. 149).

Não podemos esquecer da repercussão do *Syllabus*, a lista anexada por Pio IX à sua encíclica *Quanta cura*, em 1864, com o que ele considerava erros do liberalismo e do modernismo. O calor das discussões agravou-se com a chegada da notícia do dogma da infalibilidade do magistério papal. O mesmo papa o proclamou em 1871, no Concílio Vaticano I. Para os maçônicos e para os liberais em geral, isso representava uma ameaça declarada da Santa Sé às livres consciências.

Pode-se ver, então, que a "questão religiosa" não foi um mero conflito de dois bispos com a maçonaria do Brasil, mas sim envolveu a doutrina da Igreja e estendeu-se a todo o episcopado brasileiro. E, para além dos limites do episcopado e da própria maçonaria, foi uma expressão brasileira da grande luta que a Igreja travava com o mundo liberal. No Brasil, essa tensão conflitante entre Estado e Igreja levou a Igreja a tomar consciência da sua autonomia e a reclamar independência face ao poder civil, o que, aliás, já vinha sendo feito de maneira crescente há várias décadas (cf. Fragoso, 1992, p. 186-187).

Da sua parte, o liberalismo praticado no Brasil era cheio de contradições, haja vista que a outorgada Constituição de 1824 preservou esquemas e ideologias alheios à realidade do povo explorado.

A grande massa da população, com sua vida pautada no catolicismo popular tradicional, sentia tudo aquilo como impiedade. Por sua vez, os de mentalidade secularizada, defensores do progresso, viam a atuação do governo como fraca, movida pelos interesses políticos do gabinete conservador. E os católicos tocados pelo ultramontanismo – majoritariamente urbanos e alfabetizados – interpretaram que a prisão dos bispos desvendou o caráter arbitrário das instituições e se distanciaram do regime. De modo geral, o cetro de Dom Pedro II já não era reconhecido com aquela aura mágica que lhe vinha assegurando o poder (cf. Souza, 2022, p. 324-325).

A "questão religiosa" encerrou-se em 1875, quando o imperador concedeu a comutação de pena e a anistia aos bispos.

6.4 De volta às questões iniciais

A Igreja Católica no Brasil passou por considerável abalo na fase final da época colonial e durante o regime imperial. Acostumada à estrutura societária de cristandade, praticamente em simbiose com o projeto colonial, sofreu intervenções que, apesar de pautadas em valores modernos, foram despóticas e autoritárias.

Frente às novas tendências de separação dos poderes civil e eclesiástico, os bispos do Brasil passaram a buscar maior autonomia da Igreja, apegando-se às normas emanadas de Roma. Aos poucos, abalou-se o costumeiro relacionamento amigável entre a Igreja e a maçonaria. A reforma católica instaurou a liderança do clero como poder centralizado, fazendo diminuir a liderança e administração leiga da Igreja que se exercia por meio das irmandades e associações religiosas (cf. Hauck, 1992, p. 84).

A Igreja enquanto instituição societária saiu fortalecida e com maior autonomia no exercício de suas funções religiosas. Porém, no esforço de autopreservação em ambiente novo e adverso, cuidou mais da manutenção da aliança entre o altar e o trono do que da aproximação à realidade e ao clamor do povo explorado e escravizado. A resposta ao autoritarismo frio do governo colonial pombalino e do governo imperial poderia ter-se dado numa consideração maior ao modo de ser Igreja das pessoas leigas pobres, ricas em suas devoções e em sua liderança na base social e eclesial. Mas foi uma resposta patriarcal, clerical e centralista.

No entanto, a Igreja que resistiu a esses abalos foi também uma Igreja de padres solidariamente parceiros do povo em sua luta pela mudança do regime opressor, como também de bispos heroicos e piedosos, que enfrentaram perseguição por causa da fidelidade à própria missão.

PARTE II

A Igreja no Brasil República

1
Igreja e movimentos de resistência

Diversos movimentos sociorreligiosos populares ocorreram já no período em torno da independência do Brasil. Eram movimentos messiânicos[18], que se levantaram em meio a tensões de todo tipo. Intensificava-se o extermínio dos indígenas e havia grave depressão econômica, principalmente após a grande seca de 1816 no Nordeste.

Em Minas Gerais e no Rio de Janeiro eram numerosos os sebastianistas, pessoas bondosas e de vida austera, que aguardavam a manifestação do Rei Encoberto, o jovem rei Dom Sebastião. Os portugueses esperavam a sua volta como o grande príncipe que faria de Portugal a maior das nações. Mas, no Brasil, o mito foi transformado. Aqui, ele era esperado como o rei que faz justiça e distribui riquezas, acabando com a miséria (cf. Hauck, 1992, p. 119-120).

Por causa da opressão institucionalizada, com hierarquização racista e um pequeno grupo de privilegiados, tem havido no Brasil um messianismo quase permanente, mais presente em momentos de grande tensão econômica e social. Quando não há caminhos políticos, os oprimidos tendem a resistir por meio da religião. Em ambiente cristão, a promessa messiânica confunde-se com histórias e personagens bíblicos e geralmente envolve curas e milagres. Uma grande simplificação doutrinária mantém a comunidade unida e favorece a comunicação. A promessa a ser cumprida em

---

18. Esses movimentos são chamados messiânicos porque têm, entre suas características, a espera e o seguimento de um líder considerado messias, salvador.

breve – seja a de um lugar encantado, seja a de um tesouro escondido – aponta sempre a esperança numa nova ordem, num novo reino livre de injustiça e maldade, com riqueza e fartura para todos (cf. Hauck, 1992, p. 119).

Movimentos sociorreligiosos tiveram atuação marcante também durante a Primeira República, com clara resistência contra a ordem injusta. Neste capítulo, tratamos de três deles: o dos romeiros do Padre Cícero e o de Canudos, ambos ocorridos no Nordeste; o de Contestado, no Sul do Brasil.

Esses movimentos são classificados por Vittorio Lanternari como messiânicos neobrasileiros. Surgidos no meio rural e em ambiente religioso oficialmente católico, seus temas fundamentais e de realização iminente eram o da terra prometida ou paraíso terrestre e o do herói ou messias que voltaria trazendo salvação e liberdade. Outros temas em realce eram a guerra santa e a cidade santa. Embora professando a fé católica e mantendo a fidelidade ao papa, na prática, estavam num contraponto ao catolicismo oficial. Contrapunham-se também à sociedade constituída, com seu aparelhamento opressor e com os chefes políticos locais que, sendo grandes proprietários, detinham um poder arbitrário e despótico (cf. Lanternari, 1974, p. 202-210).

A religião seguida era a do cristianismo católico, mas de um modo diferente daquele da oficialidade da Igreja em campanha de reforma romanizadora. Pode-se ver uma livre circularidade entre três dimensões: a da Igreja institucional em sua relação com o Estado; a da seita com as exigências éticas do cristianismo beato; e a da mística, suprema lei do sonho, da esperança, da emoção e da poesia (cf. Hoornaert, 1998, p. 121-133).

Também fica evidente uma reação contra o colonialismo e a opressão. Multidões exploradas, em luta por libertação social, reúnem-se ao redor de líderes, profetas, iluminados, mas conhecem a realidade e, a partir da conscientização sobre as dificuldades e as injustiças sociais, agem no sentido de reparar esses males (cf. Rossi, 2002, p. 18, 60-61).

O movimento abolicionista não pode ser esquecido. Ele recebeu adesão do episcopado só à última hora, se bem que alguns bispos, de modo esparso, vinham tomando atitude em prol da libertação das pessoas escravizadas. A abolição da escravatura foi conquistada, em grande parte, pelos próprios escravizados, por intermédio de múltiplas formas de resistência. Eles contaram com apoiadores leigos pertencentes a segmentos intelectuais e populares, mas também puderam contar com efetiva e afetiva solidariedade de alguns segmentos católicos.

Nossas indagações neste capítulo são a respeito da relação da Igreja Católica com os movimentos de resistência.

1.1 Romeiros do Padre Cícero

Um modo alternativo ao da oficialidade do clero era o dos padres que exerciam sua missão junto aos pobres e sofredores. Com eles estavam pessoas leigas de profunda piedade cristã, que se entregavam totalmente a Deus e aos irmãos num modo autônomo de vida religiosa consagrada, possível em lugares de extrema carência. Eram apóstolas e apóstolos da caridade, que não se opunham às autoridades da Igreja e chegavam a imitar os modelos católicos institucionais. Não raro, viviam em castidade, e sua forma de penitência era a dedicação aos mais pobres (cf. Fragoso, 1992, p. 230-232).

Nessa inserção e nesse compromisso com os pobres, destacou-se o Padre Cícero Romão Batista, assim como o Padre José Antônio de Maria Ibiapina, que o precedeu[19].

19. Para uma compreensão histórica da vida e da missão dos padres Ibiapina e Cícero Romão, dialogamos, principalmente, com Comblin (2011a e 2011b).

Ibiapina nasceu em Sobral, no Ceará, no ano de 1806. Ingressou no seminário de Olinda, mas, com a morte dos pais, teve que interromper os estudos para cuidar dos irmãos. Seu pai e seu irmão mais velho foram vítimas da repressão contra a Confederação do Equador, em 1824. Por um tempo, Ibiapina conviveu com os padres oratorianos, adquirindo marcas de profunda espiritualidade voltada para o serviço prático da caridade. Depois, como advogado, juiz e político defensor dos pobres, enfrentou conflitos com chefes políticos e fazendeiros. Em 1850 recolheu-se em sua casa, numa vida de oração e estudos de filosofia e teologia. Foi ordenado sacerdote em 1853, com 47 anos de idade. O bispo de Olinda dispensou-o de concluir os estudos no seminário, pois reconheceu seus grandes serviços e preparo nos estudos.

Padre Ibiapina despojou-se dos seus bens e partiu para a missão itinerante. Percorria enormes distâncias a cavalo ou a pé, para estar junto das populações mais abandonadas do interior. Em meio ao calor excessivo dos sertões, à miséria e ao enfrentamento da epidemia de cólera-morbo que acometia o Nordeste brasileiro, construiu uma grande infraestrutura de obras emergenciais, em mutirões através das missões. Foram 22 casas de caridade, 21 cemitérios, 23 igrejas ou capelas – além de algumas restaurações de igrejas em ruínas –, 22 açudes, três hospitais, um canal, uma estrada e uma cacimba.

As casas de caridade abrigavam meninas órfãs e crianças rejeitadas, mas também acolhiam peregrinos. Essas casas eram pobres e com um ritmo de vida austero, entre trabalho, estudo e oração, mas se autossustentavam e jamais mantiveram pessoas em condição de escravas. Eram como pequenos oásis e centros gravitacionais na resistência aos flagelos da seca e à precariedade extrema da população. De maneira inédita, o Padre-mestre Ibiapina, como era chamado, introduziu um sistema de educação profissionalizante para o sexo feminino, cujos conteúdos continham elementos da cultura local e regional. Orientava e dirigia as muitas irmãs de caridade, mulheres vocacionadas que ali tinham dedicação integral. O povo depois as chamaria de beatas do Padre Ibiapina, com veneração pela sua vida de santidade e dedicação aos pobres. Havia também irmãos ou beatos, que abandonavam tudo para servir a Deus nas casas de caridade, dedicando-se a pedir esmolas, a cuidar da agricultura e dos rebanhos e a ensinar ofícios. Alguns trabalhavam como professores em escolas anexas para meninos.

Ibiapina era incansável, apesar da falta de apoio das autoridades da Igreja. Chegou a ser proibido de pregar missões no Ceará pelo bispo Dom Luís Antônio dos Santos, que também passou a controlar as quatro casas de caridade que ele havia fundado em sua diocese. Então o padre-mestre passou a trabalhar principalmente na Paraíba.

Os vigários geralmente o viam como um santo inútil. Entre os poucos que o entenderam, podemos lembrar dois padres da Paraíba: Belisário Dantas, de Catolé do Rocha; e Monsenhor Sales, de Campina Grande. Os bispos da reforma católica tridentina, pouco interessados nos padres missionários, preferiam os padres das chamadas visitas pastorais, empenhados na sacramentalização geral (cf. Hoornaert, 2006, p. 53).

Essas visitas pastorais tinham uma função de vigilância e controle das práticas religiosas. Com a preocupação da observância e da purificação do culto, o clero empenhava-se em combater as concorrências exteriores e também o que chamavam de "indecências" interiores, isto é, as práticas ligadas às tradições populares, como a intimidade com os santos e as festividades ruidosas (cf. Certeau, 2007, p. 192-194).

Ibiapina faleceu em 1883, na Casa de Caridade de Santa Fé, na Paraíba. As beatas, com sua dedicação quase sempre anônima, mantiveram as casas por quase cem anos, apesar da falta de apoio e da desconfiança dos bispos de Fortaleza e da Paraíba.

Cícero Romão Batista, o reconhecido patriarca do Nordeste do Brasil, também era do Ceará. Nasceu na cidade de Crato, em 1844. A morte do pai pela epidemia de cólera-morbo o fez interromper os estudos para cuidar da mãe e de suas duas irmãs. Mas ele acreditou ter sido estimulado em sonho pelo próprio pai a retomar os estudos. Em 1865 ingressou no recém-fundado seminário de Fortaleza, onde, com ajuda financeira do seu padrinho, finalizou os estudos no ano seguinte. Porém o reitor o desaconselhou a ser padre, considerando-o místico demais e um tanto audacioso em questão de doutrina. Por sua vez, o bispo do Ceará, o mesmo que havia proibido o Padre Ibiapina de fazer missão em sua diocese, era simpático a Cícero Romão e ordenou-o sacerdote.

Padre Cícero, com reconhecida inteligência, foi estimulado por seus superiores eclesiásticos a ir estudar em Roma, e ele próprio tinha a perspectiva de lecionar no seminário de Fortaleza. Mas a preocupação com a família o fez voltar para Crato. Foi então que conheceu Juazeiro do Norte, ainda um pequenino povoado de descendentes de escravizados libertos. O lugar se chamava "Joaseiro" e tinha apenas duas ruas e 36 casas – quase todas de taipa e palha –, além de uma escolinha e uma pequena capela dedicada a Nossa Senhora das Dores.

Na memória popular, estabelecida na tradição oral e cordelista, ficou a narrativa da experiência religiosa que o padre entendeu e assumiu como chamado de Deus para a missão: enquanto dormia na escolinha do povoado após um dia difícil, ele viu em sonho a Santa Ceia, com Jesus e os apóstolos sentados à mesa. De repente, entraram na sala milhares de retirantes atormentados pela seca, e Jesus passou a falar a essa multidão. Depois, olhou para Cícero e disse: "E você, Padre Cícero, tome conta deles!"[20]

---

20. Trata-se de tradição oral, que tem sido recolhida, interpretada e divulgada em livros. Cf. o estudo de Braga (2007).

A resposta de Padre Cícero concretizou-se em mais de 60 anos de missão, enfrentando muitos e pesados reveses. Começou por fixar-se em Joaseiro alguns meses depois, juntamente com sua mãe, duas irmãs e uma jovem escravizada liberta. Os primeiros 17 anos foram de trabalho anônimo, vivendo de esmolas, na pobreza e austeridade. Assim como o Padre-mestre Ibiapina, reuniu um grupo de beatas. Deslocava-se a pé de sítio em sítio. Pregava missões, abordando sempre o tema do fim do mundo. Dirigia novenas e terços, animava procissões e festas do catolicismo, combatia os vícios e abusos, inclusive a violência dos homens contra as mulheres. Sua missão vinculava-se à ação social em favor dos pobres, aos quais animava e orientava na produção agrícola autônoma, na abertura de cacimbas, na construção de cisternas para recolher a água da chuva, no aprendizado de artes e ofícios para o próprio sustento e no cuidado da saúde com remédios naturais. Ele também abriu escolas e orfanatos.

Logo se espalhou sua fama de santo, profeta e bom conselheiro. Muitos chegavam de longe em busca do Padrinho Padre Cícero, que tinha um olhar penetrante, uma palavra forte e uma vida exemplar. Entretanto, um fenômeno religioso vivido pelo povo devoto como milagre trouxe ao pequeno povoado grandes mudanças. Foi o chamado "milagre da hóstia", cuja protagonista foi a jovem Maria Magdalena do Espírito Santo de Araújo, nascida ali em Joaseiro, pessoa mística, zeladora do Sagrado Coração de Jesus, que trabalhava fazendo pequenas costuras para ajudar a família a se sustentar. Ela ficou conhecida como a beata Maria de Araújo. Seguimos aqui o historiador e antropólogo Ralf Della Cava, que buscou o relato escrito pelo próprio Padre Cícero a pedido do bispo do Ceará, dez meses após o início do fenômeno (cf. Della Cava, 2014, p. 84).

Os efeitos da seca causavam sofrimento aos moradores de todo o Vale do Cariri, que temiam uma seca geral. Para "deter a mão de Deus", faziam orações, novenas, peregrinações e outros atos de devoção. E, na primeira sexta-feira de março de 1889, enquanto Padre Cícero atendia a confissões, um grupo de mulheres do Apostolado da Oração passava a noite em vigília na capela. Para que elas pudessem retornar às suas casas com tempo de fazer o desjejum antes da missa matutina, por volta das cinco horas da manhã, o padre antecipou-lhes a comunhão. A primeira a comungar foi Maria de Araújo, que caiu por terra. De sua boca, escapou parte da hóstia, que vertia sangue.

Esse fato repetiu-se em todas as quartas e sextas-feiras da Quaresma, continuando a partir do Domingo da Paixão. Chegou ao total de 47 vezes até o dia da Ascensão de Jesus. A hóstia consagrada era depositada em panos, que ficaram manchados de sangue. Convicto de ser o sangue de Cristo, assim como todos os que assistiam, Padre Cícero buscava manter segredo, mas seu amigo Monsenhor Monteiro, reitor do seminário de Crato, fez questão de propagar o milagre.

Foi na ocasião da Festa do Preciosíssimo Sangue que Monsenhor Monteiro tomou a iniciativa de promover a primeira romaria, quatro meses depois do início do milagre. Levou cerca de 3 mil fiéis a pé por aproximadamente 15 quilômetros, da matriz do Crato até a capela de Nossa Senhora das Dores em Joaseiro. Ele era um dos poucos sacerdotes mais próximos de Maria de Araújo. Conhecia-a desde criança e havia participado de sua direção espiritual por um tempo (Nobre, 2014). Em atenção ao amigo, Padre Cícero confirmou o milagre, cuja crença passou a ser reforçada também por outros padres.

Era o início do movimento que floresceu entre 1889 e 1934. A crença coletiva no milagre da hóstia branca transformada em sangue de Jesus Cristo seria, daí por diante, a pedra fundamental desse movimento religioso popular (cf. Della Cava, 2014, p. 45).

Entretanto, naquele fim do Brasil Império, a preocupação dos bispos era com a defesa da Igreja Católica contra os efeitos dos ataques dos republicanos, contra a dessacralização da sociedade e as reivindicações de liberdade religiosa. Por isso, o bispo do Ceará, Dom Joaquim José Vieira, repreendeu Padre Cícero por não o ter posto imediatamente a par dos acontecimentos. Admitia a possibilidade do milagre, fato que até poderia confundir os descrentes, mas sua preocupação maior era com a pureza doutrinal, por isso proibiu-o de pregar sobre milagres ainda não comprovados pela Igreja. Também pediu-lhe o relatório pormenorizado dos fatos, ao que Padre Cícero obedeceu.

Evidenciava-se um problema de relações desse movimento religioso popular com a hierarquia católica, no Brasil e em Roma. De um lado, os padres do Vale do Cariri difundiam cada vez mais o milagre, justificando a crença popular, o que levantava questões importantes, como a de determinar de onde vinha o sangue derramado no momento em que Maria de Araújo tinha a hóstia em sua boca. De outro lado, o bispo Dom Joaquim proibia a qualificação do fato como milagroso e a adoração pública dos panos manchados de sangue. Para as autoridades eclesiásticas, a integridade da doutrina da Igreja estava ameaçada, e isso era especialmente crítico naquele ano da proclamação da República. Mas foi a imprensa cearense, religiosa e secular, que fez agravar-se o conflito eclesiástico (cf. Della Cava, 2014, p. 87, 92).

Diante da publicidade dos fatos, o bispo viu a possibilidade do surgimento de heresias e de um cisma. Transferiu logo para Crato a urna que guardava as hóstias e os panos ensanguentados e enviou a Joaseiro uma comissão de inquérito. Para sua decepção, a conclusão desse inquérito foi a de que os fatos eram realmente sobrenaturais. A urna foi roubada em abril de 1892, sendo acusados o mestre-escola de Crato e um ex-seminarista que liderava os movimentos de apoio a Padre Cícero. Dom Joaquim suspendeu de ordens ao Padre Cícero em 5 de agosto de 1894, proibindo-o de pregar, confessar e orientar os fiéis. Ele só podia celebrar missa. Embora sem condenar formalmente os fatos, lançou descrédito sobre eles por meio de uma carta pastoral que escreveu no ano seguinte, com exortação aos diocesanos para que os ignorassem, e levou o caso à Congregação do Santo Ofício, no Vaticano.

Porém, em todo o Cariri, cresciam protestos e multiplicavam-se apelos ao papa contra as decisões do bispo. Este impôs uma interdição parcial ao povoado de Joaseiro, o que fez intensificar-se a revolta popular. E assim que o veredito chegou de Roma, reprovando todos os fatos como "gravíssima e detestável irreverência e ímpio abuso à Santíssima Eucaristia", tomou outras medidas: proibiu as romarias e a restituição das esmolas em razão dos milagres, transferiu para Barbalha a beata Maria de Araújo, mandou destruir as fotos e medalhas, e passou a punir os padres e leigos adeptos. Também proibiu que Padre Cícero celebrasse missa, insistindo em que ele saísse do povoado.

No entanto, com todas as dificuldades de comunicação, essas medidas ficavam à parte enquanto cresciam mais e mais a popularidade de Padre Cícero e o contingente de peregrinos. Em 1896, o incidente de um grupo de homens armados com facas, que surpreendeu o padre no meio de sua pregação, foi sentido como ameaça vinda da diocese. Os devotos impediram que ele fosse assassinado. Em meio à crescente emoção, espalhavam-se boatos, como o de que a cidade do Crato seria destruída por 5 mil capangas armados vindos de Joaseiro. Mas havia, ainda, a mobilização de diversas associações católicas tentando esclarecer os fatos perante as autoridades de Roma e também buscando conseguir interlocução com o papa.

O que veio de Roma, da parte do Santo Ofício, foi a ordem ao Padre Cícero para que ele deixasse o povoado, sob pena de excomunhão. Ele obedeceu, partindo para Salgueiro, mas conseguiu ir pessoalmente a Roma em 1898, com ajuda financeira do governador de Pernambuco. Nos oito meses em que lá permaneceu, foi atendido várias vezes pelo Santo Ofício e conseguiu uma audiência com o Papa Leão XIII, ainda que brevíssima. Obteve permissão para voltar a celebrar missa, mas, para celebrar no Ceará, dependia da ratificação do seu bispo, e este a negou. Foi revogada a obrigação de sair de Joaseiro, e os demais decretos anteriores foram mantidos.

Nesse ponto, Joaseiro passou a se chamar Juazeiro do Norte, enquanto muitos romeiros do Padrinho Padre Cícero passavam a residir ali, de modo que, em apenas oito anos, entre 1890 e 1898, a população passou de 2 mil a 5 mil habitantes. Em 1909 chegaria a 12 mil. Obviamente, entre os moradores antigos e os recém-chegados instauraram-se tensões, que Padre Cícero dedicou-se a pacificar. Além de pregar em praça pública, exortar e dar a bênção, ele cuidava da promoção humana de inúmeros pobres que chegavam de muitos lugares.

Padre Cícero também atuou como político durante 20 anos, por sua escolha pessoal de trabalhar em prol do povo carente, mesmo estando suspenso de suas ordens sacerdotais (cf. Souza; Assunção, 2020, p. 124). Chegou a ser o mais importante líder político do Cariri, com influência em todo o país. Começou essa tarefa no Ceará aos 67 anos de idade, com os objetivos de pacificar a violência dos coronéis e conseguir a emancipação política de Juazeiro, onde foi prefeito em diversos mandatos consecutivos. Também foi vice-governador do Ceará em dois mandatos. No entanto, quem exercia o poder de fato era o médico baiano Floro Bartolomeu da Costa, seu amigo e conselheiro.

O Padrinho dos Pobres estava situado entre dois mundos, como explica Beozzo (1983, p. 114):

> Diferentemente do leigo Antônio Conselheiro, Cícero Romão Batista era padre, educado pelos lazaristas franceses no catolicismo romanizado do seminário de

> Fortaleza. Era devoto da Mãe das Dores no modo do catolicismo popular, mas também introduziu a devoção ao Sagrado Coração de Jesus no modo romanizado. Era sertanejo, morador do pleno sertão do Cariri, cujas terras foram encaminhadas para a plantação de cana e algodão, mas aliou-se aos coronéis proprietários de terras, provendo-lhes mão de obra dos romeiros desempregados no tempo das colheitas.

As causas pelas quais ele estava comprometido fizeram-no seguir adiante. Seguiu o seu compromisso com o processo da reforma católica romanizante e com a economia modernizante da agricultura comercial, além de estar em aliança com os coronéis. Mas o que o fez passar quase toda a vida suspenso de ordens, proibido de exercer o ministério sacerdotal em Juazeiro, foi o seu comprometimento com o mundo incompreendido dos sertanejos com sua fé: "Virou o 'padrinho' de quantos não tinham mais os antigos padrinhos, donos das terras e que deixavam aos compadres o favor de um cantinho para o plantio de umas mandiocas e o pasto de umas cabras" (Beozzo, 1983a, p. 114).

Juazeiro passou a ser o centro urbano mais importante do Ceará depois da capital Fortaleza, enquanto o Vale do Cariri tornava-se um próspero celeiro nesse estado. A emancipação ocorreu em 1911, em meio a conflitos sangrentos com Crato. Juazeiro venceu a guerra contra Crato em 1914 e tornou-se o reduto político mais importante do Nordeste.

Padre Cícero sempre tentou recuperar o exercício pleno do seu sacerdócio, mas foi vencido pelos numerosos inimigos que lhe faziam constantes acusações, notadamente por causa das muitas esmolas trazidas pelos romeiros. O primeiro bispo de Crato, Dom Quintino Rodrigues de Oliveira e Silva, submeteu-o a diversas restrições e humilhações. Tinha em mãos a bula de excomunhão do padre que, por diversas vezes, havia sido enviada de Roma, mas impediu sua publicação por temer o furor popular. No entanto, impôs-lhe nova suspensão de ordens em 1921.

Elogiado antes como sacerdote exemplar, após os fatos de Juazeiro sua imagem passou a ser divulgada como a de um embusteiro, fanático e subversivo. Até o momento de sua morte, teve que suportar um verdadeiro suplício (cf. Souza; Assunção, 2020, p. 61, 124).

Em 1924, com a saúde debilitada, Padre Cícero recolheu-se em sua casa, sendo assistido por Joana Tertuliana de Jesus, conhecida como Beata Mocinha. Ele faleceu em 20 de julho de 1934, com 90 anos de idade. Seu cortejo fúnebre foi acompanhado por cerca de 60 mil pessoas. Multidões de peregrinos continuaram suas romarias a Juazeiro do Norte, em busca da proteção de Nossa Senhora das Dores e do santo Padrinho.

Maria de Araújo, condenada ao silêncio e à reclusão pelas autoridades eclesiásticas da diocese cearense, falecera em 1914. Seu túmulo foi profanado em 1930. Em reconhecimento a essa mulher ficou o testemunho do amigo do Padre Cícero, Monsenhor Monteiro:

> A beata é pobre e de baixa condição! O Juazeiro é um insignificante povoado! Serão estes os obstáculos às manifestações divinas? [...] Todo mundo sabe que o príncipe do Céu, Filho Unigênito de Deus Padre, nasceu de uma humilde Virgem de Nazaré, e era filho adotivo de um velho Carpinteiro. [...] Donde falou a Virgem de Lourdes, não foi do côncavo de um rochedo deserto a uma humilde Pastorinha? Meu Deus, quem eram os apóstolos? Pobres e grosseiros pescadores dos mares da Galileia. Eram a escória do mundo! O Grande Batista pregou a penitência no deserto nas margens do Jordão e não nas grandes cidades (Nobre, 2014).

Em 2015, por ocasião do primeiro centenário da Diocese de Crato, o seu bispo Dom Fernando Panico recebeu uma longa carta assinada pelo Secretário de Estado do Vaticano, o Cardeal Pietro

Parolin. Datada em 20 de outubro daquele ano e enviada por expressa vontade do Papa Francisco, essa carta proclamava a reconciliação histórica da Igreja Católica com Padre Cícero. Destacava desse padrinho dos pobres a fé vivida na simplicidade e a devoção a Nossa Senhora, e reconhecia a atualidade do seu modo de evangelizar, como "atitude de saída ao encontro das periferias existenciais", acolhendo a todos, especialmente os pobres e sofredores, aconselhando-os e abençoando-os.

O bispo de Crato comunicou o fato aos fiéis e romeiros no dia 13 de dezembro, em celebração na Catedral Nossa Senhora da Penha. A notícia esperada havia décadas foi recebida com júbilo e festejos. A imagem do "Padim" Padre Cícero, num quadro, não podendo ser colocada no altar pelo fato de ele não ser um santo canonizado, foi trazida para perto do altar. O bispo explicou: "Ele vai entrar como romeiro. Seu lugar não será ainda o altar, mas ficará no meio do povo, invocando e cantando conosco a misericórdia do Pai"[21].

Revisada a "questão religiosa" do Juazeiro, abriu-se no Vaticano o processo da reabilitação do Padre Cícero, também com perspectiva de sua canonização. O passo seguinte não tardou. Em 20 de agosto de 2022, Dom Magnus Henrique Lopes, bispo de Crato, anunciou a uma multidão de romeiros que a Santa Sé havia autorizado a abertura do processo de beatificação. Por determinação do Papa Francisco, essa autorização lhe chegara numa carta do Dicastério das Causas dos Santos, datada de 24 de junho do mesmo ano. Padre Cícero passava a ser invocado como Servo de Deus (cf. Santa Sé..., 2022).

---

21. A divulgação desse fato, como também um apanhado dos principais pontos da carta do Cardeal Parolin, podem ser vistos em: Padre Cícero... (2015).

1.2 Abolição da escravatura

Na América Latina, como um todo, a abolição da escravatura fundamentou-se nos direitos humanos promulgados pela Revolução Francesa. As Igrejas cristãs bem pouco contribuíram com essa causa. Nelas, persistiu a tese de que o sistema escravista devia ser reformado ou, quando muito, passar por uma emancipação gradual (cf. Hurbon, 1992, p. 541).

No Brasil, o apoio da Igreja Católica às lutas e aos movimentos antiescravistas foi reduzido e tardio. Como observou o líder do movimento abolicionista Joaquim Nabuco, a abolição da escravatura negra teve um caráter humanitário e social antes que religioso:

> A abolição teria sido obra de outro alcance moral se tivesse sido feita do altar, pregada do púlpito, prosseguida de geração em geração pelo clero e pelos educadores da consciência. Infelizmente o espírito revolucionário teve que executar em poucos anos uma tarefa que havia sido desprezada durante um século (Nabuco, 1957, p. 209).

No sentimento emancipacionista da década de 1860 havia uma vontade de que a escravidão chegasse ao fim. O que se queria era um término gradual, por alguns temores como o de um desenlace violento como ocorreu nos Estados Unidos. No entanto, crescia o número de escravizados que, para alcançarem sua liberdade, alistavam-se nas fileiras do exército, o que era incentivado pelo governo imperial. Em 28 de setembro de 1871 foi promulgada a Lei do Ventre Livre, que prometia abolir gradualmente a escravidão no Brasil, porém o não cumprimento dessa lei frustrou profundamente as esperanças da população escravizada (cf. Beozzo, 1992b, p. 261-262).

Nesse pretendido processo gradual, as leis abolicionistas foram atreladas a outros interesses das oligarquias dominantes. Assim foi com a Lei Eusébio de Queirós, que proibiu o tráfico de escravizados em território brasileiro. Essa lei foi promulgada em 1850, mesmo ano em que se promulgou a chamada Lei de Terra, cujo objetivo era o de assegurar o controle da terra pelo poder público. A terra tornou-se mercadoria para gerar lucro. O acesso a ela, com alto preço e burocracias, ficou bastante limitado aos lavradores pobres e praticamente impossível aos ex-escravizados e seus descendentes.

Considere-se também a naturalização do escravismo que, com toda a sua perversidade, vigorou por tanto tempo. Alguns viajantes estrangeiros expressaram seu espanto diante dos sentimentos dos senhores que, ao mesmo tempo em que eram católicos muito devotos, compraziam-se em mandar torturar seus escravizados. Temos, por exemplo, o relato do viajante Córeal, escrito por Affonso de Taunay (1924, p. 273):

> Estava em casa deste homem, num dia em que fazia dilacerar com um aguilhão o corpo de um pobre negro, por ter derramado uma xícara de chocolate. Enquanto isso, o tal devoto tinha sobre a mesa um crucifixo, diante do qual recitava orações; colocava-se de modo tal, porém, que enquanto fazia as devoções, tinha a cruel satisfação de ver rasgarem o escravo e ouvir os gritos deste miserável.

Por outro lado, a Lei do Ventre Livre provocou em alguns segmentos da Igreja um despertar da consciência. Muitos padres seculares tornaram-se favoráveis à abolição, convictos de que a escravidão era contrária ao evangelho. As novas congregações religiosas, com exceção dos padres lazaristas, já não possuíam escravizados e seus membros escandalizavam-se com as práticas do cativeiro. Também começou a alforria de escravizados em diversas ordens tradicionais (cf. Vieira, 2007, p. 189-203).

A interpretação histórica feita por Beozzo (1992b, p. 257-295) nos será oportuna aqui para entendermos a relação da Igreja com a campanha da abolição. Essa campanha, que foi luta política e parlamentar, passou pela agitação da imprensa e das jornadas cívicas nos teatros. Mas teve também um lado popular, pouco divulgado.

Aos poucos, foi emergindo a consciência de que a posse e o uso de escravizados não eram condizentes com a condição de religiosos e eclesiásticos. Algumas iniciativas foram abrindo caminho para atitudes mais decisivas. Assim, ante a Lei do Ventre Livre, os franciscanos estabeleceram condições e prazos para emancipar os escravizados dos seus conventos. Mais corajoso foi o gesto dos beneditinos que, no dia seguinte à promulgação dessa lei, libertaram os escravizados dos seus mosteiros sem condições nem prazos, embora também sem indenização alguma. Como eram cerca de 4 mil escravizados, o ato acarretou a ruína das fazendas pertencentes a esses mosteiros.

O Ceará teve pioneirismo na abolição, libertando totalmente os escravizados em 25 de março de 1884. Ali, destacou-se o Padre João Augusto Frota, o qual participou ativamente dos eventos populares de Fortaleza que arregimentavam o povo contra a escravidão.

Em Fortaleza permaneceu na memória popular e depois entrou para a escrita a liderança do jangadeiro Francisco José do Nascimento, chamado Dragão do Mar. Em 1881 esse jangadeiro liderou seus companheiros num movimento de embarcações que se negaram a transportar os escravizados enviados para as fazendas no Sul. O episódio ficou conhecido como a greve dos jangadeiros (cf. Morel, 1949).

No Rio Grande do Sul, destacou-se o padre italiano João Caetano Catalano, que divulgava ideias abolicionistas.

Quanto à participação dos bispos, destacamos as corajosas iniciativas isoladas de alguns que buscaram a libertação dos escravizados. Um deles foi o bispo de Diamantina, Dom João Antônio Santos, que esteve nesse empenho desde a década de 1840. Graças a esses prelados, lampejos de coragem e generosidade permearam a atuação da Igreja oficial, que no seu conjunto foi fraca e tardia.

O primeiro bispo a apoiar oficialmente a Lei do Ventre Livre foi o do Rio de Janeiro, Dom Pedro Maria de Lacerda. Em uma carta pastoral, ele anunciou a lei e recomendou a todos a sua aplicação. Pessoalmente, ele era contrário à escravidão e desejava o seu fim, porém, nesse documento deixou bem expresso o posicionamento do episcopado: zeloso para que não fossem contrariadas as leis de Deus nem as da Igreja, longe de contestar a legitimidade da escravidão e de afirmar o direito natural do escravizado à liberdade, falava de "uma liberdade bem-entendida", permanecendo no patamar estrito da legislação. As crianças nascidas do ventre das mulheres escravizadas passavam a ser livres, enquanto a permanência dos pais no cativeiro continuava sendo lei, e os párocos deviam ensinar-lhes a resignação e a obediência. Assim se dirigia aos escravizados:

> Se até agora por temor e consciência devíeis a vossos senhores respeito, obediência e amor, de hoje em diante lhes deveis dobrado respeito, dobrada obediência e dobrado amor, porque o temor deve ser substituído pelo agradecimento [...]. E provai vossa dedicação e obediência, defendendo a vossos senhores e a tudo quanto lhes pertence (Lacerda, 1871, p. 3-4).

Nessa carta pastoral, a posição contrária à abolição total da escravatura alinhava-se à argumentação clássica dos escravocratas de que pessoas escravizadas eram sua legítima propriedade privada. Os bispos, defensores que eram da propriedade privada como investida de sacralidade e inviolabilidade, entendiam que o Estado devia ressarcir os proprietários, caso os obrigasse a se desfazerem dos seus escravizados.

Do bispo do Pará, Dom Macedo Costa, a reação perante a promulgação da Lei do Ventre Livre foi um enérgico protesto dirigido ao presidente da província. Este havia enviado o texto da lei diretamente aos vigários, para que a lessem nas paróquias e tomassem as providências para a execução. A medida de ingerência do poder civil, que lhe parecia "irregular e anticanônica", estaria violando os direitos da Igreja.

Contudo, o movimento abolicionista seguiu seu curso. A partir de 1879 o movimento pela emancipação se radicalizou, tornando-se também abolicionista. Dois grupos se destacaram: um foi o de Joaquim Nabuco, André Rebouças, Gusmão Lobo e Joaquim Serra, de atuação mais política; e o outro foi o de José do Patrocínio, Ferreira de Menezes, Vicente de Souza, Nicolau Moreira e, depois, também João Clapp, com a Confederação Abolicionista, que se constituiu num grupo mais panfletário e revolucionário. Somaram-se ao movimento o Partido Liberal, em 1884, e o Partido Conservador, em 1888.

A resposta dos defensores do *status quo* foi a Lei dos Sexagenários, de 28 de setembro de 1885, que concedia liberdade aos escravizados com mais de 60 anos de idade. Na verdade, era o modo legal de os senhores se livrarem dos escravizados alquebrados, envelhecidos e doentes, entregando-os à caridade pública. A instituição-Igreja continuava retraindo-se do debate público, enquanto se empenhava na retaguarda para dar assistência aos rejeitados. Nas rodas dos expostos das Santas Casas de Misericórdia e nos orfanatos, acolhia as crianças não mais destinadas à escravidão que eram abandonadas pelos senhores, dava abrigo aos anciãos abandonados e empenhava-se em recolher fundos de alforria para a compra da liberdade de pessoas escravizadas (cf. Beozzo, 1992a, p. 206).

Entre os poucos bispos que apoiaram abertamente a Lei do Ventre Livre estiveram o de Mariana, Antônio Ferreira Viçoso; e o do Rio Grande do Sul, Sebastião Laranjeiras. Esse último criou muitos clubes abolicionistas e, embora bastante enfermo, não queria morrer sem ver a libertação dos escravizados. Faleceu três meses após a promulgação da Lei Áurea.

Mas o episcopado só tomou posição pela extinção da escravidão em meados de 1887. O bispo de São Paulo, Dom Lino Deodato Rodrigues de Carvalho, num ofício de 15 de junho, após recordar que há 20 anos se havia pronunciado em papel oficial a favor da libertação, comunicava ao seu vigário-geral a resolução de criar, na Câmara Eclesiástica do bispado, a caixa denominada Auxiliadora da Redenção dos Cativos. Para essa caixa cedia 5% dos rendimentos da mitra, a terça parte de sua côngrua e os donativos que seriam angariados por uma comissão de sacerdotes nomeados por ele. Além de remir os cativos, esse recurso destinava-se à educação profissional dos meninos desamparados, principalmente os chamados "ingênuos".

Nesse ano de 1887 diversas cartas pastorais foram especialmente importantes: em julho, a do primaz do Brasil e as dos bispos do Maranhão e de Cuiabá; em 8 de dezembro, as dos bispos do Recife, do Rio de Janeiro e de Mariana. Realçamos a carta pastoral do bispo de Diamantina, Dom João Antônio dos Santos, publicada em 28 de setembro, na qual ele sugeriu ao governo que "oferecesse a Leão XIII, a cujos olhos nenhuma prenda seria de maior valor, o decreto ou golpe de Estado em letras de ouro, extinguindo a escravidão no Brasil [...]".

Menção especial também merece a pastoral do bispo de Mariana, Dom Antônio Benevides. Ele já havia tomado a iniciativa de alforriar todos os escravizados de Macaúbas. Em 24 de setembro, fundara, em Mariana, a Associação Marianense Redentora dos Cativos, que, apesar dos poucos recursos, chegou a libertar um bom número de pessoas escravizadas. Dom Benevides ainda aproveitou a ocasião em que benzia a pedra fundamental do Engenho Central de Visconde do Rio Branco para pronunciar um discurso em prol da abolição da escravatura. Mesmo arriscando-se a perder a simpatia de poderosos fazendeiros da Zona da Mata, propugnou a abolição imediata, declarando-se adepto franco dessa causa.

Na verdade, o sistema escravista já estava impraticável no Brasil. O total de negros escravizados, cerca de 700 mil, constituía 5%

da população do país. Intensificava-se a repressão, havia revoltas nas senzalas e fuga anônima de milhares de escravizados. Aumentava também a solidariedade, porque pessoas humildes e também padres escondiam os escravizados que fugiam dos maus-tratos nas fazendas e os ajudavam a continuar sua fuga.

Naqueles últimos anos da escravatura, a luta abolicionista se deu na esfera legal, jurídica, e, ao mesmo tempo, na esfera clandestina. Em São Paulo, as reivindicações abolicionistas eram respaldadas por uma nova consciência da população e pelas fugas coletivas de pessoas escravizadas (cf. Santos, 1980, p. 65-66). Um abrigo para escravizados fugitivos e também libertos era a Igreja de Nossa Senhora dos Remédios com sua confraria de negros, situada no antigo Largo da Cadeia, atualmente Cambuci. Estava próxima ao Largo do Pelourinho, onde eram açoitados negros fugitivos. Algumas reuniões abolicionistas foram realizadas nessa igreja.

Também em São Paulo destacou-se o abolicionista Antonio Bento de Souza e Castro, advogado, juiz e editor do jornal *A Redempção*. Paralelamente, ele liderava o movimento abolicionista radical denominado Ordem dos Caifazes, que planejava a fuga de escravizados, providenciava-lhes esconderijos provisórios e os enviava a locais seguros. O Quilombo do Jabaquara, em Santos, foi estabelecido como local privilegiado para onde os "caifazes" enviavam os fugitivos[22].

Toda essa realidade obrigou o Parlamento a sancionar a chamada Lei Áurea, assinada pela Princesa Isabel em 13 de maio de 1888. O Papa Leão XIII agraciou a princesa com a rosa de ouro.

Nesse ano de 1888 é importante considerar a participação de Leão XIII na abolição da escravatura no Brasil. Em 16 de fevereiro ele havia recebido simpaticamente em audiência o líder abolicio-

22. A respeito do Movimento dos Caifazes, pode-se consultar, por exemplo: Santos (1942) e Conrad (1978).

nista Joaquim Nabuco, abençoando e apoiando a sua causa. E, como já aludimos, o jubileu sacerdotal de Leão XIII foi ocasião para o pedido do episcopado brasileiro de que o presente fosse a alforria dos escravizados. Para essa celebração, em 14 de janeiro, João Artur de Sousa Correia foi o enviado extraordinário do Brasil a Roma. O papa lhe concedeu audiência e, através dele, enviou suas palavras à princesa regente, dizendo: "[...] desejamos dar ao Brasil um testemunho todo particular de nossa paternal afeição a respeito da emancipação dos escravos". Esse testemunho era justamente a encíclica *In Plurimis*[23], como o papa explicitou no início dela. Mas essa encíclica, assinada em 5 de maio, só chegou depois da decretação da Lei Áurea.

1.3 Canudos e Contestado

O movimento de Canudos teve como líder o beato Antônio Conselheiro, cearense de Quixeramobim. Seu nome era Antônio Vicente Mendes Maciel.

Como ele próprio se entendia, era um andarilho pelos sertões para socorrer os "mal-aventurados". Devoto de Nossa Senhora e de São Francisco do Canindé, tinha como protetor e ideal de missionário o santo do seu nome, Antônio de Lisboa. "Minha ocupação é apanhar pedras pelas estradas para edificar igrejas", respondeu às autoridades do Ceará que o interrogaram em 1876. Tinha um dom especial para reunir o povo a fim de construir açudes, canais de irrigação, cacimbas, muros de cemitérios, mas seu gosto maior era construir igrejas, as quais via como "cidades de Deus", das quais os cristãos são as pedras. A notícia do "santo homem" espalhou-se, e muitos o procuravam para tomar seus conselhos. O povo devoto o consagrou como conselheiro. Inspirado no bom-senso comum, ele

23. A carta encíclica *In Plurimis*, de Leão XIII, versa sobre a liberdade e trata da abolição da escravidão no Brasil.

aconselhava, providenciava remédios e orientava nos problemas da vida. Todos confiavam nele e o seguiam fascinados. Ele chamava a todos de irmãos, e cada um o chamava de "meu pai conselheiro" (cf. Hoornaert, 1998, p. 13-18).

Porém homens influentes da Bahia incomodavam-se com essa multidão, vista por eles como um bando de conselheiristas fanáticos. Logo o movimento passou a sofrer perseguição e repressão policial. Mesmo assim, ninguém voltava para casa. Todos ficavam com o Conselheiro e seguiam o seu caminho, motivados pela fé e vendo nele um santo. Mas também o seguiam pelas esmolas que lhes provinham o alimento e para defendê-lo do ódio dos chefes políticos. Antônio Conselheiro viu-se obrigado a conduzi-los a Canudos, um lugar afastado no alto sertão. Em 1893 fixaram-se numa fazenda abandonada, em local de difícil acesso (cf. Otten, 1990, p. 169-170).

Os seguidores de Conselheiro eram, em grande parte, camponeses expulsos das terras onde avançavam as plantações de algodão, facilitadas pela estrada de ferro entre Salvador e Juazeiro e pela navegação a vapor no Rio São Francisco. Na fazenda abandonada que ocuparam, em Vaza-Barris, ergueram o arraial que chamaram de Belo Monte. Construíram ali a Igreja do Bom Jesus e cerca de 5 mil casas de barro, e, na oposição à República liberal, restauraram a produção camponesa de subsistência. Canudos tornou-se um refúgio dos desamparados, e, em todo o sertão, corria a voz de que ali os barrancos eram de cuscuz de milho e que o sertão seco ia virar mar (cf. Beozzo, 1992a, p. 187).

O arraial de Belo Monte tornou-se público a partir de 1895, quando um relatório bastante preconceituoso foi enviado ao arcebispado da Bahia. Dois frades capuchinhos italianos lá estiveram como pregadores das Santas Missões. Foram recebidos com hospitalidade e brandura pelo Conselheiro, mas pregaram contra ele e, por isso, o povo os expulsou. Fracassou aquela missão e fortaleceu-se a autoridade de Conselheiro (cf. Hoornaert, 1998, p. 57-58).

Os dois capuchinhos eram Frei João Evangelista de Monte Marciano e Frei Caetano Leo, enviados pelo arcebispo da Bahia em entendimento com o governador. Em Canudos buscaram a companhia do vigário de Cumbe[24], Padre Vicente Sabino dos Santos. O firme propósito era o de dispersar o movimento. Frei João Evangelista, não muito diplomático, fez severas críticas a Conselheiro pela não aceitação da República (cf. Otten, 1990, p. 180-181).

Foi justamente Frei João Evangelista quem escreveu o relatório negativo, de oito páginas[25]. Note-se que aqueles camponeses se recusaram a regressar aos seus lugares de origem por causa da dominação do latifúndio, que lhes reservava salário de fome nas novas fazendas agroexportadoras. Seguiu-se a terrível repressão, primeiro policial e, depois, militar. Quatro expedições se dirigiram para lá, na guerra aberta que se estendeu entre 1896 e 1897. Em um cerco implacável, o povo de Canudos pereceu pela fome, pela sede e pela artilharia, que, dia e noite, vomitava ferro e fogo sobre aquelas frágeis construções de barro (cf. Beozzo, 1992a, p. 187).

Euclides da Cunha, em sua obra clássica *Os sertões*, foi o único desse tempo a denunciar a violência da guerra que exterminou Belo Monte. Assim ele descreveu o "canhoneio" impiedoso feito ao amanhecer de 1º de outubro:

> Não havia perder-se uma granada única. Batiam nas cimalhas rotas das igrejas, explodindo em estilhas, ou saltando em ricochetes largos, para diante, sobre o santuário e latada; arrebentavam nos ares; arrebentavam sobre a praça; arrebentavam sobre os colmos, esfare-

---

24. Tratava-se de uma fazenda que, em 1881, foi elevada a distrito de Monte Santo com o nome de Freguesia de Nossa Senhora do Cumbe.

25. Em 1950, Frei Gregório de S. Mariano transcreveu o Relatório do Frei João Evangelista (cf. Mariano, 1950, p. 573-583).

> lando as coberturas de barro; entravam, arrebentando, pelos colmos dentro; basculhavam os becos enredados, revolvendo-lhes os ciscalhos; e revolviam, de ponta a ponta inflexivelmente, batendo-o casa por casa, o último segmento de Canudos [...] (Cunha, 1901, p. 460-461).

A obra *Os sertões* foi além da incumbência dada a Euclides da Cunha pelo jornal *O Estado de São Paulo*, que o convidara para cobrir a 4ª Expedição contra Canudos. Ele conseguiu

> sacrificar o Conselheiro no altar da honorabilidade brasileira para que a elite do país pudesse recuperar-se do trauma causado pela memória de uma ação tão covarde do governo do país diante de uma comunidade de pobres sertanejos (Hoornaert, 1998, p. 81-82).

Realmente foi um massacre impiedoso. O ataque final a Canudos, com arma branca, foi feito casa a casa e, por fim, na igreja. Os prisioneiros foram degolados – nem as mulheres grávidas foram poupadas, sendo seus ventres abertos a baioneta, para que não viessem a nascer novos "jaguncinhos" (cf. Beozzo, 1992a, p. 187).

No entanto, Euclides da Cunha interpretou o movimento de Canudos como os da sua geração, através da teoria dos "dois Brasis": a cultura modernizada, europeizada e urbanizada do litoral estaria em choque violento com a cultura dos sertões, arcaica, pastoril e atrasada. "Retardatários" como Conselheiro e seus seguidores, de "raça fraca", iriam desaparecer em breve ante as exigências crescentes da civilização e a intensificação da imigração branca. A pregação de Conselheiro contra a República seria uma postura quixotesca e fora de época. Porém os sertanejos detestavam a República, porque ela era criadora de novos impostos e impunha regras contra os que já não tinham sequer o mínimo para sobreviver. Com exceção da Princesa Isabel, respeitada como "santa" por ter abolido a escravatura, o advento da República significava piora da vida no campo e desclassificação cada vez maior do povo. Assim, ao contrário de toda a pregação de "ordem e progresso", Antônio Conselheiro a rechaçava como a "besta-fera" que destrói a religião e o mundo. Identificava-a com o latifúndio, que, como lei do mais forte, trazia a morte para o povo do sertão, e também a enxergava na mesquinhez da disputa pelo poder na Bahia (cf. Hoornaert, 1998, p. 67-73, 90-91).

Antônio Conselheiro era estimado pelo povo como santo, peregrino penitente, missionário de vida austera, construtor, esmoler e padrinho. E, por se oporem a ele, quase todos os vigários de paróquias perderam credibilidade e submissão à própria autoridade – com a exceção de alguns, que não se opuseram e até pediram a vinda de Conselheiro para construções e missões, chegando a recepcioná-lo com incenso e repique dos sinos (cf. Otten, 1990, p. 144-156).

O que gerou confronto entre a Igreja institucional e Antônio Conselheiro foi o fato de ele ter se apropriado da pregação. Ele acreditava ser enviado por Cristo para pregar aos povos. A cúria da Arquidiocese da Bahia aceitava que ele construísse igrejas, esmolasse, rezasse terços, mas não admitia que fizesse pregação. Porém ele pregava com autoridade e dava conselhos, reunindo multidões, mesmo com a proibição do clero. Isso contrariava o clericalismo da reforma católica, como se pode ver no posicionamento do vigário coadjutor de Inhambupe, o padre italiano Júlio Fiorentini. Esse padre entendeu assumir a causa da verdade e da Igreja Católica Romana contra o que considerava a terrível seita do "apóstolo de Satanás", falso profeta, refinado maçom e novo messias, mil vezes pior do que o protestantismo. Dizia que seus seguidores eram não somente hereges, mas também uma quadrilha de assassinos. Por isso, fez o arcebispo pedir a intervenção da polícia, mas o poder civil não quis intervir naquele assunto de religião (cf. Otten, 1990, p. 156-160).

Via de regra, o clero mostrou-se comprometido com as elites proprietárias locais e com a política governamental. E, como evidenciou o relatório do Frei João Evangelista, a liderança religiosa leiga não era aceita pelo clero ultramontano.

Passamos a uma breve compreensão histórica do movimento do Contestado. O nome refere-se às terras que tinham a posse contestada pelos governos do Paraná e de Santa Catarina, situadas no limite entre esses dois estados. Era uma grande extensão de terras férteis, praticamente inexploradas e sob um clima bastante frio, com rica produção de erva-mate e madeira. Ali sobreviviam muitas famílias de posseiros, que passaram a sofrer ameaças, agressões e expulsão por parte de latifundiários que se apoderavam de suas pequenas propriedades.

Os estados da Federação haviam conquistado força política após a proclamação da República, mas ali cada município tinha o seu "coronel". Os coronéis, temidos por todos, eram chefes locais possuidores de muitas terras e governavam numa troca de favores com o governo estadual. No interior eram grandes proprietários que dominavam a criação de gado e o cultivo da erva-mate. Em um grau abaixo estavam os proprietários de grandes fazendas, com seus agregados, capangas e peões. Esse poder do coronelismo cresceu ainda mais ao se associar ao colonialismo de grandes empresas estrangeiras favorecidas pelo governo brasileiro (cf. Afonso, 1994, p. 5-7).

Em 1908 instalou-se, nessa região, a empresa Brazil Railway Company, de um grupo norte-americano dirigido por Percival Farquhar. Ele havia recebido do governo brasileiro uma faixa de 30 quilômetros de largura para a construção da estrada de ferro que, atravessando quatro estados, ligaria o Rio Grande do Sul a São Paulo. Enquanto expulsava todos os antigos proprietários de terra dessa faixa, a Brazil Railway pôs em ação uma empresa madeireira, também estrangeira, e recebeu do governo o direito de revender, preferencialmente a imigrantes europeus, os terrenos desapropriados às margens da estrada de ferro. Para a construção, contratou por baixíssimos salários cerca de 8 mil trabalhadores de outros estados, todos demitidos em 1910, quando a ferrovia atingiu União da Vitória. Aquela massa de operários desempregados, sem teto e sem dinheiro para retornar a seus lugares de origem, somou-se aos camponeses sem terra, em meio à fome e a uma total insegurança (cf. Afonso, 1994, p. 7-8).

Foi naquele ambiente de miséria e delinquência que atuaram alguns beatos peregrinos, sem vínculo com ordens ou congregações instituídas, mas reconhecidos pelo povo devoto como monges. Na memória popular, com seus registros quase sempre orais, as lendas sobre eles parecem predominar sobre os dados históricos, exceto com relação ao primeiro monge[26]. Mas também os aspectos lendários são importantes para a nossa compreensão histórica.

O primeiro monge do povo, João Maria de Agostini, migrou da Itália. À véspera do Natal de 1844, chegou a Sorocaba, no interior de São Paulo, onde declarou sua profissão como "eremita solitário", conforme consta num livro de inscrição de estrangeiros (cf. Cabral, 1979, p. 107; Queiroz, 1977, p. 247). Seguindo os caminhos dos tropeiros, João Maria de Agostini fez longas peregrinações e chegou ao Peru. Mesmo nas precárias condições de deslocamento, ele era um místico andarilho das Américas, profundamente convicto da sua identidade de eremita solitário e pregador autônomo do evangelho.

Em Santa Maria, no Rio Grande do Sul, ele propagou a devoção a Santo Antão Abade. Ali, espalhou-se sua fama em torno de fontes milagrosas, as Águas Santas do Campestre de Santa Maria. Ele armava sua barraca na proximidade de alguma nascente ou ria-

---

26. Uma biografia do primeiro monge, João Maria de Agostini, pode ser vista em Karsburg (2012).

cho, debaixo de árvores, onde abria seu oratório ambulante, acendia o fogo e preparava a própria comida. Os devotos chegavam de longe a cada lugar do seu pouso, o qual consideravam sagrado, para rezar a Semana Santa e buscar água e cinzas da fogueira. Porém João Maria de Agostini foi expulso, em 1848, pelo presidente da província, temeroso da multidão de devotos que se dirigia à capela por ele construída.

Assim, foi em Santa Catarina que o monge permaneceu por mais tempo. Ali, sua figura ficou como modelo para outros monges. Ele erguia capelas e cruzeiros, pregava, organizava procissões, dirigia rezas, benzia as roças e o gado, aconselhava, ministrava batizados e casamentos. Espalhou-se sua fama de curador, principalmente pelo chá de vassourinha-do-campo, conhecida como vassourinha-do-monge e considerada milagrosa. A todos os que o procuravam para a cura de algum enfermo, ele dava essa erva após fazer rezar com ele. Mas, por ser um peregrino solitário, em certo momento, ele desapareceu. Sua memória permaneceu viva, e muitos acreditavam que ele retornaria.

Algum tempo depois apareceu um segundo monge João Maria, também estrangeiro, provavelmente de origem síria. Era Atanás Marcaf, também de vida austera e convicto de ter a missão de ensinar. Dizia estar cumprindo uma penitência. Reunia os homens para rezar novenas e terços e fazia pregação em tom apocalíptico e milenarista, com críticas à República, que dizia ser regime dos coronéis e ordem do demônio. Essa oposição à República por causa dos coronéis, defendendo o regime monárquico como a ordem de Deus, passaria a ser a concepção do movimento do Contestado (cf. Queiroz, 1977, p. 247-248).

Nessa região, o atendimento religioso oficial da Igreja era feito por frades franciscanos. Estabelecidos em Lajes desde 1892, eles logo passaram a atender Curitibanos e paulatinamente todo o planalto. Porém, pela dispersão demográfica dos fiéis, não conseguiam visitar as comunidades mais do que duas vezes por ano. Em 1897 encontraram-se com o segundo monge João Maria. Foi quando o frade alemão Rogério Neuhauss, então vigário de Lages e Curitibanos, fez uma tentativa frustrada de entendimento com ele (cf. Monteiro, 1974, p. 86-90).

O frade tentou convencê-lo a desistir de suas atividades religiosas. Perguntou-lhe de quem havia recebido essa missão. O monge, que se deixava conduzir por intuições cheias de fé em relação à realidade, respondeu que havia recebido o mandato em sonho. Tirava sua pregação das Sagradas Escrituras, enquanto os padres falsificavam a verdadeira religião, ensinando mentiras aos caboclos, explicou. Frei Rogério, por sua vez, insistia na ortodoxia católica e na centralidade do poder dos padres ordenados pela Igreja (cf. Cabral, 1979, p. 111).

Os devotos nunca acreditaram na morte do monge João Maria, que deve ter ocorrido entre 1904 e 1908. Nos oratórios das casas permaneceu uma foto dele, tirada em 1898; e, na tradição oral, ficou sua promessa de que, ao término de sua missão, iria retirar-se no Morro do Taió, conforme ordem recebida de Deus, mas que, um dia, retornaria, ou mandaria alguém para consolar seu povo. Assim, com seu desaparecimento, cresceu sua fama de santo e milagreiro.

Em 1911 noticiou-se, em Florianópolis, o aparecimento de um "irmão de João Maria" que se apresentava como monge José Maria de Santo Agostinho. Tratava-se de Lucena de Boaventura, um desertor do Exército Nacional ou da Força Policial do Paraná. Foi preso por suas práticas como curandeiro, mas fugiu para Curitibanos, onde continuou suas atividades de cura. Ele apareceu em 1912 em Campos Novos, logo após ter surgido um rumor de que ali ressurgiria o monge João Maria.

Para uma breve retomada histórica da atuação desse terceiro monge, dialogamos principalmente com Maurício Vinhas de Queiroz (1981).

O monge José Maria assumia uma espécie de parentesco com o segundo João Maria, no aspecto espiritual e na aparência física, mas tinha algum diferencial em relação aos monges anteriores: deixava-se seguir por muitos fiéis, aceitava donativos por seus conselhos e receitas, sabia ler e escrever. Consultava as muitas receitas que trazia escritas e lia para seus seguidores capítulos da *História do Imperador Carlos Magno e dos Doze Pares de França*, que trazia consigo. Esse livro, muito conhecido no interior do Brasil, principalmente no Nordeste, exaltava a coragem pessoal, a luta contra os infiéis e a fraternidade entre os campeões.

Ele incorporou a lenda de Carlos Magno na busca de um nexo entre a intolerável situação presente e um passado interpretado como a ordem justa e boa. Organizou e dirigiu um movimento constituído por camponeses expulsos de suas pequenas propriedades, ex-operários da ferrovia e fazendeiros prejudicados pela empresa madeireira. O corpo de elite e guarda de honra eram os "Pares de França", 24 homens que o acompanhavam, todos em cavalos brancos e portando uma bandeira branca com uma cruz verde. Cercava-se por essa guarda e também por um grupo de virgens que, em algumas ocasiões, chegaram a assumir o comando das expedições. Em Taquaruçu, considerada cidade santa, organizou-se o primeiro ajuntamento, a partir do qual se estabeleceu uma rede de redutos da Guerra do Contestado.

O movimento praticava o catolicismo popular numa forma mais autônoma. Pode-se citar, por exemplo, o ritual simples e improvisado de casamento religioso, com a bênção solene dada pelo chefe do acampamento em nome de "São José Maria". Com água e sal, o chefe fazia uma cruz na mão direita do noivo e outra na mão esquerda da noiva, e então ambos eram considerados unidos para sempre. Os franciscanos tentaram dissuadi-los, mas seus conselhos de nada adiantaram, então Frei Cândido Spanngel acusou-os de serem bandidos e estarem tomados por uma loucura supersticiosa (cf. Monteiro, 1974, p. 92).

Nos redutos, todo o ritual de forma era parte da religião, desde o rito de purificação a cada um que ingressava. Fazia-se a celebração católica do batismo, em que todos deviam ter nome de algum santo, e também as de casamento e exéquias. O terço era rezado duas vezes ao dia, seguido de sermão ou leitura. Às sextas-feiras e aos domingos acrescentava-se o ritual de beijar as imagens no interior da igreja. E havia, também, procissões pomposas, num ambiente alegre e festivo.

As regras eram rigorosas, principalmente quanto à moral familiar e sexual. Eram proibidos bailes, danças e jogos. Os seguidores do monge cultivavam desprezo pelo dinheiro e pelos bens materiais. Havia uma divisão do trabalho e a economia era igualitária, de modo a atender às necessidades das pessoas, mas reservavam-se privilégios para os chefes, as virgens e os Pares de França.

O monge José Maria morreu em novembro de 1912, em combate na Batalha do Irani. Silenciosamente, os seguidores depositaram seu corpo numa cova rasa, cobrindo-o com tábuas para facilitar sua ressuscitação. Pouco antes de morrer, ele havia confirmado a promessa feita 20 anos antes pelo monge João Maria: São Sebastião viria com seu exército encantado, e isso ocorreria dentro de um ano, ocasião em que ele próprio, José Maria, voltaria. Virgens videntes passaram a transmitir as suas ordens, enquanto ocorriam conflitos e disputas de comando entre os chefes. E os adeptos do movimento, na crescente expectativa da Guerra de São Sebastião com a volta do monge José Maria, bem como na crença de que também os mortos em combate ressuscitariam, passaram a construir, em Taquaruçu, a "Nova Jerusalém", de onde partiriam para o ataque em Lages. Também começaram a erguer, na Vila de Curitibanos, a "Cidade Santa", que seria governada pelos monges.

No Natal de 1914 ficou pronta a Nova Jerusalém, mas as tropas do Exército atacaram o movimento de surpresa, e seus seguidores tiveram que fugir. Restou o reduto de São Miguel, comandado por Deodato Manuel Ramos, autoritário e violento a ponto de ser chamado "flagelo de Deus". Ele foi preso em agosto de 1916. Os rebeldes do Contestado, após uma resistência de quatro anos, sucumbiram pela truculência e pelo numeroso efetivo das tropas do governo, assim como pela fome e pela epidemia de tifo.

A contenda política encerrou-se com um acordo de divisão das terras contestadas entre Santa Catarina e Paraná, mas os remanescentes do movimento ficaram abandonados à própria sorte. Guardaram devotamente a memória do monge João Maria em Campos do Irani, que passou a se chamar Concórdia, e em Curitibanos, onde ergueram uma capela de madeira em honra de São João Maria e dedicada ao Bom Jesus. Essa capela acabou abandonada pelo clero oficial (cf. Cabral, 1960, p. 313-314).

1.4 De volta às questões iniciais

Como vimos, no fim do século XIX e no início do século XX, a Igreja Católica defrontou-se com movimentos sociorreligiosos populares, que eram católicos e resistiam contra a opressão da nova ordem imposta pela República no Brasil. As multidões de pobres que os integraram, seguindo seus líderes conselheiros, beatos, monges e padrinhos, foram deixadas à margem por autoridades da Igreja. Mais do que isso, bispos deram aval para a desmedida violência do Estado contra esses movimentos, e os padres que se entregavam de corpo e alma à missão junto aos pobres que os integravam foram punidos pela hierarquia eclesiástica, do Brasil e de Roma.

Os movimentos de Canudos e Contestado terminaram de forma trágica. Isso não ocorreu com o movimento de Juazeiro, que, por outro lado, sofreu violência simbólica, principalmente com a suspensão de ordens sacerdotais do Padre Cícero e, depois, sua excomunhão. Contudo, a figura do "Padim Ciço" adquiriu grande vulto, como um santo popularmente canonizado, personagem dos mais frequentes na literatura de cordel (cf. Negrão, 2001, p. 124).

O episcopado brasileiro, por sua vez, antimoderno e na luta contra a dessacralização da sociedade, era uma extensão ultramontana do governo da Igreja em Roma. Em meio às incertezas pela inviabilização do antigo Padroado e pela perda de poder na sociedade, os bispos ancoraram-se firmemente no centralismo romano.

Acrescente-se que, no Brasil, o ultramontanismo tinha um mártir da fidelidade à Igreja: Dom Vital, o jovem bispo de Olinda. E o resultado da "questão religiosa" que o envolveu foi uma efetiva demarcação dos limites entre a Igreja e o Estado, cujas relações eram bastante artificiais (cf. Pereira, 1982).

Como divulgou o jornal *O apóstolo*, o abnegado pastor Dom Vital foi perseguido, encarcerado, exilado e morto provavelmente em consequência de um lento envenenamento, porque "viu-se forçado a lançar as censuras eclesiásticas contra esse bando leigo que queria a todo transe inutilizar o clero" (A morte..., 1878, p. 2). O segmento chamado de "bando leigo" era o de livres-pensadores maçons, jornalistas, sacristãos e penitentes.

O posicionamento da Igreja institucional foi de autodefesa, como guardiã da sã doutrina e garantidora da moral católica tradicional na sociedade brasileira.

2
A Igreja no Estado plural e laico

Por meio de um golpe político-militar de Estado, o Brasil se tornou República em 15 de novembro de 1889. O Exército e a Armada empossaram o Marechal Manoel Deodoro da Fonseca como presidente provisório. Começava, assim, o período da Primeira República, que se estenderia até 1930.

Após menos de dois meses, o governo provisório decretou a separação entre a Igreja e o Estado. A Igreja, acostumada com seu poder de nação, foi tomada de surpresa. Seguiu-se a promulgação da Constituição da República Federativa do Brasil.

O Estado brasileiro passava a configurar-se como instituição autônoma e puramente civil, segundo a concepção moderna. Seu dever seria defender os direitos dos cidadãos, com garantia das liberdades individuais. Dentro dele, as Igrejas se tornavam realidades também autônomas, dependentes apenas de seus respectivos chefes no tocante à própria vitalidade e organização e com poder de influência apenas indireta na vida política e social (cf. Azzi, 2008, p. 195).

Muitos padres eram republicanos. Também entre os leigos havia os que, avessos ao velho regime, endeusavam a República. Mas a mudança de regime político se fez sem consulta nem participação direta da hierarquia da Igreja Católica. Assim, a maioria do clero manteve um silêncio cauteloso, enquanto o governo provisório insistia na manutenção das relações de amizade entre a Santa Sé e o Brasil (cf. Vieira, 2007, p. 333-334).

Enquanto instituição, a Igreja continuava na perspectiva do modelo medieval de Estado, aquele cuja organização social é toda perpassada pela sacralidade e que oficializa a atuação do catolicismo. E a própria Igreja continuava a se propor como cristandade, com a união dos poderes civil e eclesiástico, com a estreita colaboração entre os chefes políticos e os chefes religiosos e com a sociedade civil e a comunidade dos fiéis constituindo uma única entidade (cf. Azzi, 2008, p. 195).

A mudança era exigente tanto para os dirigentes da Igreja Católica quanto para os novos dirigentes da nação. Dos dois lados havia inseguranças e incertezas. Os liberais que tinham nas mãos a recém-instalada República e que estavam ligados às oligarquias dominantes, mesmo menosprezando o catolicismo como obscurantista, não dispensariam a força do apoio da Igreja Católica para consolidar o seu poder. E a Igreja, mesmo protestando ante a perda da sua hegemonia, teria cuidado para não abalar a relação com o Estado, garantindo, assim, seu espaço e seu poder na sociedade. Consequentemente, de ambos os lados haveria oferta de colaboração, mas a aliança de cristandade teria que se reformular.

Neste capítulo indagamos como a Igreja Católica reagiu ao decreto do governo que a separou do Estado e como ela se reorganizou enquanto instituição dentro do Estado laico e plural. Focamos também a atuação conjunta dos bispos do Brasil durante a Primeira República.

2.1 A separação entre Igreja e Estado

No Brasil, o Estado declarou sua separação da Igreja em 7 de janeiro de 1890, por meio do Decreto 119-A. A medida foi tomada pelo chefe do governo provisório, o Marechal Deodoro da Fonseca:

> Art. 1º E' prohibido à autoridade federal, assim como à dos Estados federados, expedir leis, regulamentos, ou actos administrativos, estabelecendo alguma religião, ou vedando-a, e crear differenças entre os habitantes do paiz, ou nos serviços sustentados à custa do orçamento, por motivo de crenças, ou opiniões philosophicas ou religiosas.
>
> Art. 2º A todas as confissões religiosas pertence por igual a faculdade de exercerem o seu culto, regerem-se segundo a sua fé e não serem contrariadas nos actos particulares ou públicos, que interessem o exercício deste decreto.
>
> Art. 3º A liberdade aqui instituída abrange não só os indivíduos nos actos individuaes, sinão também as igrejas, associações e institutos em que se acharem agremiados; cabendo a todos o pleno direito de se constituírem e viverem collectivamente, segundo o seu credo e a sua disciplina, sem intervenção do poder público.
>
> Art. 4º Fica extincto o padroado com todas as suas instituições, recursos e prerrogativas.
>
> Art. 5º A todas as igrejas e confissões religiosas se reconhece a personalidade jurídica, para adquirirem bens e os administrarem, sob os limites postos pelas leis concernentes á propriedade de mão-morta, mantendo-se a cada uma o domínio de seus haveres actuaes, bem como dos seus edifícios de culto.
>
> Art. 6º O Governo Federal continua a prover à côngrua, sustentação dos actuaes serventuários do culto catholico e subvencionará por anno as cadeiras dos seminários; ficando livre a cada Estado o arbítrio de manter os futuros ministros desse ou de outro culto, sem contravenção do disposto nos artigos antecedentes.
>
> Art. 7º Revogam-se as disposições em contrário (Coleção..., 1890, vol. 1, p. 10).

A formulação desse decreto foi cuidadosa, precisa e discreta, mas tinha um espírito laicista e não escondia ódios, por isso irritou determinados setores católicos. O autor era Rui Barbosa, como ele próprio assumiu num discurso público alguns meses depois (cf. Matos, 1996, p. 146-147). Sendo ex-aluno de Dom Macedo Costa[27], Rui Barbosa manteve correspondência com ele enquanto formulava esse texto final do decreto. Em comunicações confidenciais havia prometido ao bispo que o catolicismo seguiria reconhecido e mantido como a religião da grande maioria do povo brasileiro. Porém Dom Macedo não concordava com o Brasil deixar de ser uma nação oficialmente católica e, ante o decreto publicado, percebeu sua feição quase agnóstica (cf. Vieira, 2007, p. 338-339).

O divórcio entre Estado e Igreja não ocorreu de repente. Ele vinha sendo preparado em meio às mudanças históricas, intelectuais e políticas propícias à implantação e ao fortalecimento do Estado laico. Aos poucos, a Igreja foi perdendo sua hegemonia, enquanto o Estado brasileiro se laicizava sob a influência de ideais liberais e positivistas. Diante do decreto de separação, os sentimentos dos representantes da Igreja foram de alívio e apreensão. Alívio porque a nova estrutura passava a permitir maior liberdade de ação em relação ao poder temporal; apreensão pelas medidas complementares que passariam a ser tomadas pelo novo governo, limitando a esfera de atuação da Igreja e dos seus religiosos (cf. Hermann, 2003).

Também o povo em geral já vinha se preparando para receber a separação operada pela República. Era inevitável que nas transições políticas se evidenciasse a artificialidade das relações entre a Igreja e o Estado. Ademais, a "questão religiosa" havia aberto um precedente para que se estabelecesse uma delimitação entre as duas instituições (cf. Pereira, 1982).

27. Dom Antônio de Macedo Costa, bispo do Pará desde 1861, foi um dos dois bispos condenados à prisão e trabalhos forçados na Questão Religiosa. A partir de 26 de junho de 1890 foi arcebispo de Salvador e Primaz do Brasil.

Muitos católicos estavam decepcionados com o posicionamento do imperador na "questão religiosa". Da parte da maioria das lideranças republicanas havia um posicionamento anticlerical ostensivo. No clero secular, moldado segundo as orientações romanas, implementava-se, devagar e de maneira intensa, um novo espírito, com afastamento do mundo e das disputas políticas para centrar-se nas questões eclesiais (cf. Lustosa, 1975, p. 625-628).

O Internúncio, Monsenhor Francesco Spolverini, foi comunicado sobre a separação entre Igreja e Estado. Já em 12 de janeiro, tomou a iniciativa de uma sondagem em sigilo através de carta circular aos bispos, pedindo resposta para seis questões que pontuava como urgentes – entre elas, a das vantagens e consequências da extinção do Padroado. As variadas respostas, numa realidade socio-eclesial bastante diversa, mostraram serenidade perante a nova conjuntura nacional, embora alguns expressassem temores relacionados à liberdade de culto, bem como insegurança pela falta de garantias e de meios indispensáveis para a sustentação do culto católico e dos serviços diocesanos. De maneira geral, os bispos viam a instauração do Estado laico como contrária à doutrina da Igreja, mas a libertação do Padroado lhes trazia alívio (cf. Vieira, 2007, p. 340-342).

Diversos pontos do Decreto 119-A permaneceram obscuros por 119 anos, até 13 de novembro de 2008, quando se celebrou, entre a Santa Sé e a República Federativa do Brasil, um acordo relativo ao estatuto jurídico da Igreja Católica neste país. À época, o papa era Bento XVI e o presidente do Brasil era Luiz Inácio Lula da Silva. Esse acordo tinha um valor simbólico, mas trouxe algumas regulamentações[28], apesar de permanecerem ainda algumas interrogações, principalmente as que se referiam à plena liberdade de culto.

28. Esse acordo trouxe regulamentações para o ensino religioso, o casamento religioso com efeitos civis, o segredo do ofício do sacerdote na confissão sacramental, as atividades filantrópicas e outras questões (cf. Brasil, 2010).

Essa questão era bem mais difícil no fim do século XIX. Nem o governo republicano nem a Igreja tinham clareza suficiente de como traduzir na prática o divórcio entre altar e trono e continuariam buscando apoio mútuo.

A Igreja viu-se sem a tutela e sem o subsídio financeiro do Estado. Na disputa de espaço dentro da sociedade em crescente pluralismo ideológico e religioso, acentuou sua atitude antiprotestante, antiliberal, antipositivista, antimaçônica e, principalmente, anticomunista.

Ao mesmo tempo, retomando a linha mestra do projeto de restauração católica, os bispos empenharam-se na busca de apoio e colaboração do poder político para reafirmar a influência e o poder da Igreja Católica sobre a sociedade brasileira. Não havia da parte deles a percepção de que a progressiva laicização era resultante de diversos fatores, como a urbanização crescente, o desenvolvimento industrial, o progresso tecnológico e científico, os novos meios de comunicação social e a influência do pensamento liberal e positivista (cf. Azzi, 2008, p. 206).

Em meio a esses paradoxos, logo se afirmou a neocristandade, numa identificação com a nação. E, com a insistência de alguns políticos mais conservadores para que a Igreja colaborasse com o Estado por meio da educação religiosa, como freio para o avanço das ideias socialistas, ela buscou o apoio oficial do governo republicano para criar suas novas instituições, principalmente no campo educacional.

2.2 A Pastoral Coletiva de 1890

Coube ao Internúncio, Monsenhor Spolverini, por meio de carta enviada a cada bispo, propor uma reunião pastoral coletiva para tratar da nova realidade eclesial. A resposta foi positiva da parte dos bispos, e todos compareceram à reunião, exceto o bispo do Maranhão, que justificou sua ausência pela distância, mas autorizou a inclusão do seu nome no documento final (cf. Vieira, 2007, p. 344-345).

A reunião, presidida por Dom Macedo Costa, que exercia liderança no episcopado brasileiro, foi realizada no Seminário Episcopal de São Paulo, em 19 de março de 1890. O próprio Dom Macedo Costa escreveu a carta que os bispos aprovaram como documento resultante da reunião: *O episcopado brasileiro ao clero e aos fiéis da Igreja do Brasil.* Era um documento de teor doutrinário que, com dados mais concretos, buscava traçar diretrizes práticas frente à nova situação, como também projetar uma estratégia de conjunto (cf. Azzi, 1982, p. 51).

A doutrina ali explicitada tinha como pressuposto que a única verdadeira Igreja é a Católica Romana. O cristianismo católico era entendido como a verdadeira religião, a única que, sublime nos seus dogmas, é perfeita na sua moral. Caberia, então, ao governo defender a verdadeira religião e punir os que ousassem contestá-la, não havia tolerância com as outras Igrejas e religiões. Concordar com a liberdade de culto seria concordar com os erros de gnósticos, maniqueus, ebionitas, seguidores de Ário, Nestório, Êutiques, Donato, Berengário; com os erros dos protestantes, dos maometanos e das religiões africanas e asiáticas "pagãs" (cf. Pastoral Collectiva, 1890).

No entanto, era de forma abrangente, firme e cautelosa que o documento tratava de cada um dos temas polêmicos relacionados à separação entre Igreja e Estado, denunciando os ataques da impiedade moderna, a secularização do Estado e a liberdade de cultos que igualava o catolicismo a "qualquer seita". O documento argumentava, ainda, que a independência da Igreja não significava separação do Estado e, num tom triunfante, afirmava a perenidade da Igreja. No que se refere ao Decreto 119-A, a carta demonstrava a mais absoluta isenção e apontava a soma de liberdades que ele abria para a Igreja. Por outro lado, refletia as incertezas do momento. Assim, repropunha a união entre Igreja e Estado, sob a alegação de que "Deus o quer", mas com o cuidado de não entrar em detalhes. Mais do que criticar a secularização, o episcopado ali defendia a liberdade da Igreja (cf. Vieira, 2007, p. 345).

A carta da Pastoral Coletiva trouxe a reação dos bispos do Brasil diante do fato consumado da separação entre Igreja e Estado. Por um lado era uma reação positiva, de reconhecimento do bem da liberdade concedida à Igreja; por outro, expressava um lamento pela perda de privilégios da Igreja e condenava a marginalização do catolicismo (cf. Matos, 1996, p. 148).

Foi com relativa tranquilidade que a Igreja Católica no Brasil aceitou o regime da República. A não reação ao avanço do movimento republicano deveu-se, principalmente, ao desagrado com o regime imperial, da parte da maioria dos bispos, padres e leigos católicos.

Nessa perspectiva, Dom Macedo Costa fez ressalvas no texto da carta da Pastoral Coletiva exaltando a queda do império. Essas ressalvas causaram estranheza aos bispos porque corrigiram e alteraram o texto definitivo já assinado por todos eles. Porém, como estava preservado todo o conteúdo pastoral, a alteração foi vista pelo conjunto do episcopado como medida de prudência, que agradaria ao papa (cf. Vieira, 2007, p. 346). De fato, em Roma, a recomendação era a de um cuidadoso trato para não prejudicar a aliança entre governo e Igreja.

Naquele momento, pela dura experiência na época imperial e frente às ideologias dos novos detentores do poder no Estado, o episcopado não via outra alternativa além de uma atitude de alerta e de defensiva da parte da Igreja Católica. Por isso, a cada nova medida ou projeto do governo sobre questões relacionadas à Igreja, haveria uma pronta resposta da hierarquia (cf. Lustosa, 1975, p. 629-630).

Mas a Pastoral Coletiva teve um significado para além da conjuntura imediata. Aquele encontro da totalidade dos bispos e o documento por eles lançado marcaram um ponto alto, como início de uma visão comum da situação religiosa do país e de uma programação mais ampla dos problemas da Igreja, abrindo a possibilidade de uma ação pastoral em unidade, mais esclarecida e mais próxima da realidade (cf. Lustosa, 1975, p. 645).

Era desejo de Dom Macedo Costa convocar um concílio nacional brasileiro, mas ele veio a falecer em 1891. Além disso, o Papa Leão XIII insistia em que antes fosse realizado um concílio de toda a América Latina. Assim, o concílio plenário da Igreja no Brasil permaneceu na espera por quase 50 anos.

O Concílio Plenário Latino-Americano, convocado por Leão XIII, concretizou-se em 1899 e seus decretos entraram em vigor em 1º de janeiro de 1900. Era a primeira vez que bispos de toda a América Latina tomavam parte numa assembleia conciliar, nenhum bispo latino-americano havia participado do Concílio de Trento. No Concílio Vaticano I estiveram cerca de 40 bispos, dos quais seis eram do Brasil, todos alinhados com a maioria ultramontana e infalibilista. Chegara, então, a hora do episcopado do continente, porém o Concílio Plenário foi realizado em Roma, sob um estreito controle de canonistas e longe da intenção de olhar para a realidade latino-americana. O objetivo foi o de readequar essa realidade ao novo perfil da Igreja, que, em seu aparelho clerical, rompia com o passado e a herança colonial enquanto consolidava a direção romana (cf. Beozzo, 1992a, p. 196-198).

No Brasil, a instauração do Estado laico representava para a Igreja uma especial turbulência. Em 24 de fevereiro de 1891 foi promulgada a nova Constituição da República, que, especialmente pelo conteúdo do seu artigo 72, provocou no episcopado católico uma forte reação. A liberdade de culto vinha acompanhada pela secularização do matrimônio, dos cemitérios e da escola pública:

> § 3º Todos os indivíduos e confissões religiosas podem exercer pública e livremente o seu culto, associando-se para esse fim e adquirindo bens, observadas as disposições do direito comum.
>
> § 4º A República só reconhece o casamento civil, cuja celebração será gratuita.
>
> § 5º Os cemitérios terão caráter secular e serão administrados pela autoridade municipal, ficando livre a todos os cultos religiosos a prática dos respectivos ritos em relação aos seus crentes, desde que não ofendam a moral pública e as leis.
>
> § 6º Será leigo o ensino ministrado nos estabelecimentos públicos.
>
> § 7º Nenhum culto ou Igreja gozará de subvenção oficial nem terá relações de dependência ou aliança com o Governo da União ou dos Estados Unidos (Brasil, 1891).

De forma geral, o pensamento católico rechaçou a maneira como o Estado consolidou a sua separação da Igreja por meio da Constituição. Os pensadores católicos e os bispos viram a nova orientação da República como ilegítima. A convicção era a de que a Igreja tinha a função de articular o mundo de valores que o Estado devia reconhecer. O Estado leigo ficaria sem valores éticos, como um Estado "ímpio" e "ateu". Assim, nas décadas seguintes, os bispos mantiveram seu posicionamento contra o Estado leigo, repetindo sua convicção de que o catolicismo era a religião tradicional do Brasil, seguida pela maioria absoluta dos brasileiros (cf. Azzi, 2008, p. 196).

O episcopado, sem acesso ao projeto do texto da Constituição, havia tido conhecimento dele por meio da imprensa. E, antes que a Constituição fosse votada e promulgada, expressou seu protesto no documento intitulado *Reclamação do episcopado brasileiro dirigida ao Exmo. Sr. Chefe do Governo Provisório* (1910, p. 308-313). Eram muitas as reclamações dos bispos, a começar pela mudança nas relações entre Igreja e Estado que deixaram a Igreja impedida de acessar os governantes para tratar de questões que a afetavam diretamente. Diziam eles que o lugar da Igreja dentro do Estado ficava reduzido a uma simples cidadania, e não mais uma chefia espiritual da população; os direitos e as tradições do Brasil como nação católica tornavam-se alvo do que eles viam como "influência funesta de doutrinas radicalmente opostas"; um instaurado "ateísmo legal" traria como consequência o "ateísmo social" que, com o socialismo e o comunismo, colocava em risco o Estado e a Igreja.

Mas essa primeira Constituição da República foi promulgada sem atender aos protestos dos bispos católicos. Após muitas discussões quanto às mudanças na antiga forma de relação entre os poderes civil e eclesiástico, restavam as inseguranças e as incertezas. Era um divórcio que vinha de um processo bem mais amplo de transformação, exigido pelo mercado mundial.

As transformações impostas pelo mercado mundial ocorreram em toda a América Latina e Caribe ao longo de 50 anos, de 1880 a 1930, às vezes de forma silenciosa, mas quase sempre de forma violenta. Os estados liberais foram gestados num pacto político neocolonial, com imposição da hegemonia britânica e aliança com a nova burguesia da agricultura e do minério para exportação (cf. Beozzo, 1992a, p. 177-178).

Os novos agentes do governo do Brasil o colocaram no rol dos estados liberais, articulando os novos interesses do Estado com a nova dominação externa. Seguindo a ideologia liberal, pretendiam entrar na batalha das luzes contra o atraso do obscurantismo, que entendiam estar presente na religião católica e na tradição luso-

-hispânica e que seria vencido pela difusão das ideias econômicas inglesas, das ideias filosóficas francesas e das ideias protestantes norte-americanas. Ao mesmo tempo, acreditavam que a luta da civilização contra a barbárie das populações indígenas, gaúchas, africanas e mestiças seria vencida pela eliminação ou pela substituição dessas populações por imigrantes brancos europeus (cf. Beozzo, 1992a, p. 178-180).

2.3 Pacto entre Igreja e Estado na Primeira República

Era preciso adequar as normas do Concílio Plenário da América Latina às circunstâncias locais. De encontro a isso esteve uma determinação da Santa Sé, emitida em 1º de maio de 1900, para que os bispos de toda a América Latina se organizassem por províncias eclesiásticas e se reunissem ao menos a cada três anos. Essa era uma necessidade urgente no Brasil, para que se organizasse uma estratégia comum de ação. Porém, nesse país, o aparelhamento eclesiástico era ainda precário e as conferências acabaram sendo regionais (cf. Vieira, 2007, p. 434).

Além disso, desde a morte de Dom Macedo Costa, em 1891, o episcopado brasileiro estava sem liderança, justamente numa fase em que havia poucas possibilidades nas relações com o poder do Estado. Não obstante, no espaço interno da Igreja prosseguia a campanha de reorganização segundo as normas do Concílio de Trento e com acento na romanização. A ênfase se punha na moralização dos costumes, com progressiva clericalização e subordinação do laicato ao clero.

Algumas vozes iam em outra direção, como a de Júlio César de Morais Carneiro. Ele se tornou o primeiro padre redentorista brasileiro, com o nome de Júlio Maria. Com firmeza, ele propunha uma Igreja mais próxima do povo e que, com um clero mais atuante, se fizesse ouvir em nome dos interesses desse povo. Sua chamada era para que a Igreja entrasse na questão social.

Esse posicionamento do Padre Júlio Maria a favor da ação social da Igreja sintonizava com a encíclica *Rerum Novarum*, do Papa Leão XIII. É o que mostra a série de artigos escritos por ele e publicados na *Gazeta de Notícias* do Rio de Janeiro. Já no primeiro artigo, em de 14 de março de 1898, ele afirmou a existência de duas forças na sociedade: a da Igreja e a do povo. Unir essas duas forças, segundo o ideal do papa, era dever dos católicos em seus respectivos países – e, principalmente, do clero. Mas, para uma aproximação da Igreja com o povo, era preciso o envolvimento da instituição eclesiástica com a questão social. A encíclica exigia olhar o mundo a partir de novos horizontes, para além de uma sacristia em que só chegam à Igreja as vozes dos devotos. Era preciso ir para fora, onde tumultuam as vozes das grandes reivindicações populares (cf. Júlio Maria, 1983, p. 35-37).

Em seus escritos e em sua pregação, ele se posicionava contra os regimes autoritários e absolutistas e a favor da democracia, entendendo que a Igreja podia viver bem e ser livre sem a tutela do Estado e sem saudades do regalismo. Padre Júlio Maria via como inadmissível que padres e leigos católicos no Brasil permanecessem fora do movimento social da Igreja. Em seu segundo artigo, ressaltou que era preciso

> [...] mostrar aos pequenos, aos pobres, aos proletários que eles foram os primeiros chamados pelo Divino Mestre, cuja Igreja foi logo, desde o início, a Igreja do povo, na qual os grandes, os poderosos e os ricos também podem entrar, mas se têm entranhas de misericórdia para a pobreza; sujeitar o despotismo do capital às leis da equidade; exigir dele não só a caridade, mas a justiça a quem tem direito ao trabalho; dignificar o trabalhador; cristianizar a oficina; levar no ensino cristão os supremos postulados da consciência humana às fábricas [...]; proclamar bem alto o eminente lugar do operário na cidade de Deus, que Jesus Cristo fundou na terra, não com as castas, as aristocracias, as burguesias ou as dinastias, mas com o povo e para o povo (Júlio Maria, 1983, p. 37-38).

Padre Júlio Maria faleceu em 1916, e sua voz não foi ouvida.

Entretanto, os bispos passaram a se reunir. Os das províncias meridionais, situadas na área mais moderna e europeizada, após 15 anos de trabalhos, elaboraram a Pastoral Coletiva de 1915, destinada, principalmente, aos párocos. Era uma síntese criativa que, a partir da realidade pastoral do Sul do país e dos decretos conciliares, trazia normas pastorais de caráter prático. Essa pastoral acabou sendo adotada pelas demais províncias, apesar do seu contraste com as diferentes realidades, como a indígena no Norte e nos sertões nordestinos e a afro-brasileira no litoral e na zona da mata açucareira (cf. Beozzo, 1992a, p. 199).

A liderança no episcopado passou a ser exercida por Dom Sebastião Leme, desde a sua posse como arcebispo de Olinda e Recife em 1916. Sua Carta Pastoral, escrita para saudar os novos diocesanos, trazia o tema do ensino religioso, com claro posicionamento de centralidade em Roma e com um convincente programa de ação pastoral, que acabaria adotado pelos bispos em todo o país.

A Carta Pastoral de Dom Leme convocava os católicos a utilizarem todos os meios para divulgar a ideia católica nas famílias, nas escolas, nas universidades e na imprensa, além de fazer um veemente chamado para os deveres sociais:

> [...] como nação, não temos e não vivemos vida cathólica. Quer dizer: Somos uma maioria que não cumpre os seus deveres sociais. Obliterados em nossa consciência os deveres religiosos e sociais, chegamos ao absurdo máximo de formarmos uma grande força nacional, mas uma força que não atua e não influi, uma força inerte. Somos pois uma maioria ineficiente (Leme, 1916, p. 6).

Era um grito de alerta, que ressoou de forma eficaz no Congresso Eucarístico realizado no Rio de Janeiro, em setembro de 1922, dentro da comemoração do 1º Centenário da Independência. O próprio Dom Sebastião Leme foi o organizador desse evento eclesial, já que, no ano anterior, ele havia sido transferido para a capital da República como arcebispo-coadjutor do cardeal Dom Joaquim Arcoverde. De fato, o Congresso Eucarístico evidenciou para a sociedade brasileira uma força viva do catolicismo, enquanto se enfraquecia aquele laicismo republicano estabelecido pela Constituição brasileira de 1891. As forças religiosas apareciam reforçadas, após 32 anos transcorridos em meio aos graves problemas políticos ligados às crises econômicas que abalaram o país (cf. Matos, 1996, p. 181, 150-151).

A Igreja Católica vivia em toda a América Latina um período de marcante transformação. Não rompeu com o Estado nem com as classes dominantes; pelo contrário, contou com o apoio deles. Aderindo a um projeto nacionalista e populista de desenvolvimento, a Igreja conseguiu superar diversas das contradições e dos limites do período entre 1870 e 1930, expandindo sua base social e fortalecendo sua presença e seu poder na sociedade civil. A cristandade antiliberal desestruturou-se para, no período seguinte, de 1930 a 1960, reestruturar uma nova cristandade nacionalista-desenvolvimentista (cf. Richard, 1982, p. 96-97).

No Brasil, o novo período da Igreja iniciou-se em 1922. Como afirma Riolando Azzi (2008, p. 12), a carta-manifesto de Dom Leme "foi o documento inspirador da orientação pastoral da Igreja do Brasil durante o período de quatro décadas que antecederam o início do Concílio Vaticano II em 1962". Foi um projeto pastoral que ganhou adesão no Brasil inteiro. A propaganda feita pelo intelectual católico Jackson de Figueiredo[29] contribuiu para essa adesão nacional.

---

29. Jackson de Figueiredo Martins (1894-1928), professor, jornalista, filósofo e político, converteu-se ao catolicismo em 1918. Organizou o movimento católico leigo no Brasil. Fundou o Centro Dom Vital e a revista *A Ordem*, através dos quais fomentava o pensamento conservador, combatendo fortemente as ideias liberais e o socialismo. Atuou intensamente para fortalecer a posição da Igreja na sociedade (cf. Azzi, 2003).

O pensamento de Dom Leme aproximava-se das orientações do Papa Leão XIII, sintonizando com ele na oposição ao liberalismo e à modernidade, ao mesmo tempo em que sua liderança na Igreja do Brasil acompanhava a entrada na ação social, fato de fundamental importância. Nessa direção, foram muitas as suas iniciativas e fundações, como: a Pontifícia Universidade Católica do Rio de Janeiro (1921); o Centro Dom Vital[30], instrumento de cristianização da inteligência brasileira (1922); a revista *A Ordem*, expressão do pensamento católico (1921); a Ação Católica Brasileira (1935); os congressos eucarísticos; o Colégio Pio Brasileiro, em Roma; as páscoas coletivas; o monumento do Cristo Redentor, no Corcovado, Rio de Janeiro; a Obra das Vocações Sacerdotais; o título de Nossa Senhora Aparecida Padroeira do Brasil; o movimento dos círculos operários católicos; a adoração perpétua; a Liga Eleitoral Católica (LEC); e a legislação contra o divórcio e contra o estabelecimento de relações diplomáticas com a Rússia (cf. Hoornaert, 1992b, p. 312).

Foram 40 anos de um projeto pastoral que se propunha como de restauração católica e que insistia na ideia de ressacralizar a sociedade. No episcopado brasileiro predominou a busca por harmonia entre os dois poderes, o da Igreja e o do Estado, com mútuo apoio e colaboração entre as autoridades políticas e eclesiásticas. Por meio de frequentes declarações de acatamento às autoridades políticas e de exortações aos fiéis para uma atitude de respeito e obediência, a Igreja dava reforço à autoridade do Estado. Mais ainda, afirmava o caráter sacral da autoridade dos detentores do poder do Estado (cf. Azzi, 2008, p. 11, 198-199).

30. O nome Centro Dom Vital Maria Gonçalves de Oliveira homenageia esse bispo que, juntamente com Dom Antônio de Macedo Costa, foi condenado à prisão e a trabalhos forçados, na chamada "questão religiosa".

Especial reforço de Roma veio durante o pontificado de Pio X (1903-1914), que tinha por lema "restaurar todas as coisas em Cristo". Um dos frutos foi a formação de um novo clero, que passou a receber elogios pela disciplina, pela conduta moral e pela adesão ao princípio da obediência à autoridade dos párocos e dos bispos. Com um projeto de regeneração da sociedade civil embasada na regeneração da família, a Igreja empenhava-se em três prioridades: multiplicar as missões populares para penetrar mais no meio do povo; reestruturar as jurisdições eclesiásticas; e promover o reavivamento espiritual dos sacerdotes e também dos leigos (cf. Vieira, 2007, p. 430-434).

Em 1929 o Papa Pio XI reintroduziu, na Itália e no mundo, a concepção de cristandade. Na prática, essa reintrodução se fazia pela retomada das alianças entre o poder político e o poder eclesiástico, com fundamento nos princípios da autoridade e da sacralidade da pátria. Nessa direção, a Igreja do Brasil ergueu-se como nova Cristandade, ou seja, como modo societário de Igreja que busca chegar ao poder de nação, empenhando-se em assegurar na sociedade seus valores, seus dirigentes e suas leis. A hierarquia empenhou-se em formar uma elite católica e em assegurar escolas católicas, leis e associações católicas.

A reorganização da Cristandade nesse paradigma fundamentava-se na teologia da realeza de Cristo, realçando a Festa de Cristo Rei e buscando a restauração do reinado de Cristo[31] no lar, na escola, na imprensa, no governo e nas leis do país. Uma solene proclamação desse reinado eram os congressos eucarísticos, com a participação das autoridades políticas e militares lado a lado com as autoridades eclesiásticas. Desse modo, configurava-se uma cristandade marcadamente conservadora que, fixada no combate ao comunismo e ao liberalismo, acabou perdendo as classes trabalhadoras.

---

31. O reinado de Cristo é explicado por Azzi (2008, p. 190-191).

O aparelho eclesiástico reforçou-se consideravelmente. Em 1889 eram apenas 11 dioceses e uma única arquidiocese, a de Salvador, na Bahia. O número cresceu para 17 circunscrições eclesiásticas no ano seguinte. Após uma década, já eram 30, chegando a 88 circunscrições em 1930. Também se multiplicaram os seminários maiores e menores. A Igreja enquanto instituição adquiriu uma sólida disciplina interna, exercendo controle sobre suas bases leigas e demonstrando força perante o Estado (cf. Oliveira, 1985, p. 293).

Foi uma complexa transformação. A Igreja acabou aceitando a laicização da vida católica imposta pelo regime republicano com uma inédita tranquilidade, porque dava prioridade à aliança entre o altar e o trono. Uma cordialidade de conveniência constituía um contexto *sui generis*, o da integração de territórios e garantia de fronteiras pelo governo por meio do trabalho missionário dos religiosos que "salvavam almas". E isso ocorria enquanto segmentos do catolicismo popular, postos à margem do processo, reagiam de forma violenta contra a desagregação do universo religioso a que estavam habituados (cf. Vieira, 2007, p. 513).

O poder consolidado da hierarquia clerical, agora na órbita do Vaticano em Roma, desconsiderava a longa história e o modo mais comunitário do catolicismo do povo. Assim, a Igreja se viu num campo de conflitos com o modo de catolicismo leigo e devocional, que, nos conglomerados urbanos, seguia o ritmo das confrarias leigas de devoção e, nas zonas rurais, tinha a liderança dos beatos e das beatas (cf. Hoornaert, 1992b, p. 311).

Tanto o clero quanto o povo devoto buscavam a ressacralização, mas em dinâmicas diferentes. O projeto eclesiástico de Dom Leme objetivava ressacralizar a sociedade transformando o Estado republicano num Estado religioso. E a hierarquia eclesiástica afirmava a própria instituição católica como instrumento sacralizador, por isso via os movimentos sociorreligiosos populares como fanatismo religioso e as manifestações da devoção popular como ignorância e superstição. Por sua vez, os segmentos populares mantinham-se firmes na visão sacral da natureza e da ordem social, rechaçando, assim, a modernização laicizante de origem burguesa (cf. Azzi, 2008, p. 14-15).

Em toda a América Latina, o movimento de europeização e romanização dos quadros clericais do catolicismo atingiu as camadas populares. Houve grande florescimento das pias associações implantadas a partir da segunda metade do século XIX, como: Congregados Marianos, Filhas de Maria, Apostolado da Oração, Cruzada Eucarística, Associações de São José, Ligas de Jesus-Maria-José, Conferências Vicentinas, entre outras. Restritas ao âmbito interno da Igreja e sem personalidade civil, essas associações tinham estatuto apenas eclesiástico, subordinando-se aos bispos das respectivas dioceses. Embora o mundo devocional do povo tenha resistido o quanto possível, o catolicismo da nova Cristandade substituiu as organizações religiosas do catolicismo colonial, com sua liderança leiga, suas confrarias, suas irmandades e suas ordens terceiras.

A devoção arraigada dos camponeses dominados era ao Bom Jesus em todo o seu ciclo da paixão. Por sua vez, a reforma eclesiástica nos moldes europeus e tridentinos difundiu a devoção ao Sagrado Coração de Jesus, enfatizando os temas do ultraje e da realeza. Contra a modernidade triunfante e o racionalismo frio afirmava-se a fé nascida do coração e da misericórdia. Ao mesmo tempo, numa identificação com o Coração ultrajado de Jesus, a Igreja queria reparação da destruição da ordem cristã e proclamava a realeza de Cristo na sociedade como reinstalação da ordem católica. Diversos países foram consagrados ao Sagrado Coração de Jesus. Nessa perspectiva, o apoio foi não só de Roma, mas também da oligarquia conservadora.

Na década de 1920 realçou-se a teologia de Cristo Rei, ao mesmo tempo em que a nascente doutrina social da Igreja fazia apelo à atuação do catolicismo num deslocamento do lar e da família para a sociedade. As diferentes imagens-signos de São José nos remetem a esse processo, como mostra Beozzo (1992a, p. 216-218).

No Brasil colonial, o São José de botas, com sua capa larga de viagem e seu bordão, era a imagem viril do senhor de terras e minas, ou do tropeiro. No regime da República, num contraponto com os ideais socialistas e anarquistas, predomina o "castíssimo esposo de Maria e pai putativo do Menino Jesus", com o lírio florido na mão direita e o Menino Jesus no braço esquerdo. É a imagem do modelo de esposo e pai, de moral doméstica e pureza dentro do lar. Com a chegada do movimento operário católico, que enfatiza a moral social e a virtude da justiça, a imagem de São José passa para a oficina de trabalho. O lírio é substituído pelo serrote, e o Menino Jesus desce dos seus braços, fazendo-se seu aprendiz e ajudante. A imagem é a do São José Operário.

2.4 De volta às questões iniciais

Ante a separação entre Igreja e Estado, estabelecida por decreto e sem consulta às autoridades eclesiásticas, estas reagiram com surpresa e apreensão, mas também com alívio, porque a Igreja finalmente estava livre do jugo do Padroado. Seguiu-se a promulgação da primeira Constituição da República, que, em seu artigo 72, determinava a secularização do matrimônio, dos cemitérios e da escola pública. Então a reação do episcopado foi de protesto.

A Igreja Católica perdeu seu lugar de exclusividade na liderança da moral e da religião na sociedade brasileira. Em meio à liberdade de culto dentro do Estado laico e plural, passou a disputar espaço enquanto avançava em seu projeto de reorganização. Fortaleceu-se em suas estruturas, moldou o clero segundo as normas do Concílio de Trento e disciplinou o laicato sob a direção do clero. Além disso, com a liderança de Dom Macedo Costa, e depois com a de Dom Sebastião Leme, o episcopado buscou uma ação conjunta dentro da nova situação.

Todo esse empenho, porém, deixou de fora os movimentos sociais dos pobres, sempre impregnados de religião e quase sempre difusores da grande força do catolicismo popular. Faltava à Igreja proximidade com o povo, como insistia Padre Júlio Maria em sintonia com a encíclica *Rerum Novarum*. Mas a insistência da hierarquia da Igreja estava em transformar o Estado republicano num Estado religioso católico, dentro dos limites da modernização laicizante de origem burguesa.

A proximidade com o povo – especialmente com as multidões de marginalizados em movimentos sociorreligiosos ao redor de líderes como Antônio Conselheiro, Padre Cícero, os monges do Contestado, entre outros – teria sido fundamental no sentido da percepção, do diálogo e da inclusão da força de resistência dos pobres, com seu modo de defender a sacralidade da natureza e da ordem social. Essa proximidade era importante para a orientação do pensamento e da ação em favor da justiça social, que já estava no apelo do magistério eclesiástico por intermédio do Papa Leão XIII.

Até abraçar convictamente a questão social, a Igreja Católica no Brasil passou por relutâncias e paradoxos, dentro do processo histórico da sociedade em mudança.

3
Igreja e questão social

Neste capítulo, buscamos entender como ocorreu a entrada da Igreja Católica na questão social. O período histórico é o que vai de 1920 até o início da década de 1960, ou seja, até as vésperas do Concílio Vaticano II. Ali estão os 15 anos da Era Vargas[32], findada junto com o término da Segunda Guerra Mundial, mas ainda estendida em seus efeitos prolongados. As alterações no cenário político, mesmo não sendo drásticas, preservaram os privilégios das oligarquias estaduais, que passaram a ser agregadas ao Governo Federal.

O Presidente Getúlio Vargas reinaugurou o pacto entre Igreja e governo, que fora interrompido com a proclamação da República. Assim, concretizou-se uma colaboração cada vez mais estreita, principalmente no campo social. A Igreja obtinha verbas do governo para as obras sociais, mas não podia evitar certo enredamento nas malhas do poder político da Era Vargas que, com respaldo na Constituição de 1937, alinhava-se com os Estados Unidos e seguia a ideologia da intervenção estatal. Nessa conjuntura, em 1950, foram lançados planos globais para o desenvolvimento de regiões do Brasil consideradas atrasadas.

Nessa primeira metade do século XX, exerceu marcada liderança na vida da Igreja e da sociedade brasileira Dom Sebas-

32. A Era Vargas é o período em que Getúlio Dornelles Vargas foi o presidente do Brasil, primeiro num governo provisório, exercido de 1930 a 1934, depois num governo constitucional que, em 1937, mudou para a ditadura do Estado Novo, com duração até 1945.

tião Leme da Silveira Cintra, primeiro como arcebispo de Recife (1916-1921), depois na Arquidiocese do Rio de Janeiro (1921-1942), onde, em 1930, foi elevado ao cardinalato. Articulando bispos e movimentos eclesiais, ele conduziu a Igreja Católica em momentos nevrálgicos: na transição da República Velha para a Era Vargas, na crise do movimento militar tenentista que culminou na Revolução de 1930 e na Revolução Constitucionalista de 1932. Sua liderança foi interrompida com sua morte, em 1942. Na segunda metade desse século, outro líder, articulador e inspirador da atuação da Igreja na realidade social, seria Dom Helder Pessoa Câmara (cf. Beozzo, 2004, p. XII-XIII).

A passagem para a Era Vargas foi particularmente turbulenta, e o Cardeal Leme evitou um derramamento de sangue. A eficácia dessa sua intervenção fez repercutir a força da Igreja, que estreitou sua colaboração com o governo. Lançando-se na arena política populista, a Igreja reuniu grande quantidade de pessoas em ostensivas manifestações de fé.

A primeira dessas manifestações católicas em multidão foi a que celebrou a proclamação oficial de Nossa Senhora Aparecida como rainha e padroeira do Brasil. O título fora concedido pelo Papa Pio XI, que atendeu a um pedido feito pelo próprio Dom Leme. Em 31 de maio de 1931, no Rio de Janeiro, celebrou-se a sua proclamação oficial diante de uma significativa multidão de fiéis e com o Presidente Vargas junto do episcopado.

A coroação da imagem já havia sido feita em 1904, quando se celebrava o cinquentenário da proclamação do dogma da Imaculada Conceição. O Santuário de Aparecida era dirigido por padres redentoristas alemães. Tomada como um símbolo da luta da Igreja contra o laicismo, a imagem de Nossa Senhora Aparecida passava a representar também, no processo de recatolização do Brasil, a reaproximação entre os poderes civil e eclesiástico (cf. Silveira, 2019).

Nesse foco esteve a grande comoção nacional que envolveu a celebração do título da padroeira. Trazida de Aparecida pelo arcebispo de São Paulo, Dom Duarte Leopoldo e Silva, a imagem foi transportada em procissão solene pelas ruas da capital federal e conduzida até a Esplanada do Castelo para a cerimônia religiosa. O Presidente Vargas, convidado pelo Cardeal Leme, sentou-se à sua direita junto do altar (cf. Vieira, 2008, p. 226). E o cardeal, de joelhos, pronunciou: "Senhora Aparecida, o Brasil é vosso!" (Alvarez, 2014, p. 192).

Como observa Diego Omar Silveira (2019), ali estava celebrando a Aparecida como Rainha, ao lado de ditadores, uma elite eclesiástica intransigente que combatia a diversidade religiosa. Mas a imagem, com "coroa de ouro e pés de barro", era a da Mãe Aparecida dos pobres e dos que sofrem por sua diversidade étnica.

Note-se que o reconhecimento oficial dessa consagração do Brasil a Nossa Senhora Aparecida, por parte da República, só viria meio século depois, com a Lei n. 6.802, de 30 de junho de 1980. Essa lei reservou a data de 12 de outubro como feriado nacional. O que ocorreu em 1931 foi a segunda manifestação católica multitudinária, quando o mesmo Cardeal Leme benzeu a estátua do Cristo Redentor, de 30 metros de altura, erguida no morro do Corcovado como símbolo do novo pacto da Cristandade. A pedra fundamental já havia sido lançada durante o Congresso Eucarístico de 1922.

A inauguração do monumento se fez em missa presidida pelo núncio apostólico, juntamente com 45 bispos, o presidente da República, ministros, diplomatas e políticos. A gigantesca estátua do Cristo Redentor de braços abertos, erguida no ponto mais alto da então capital do país, era o símbolo do reinado de Cristo, enquanto a Igreja se empenhava em convencer os governantes e toda a nação da importância de sua presença e atuação massiva na sociedade.

Também reuniram multidões os congressos eucarísticos nacionais: o de Salvador, em 1933; o de Belo Horizonte, em 1936; o de Recife, em 1939; e o de São Paulo, em 1942.

O primeiro Concílio Plenário Brasileiro finalmente foi realizado em julho de 1939. Alheio à realidade brasileira, teve seu esquema preparado por um funcionário da Cúria Romana com base no Código de Direito Canônico e foi redigido em latim. Os bispos acabariam retomando, em 1950, a velha Pastoral Coletiva de Dom Leme, reeditada a partir do Código de Direito Canônico de 1917 e do Concílio Plenário Brasileiro de 1939.

3.1 Católicos eruditos

Desde a década de 1920, leigos intelectuais católicos tiveram marcada influência na sociedade. Alguns deles atuaram no sentido da conservação da ordem estabelecida, enquanto outros seguiram uma linha humanista e favorável às reivindicações do povo.

De modo geral, esses intelectuais deram à Igreja Católica um ar erudito respeitável, reconhecido até pelos adversários do catolicismo. Em meio a uma crescente urbanização com características secularizantes e uma pluralidade de ideologias, sua meta principal era a de reforçar a influência católica na sociedade (cf. Vieira, 2007, p. 500).

Muito importante nesse objetivo foi o Centro Dom Vital, fundado no Rio de Janeiro em 1922, a partir da iniciativa de Dom Sebastião Leme de reunir um grupo de leigos intelectuais católicos voltados para a recatolização da intelectualidade brasileira. Três deles tiveram destacada atuação: Jackson de Figueiredo, Alceu Amoroso Lima e Gustavo Corção. Os três iniciaram já adultos a sua prática religiosa. Jackson, conhecido jornalista, convertido ao catolicismo graças à ação pessoal de Dom Leme e por ele posto na liderança desse centro, faleceu prematuramente em 1929. A liderança então foi assumida por Amoroso Lima (cf. Azzi, 2008, p. 481).

Jackson de Figueiredo queria a fundação de um partido católico. Dom Leme foi contrário a essa ideia, mas concedeu-lhe a alternativa de criar a LEC, que serviu bem ao empenho da Igreja em influenciar os eleitores para que votassem em candidatos afinados com as exigências básicas da fé cristã (cf. Mariae, 1994, p. 63) e também em impor aos partidos políticos as reivindicações da Igreja. Porém a promulgação do Estado Novo em 1937 retirou da Igreja muitas das suas prerrogativas anteriores, abrindo-lhe uma nova fase de desafios (cf. Dussel, 1992b, p. 229).

O Centro Dom Vital ramificou-se. Filiais foram criadas em outros Estados, em diversas cidades, de modo que outros leigos intelectuais católicos passaram a se destacar. Alceu Amoroso Lima[33], após uma década de continuidade com o pensamento de Jackson de Figueiredo, tomou um posicionamento mais aberto. O mesmo ocorreu com outros membros, que passaram a atuar em outros movimentos, inclusive como fundadores de alguns deles (cf. Azzi, 2008, p. 243-244, 481-482).

Esse centro da intelectualidade católica difundia suas ideias através da revista *A Ordem*, nacionalista, de cunho conservador e alinhada com as orientações romanas. Porém a revista teve uma significativa mudança graças a alguns dos intelectuais católicos, especialmente Amoroso Lima, que, aberto a um contínuo processo de renovação, tinha um pensamento pautado no humanismo e na liberdade. Sintonizado com as ideias do padre dominicano francês

33. Alceu Amoroso Lima (1893-1983) tinha o pseudônimo de Tristão de Atayde. Produziu vasta obra de crítica literária, sociologia, economia, educação, filosofia, direito, política e religião. Além de professor catedrático da Universidade do Brasil, ele foi membro da Academia Brasileira de Letras, da Academia de Ciências Morais do Instituto de França e da Pontifícia Comissão de Justiça e Paz. E foi um dos fundadores da Pontifícia Universidade Católica do Rio de Janeiro. É interessante ler: Lima Filho (2003).

Louis Joseph Lebret[34], que defendia a primazia do ser humano na ordem econômica, o pensamento de Amoroso Lima ganhou novos contornos, tanto que ele introduziu e difundiu no Brasil o movimento Economia e Humanismo, fundado por Lebret.

Persistiam outros pensamentos e posicionamentos, como o do integralismo[35], em cujas fileiras militaram muitos dos jovens universitários que constituíram a Ação Universitária Católica. Essa organização foi fundada em 1929 por Amoroso Lima junto ao Centro Dom Vital. Seus integrantes mobilizavam-se para afirmar e difundir no meio universitário os princípios católicos, contestando o Estado leigo (cf. Azzi, 2008, p. 244).

Entretanto, foi importante a nova geração de convertidos que despontou nos anos de 1920. Dela também fez parte o engenheiro e historiador João Pandiá Calógeras, de família grega ortodoxa, que havia sido ministro da fazenda no governo de Afonso Pena (1906-1909). A adesão de Pandiá à fé católica se deu a partir de contatos e amizade com os jesuítas. Ele foi autor de emendas religiosas à Constituição. Faleceu em 1934, mas, pouco antes, mesmo bastante enfermo, escreveu a pedido do Cardeal Leme o *Conceito cristão do trabalho*, um resumo dos ensinamentos da *Rerum Novarum* (cf. Vieira, 2007, p. 498).

---

34. Padre Lebret (1897-1966) foi um dos primeiros estudiosos do subdesenvolvimento. Ele se voltava para o desenvolvimento integral da pessoa humana e o desenvolvimento global do planeta. Em 1958, fundou o Instituto Internacional de Pesquisa e de Informação para o Desenvolvimento (Irfed). Foi enviado como representante da Santa Sé a algumas conferências da Organização das Nações Unidas (ONU). Como perito no Concílio Vaticano II, nomeado pelo Papa Paulo VI em 1964, deu significativa contribuição para o documento *Gaudium et Spes*. O mesmo Paulo VI o escolheu como principal redator de sua encíclica *Populorum Progressio*, que, publicada em 1967, um ano após a morte de Lebret, traz dele importantes contribuições (cf. Rizzi, 2016).

35. Pode-se dizer que o primeiro movimento de massa no Brasil foi o integralista. A Ação Integralista Brasileira foi fundada em 1932 por Plínio Salgado, numa proximidade com o fascismo italiano. Sua ideologia, em oposição ao liberalismo e ao socialismo, com o lema "Deus, Pátria, Família", fundamentava-se na construção de um Estado moralmente subordinado ao catolicismo (cf. Trindade, 1974).

Entre os eruditos havia também clérigos, muitos deles destacados na cultura humanística. Pode-se citar o arcebispo de Mariana, Dom Silvério Gomes Pimenta, e também o bispo de Cuiabá, Dom Aquino Corrêa, ambos membros da Academia Brasileira de Letras. Acrescente-se o prestígio que a hierarquia católica alcançou na sociedade durante a República Velha. Porém a erudição de muitos membros do clero não se traduziu em atuação social, haja vista a quase total ausência da Igreja na educação universitária (cf. Vieira, 2007, p. 504-505).

Não se pode negar, no entanto, a força da liderança de Dom Leme. Ele contou com a cooperação de intelectuais como Jackson de Figueiredo e Alceu Amoroso Lima, além do padre jesuíta Leonel Franca e de outros tantos, agrupados em torno do Centro Dom Vital, da revista *A Ordem*, da Ação Católica Brasileira, do Instituto de Estudos Superiores e da Universidade Católica do Rio de Janeiro. É relevante considerar também os resultados alcançados pela LEC nas eleições de 1933 e na Assembleia Constituinte de 1934. Iniciativas eclesiais, locais ou paroquiais, tiveram abrangência nacional. E o projeto de presença e atuação da Igreja Católica no cenário social, cultural, político e religioso do país ganhou rumo e consistência (cf. Beozzo, 2004, p. XII-XIII).

No fim dos anos de 1950, o pensamento dos bispos e do clero em geral já mostrava uma diversificação, persistindo como ponto comum a todas as correntes uma aversão ao chamado "comunismo ateísta" (cf. Löwy, 2000, p. 136).

3.2 Organizações e movimentos sociais católicos

O projeto da Igreja era reconquistar a sociedade para Cristo. Por isso, desde a década de 1920, ela se lançou na realidade social do povo brasileiro, atuando através de instituições e movimentos católicos, e empenhou-se em estar mais presente e atuante na sociedade e na esfera política. Para uma compreensão desse processo, dialogamos com alguns autores, principalmente com o historiador Riolando Azzi (2008).

Os diversos grupos, organizações e movimentos católicos que se articularam nesse período foram oportunos aos esforços do episcopado para que o Estado se orientasse pelos princípios cristãos. Eram movimentos quase todos alinhados ainda à linha política autoritária, mas que, progressivamente, foram se abrindo para a democracia e para as reformas sociais do país.

Desde Roma, vinha uma insistência na recristianização do operariado, que se afigurava bastante afastado da Igreja. O conceito de recristianização estava nas encíclicas *Rerum Novarum* e *Quadragesimo Anno*, mas foi retransmitido através do discurso da hierarquia da Igreja no Brasil sem considerar a realidade local. Aqui, ao contrário do anticlericalismo europeu, a grande maioria do povo seguia os padrões morais e religiosos da tradição católica. Além disso, a Igreja estava bastante vinculada aos setores agrários, em aliança com a oligarquia tradicional e os partidos conservadores.

Na Igreja havia um descrédito generalizado em relação ao processo industrial, à evolução científica e à urbanização. No clero e no meio intelectual católico predominava a convicção de que o campo seria o lugar ideal para o povo viver os valores católicos. A cidade com seu modernismo, considerada fruto do orgulho e da vaidade humana, estaria na oposição à vida laboriosa no campo, visto como dom de Deus. Assim, as zonas rurais eram priorizadas como uma reserva religiosa e social, lugar de preservação da vida simples e religiosa, dos costumes sãos e da estabilidade nos costumes tradicionais. Essa compreensão e atuação foi mantida até meados dos anos de 1950, com uma pregação que enfatizava a resignação dos camponeses com a sorte que lhes teria sido dada por Deus.

Uma parte do clero brasileiro abraçou o tema europeu da recristianização, empreendendo os maiores esforços no sentido da formação cristã dos operários. Com empenho no controle ideológico do proletariado, os direitos sociais eram defendidos dentro dos limites da manutenção da ordem estabelecida.

Por outro lado, multiplicaram-se obras voltadas à melhoria das condições de vida e de trabalho dos operários e suas famílias. Eram obras assistenciais, educativas e recreativas. Também havia iniciativas da Igreja, inclusive junto ao poder político, voltadas à obtenção de benefícios para os trabalhadores por meio das leis trabalhistas.

Um passo significativo foi o de uma ala mais fiel à doutrina social da Igreja, que passou a voltar-se para a dimensão socioeconômica. Nessa linha, surgiram diversas associações católicas, como as Legiões de Trabalho, os Círculos Operários, os Centros Operários e a Juventude Operária Católica (JOC). Em 1919 foi fundada, em Belo Horizonte, a Confederação Católica do Trabalho. Pode-se destacar, ainda, a Legião Cearense do Trabalho, que atuou de 1931 a 1937. Essa associação, inspirada na doutrina social da Igreja, ao mesmo tempo do seu empenho anticomunista, favoreceu a reivindicação de direitos dos operários.

A atuação mais expressiva da instituição católica junto aos segmentos de trabalhadores se deu por meio dos círculos operários católicos, que se inspiravam no corporativismo fascista. Em 1932 foi fundado o primeiro deles, em Pelotas, Rio Grande do Sul, pelo padre jesuíta Leopoldo Brentano. Três anos depois já se contavam 14 mil membros, que passaram a 34 mil em 1936, quando se reuniu a Confederação Nacional de Operários Católicos (cf. Dussel, 1992b, p. 229).

Esses círculos constituíam um movimento dentro dos limites da tutela da hierarquia da Igreja. Durante a ditadura Vargas (1937-1945) multiplicaram-se por todo o país, chegando a cerca de 300 mil associados. Com sua forte ênfase anticomunista, faziam uma defesa intransigente da ordem estabelecida. Por intermédio deles foram fundadas e se desenvolveram inúmeras obras assistenciais e educativas, além de cooperativas e sindicatos católicos. Ganharam simpatia do governo e atuaram em favor de uma legislação trabalhista mais adequada às necessidades dos operários.

Outra grande força foi a Ação Católica. Sob o impulso do Papa Pio XI, a Ação Católica Brasileira foi fundada em 1935, com seus estatutos aprovados por Roma. Estruturava-se de acordo com o modelo adotado na Itália, com quatro ramos fundamentais: Homens da Ação Católica, Liga Feminina Católica, Juventude Católica Brasileira e Juventude Feminina Católica. No entanto, apesar dos esforços do Cardeal Leme e de alguns outros bispos, esse movimento não chegou a se integrar à pastoral ordinária das paróquias, permanecendo restrito a uma elite (cf. Mariae, 1994, p. 59).

Essa Ação Católica de modelo italiano, com estrutura e metodologia próprias, consistia na colaboração das pessoas leigas no apostolado da hierarquia da Igreja. Seus membros, vistos como um exército de leigos cristãos militantes, combatentes do laicismo ocidental e empenhados na recristianização do mundo, estavam a serviço do reinado social de Cristo (cf. Matos, 1996, p. 202-211). O bispo de Belo Horizonte, Dom Antônio dos Santos Cabral, explicitou as práticas numa carta pastoral em 1943: dar aos operários conhecimento da doutrina cristã; fazê-los viver de acordo com sua fé; e fazê-los colocar-se com zelo a serviço da hierarquia, como instrumentos hábeis para recristianizar o meio operário. Entretanto, Dom Cabral ali sugeria que os integrantes dos círculos operários iniciassem a fundação da JOC (cf. Azzi, 2008, p. 104, 111).

A JOC havia sido fundada na Bélgica em 1923 pelo sacerdote Joseph Cardijn, filho de um trabalhador mineiro. Cardijn lançou as bases dos movimentos especializados da Ação Católica em ambientes sociais específicos. Esses movimentos fariam uma revolução de insuspeitáveis consequências. Pedagogicamente, criavam condições para que a classe operária tomasse consciência de sua própria cultura e pudesse expressá-la à sua maneira. Teologicamente focados na presença do Reino de Deus neste mundo, incentivavam a uma participação consciente na sua construção (cf. Mariae, 1994, p. 50, 65-66).

Essa modalidade de Ação Católica, chamada "especializada" devido à sua atuação por ambientes específicos, caracterizava-se pela "formação na ação e pela ação" e seguia o método "ver-julgar-agir". Aos poucos, foram surgindo núcleos em diversas regiões do Brasil (cf. Matos, 1996, p. 202). Em Fortaleza, Ceará, iniciou-se em 1931, com a liderança do Tenente Severino Sombra, que logo passou a direção ao Padre Helder Camara.

Em São Paulo, a atuação de padres canadenses propiciou o início das primeiras experiências, com a Juventude Estudantil Católica (JEC) e, depois, também com a Juventude Universitária Católica (JUC). Essa experiência causou impacto positivo entre assistentes da Ação Católica e em alguns bispos, como o de Mossoró, Dom João Batista Portocarrero. Em 1950, o episcopado brasileiro deu reconhecimento oficial à Ação Católica Especializada. Para esse passo significativo foi importante a contribuição dos padres Helder Camara e José Távora[36] (cf. Mariae, 1994, p. 66-67).

Até 1958, a JOC teve uma atuação política moderada, voltando-se mais para as atividades sociais dos jovens e a sua vida sacramental. Porém, dali para a frente passou a participar mais ativamente dos movimentos em defesa da classe operária.

A atuação no meio rural deu-se por meio de diversas organizações, como as Cooperativas de Crédito e as Caixas Rurais. Era uma ação social voltada para a melhoria das condições materiais

---

36. O Padre Helder Pessoa Camara, que atuou no Rio de Janeiro desde 1936, assumiu, em 1947, o cargo de assistente eclesiástico da Ação Católica Brasileira. Foi sagrado bispo auxiliar da Arquidiocese do Rio de Janeiro em 1952, ano em que também teve atuação marcante na fundação da Conferência Nacional dos Bispos do Brasil (CNBB). Em 1964, foi nomeado arcebispo de Olinda e Recife. O Padre José Vicente Távora tornou-se bispo auxiliar no Rio de Janeiro, foi nomeado assistente da JOC e, de 1957 a 1970, foi bispo e arcebispo de Aracaju (cf. Nascimento, 2008).

das populações do campo e a defesa dos valores cristãos contra as novas ideias revolucionárias de sabor socialista. Também houve iniciativas no campo educacional, mas com maior atenção aos colonos de origem europeia.

O projeto do Cardeal Leme priorizava a presença católica na sociedade urbana emergente. Mesmo assim, havia uma expressiva contribuição de missionários na missão com os indígenas sobreviventes, que tinham suas terras devastadas, eram submetidos a trabalho servil e morriam por doenças dos brancos.

Os missionários dedicados aos indígenas – quase todos estrangeiros – eram membros de ordens e institutos religiosos. Com pouca sensibilidade aos valores culturais dos indígenas, exerciam a missão nos moldes europeus e como conquista espiritual dos seus territórios. Promoviam instrução religiosa, alfabetização, trabalho profissional e agrícola, mas objetivando a cooperação com o governo em seu projeto de assimilar essas populações dentro do Estado brasileiro, sob o domínio da lei. Assim, a missão se fazia na fronteira entre a civilização e a selva, com capela, escola, ambulatório médico e casa para os religiosos; depois, com sedes paroquiais. Eram reconhecidos o sacrifício e a dedicação desses missionários, chamados "bandeirantes da fé", mas sem que houvesse vínculo ou envolvimento das dioceses e paróquias.

Para a população negra em geral, que a Lei Áurea deixou entregue à própria sorte, restou a miséria nas periferias, com acesso mínimo à escola e sofrendo duras perseguições policiais. É significativo o fato de o arcebispo de Mariana, Dom Silvério Gomes Pimenta, já em 1922, ser conhecido como o "arcebispo negro". Porém, nos meios católicos, apareciam a mentalidade e as práticas racistas, tão marcadas na sociedade.

Quase não havia negros nas pias associações católicas. Mulheres e homens negros trabalhavam sem registro e sem nenhum documento trabalhista em conventos, seminários, paróquias e fazendas de propriedade da Igreja e eram educados para uma vida subalterna e de presença invisível num trabalho incessante. Difundia-se a ideia de que, graças ao catolicismo, os negros eram dignificados. Está certo que a discriminação nos espaços da Igreja era menos rígida, mas as pessoas negras eram excluídas dos institutos religiosos. As mulheres negras, quando admitidas nos conventos, não podiam ser coristas nem superioras da comunidade.

A construção social e física da casa-grande e da senzala, que dividia a sociedade entre os brancos donos do poder e os negros escravizados por eles, desapareceu apenas exteriormente com a abolição da escravatura. Essa divisão hierarquizada continuou na mentalidade dos brancos da elite brasileira, com as desigualdades sociais e os preconceitos constantemente realimentados por essa estrutura dualista. O mesmo dualismo e as mesmas discriminações foram reproduzidos por ordens e congregações religiosas. Durante toda a época colonial, as pessoas negras, indígenas e mestiças eram consideradas de "sangue sujo", sendo, por isso, impedidas de serem padres, religiosas e religiosos. Ao racismo acrescentava-se o argumento de que essas pessoas jamais conseguiriam viver a castidade. Tamanha discriminação acabou internalizada por essas populações desumanizadas, a ponto de nem cogitarem a possibilidade de serem padres, religiosos ou religiosas (cf. Boff, 2009).

Por outro lado, foram importantes alguns esforços de inclusão das pessoas negras. Pode-se citar a Congregação das Missionárias de Jesus Crucificado, fundada no Brasil em 1928, apenas 40 anos após a Lei Áurea. Houve um pioneirismo da fundadora, Maria Villac, ao admitir moças negras, embora ainda como oblatas.

Mas o fato extraordinário foi o despertar da consciência das próprias negras que se tornaram membras dessa congregação[37].

37. Leonardo Boff aqui comenta a obra de Beozzo *et al.* intitulada *Tecendo memórias, gestando o futuro: história das irmãs negras e indígenas das Missionárias de Jesus Crucificado* (2009).

Houve o despertar da sua identidade étnica, dos seus valores específicos e da sua espiritualidade singular. Na narrativa de suas histórias de vida, com lágrimas e sem revanche, transparece o resgate da memória do aprendizado, numa penosa caminhada que foi lançando bases para um futuro mais igualitário e respeitador das diferenças. O épico dessa identidade negra está em poder ser feita de resistência sábia e de um desabrochar seguro de seu próprio caminho de libertação, ainda que lento, com inventividade e alegria (cf. Boff, 2009).

Também merece destaque o padre italiano Luís Orione, fundador da Pequena Obra da Divina Providência. Ele tentou romper com as restrições que impediam o acesso das pessoas negras à vida religiosa e queria prepará-las para serem missionárias, mas vozes superiores o desaconselharam de realizar esse projeto.

No entanto, maior consideração merecem os praticantes de cultos de origem afro que, ao persistirem em seus rituais e festas, foram rompendo simbolicamente as barreiras sociais. Apesar de duramente perseguidos, promoveram a fraternidade sem fronteiras.

3.3 Movimentos e experiências de renovação

No início dos anos de 1930 a economia brasileira foi duramente afetada pela depressão econômica mundial que se seguiu à Primeira Guerra (1914-1918). Com toda a precariedade da vida nas zonas rurais, as cidades foram o atrativo para um intenso processo migratório – principalmente Rio de Janeiro e São Paulo, que cresceram desordenadamente.

A migração era do campo para as cidades e do Nordeste para o Sudeste do país, mas também foi assustador o fluxo migratório do "exército da borracha", nordestinos estimulados pelo governo a saírem em direção à Amazônia. Multidões ali sofreram fome, doenças, isolamento e morte, extraindo o látex para garantir suprimento de borracha aos países aliados da Segunda Guerra (1939-1945).

A Igreja Católica, ao apoiar movimentos e experiências renovadoras, deu importantes passos que prepararam seu engajamento favorável à promoção humana e à justiça social. Ao mesmo tempo, foi na adesão ao impulso desenvolvimentista do governo brasileiro que ela participou dos esforços para o desenvolvimento rural e também marcou presença nas questões educacionais e nos meios de comunicação social (cf. Mariae, 1994, p. 105).

Riolando Azzi (2008, p. 96-101) explica a atuação social da Igreja em meio a essa realidade. Nos anos de 1940 o episcopado brasileiro estava mais atento aos problemas do campo, especialmente ao êxodo rural. Na Pastoral Coletiva de 1945 os bispos reconheciam que as populações rurais, pouco beneficiadas pelas leis sociais, viviam em condição inferior à da dignidade da pessoa humana e da família. No ano seguinte, o Plano Nacional da Ação Social Católica trazia uma reflexão especial sobre os problemas rurais e sugeria diversas medidas práticas em colaboração com o governo, como instrução, assistência social, difusão do cooperativismo, crédito, mecanização e ensino profissional agrícola.

Essas realizações foram poucas até o fim da década de 1940, mas sinalizaram a abertura para um novo enfoque pastoral, mais coerente com as necessidades sociais. Ainda que de forma indireta, os bispos começavam a tomar consciência das trágicas consequências do latifúndio.

Em algumas dioceses do Nordeste despontou uma ação pastoral mais efetiva para a educação e a organização das populações rurais. No Rio Grande do Norte, desde 1949, foi atuante o Serviço de Assistência Rural, que surgiu na Diocese de Natal. Esse organismo, criado pela Juventude Católica Masculina sob a direção do Padre Eugênio Sales[38], promoveu, em 1951, a Primeira Semana

38. O Padre Eugênio Sales (1920-2012) foi um dos pioneiros na pastoral rural. Em 1954, tornou-se bispo auxiliar da Arquidiocese de Natal – que passara a ser arquidiocese em 1952 – e, em 1964, foi nomeado administrador apostólico de Sal-

Rural do Rio Grande do Norte, com a colaboração de órgãos do governo. Depois, multiplicaram-se, no interior desse Estado, as missões e as semanas rurais. Muito importante foi a instalação de uma rádio para a educação rural na Diocese de Natal. O pedido de autorização, que vinha desde 1952, foi atendido pelo governo em 1958.

No Maranhão, foram focos de conscientização popular as semanas e os cursos desenvolvidos no meio rural, além das cooperativas de crédito rural. Para coordenar toda a ação, que buscava melhoria nos níveis material, intelectual, social, moral e religioso, foi fundada, em São Luís, a Missão Intermunicipal Rural Arquidiocesana.

De modo geral, a Igreja se voltava para os valores espirituais e fazia alertas contra o que via como perigo do comunismo. Entretanto, em meados dos anos de 1950, constatava-se que a cidade estava chegando ao campo, através dos eletrodomésticos, da televisão e de outros meios de comunicação social, trazendo outra mentalidade, outra moda e outra linguagem. E a má organização da estrutura agrária passou a ser vista como causadora da desorganização urbana. Então, a Igreja passou a uma ação ostensiva também nas realidades temporais. Assim, o tema da reforma agrária entrou na pregação católica que, em nome de Deus, condenava com veemência as injustiças sociais.

Era um passo qualitativo da instituição católica na perspectiva de superação da mentalidade assistencialista, embora ainda limitada pelo fato de ser avessa às soluções radicais. Nessa linha, a pastoral rural dava estímulo e apoio ao associativismo, às cooperativas de produção e venda, à articulação de comunidades rurais e aos sindicatos rurais. Esses primeiros passos na resposta ao problema agrário eram ainda tímidos e em segmentos minoritários, mas iam pondo em prática a doutrina social da Igreja.

---

vador, tornando-se ali arcebispo em 1968. Recebeu do Papa Paulo VI o título de cardeal em 1969 e foi arcebispo do Rio de Janeiro de 1971 a 2001.

Especial importância tiveram os primeiros núcleos da Juventude Agrária Católica (JAC) na região do Seridó, Rio Grande do Norte. Ali, num lugarejo chamado Timbaúba dos Batistas, esses núcleos já mostravam sua eficiência, embora em todo o país ainda fossem poucos e isolados. Tinham o apoio de Dom José de Medeiros Delgado, primeiro bispo de Caicó, que também liderou todo um programa de ações socioeducativas de 1941 a 1951, período em que foi bispo dessa diocese.

Dom Delgado foi pioneiro na renovação da pastoral rural no Brasil, desde que atuou como pároco em Campina Grande, na Paraíba, e depois como bispo de Caicó. Com seu apoio, essa experiência da Ação Católica rural, juntamente com o movimento cooperativista dos pequenos proprietários rurais da região do Seridó, pode ter sido o primeiro marco cronológico de uma pastoral voltada à transformação das condições de vida das pessoas do campo. A partir dali, desenvolveu-se, na capital do Rio Grande do Norte, um esforço no contexto urbano, que ficou conhecido como Movimento de Natal. A princípio, era uma atuação marcadamente assistencial dentro da realidade do pós-guerra. Em 1945, com a fundação da Escola de Serviço Social de Natal pelo Padre Nivaldo Monte, a ênfase deslocou-se de um trabalho de "casos" para um esforço educativo de organização da comunidade. E, na busca das causas mais profundas dos problemas urbanos, entendeu-se que a estrutura agrária do Nordeste estava nas raízes da desorganização social daquela realidade urbana (cf. Mariae, 1994, p. 67-68, 107).

O movimento foi assumido por toda a Diocese de Natal a partir de 1948, com a liderança de Dom Eugênio Sales. Com base num estudo sistemático das suas áreas rurais, a diocese planejou a ação na cidade. Desse modo, além de ser pioneiro na sindicalização rural, o Movimento de Natal constituiu-se num primeiro empenho como pastoral de conjunto, mobilizando pessoas leigas juntamente com sacerdotes e membros de congregações religiosas, numa ação diocesana ampla e participativa. Ultrapassando sua primeira finalidade, que havia sido a de neutralizar as Ligas Camponesas através das Escolas Radiofônicas, abriu um espaço para a evangelização libertadora, na interação entre fé e vida (cf. Mariae, 1994, p. 68-69).

No conjunto dos bispos do Nordeste afirmava-se a convicção de que a pessoa humana é corpo e alma, as estruturas da sociedade eram injustas e a Igreja devia participar da mudança daquelas estruturas (cf. Bruneau, 1974, p. 144). Nessa perspectiva, o Movimento de Natal constituía-se na primeira inovação da pastoral ordinariamente praticada no Brasil. Pela primeira vez, a pastoral paroquial recebia um impacto de renovação mais profunda atingindo as classes populares, enquanto os movimentos de renovação como a Ação Católica Especializada eram constituídos por grupos à margem do trabalho paroquial e de atividades religiosas como as missões populares e os congressos eucarísticos (cf. Mariae, 1994, p. 69).

No campo educacional, o empenho se deu, principalmente, através das escolas católicas. Assumidas por diversas dioceses – em especial, por congregações e institutos religiosos –, as escolas católicas quase não se voltavam para os majoritários segmentos da população economicamente carente. Por outro lado, no campo da assistência social, já se destacava a atuação de membros de congregações religiosas – na maioria, estrangeiros –, inclusive em lugares de maior pobreza.

O povo católico devoto persistia em suas expressões de catolicismo popular, intensificando as romarias aos santuários, enquanto as missões populares cuidavam do afervoramento dos fiéis.

3.4 De volta às questões iniciais

O grito de alerta de Dom Sebastião Leme (1916, p. 6) pode ser aqui lembrado: a Igreja identificada com a nação de grande maioria católica constituía uma força gigantesca, mas não tinha vida. Era um "absurdo máximo" essa força nacional permanecer inerte, sem influência na sociedade brasileira, sem agir na realidade social.

Se a voz desse líder do episcopado não foi imediatamente seguida, o que parece ter falado ainda mais alto, principalmente no forte fluxo migratório, foi a realidade impactante da miséria e da exploração a que eram condenados segmentos majoritários do povo brasileiro desde o pós-Primeira Guerra.

Como afirma Servus Mariae (1994, p. 70), o desabrochar da Ação Católica Especializada e, de certo modo, as experiências como a do Movimento de Natal fizeram o retorno da Igreja às fontes completar-se com uma volta à realidade: "Introduziram na ação pastoral da Igreja a tomada de consciência de que o mistério do Reino está presente nesta realidade, cheia de ambiguidades, injustiça e pecado".

O fato é que a entrada da Igreja do Brasil na ação e na doutrina social foi real, fundamental, decisiva e irreversível. Isso ocorreu por um processo feito de múltiplas iniciativas, dentro dos limites do projeto eclesial de cristandade e atravessado pela aversão aos socialismos, muitas vezes entendidos unilateralmente como ideologias comunistas-ateias. Apesar das contradições do ideal de reconquista católica, da persistência do colonialismo na missão entre os indígenas, da exclusão e do racismo em relação ao povo negro, do assistencialismo e de outras deficiências, a crescente proximidade com as pessoas trabalhadoras e suas famílias fez amadurecer a consciência e o compromisso de muitos membros da Igreja, leigos e clérigos, no sentido da ação que transforma a realidade de exploração e miséria e reivindica os direitos trabalhistas. Assim, na gama de movimentos e organizações populares, principalmente nas zonas rurais, a ação concreta foi permeada de conscientização. Um passo decisivo nesse processo foi o apoio aos líderes populares e aos membros dessas organizações e movimentos como sujeitos históricos.

Fica claro o contraste com os eventos celebrativos que, no clima do populismo governamental, deram visibilidade à imensa massa de católicos. Em outra dinâmica, significativas experiências de trabalho social da Igreja foram surgindo com força germinal, em espaços localizados e como resposta a necessidades urgentes do povo trabalhador.

Fundamental foi a liderança dos bispos Sebastião Leme e Helder Camara, cada qual no seu tempo. Graças ao carisma e à dedicação sem trégua de ambos houve uma convergência das forças vivas da Igreja do Brasil, bem como um aparelhamento para a missão de intervir na sociedade e na política em prol da justiça social.

Bastante eficaz foi a contribuição dos intelectuais católicos que, abertos aos novos apelos, introduziram, na sua espiritualidade cristã, o tempero do humanismo. A mesma abertura a novos horizontes preparou terreno para a atuação mais corajosa de alguns grupos minoritários, como fermento na massa.

4
A Igreja Católica no Brasil ao impulso do Concílio Vaticano II

Ao iniciar-se a segunda metade do século XX, a Igreja Católica no Brasil entrou num período novo da sua história, ao impulso do Concílio Vaticano II (1962-1965) e na adesão ao projeto eclesial-pastoral lançado na América Latina pela Conferência de Medellín (1968). Houve passos corajosos em sua atuação pastoral, especialmente na abertura às graves questões sociais.

Em 1950, a Semana Nacional da Ação Católica dedicou-se à questão rural. Uma frase lapidar esteve nas Conclusões dessa semana, lançadas por Dom Inocêncio Engelke, que era bispo de Campanha, Minas Gerais: "Conosco, sem nós ou contra nós se fará a reforma rural". Redigidas em forma de carta pelo Padre Helder Pessoa Câmara, então assistente-geral da Ação Católica, aquelas Conclusões acatavam o apelo especialmente significativo do povo brasileiro pela reforma agrária e pediam empenho dos católicos diante da situação de injustiças e aflição no campo (cf. Beozzo, 1994, p. 46).

Helder Camara despontava como uma importante liderança nos novos rumos da Igreja. Entre seus bons assessores informais estavam alguns amigos que eram técnicos do Instituto Nacional de Imigração e Colonização, criado pelo governo brasileiro, embrião do que viria a ser o Ministério da Reforma Agrária e do Desenvolvimento Rural. Eles entendiam que, via de regra, as estruturas agrárias obsoletas eram causa estrutural da precariedade no campo, das migrações internas e das favelas. A Igreja passou a colaborar com o Ministério da Agricultura, e dessa colaboração surgiram várias semanas ruralistas, como essa da Diocese de Campanha. A reforma agrária, entendida de modo integral, além de fundiária, abrangia assistência técnica, armazenagem, comercialização e trabalho cooperativista (cf. Mariae, 1994, p. 106-107).

Nos anos de 1950 frutificaram alguns esforços de renovação que vinham desde 1930. A Ação Católica Especializada se expandiu e houve uma positiva irradiação do Movimento de Natal. Desde 1952 havia o dinamismo da Conferência Nacional dos Bispos do Brasil (CNBB), organismo de vital importância, do qual trataremos neste capítulo. Em 1955, foi realizado, no Rio de Janeiro, o Congresso Eucarístico Internacional, ocasião na qual foi fundado o Celam.

Nessa década, a Igreja ensaiou, no campo social e educacional, uma série de iniciativas voltadas para os lavradores pobres e sem-terra, os cortadores de cana e os pequenos proprietários, como sindicalização, alfabetização e educação de base através do rádio. Com isso, foi tomando posição do lado dos camponeses, enquanto se afastava dos poderosos, até então seus aliados – embora, sob o governo de Getúlio Vargas, tenha crescido sua articulação com o Estado populista e intervencionista. No período do governo de Juscelino Kubitscheck de Oliveira (1956-1960), o empenho da Igreja foi mais articulado, tanto assim que dos encontros dos bispos com técnicos do governo resultou a criação da Superintendência do Desenvolvimento do Nordeste (Sudene), em 1959. Na perspectiva de reformas, priorizando o desenvolvimento do Nordeste, a Igreja se apresentava como a força social mais importante (cf. Beozzo, 1994, p. 47).

Com o *slogan* "crescer cinquenta anos em cinco", Juscelino Kubitscheck convocou a nação a superar seu atraso econômico. Construiu, no planalto central do país, a nova capital, Brasília;

rasgou estradas; e favoreceu a entrada de capital e tecnologia estrangeiros. Mas essa modernização, com apelo ao sentimento nacionalista e favorecimento da acumulação do capital industrial, deixou ainda mais evidente a agudeza do empobrecimento no campo e as gritantes diferenças regionais. O quadro de miséria, agravado com uma extrema concentração de terra, êxodo rural e as secas no Nordeste, levou o proletariado agrícola à organização e à mobilização em todo o país (cf. Beozzo, 1994, p. 45-46).

Foram os dramas regionais que ganharam mais atenção do episcopado. Além do Nordeste, também na Amazônia e na Bacia do Rio Doce os bispos e prelados passaram a se reunir e, na cooperação com o governo, a buscar atender às necessidades mais gritantes daquelas populações. Na Região Centro-Oeste teve maior repercussão para o desenvolvimento regional brasileiro a participação na inauguração de Brasília em 1960. O arcebispo de Goiânia, Dom Fernando Gomes, foi o escolhido pelo episcopado para representar a Igreja nas negociações relativas à nova capital do país. Significativo alcance pastoral teve a medida tomada por ele, de condicionar a abertura de casas ali, por parte de congregações e ordens religiosas, à abertura de outra casa no interior do estado de Goiás (cf. Mariae, 1994, p. 123-124).

A busca por renovação no modo de atuação da Igreja do Brasil constituiu um terreno fértil nos anos que antecederam o Concílio, especialmente a partir de criativas experiências e iniciativas vividas durante o período de menos de cinco anos em que João XXIII foi papa (1958-1963).

Havia um esforço de renovação eclesial desde o fim da década de 1940, com impulsos que vinham da Europa. Um número significativo de bispos, padres, leigos e leigas foi influenciado pelo empenho na volta às fontes do cristianismo, com os movimentos litúrgico, catequético e de espiritualidade centrada em Cristo, Cabeça do Corpo Místico (cf. Azzi, 2008, p. 69-70).

Mas a grande preocupação era a de cobrir o avanço populacional. De encontro a isso estava a política da Santa Sé que, desde o pontificado de Leão XIII, vinha incrementando a multiplicação de dioceses e de novos focos de congregações e institutos religiosos. Durante o pontificado de João XXIII foram criadas, no Brasil, 32 novas dioceses e prelazias, além de seis novas províncias eclesiásticas, respectivamente em Brasília, Niterói, Aracaju, Uberaba, Pouso Alegre e Juiz de Fora (cf. Beozzo, 1993b, p. 125).

Nada menos que 67 novos bispos foram acrescentados ao episcopado brasileiro, e muitos deles viriam a exercer um protagonismo central. Além disso, a CNBB pôde contar com uma especial proximidade do Papa João XXIII, através da Nunciatura Apostólica sediada no Rio de Janeiro. Os bispos foram agraciados pela colaboração estreita, profunda e fraterna do núncio, Dom Armando Lombardi, que, a cada sábado, almoçava com o secretário da CNBB Helder Camara. Importantes iniciativas surgiram dessa mútua confiança e atenção aos problemas da Igreja e do país (cf. Beozzo, 1993b).

A Igreja passaria por uma radical mudança. Como entende Michael Löwy (2000, p. 136), já no fim da década de 1950, apareciam correntes diferentes no conjunto dos bispos e de todo o clero. Havia os tradicionalistas, os modernizadores-conservadores e os que buscavam reforma, mas todos compartilhavam a mesma aversão ao que chamavam "comunismo ateísta". Dom Helder Camara representava o melhor da teologia do desenvolvimento, questionando a trágica pobreza do povo nordestino.

Em âmbito mundial, o cenário da Guerra Fria e os problemas deixados pela Segunda Guerra provocavam um espírito nacionalista e, da parte de nações menos favorecidas, uma aspiração ao desenvolvimento, o que levou a uma reação contra o colonialismo e o imperialismo. Transformações substanciais na realidade política, econômica, social e cultural dos povos reclamavam da Igreja uma abertura e um engajamento sem precedentes. O Concílio Vaticano II seria essa resposta. Assim, diversos grupos da Igreja do Brasil se poriam à escuta e em comunhão com a Igreja universal, engajando-se num compromisso mais ousado de renovação (cf. Mariae, 1994, p. 72-79).

Neste capítulo buscamos entender o processo vivido pela Igreja do Brasil ao impulso do Concílio Vaticano II, e particularmente a sua adesão ao projeto eclesial e pastoral da Conferência de Medellín, sem esquecer do triste cenário da ditadura militar – que será assunto do próximo capítulo –, aqui focamos a relação do engajamento dessa Igreja em favor dos pobres e da justiça social com a sua própria renovação.

4.1 A CNBB e o primeiro planejamento pastoral

Os encontros dos bispos para tratar dos problemas sociais não eram novidade, eles já se reuniam com essa finalidade na colaboração com o Governo Vargas. Mas, a partir da fundação da CNBB, puderam dar resposta mais concreta, já que constituíram um corpo episcopal capaz de impulsionar a pastoral de conjunto.

A CNBB foi fundada em 14 de outubro de 1952, com um projeto bem acatado pelo núncio apostólico Dom Armando Lombardi e também pelo Cardeal Montini. Com esse organismo, a Igreja do Brasil ganhava uma estrutura de serviço e coordenação, autorizada por Roma. Era a primeira conferência de bispos católicos da América Latina e a quarta no mundo todo, somando-se às da França, da Alemanha e dos Estados Unidos. Helder Camara, que havia sido sagrado bispo em abril daquele ano, foi eleito secretário-geral, serviço no qual permaneceria até 1964. Como presidente, foi eleito o cardeal-arcebispo de São Paulo, Dom Carlos Motta.

Estruturada segundo o modelo organizativo da Ação Católica Especializada, que tinha como um dos princípios fundamentais a inserção na realidade, a CNBB posicionou-se na fidelidade ao real, enfrentando os grandes problemas com seus desafios a nível diocesano, regional e nacional, bem como internacional. Essa estruturação foi a nível das distintas regiões do país e passou a recriar uma linha de renovação eclesial correspondente ao contexto brasileiro (cf. Mariae, 1994, p. 86-87).

Desse modo, um passo importante da Igreja do Brasil foi o de ir além da expansão da própria estrutura tradicional por meio da multiplicação de bispos e dioceses. A Igreja passou a unir suas forças vivas através de organismos de articulação, impulsionando a pastoral de conjunto. Entrou, assim, num processo de renovação e de aparelhamento na perspectiva da questão social. Para isso, foi importante especialmente a atuação de Dom Helder Camara, com seu carisma pessoal e sua dedicação.

Quando da fundação da CNBB, ele era um simples sacerdote, que exercia a tarefa-chave de vice-assistente nacional da Ação Católica Brasileira, mas já passava a ser inspirador e eficiente articulador da Igreja Católica do Brasil. Durante 12 anos (de 1952 a 1964) foi secretário-geral desse instrumento institucional nevrálgico. Como homem de ação, ao mesmo tempo contemplativo e poeta, de vida simples e com palavra eloquente, sua liderança na Igreja esteve em sintonia e em conjunto com outras figuras eclesiásticas marcantes, como: Pedro Casaldáliga, com seu profetismo e sua veia literária; Ivo Lorscheiter, com sua intrepidez e seu senso político; Luciano Mendes de Almeida, com sua atenção aos pobres e sua capacidade de conciliação; Aloísio Lorscheider, com sua bondade e sua intuição teológica; e Paulo Evaristo Arns, com sua coragem e sua defesa intransigente dos direitos dos "pequenos" (cf. Beozzo, 2004, p. XIV-XV).

Helder Camara, de aparência modesta, acolhedor e sempre atento, era, ao mesmo tempo, místico e contemplativo, pastor, escritor, organizador eficiente, orador vibrante. No Ceará, já havia mostrado ser um organizador nato, corajoso e infatigável. Desde seminarista, deu sua contribuição aos movimentos católicos, geralmente de cunho conservador. O arcebispo o escolheu para organizar ali a LEC, que, como se fosse um partido, conseguiu vitória para a Igreja nas eleições de 1933 e 1934. E com autorização para vincular-se ao partido integralista, foi como representante deste que, em 1935, assumiu a Diretoria de Instrução Pública do Estado do Ceará. Já no ano seguinte, desiludido com aquele modo de poder político, perseguido por calúnias e abalado com a morte de sua mãe, partiu para o Rio de Janeiro (cf. Marques, 2004, p. L-LI).

Ele, "um padre do Ceará", foi recebido pelo cardeal-arcebispo do Rio de Janeiro, Dom Sebastião Leme. A condição estabelecida pelo cardeal para que ele fosse aceito na arquidiocese situada na capital do país foi a de abandonar a política. O acatamento dessa recomendação pelo padre foi providencial, pois lhe possibilitou desvencilhar-se do seu "pecado de juventude", o de ter pertencido à Ação Integralista de Plínio Salgado (cf. Isnard, 1999, p. 97-98). Por outro lado, pouco espaço lhe foi concedido para as atividades pastorais.

Apesar de seus insistentes pedidos para se dedicar só a trabalhos essencialmente apostólicos, em 1939, o Padre Helder Camara foi lotado no Ministério de Educação e Saúde, por determinação expressa de Dom Leme, e também desempenhava funções no Departamento de Ensino Religioso e no Instituto de Formação Catequética da Arquidiocese do Rio de Janeiro. Frequentemente, era convidado a pregar retiros espirituais e manhãs de formação para líderes dos movimentos de juventude, na mesma arquidiocese. E, a partir de 1941, enquanto assistente eclesiástico do Secretariado da Ação Católica Brasileira, escrevia artigos sobre o ensino catequético (cf. Bandeira, 2000, p. 216).

Assim, manteve-se na atividade intelectual e apostólica de modo intenso e permanente: escrevia, publicava, lecionava e organizava pequenos grupos de jovens. Um desses grupos, constituído em torno de Virgínia Côrtes de Lacerda, viria a ser conhecido como "Família do São Joaquim". O nome São Joaquim era o do edifício da Cúria arquidiocesana do Rio de Janeiro, mas a eficiente dedicação dessa equipe viria a ser especialmente importante para a mudança de fisionomia da Igreja Católica no Brasil. Dom Helder só pôde se desvencilhar da carreira burocrática em 1946, com a permissão e o incentivo do novo cardeal-arcebispo do Rio de Janeiro, Dom Jaime de Barros Câmara, para que assumisse, em tempo integral, as tarefas pastorais. Essa mudança o conduziu rapidamente à liderança da vida eclesial brasileira (cf. Marques, 2004, p. LI).

O mesmo Cardeal Jaime Câmara o indicou para o episcopado. Na condição de bispo, Dom Helder pôde constatar como a coordenação da Igreja no Brasil através da Nunciatura Apostólica era insuficiente. Também ganhou a amizade de Monsenhor Montini, secretário de Estado do Vaticano e futuro Papa Paulo VI. Essa colaboração amiga marcou os primórdios da CNBB (cf. Isnard, 1999, p. 98-99).

A capacidade de Dom Helder como grande organizador é ressaltada no testemunho de Marina Bandeira[39]. Ele ia ao encontro

39. A brasileira Marina Bandeira conheceu Dom Helder Camara em 1954, por meio de amigas que eram membros da Ação Católica, quando dava uma pausa em seu trabalho no Departamento de Imprensa da Embaixada da Índia. Atendendo ao pedido insistente de Dom José Vicente Távora, que era bispo auxiliar no Rio de Janeiro, atuou na parte de publicidade e imprensa a serviço do Congresso Eucarístico Internacional de 1955. Logo passou a integrar o grupo de Dom Helder no Rio de Janeiro. Atuante na rede nacional de emissoras católicas, foi coordenadora da União de Radiodifusão Católica para a América Latina (Unda); participou da fundação do Movimento de Educação de Base (MEB), do qual foi secretária-geral, e da fundação da Comissão Justiça e Paz do Brasil; esteve à frente do Banco da Providência, criado por Dom Helder Camara; e foi membra do Grupo de Trabalho Alceu Amoroso Lima. Participou da Conferência de Medellín (1968), sendo a única mulher entre

das pessoas, fomentava a confiança, a amizade e o trabalho em equipe, numa dinâmica de reflexão na ação. Com ele, atuavam pessoas do laicato, mulheres e homens que, por poderem opinar, participar e ser ouvidas nas grandes decisões, faziam alargar-se todo o círculo da ação. Resultava um trabalho de qualidade e eficiência (cf. Castro, 2002, p. 287-288).

Foi notório o seu extraordinário desempenho no Congresso Eucarístico Internacional. O Cardeal Jaime Câmara lhe confiara total responsabilidade pelo evento. Particularmente impressionado ficou o cardeal francês Gerlier, arcebispo de Lyon, que o procurou ao término do congresso. Como irmão no batismo, no sacerdócio e no episcopado, Gerlier falou-lhe do contraste da cidade do Rio de Janeiro, uma das mais belas do mundo, com tantas favelas, e questionou-o por que não punha a serviço dos pobres todo aquele talento de organizador a ele dado por Deus. Dom Helder comprometeu-se a colocar integralmente a serviço dos pobres todos os dons a ele confiados. Logo criou a Cruzada de São Sebastião para atender às favelas; depois fundou a Feira da Providência e o Banco da Providência (cf. Castro, 2002, p. 119-122; Marques, 2004, p. LII).

Entre 1958 e 1962 alguns acontecimentos impulsionaram uma decisiva mudança na ação pastoral da Igreja no Brasil. Na assembleia geral da Conferência dos Religiosos do Brasil (CRB, fundada em 1955), o núncio apostólico Dom Armando Lombardi lançou apelo por maior entrosamento e cooperação entre a CRB e a CNBB e pela inserção de religiosos na pastoral. Note-se que, em 1958, foi fundada a Conferência Latino-Americana de Religiosos (Clar). E a CNBB, em sua quarta reunião ordinária em Goiânia, debruçou-se sobre a renovação paroquial. Mas o fato mais marcante foi o pedido insistente de João XXIII, recém-eleito papa,

as 30 pessoas da delegação brasileira e também a única mulher no grupo de quatro peritos escolhidos pela CNBB (cf. Castro, 2002, p. 286-297; Beozzo, 1994, p. 157).

para que se elaborasse um plano orgânico de pastoral (cf. Mariae, 1994, p. 137-138).

O apelo de João XXIII foi em novembro de 1958, quando o Celam realizava em Roma a sua terceira reunião. O papa pediu urgência nessa tarefa, pois havia a preocupação de impedir o triunfo do comunismo entre as massas abandonadas da América Latina. No entanto, para Dom Helder Camara e a CNBB, esse desafio lançado aos bispos de todo o continente vinha ajudar na gradativa superação do modo assistencialista de enfrentar a pobreza no Brasil (cf. Marques, 2004, p. LII).

De fato, a insistência de João XXIII era a de que as Igrejas locais da América Latina se organizassem para um bom desempenho da vida e da missão pastoral. Havia urgência do planejamento para enfrentar os desafios das novas situações. Seu pedido aos bispos foi de empenho para obter uma visão clara da realidade em que trabalhavam e, para responder a essa realidade, que elaborassem um plano de ação, por meio do qual somassem e canalizassem forças e iniciativas. Pediu, também, que se lançassem corajosamente na execução desse plano, mas a urgência não foi atendida. Exatamente três anos depois, com a Revolução Cubana praticamente consolidada, ele enviou uma carta ao Celam, na qual acentuava o tom de urgência e viva preocupação. Finalizava a carta exortando todos os membros da Igreja a darem exemplo de justiça e amor fraterno, que constituem a alma e a base da sua doutrina social (cf. Beozzo, 1993b, p. 126).

O desejo do papa foi explicado pelo Núncio Apostólico Armando Lombardi. Na relação com Cuba não deveriam ser dispensadas atividades positivas. E a gravidade da situação reclamava a elaboração de um "plano de emergência", sem fechar portas e janelas e com estudo dos aspectos da situação que mereciam atenção particular, remédios mais urgentes e cuidados mais solícitos (cf. Beozzo, 1993b, p. 126-127).

O Plano de Emergência da Igreja do Brasil foi elaborado pela CNBB em abril de 1962, durante a sua V Assembleia Geral, no Rio de Janeiro. Os bispos partiram de certa análise da realidade brasileira e da preocupação com o que consideravam os "quatro perigos mortais para a Igreja": naturalismo, protestantismo, espiritismo e marxismo. Por outro lado, estavam convictos da ineficácia das estruturas tradicionais, principalmente as paróquias. Na apresentação, Dom Helder Camara dizia:

> Agradecemos a Deus que tudo isso aconteça na Vigília do Concílio Ecumênico: o Plano de Emergência nos prepara para as reformas que hão de vir como consequência do Vaticano II. E os bispos do Brasil têm inteira confiança de partir para Roma, deixando o Plano em marcha, entregue aos nossos padres, religiosos e leigos (CNBB, 2004, p. 12).

Era o instrumento que faltava à CNBB para o traçado de diretrizes que apontassem um rumo e uma direção para os trabalhos da Igreja, e já com um ensaio da regionalização da conferência dos bispos. Justamente essa regionalização possibilitaria que regiões mais comprometidas e já com um embrião de articulação, como o Nordeste, pudessem se colocar em movimento. Além disso, com esse plano, a Igreja do Brasil passava a buscar um caminho próprio. Tomava por base a realidade do país nos campos socioeconômico, político e religioso para chegar à proposta de soluções. E, pela primeira vez, tomava uma atitude de trabalho conjunto e planejado (cf. Beozzo, 1994, p. 41).

Mas o episcopado enfrentaria segmentos católicos mais avançados na questão social. Pode-se lembrar especialmente a tendência chamada "esquerda católica", que despontou no Brasil no começo da década de 1960. Michael Löwy (2000, p. 135-154), que a entende como precursora da Teologia da Libertação, assim explica o processo da sua formação: a JUC recebeu influência da teologia francesa recente, da economia humanista do Padre Lebret, do socialismo personalista de Emmanuel Mounier e da Revolução Cubana. Com isso, radicalizou-se rapidamente, aproximando-se das ideias socialistas. Já em 1960, vários líderes da JUC apresentaram um documento pioneiro, intitulado *Algumas diretrizes para um ideal histórico para o povo brasileiro*, no qual denunciavam os males do capitalismo. Aqueles estudantes católicos citavam Tomás de Aquino, Leão XIII e Emmanuel Mounier; traziam conceitos marxistas ao mesmo tempo em que faziam referência a pontos da doutrina tradicional católica como bem comum e lei natural; e, assim, reivindicavam a substituição da "economia anárquica baseada no lucro" por uma economia pautada em princípios humanos. Esses estudantes católicos pediam um "verdadeiro compromisso com as classes exploradas".

Era um novo pensamento e agir cristão, com identidade latino-americana, estreitamente ligado às novas práticas sociais, culturais e políticas dos ativistas católicos, muitas vezes em aliança com a esquerda secular. Dele fizeram parte a Ação Católica Especializada, diversas organizações e focos de influência de intelectuais leigos católicos, e também membros de congregações religiosas – especialmente dominicanos e alguns jesuítas. Mas era um segmento minoritário no conjunto da Igreja Católica, como uma vanguarda.

Esse segmento deu especial apoio à educação popular, que se desenvolvia através do Movimento de Educação de Base (MEB). O MEB, movimento constituído pela iniciativa de militantes católicos com apoio da Igreja institucional, tomava por base a pedagogia de Paulo Freire, voltada a alfabetizar os pobres num processo de conscientização que os ajudava a ser agentes de sua própria história.

No entanto, os estudantes da JUC assumiram posições mais radicais. Ao participarem de movimentos de cultura popular na aliança operário-estudantil, passaram a buscar uma forma de socialismo compatível com o evangelho cristão. Isso trouxe tensões, principalmente com os bispos. Então muitos membros da JUC, juntamente com ativistas do MEB, fundaram, em 1962, a Ação Popular (AP), que logo sofreria pesada repressão da ditadura militar, a ponto de ser violentamente desbaratada (cf. Gómez de Souza, 1984, p. 144).

4.2 A participação no Concílio Vaticano II

De todos os episcopados presentes no Concílio Vaticano II (1962-1965), o do Brasil era o terceiro maior numericamente, seguindo-se ao italiano e ao norte-americano. Mas nenhum dos bispos brasileiros esteve entre os organismos de direção do Concílio. Das comissões conciliares, que contavam com mais de 300 bispos, apenas 10 brasileiros fizeram parte. Foram poucas as intervenções na Aula Conciliar. E, num universo de cerca de mil peritos ou assessores, os da Igreja do Brasil eram apenas nove. Acrescente-se que nenhum dos observadores membros de outras Igrejas cristãs era do Brasil, e que nenhuma brasileira esteve entre as 23 mulheres presentes como auditoras, embora entre os auditores homens estivesse o brasileiro Bartolo Perez[40]. Assim, sob diversos pontos de vista, a participação dos bispos brasileiros foi modesta (cf. Beozzo, 2005, p. 529-530).

Surpreendentemente, o episcopado do Brasil superou os de outros países na articulação e na coesão. Graças à sua estrutura e ao seu método de atuação, a CNBB viveu intensamente a colegialidade na prática, desde o início do Concílio. Ademais, por sua diversidade, movia-se no interior de múltiplas e complexas redes de articulação. Assim, soube intervir de modo amadurecido e articulado nos debates de quase todos os esquemas. E, nas questões

40. Bartolo Perez, presidente da JOC Internacional, participou como auditor leigo da 3ª e da 4ª Seção do Concílio (cf. Beozzo, 2005, p. 334-340).

cruciais e decisivas do Concílio, votou compactamente em favor da maioria (cf. Beozzo, 2005, p. 530).

Dom Helder Camara viu ali a oportunidade ideal para o amadurecimento da CNBB. Sendo seu experiente secretário-geral, entendeu que a estruturação em instâncias regionais, nacionais e continental bem podia ser um modo de organização de Igreja, e que também serviria para o próprio Concílio, então imediatamente entrou em ação. Promovia encontros e favorecia o surgimento ou o funcionamento efetivo de outras conferências nacionais, bem como o de organismos continentais semelhantes ao Celam. Nesse empenho sem tréguas, promoveu a formação do grupo que ele próprio denominou "O ecumênico", constituído por mais de 20 bispos, europeus e latino-americanos, que eram secretários de conferências episcopais. Sua iniciativa foi em comum acordo com Roger Etchegaray, então cônego e secretário-geral do episcopado francês, e que, em 1979, seria nomeado cardeal (cf. Marques, 2004, p. XLIV-XLVI).

No coração e na raiz do grupo "O ecumênico" esteve o Celam, através dos dois bispos que, no início do Concílio, eram seus vice-presidentes: o chileno de Talca, Manuel Larraín, e o brasileiro Helder Camara, que era bispo auxiliar do Rio de Janeiro. Esses dois amigos tinham atrás de si cerca de 600 bispos latino-americanos.

Larraín havia procurado Helder Camara já às vésperas da abertura do Concílio, preocupado porque soubera de fonte segura que curiais queriam um concílio rápido, e que este haveria de consolidar as posições doutrinárias dos concílios de Trento e do Vaticano I frente aos desafios doutrinários e ideológicos do mundo contemporâneo. Ciente da extraordinária capacidade de Dom Helder em congregar pessoas e criar condições para um trabalho convergente, também confiava nas suas boas relações com algumas figuras-chave do episcopado no âmbito da Igreja universal.

Essa conversa foi importante para o nascimento de "O ecumênico". Tendo escolhido o cardeal belga Leo Suennens como uma espécie de patrono e o Monsenhor Etchegaray como secretário, esse grupo se lançou num intenso trabalho, continuado também nos períodos entre as sessões do Concílio, através de correspondência epistolar e intercâmbio de documentos (cf. Mariae, 1994, p. 159).

O grupo "O ecumênico" promovia a articulação de conferências episcopais dos cinco continentes, objetivando melhor influência na marcha do Concílio. Ao apoio do Cardeal Suennens, que era um dos quatro moderadores do Vaticano II, somava-se o do Cardeal Malines, de Bruxelas. A intensa participação do episcopado brasileiro nessa rede não oficial continuaria mesmo a partir do fim da terceira sessão, apesar das dramáticas mudanças na presidência da CNBB (cf. Beozzo, 2005, p. 185-186, 531).

É inegável a eficiente participação dos bispos do Brasil nos grupos não oficiais que, com suas redes de articulação, exerceram pressão e influência sobre o andamento do Concílio. Muitos contribuíram no bloco majoritário, mas também houve os de destacada participação no segmento da minoria, constituída por padres conciliares conservadores.

Podemos, aqui, lembrar do *Coetus Internationalis Patrum*, cujo mentor ideológico era o arcebispo francês Marcel Lefebvre. Por radicalizar suas posições contra todo *aggiornamento* e renovação, essa rede acabaria isolada, mesmo tendo o apoio do Cardeal Siri, da Comissão de Coordenação do Concílio, além do Cardeal Ruffini, do Conselho da Presidência. A organização brasileira TFP garantia a infraestrutura e o atendimento a outras demandas, com financiamento de voluntários. Dois bispos brasileiros tiveram participação intensa e liderança no *Coetus*, atuando em parceria: Dom Geraldo de Proença Sigaud, arcebispo de Diamantina; e Dom Antônio de Castro Mayer, bispo de Campos. Sigaud era secretário e verdadeiro motor desse grupo. Por sua vez, Castro Mayer dedicava-se ao estudo dos esquemas, geralmente preparando argumentos e propostas para rebater a corrente majoritária no Concílio, tanto assim que foi o responsável por 30 intervenções na Aula Conciliar (cf. Beozzo, 2005, p. 186-187, 530-531).

Entre as redes não oficiais que contaram com maior participação dos bispos brasileiros esteve o grupo Igreja dos Pobres. Sua trajetória é interpretada com ricos detalhes por Denis Pelletier (1966).

No núcleo inicial, nascido já na primeira sessão do Concílio, estava o bispo da Igreja Melquita, Monsenhor Hakim, de Nazaré da Galileia. Também estavam um padre e uma religiosa trazidos por ele: Paul Gauthier e Marie-Thérèse Lascase. Gauthier, depois de lecionar Teologia Dogmática na França, partira para a missão como padre operário em Nazaré. Em torno dele, no meio da população pobre da periferia de Nazaré, formada por árabes e, em sua maioria, muçulmanos, constituiu-se a Fraternidade dos Companheiros de Jesus Carpinteiro. Também estava ali em Nazaré Marie-Thérèse, que havia trocado a clausura do Carmelo por uma vida de contemplação e trabalho. Ela iniciou o ramo feminino da Fraternidade (cf. Beozzo, 2015, p. 10).

A esses iniciadores da proposta, que viviam a espiritualidade de Charles de Foucauld, uniram-se os padres da missão operária, cuja experiência ali tinha boa repercussão. Acrescentaram-se os terceiro-mundistas, cujo expoente era Dom Helder Camara. Denunciando o subdesenvolvimento, voltavam-se para uma ética cristã do desenvolvimento, em parceria com humanistas e sociólogos. Nessa perspectiva de justiça social para o chamado Terceiro Mundo destacavam-se belgas, como o dominicano Padre Lebret, e também alguns sociólogos e teólogos brasileiros.

O registro das presenças nas quatro primeiras reuniões, entre outubro e novembro de 1962, traz os nomes de nove brasileiros, em um total de 49 participantes: Helder Camara, bispo auxiliar do Rio de Janeiro; Francisco Austregésilo de Mesquita, bispo de

Afogados da Ingazeira, Pernambuco; Gabriel Bueno Couto, bispo de Taubaté, São Paulo; Antônio Fragoso, bispo auxiliar de São Luís, Maranhão; Carlos Coelho Gouvea, arcebispo de Recife, Pernambuco; Jorge Marcos de Oliveira, bispo de Santo André, São Paulo; João Batista Motta e Albuquerque, arcebispo de Vitória, Espírito Santo; Eugênio de Araújo Sales, administrador apostólico de Natal, Rio Grande do Norte; e Walfrido Vieira, bispo auxiliar de Salvador, Bahia (cf. Beozzo, 2015, nota de rodapé 3, p. 11). Os brasileiros logo passaram ao número de 16. No total, o grupo Igreja dos Pobres chegou a 86 membros.

O tema da pobreza suscitava tensões por causa das diferentes sensibilidades, mas estas se complementavam, e o grupo manteve-se coeso. Além de uma contribuição marcante de bispos do Terceiro Mundo, contou com algumas vozes mais influentes nos espaços oficiais, como a do cardeal-arcebispo de Bolonha, Giacomo Lercaro, que também era um dos quatro moderadores do Concílio.

Desde logo, o empenho era fazer com que a evangelização dos pobres e o apostolado no meio operário estivessem no centro das preocupações do Concílio. O sonho dessa rede era o de conseguir que se constituísse um secretariado oficialmente dedicado à questão da pobreza. Favorável a isso era o Cardeal Suennens. Emocionado com esse apoio, Helder Camara relatou, numa de suas cartas circulares das madrugadas, a declaração feita por Suennens numa palestra, de que tinha o propósito de insistir, junto à Comissão de Assuntos Extraordinários, na criação do Secretariado da Pobreza. Emocionado também com uma colocação a respeito dos pobres feita por Mercier, bispo argelino do Saara, Dom Helder acrescentou: "Fizemos o pacto entre o Saara e o Ceará" (Camara, 2004, circular de 28-29 nov. 1962).

O que ele chamou de pacto estava no contexto da crescente comunhão com os que vinham da missão nas fronteiras do mundo, trazendo a realidade de dois terços da humanidade jogados no subdesenvolvimento e na fome. As reflexões e as propostas do Grupo Igreja dos Pobres circulavam entre os padres conciliares, aparecendo nas intervenções e nos debates dentro da Aula Conciliar. E o que se fomentava nas margens expandia-se em iniciativas mais amplas (cf. Camara, 2004, circular de 28 out. 1962).

Embora o sonho da criação do Secretariado da Pobreza não se tenha realizado, a rede Igreja dos Pobres teve uma significativa atuação na redação dos esquemas e dos textos conciliares, conseguindo colocar no coração do processo conciliar questões nevrálgicas, como as do apostolado dos pobres e da pobreza na Igreja. Algumas vezes, dirigiu-se diretamente a instâncias dirigentes, inclusive fazendo chegar cartas suas ao papa. Promoveu abaixo-assinados em favor da simplicidade e da pobreza evangélica na Igreja, e da prioridade para a evangelização dos pobres. Em todo o tempo, atuou como um lugar de debate e força de proposições. E os esforços culminaram na celebração eucarística com assinatura de um pacto, o da Igreja Servidora e Pobre, que ficou conhecido como Pacto das Catacumbas.

Feita a convocação pelo bispo belga de Tournai, Charles Marie Himmer, entre 40 e 50 bispos reuniram-se discretamente e longe da imprensa, na basílica rústica das Catacumbas de Domitila, em Roma, onde concelebraram a Eucaristia, sacramentando o pacto. Era a manhã de 16 de novembro de 1965, enquanto transcorria a etapa final do Concílio. Na lista guardada por Himmer, que presidiu a celebração e pronunciou a homilia, ficaram consignados os nomes de 42 bispos, de 25 países. O Brasil tinha ali o maior número, com cinco bispos: João Batista da Mota e Albuquerque, arcebispo de Vitória; Francisco Austregésilo de Mesquita Filho, bispo de Afogados da Ingazeira; José Alberto Lopes de Castro Pinto, bispo auxiliar do Rio de Janeiro; Henrique Hector Golland Trindade, OFM, arcebispo de Botucatu; e Antônio Batista Fragoso, bispo de Crateús. No entanto, outras pessoas cujos nomes não aparecem na lista de Himmer também participaram daquela missa, como Paul Gauthier e Marie-Thérèse, e do Brasil o recém-ordenado bispo auxiliar de Vitória, Dom Luiz Fernandes. Dom Helder Camara, um dos redatores do texto do pacto, não pôde comparecer devido ao seu compromisso naquela manhã, sendo um dos titulares da comissão mista de redação do documento conciliar *Gaudium et Spes* (cf. Beozzo, 2015, p. 27, 53-62).

O texto trazia 12 contundentes parágrafos, após expressar, na introdução, o propósito dos bispos. Declaravam sua união com todos os irmãos no episcopado, ao mesmo tempo em que assumiam o pacto por iniciativa própria, incentivados uns pelos outros, após terem se esclarecido acerca das deficiências na vida de pobreza evangélica. Em síntese, os compromissos eram de conversão do episcopado. Na vida pessoal, conversão à simplicidade e pobreza evangélica; na vida eclesial, conversão no modo de exercer o ministério e a pastoral, com valorização do laicato, proximidade, partilha de vida, priorização dos pobres e trabalhadores; na ação social, conversão do assistencialismo para a verdadeira promoção humana (cf. Domezi, 2014, p. 40-41).

A adesão àquele pacto selado junto aos túmulos de muitos dos primeiros mártires da Igreja Cristã teve continuidade. Ganhou a assinatura de mais de 500 padres conciliares e inspirou gestos concretos corajosos, bem como a formação de fraternidades inseridas entre os mais pobres e excluídos. Na América Latina, essa adesão concretizou-se especialmente na Conferência de Medellín, em 1968.

Entretanto, a participação do episcopado brasileiro foi também na rede denominada *Opus Angeli*, Obra dos Anjos, que aglutinou os teólogos e peritos mais preparados, empenhados na renovação da Igreja. A iniciativa foi dos bispos latino-americanos Helder Camara e Manuel Larraín, juntamente com o padre belga François Houtart. O importante serviço do *Opus Angeli*, em estreita relação com o Ecumênico e o Grupo Igreja dos Pobres, foi oferecer aos participantes da Aula Conciliar textos e assessorias, e principalmente conferências.

As conferências eram feitas na sede da Ação Católica Feminina Italiana, denominada *Domus Mariae*, Casa de Maria. De maneira espontânea e aberta, ali houve 94 conferências, pronunciadas por pessoas altamente qualificadas, entre teólogos, bispos e leigos. Dos oito conferencistas leigos, quatro eram mulheres. Membros de alguns dicastérios da Cúria Romana ficaram incomodados pela grande repercussão, inclusive na imprensa, o que levou o secretário-geral do Concílio a ressaltar que aquelas conferências não eram oficiais nem oficiosas. À mesa da presidência chegou um protesto de Dom Alexandre Gonçalves do Amaral, arcebispo brasileiro de Uberaba, reclamando respeito à liberdade de iniciativa de um episcopado. Ressalte-se que, com esse incidente, houve um aumento na frequência às conferências.

As conferências na *Domus Mariae* foram uma oportunidade para que os bispos penetrassem a temática conciliar com maior clareza. O episcopado brasileiro, especialmente por meio delas, alcançou a teologia mais atualizada, da melhor escola europeia, com a experiência do Oriente cristão ligado a Roma, com as tradições ortodoxa e protestante e com a ainda incipiente reflexão pastoral e teológica da América Latina (cf. Marques, 2004, p. XLVIII).

A *Domus Mariae* tinha muitas salas para reuniões e um amplo auditório. O esmero do secretário da CNBB, Helder Camara, garantiu que ali se hospedassem quase todos os bispos brasileiros durante as quatro sessões do Concílio. Essa casa transformou-se num lugar de intenso trabalho, intercâmbio e articulação. E como moradia, com um rico tecido de relações humanas que envolvia as mulheres e todo o pessoal prestador de serviços, tornou-se um espaço familiar, onde a vida cotidiana se desenrolava com suas necessidades, surpresas, percalços, conflitos e alegrias (cf. Beozzo, 2005, p. 163-168).

Entretanto, muitas pessoas do laicato também contribuíram significativamente desde os "bastidores", em grupos, redes e espaços não oficiais. Podemos lembrar o grupo que Dom Helder chamava de "Família do São Joaquim", nome do palácio episcopal do Rio de Janeiro.

Muito ligada à *Domus Mariae*, a Família do São Joaquim constituía-se, majoritariamente, de mulheres. Alguns nomes podem ser lembrados, como: Aglaia Peixoto, Alfredina Paiva e Souza, Carlina Gomes, Cecília Arraes, Cecília Goulart Monteiro, as irmãs Hilda e Odete Azevedo Soares, a religiosa missionária de Jesus Crucificado Irmã Eni, Jardeline Barros, Lenita Duarte, Maria Amélia Medeiros, Maria Luiza Monat Jardim com seu esposo Edgar Amarante, Marina Araújo, Marina Bandeira, Nair Cruz de Oliveira, Rosa Guerreiro, o beneditino Dom Timóteo Anastásio e Wilma Peixoto (cf. Marques, 2004, p. XL).

Dom Helder expressava profundo reconhecimento pelo dedicado e eficiente serviço das mulheres ao Concílio[41]. Um reconhecimento especial foi dedicado a Aglaia Peixoto, que, sendo secretária da CNBB, assegurou um eficiente serviço de secretaria, inclusive para as duas assembleias gerais que os bispos do Brasil realizaram em Roma, uma em 1964 e a outra em 1965[42].

A rede de mulheres atuantes em conjunto com Helder Camara tinha quatro frentes: o pequeno grupo que, na *Domus Mariae*, dava

41. "Vocês estão no número dos que estão dando sem medir e sem contar", escreveu Helder Camara (2004) em sua circular de 9-10 nov. 1962. "Sabem que eu acredito profundamente que as raízes do que acontece aqui, muitas vezes, quase sempre, estão aí, em sofrimentos anônimos, em orações?", escreveu em sua circular de 5-6 nov. 1963.

42. Em sua circular de 18-19 nov. 1964, Dom Helder Camara (2004) afirmou que os padres conciliares brasileiros chamavam Aglaia Peixoto de "anjo visível". E a chamou de "madre conciliar", ao transmitir o afeto expresso no jornal-mural chamado *Conciliábulo:* "Já o *Conciliábulo* (que continua a sair diariamente) deu nota carinhosíssima sobre a madre conciliar. Pudera: ela se mata no secretariado e ainda atende a cada bispo em particular" (circular de 20-21 set. 1964).

suporte aos bispos brasileiros; o grupo do Rio de Janeiro associado ao núcleo de leigas e leigos vindos da Ação Católica, que assessorava os bispos na discussão e formulação de propostas e emendas aos esquemas conciliares; o grupo seleto de mulheres que, no Rio de Janeiro, e depois também no Recife, diariamente recebia as cartas circulares de Dom Helder e as envolvia nos debates conciliares; e um grupo que, a partir das intervenções dos bispos brasileiros e das discussões internas da CNBB, assumiu a temática feminina (cf. Beozzo, 2005, p. 341-342).

Outras mulheres exerceram uma estreita colaboração com a CNBB. Podemos citar Marina Bandeira, que era secretária-geral do MEB e coordenadora da União de Radiodifusão Católica para a América Latina; e também Jeanne Marie Claire Pucheque, ou Jeanete, que era diretora da Representação Nacional de Emissoras Católicas (Renec), além de colaboradora no Secretariado de Opinião Pública da CNBB. Um importante boletim informativo chamado *Concílio em Foco* era produzido por ela, juntamente com o bispo Dom Timóteo Anastácio e o Padre Raimundo Caramuru Barros. Além disso, Jeanete prestava um fundamental serviço a Dom Helder quanto à língua francesa, revisando suas traduções e seus escritos[43].

Com todo esse dinamismo, a participação no Concílio trouxe à maioria dos bispos brasileiros, além da renovação teológica, uma excepcional oportunidade de viver concretamente a experiência de Igreja universal. Para além das dificuldades de idioma, eles puderam conviver e dialogar com diferentes membros do Povo de Deus, bispos e peritos, que traziam seu testemunho de fé desde os mais diversos contextos socioeconômicos, políticos e culturais (cf. Mariae, 1994, p. 160).

---

43. A respeito de Jeanete, cf. Camara (2004, circulares de 25-26 nov. 1963 e 4-5/01/1964); também Camara (2009, circular de 29-30 nov. 1965). Ele se refere a Marina Bandeira em Camara (2009, circular 19-20 nov. 1965).

A própria CNBB, favorecida pela experiência de convívio, colegialidade e reciclagem teológica dos seus membros, conseguiu sair do evento conciliar com um Plano de Pastoral de Conjunto (PPC), que se constituiu num ambicioso projeto, o de uma Igreja que não seria mais centrada em si mesma (cf. Beozzo, 1994, p. 41). Uma minuta desse plano fora bem discutida durante o Concílio, com sugestões devidamente acatadas (cf. Mariae, 1994, p. 178-179). Discutido e votado na 7ª assembleia da CNBB, o PPC foi aprovado e entrou em vigor em 1º de janeiro de 1966 (cf. Coutinho, 2023, p. 23).

4.3 No marco da Conferência de Medellín

A II Conferência Geral do Celam foi realizada em Medellín, na Colômbia, de 24 de agosto a 6 de setembro de 1968. Essa conferência foi convocada pelo Papa Paulo VI, que atendeu ao pedido insistente de um pequeno grupo de bispos da América Latina, e tinha como objetivo atualizar o Concílio Vaticano II no contexto desse continente, pois o perfil do episcopado, de forma geral, aparecia como tradicional e conservador, representante de uma "Igreja reflexo", reprodutora do que vinha de Roma. Além disso, aqui predominava um tipo de sociedade pré-moderna, agrária e de religiosidade devocional. Porém, numa surpreendente "virada", essa conferência foi além de uma simples aplicação dos princípios do Concílio. De maneira singular, lançou os alicerces de uma Igreja comunidade que avança na pastoral e atua na sociedade para transformá-la. Abrindo-se no horizonte do desenvolvimento integral, com os bispos inquietos pela problemática social, chegou à opção pela libertação dos pobres (cf. Murad, 2018, p. 601-602).

A "virada" de Medellín também pode ser explicada por um processo histórico de especial importância, com novidades precursoras compartilhadas com intensidade num curto tempo de preparação. Já no final do Concílio começaram os eventos preparatórios.

Diversos encontros organizados pelos departamentos do Celam, que teriam repercussão no documento conclusivo da conferência, mostraram a busca de um processo de evangelização mais condizente com o contexto latino-americano. Pode-se destacar: o encontro de bispos em Baños, Equador, em junho de 1966, que tratou da educação; em outubro desse mesmo ano, as assembleias ordinárias do Celam em Mar del Plata, Argentina, e em Itapuã, Brasil, sobre desenvolvimento, integração latino-americana e pastoral social; em abril de 1968, o encontro realizado em Melgar, Colômbia, sobre pastoral missionária; e, em agosto de 1968, o I Encontro Latino-Americano de Catequese, na cidade de Medellín (cf. Souza, 2018, p. 35-36).

Especialmente relevante foi o encontro de outubro de 1966, em Mar del Plata. Marcado pela mensagem de Paulo VI (1968) que incentivava os bispos a participarem ativamente do processo de transformação em curso, esse encontro teve também a marca da contribuição de Dom Helder Camara. Em suas "sugestões fraternas", como ele próprio denominou, fazia crítica à ideologia desenvolvimentista que escondia a dependência em relação aos países capitalistas. Aliás, a conjuntura social e política brasileira, que atingia diretamente a atuação da Igreja, teria um consistente impacto durante a Conferência de Medellín e depois dela (cf. Coutinho, 2018, p. 55).

A rejeição do projeto desenvolvimentista começava a ganhar força. Um novo comprometimento pastoral, embasado no documento conciliar *Gaudium et Spes*, punha-se no foco da libertação integral, justamente nos passos que seriam dados na Conferência de Medellín. Isso se evidenciou em 1968, no IV Encontro de pastoral de conjunto do Nordeste I da CNBB (Maranhão, Piauí e Ceará), que discutiu qual devia ser a missão da Igreja naquele regional. Juntamente com um grupo de técnicos, que expôs a situação dos nordestinos, confirmou-se a percepção de que o povo era vítima de gritante injustiça enquanto o desenvolvimento era unilateralmente implantado em algumas áreas em proveito de pequena minoria. A conclusão desse encontro, com consciência da missão da Igreja de ajudar aquelas pessoas a se libertarem da situação de escravidão em que estavam, foi a de que salvar é prioritariamente libertar das injustiças e misérias, frutos do pecado (cf. Coutinho, 2018, p. 56-57).

Do Brasil, foram para a Conferência de Medellín 30 pessoas, dentre as quais 21 bispos. Em relação aos números totais da conferência, o Brasil representou 19,23% dos 130 participantes com direito a voz e voto e 26,6% dos peritos. O perfil da delegação brasileira não refletia exatamente os 12 anos de influência dos bispos do Nordeste com a liderança de Dom Helder Camara (de 1952 a 1964), pois o golpe militar fechara o espaço desse grupo. Nessa conjuntura, a Igreja do Brasil tinha posições predominantemente moderadas e até conservadoras. Mas alguns bispos mantinham um posicionamento mais corajoso e comprometido com a justiça social, como Dom Cândido Padin e Dom Aloísio Lorscheider. E todos, alinhados com o Vaticano II, estavam firmes no empenho de renovação da Igreja e conscientes da missão continental de transformar a sociedade. Além disso, não poucos desempenharam um papel crucial na preparação da Assembleia, a começar por Dom Avelar Brandão Vilela que, como presidente do Celam, teve que enfrentar muitas dificuldades (cf. Beozzo, 1994, p. 157-158).

Dom Avelar Brandão Vilela, arcebispo de Teresina, Piauí, esteve na equipe dos dirigentes dos trabalhos, pois, desde a morte do chileno Dom Manuel Larraín, em junho de 1966, havia assumido a presidência do Celam. Dom Agnelo Rossi, cardeal-arcebispo de São Paulo, também teve seu lugar assegurado por ser presidente da CNBB. Os escolhidos pela CNBB como representantes do episcopado brasileiro eram: Dom Aloísio Lorscheider, bispo de Santo Ângelo (RS), recém-eleito secretário-geral da CNBB e delegado da

CNBB no Celam; Dom Eugênio de Araújo Sales, administrador apostólico de Salvador (BA) e presidente do Departamento de Ação Social do Celam; Dom Cândido Padin, bispo de Lorena (SP) e presidente do Departamento de Educação no Celam; Dom Vicente Scherer, arcebispo de Porto Alegre (RS); Dom Helder Camara, arcebispo de Recife (PE); Dom Geraldo Penido, bispo de Juiz de Fora (MG); Dom Alberto Gaudêncio Ramos, arcebispo de Belém (PA); Dom José Maria Pires, arcebispo da Paraíba; Dom José Newton de Almeida Baptista, arcebispo de Brasília (DF); Dom Vicente Zioni, arcebispo de Botucatu (SP); Dom Fernando Gomes, arcebispo de Goiânia (GO); Dom José Castro Pinto, bispo auxiliar do Rio de Janeiro (RJ); e Dom Lucas Moreira Neves, bispo auxiliar de São Paulo (SP). Os nomeados pelo papa eram: Dom João Resende Costa, arcebispo de Belo Horizonte (MG); Dom Nivaldo Monte, arcebispo de Natal (RN); Dom Geraldo Fernandes, bispo de Londrina (PR); Dom José Freire Falcão, bispo de Limoeiro do Norte (CE); Dom Tiago Ryan, bispo de Santarém (PA); Dom José Gonçalves da Costa, bispo auxiliar do Rio de Janeiro e até então secretário-geral da CNBB; e Monsenhor José Maria Moss Tapajós, do clero diocesano do Rio de Janeiro. E os padres membros da CRB que integravam a delegação da Clar eram: Antônio Aquino, SJ; Júlio Munaro, camiliano; e Frei Vital Wilderink, carmelita (cf. Beozzo, 1994, p. 155-157; Kloppenburg, 1968, p. 623-626).

De toda a América Latina havia 13 mulheres participando da conferência, sendo que sete pertenciam a congregações ou institutos de vida consagrada. As brasileiras eram Marina Bandeira, leiga, do Rio de Janeiro, convidada como representante do MEB; e duas religiosas da Congregação das Missionárias de Jesus Crucificado, respectivamente Dirce Galvão de Moura, do Rio de Janeiro, conselheira da Clar, e Irany Vidal Bastos, da pastoral paroquial de Nísia Floresta, Rio Grande do Norte, e coordenadora nacional da pastoral das religiosas. Irmã Irany foi convidada como “perita”.

Embora a visão e a prática androcêntricas na Igreja não tenham sido ultrapassadas em Medellín, as poucas mulheres convidadas ali se fizeram sujeitos de fato, num claro posicionamento a favor da libertação integral dos pobres. Unidas a outras tantas mulheres atuantes em diversos serviços desde os encontros preparatórios e também durante o evento, e ombro a ombro com todos os participantes, elas foram ativas nas comissões, com voz e voto, e deram sua importante contribuição na produção dos textos (cf. Domezi, 2018, p. 89-96).

Dentre os 15 peritos, havia quatro do Brasil: os padres José Marins, Afonso Felipe Gregory e Frei Boaventura Kloppenburg; e a leiga Marina Bandeira (cf. Beozzo, 1994, p. 157).

O arcebispo de Diamantina, Dom Geraldo Proença Sigaud, que durante o Concílio havia participado intensamente do grupo *Coetus Internationalis Patrum*, fez declarações contestando os procedimentos da CNBB na eleição dos delegados para a Conferência de Medellín e afirmando terem sido eleições fraudulentas e desleais. Houve reações da parte do clero e de outros bispos, em diversos lugares. Não obstante, Dom Sigaud viajou por conta própria e, após tentativa frustrada de entrar para a conferência, empenhou-se em criar uma espécie de conferência em oposição à oficial (cf. Beozzo, 1994, p. 158-159).

Não podemos esquecer que, sob o regime autoritário militarista que ia se instaurando em praticamente toda a América Latina, a Conferência de Medellín chegava por "caminhos outros", em meio à experiência de dura perseguição. A percepção dos desvios do regime autoritário faria muitos membros da hierarquia da Igreja mudarem o posicionamento hesitante dos primeiros anos da ditadura militar, optando abertamente pela resistência profética com seus riscos imprevisíveis. A nova tomada de consciência ia se despertando pelo contato imediato e persistente com o sofrimento real do povo, para além das análises técnicas e dos seminários de estudo com intelectuais orgânicos. A nova consciência eclesial, ainda em gestação, desabrocharia nas pastorais sociais e nas Comunidades Eclesiais de Base (CEBs) (cf. Freitas, 1997, p. 67).

As CEBs, ainda não identificadas com essa sigla, surgiam entre os camponeses do Nordeste brasileiro, sendo notadas desde o início da década de 1960. Uma carta como testemunho a respeito delas foi escrita por José Oscar Beozzo, juntamente com Raimundo Caramuru Barros e Pedro Ribeiro de Oliveira, para ser apresentada na Conferência de Medellín por Dom Pedro Paulo Koop, bispo de Lins, bastante voltado para as questões sociais (cf. Oliveira, 2018, p. 50). O forte processo de irradiação dessas pequenas comunidades, que vinha no bojo de todo o contexto de renovação eclesial propiciado pelo Vaticano II, ganhou um impulso importante na Conferência de Medellín. Elas imprimiam um novo ritmo na prática pastoral, marcando na singularidade do seu caráter popular a superação de problemas como os do clericalismo, do elitismo, do protecionismo e da visão apologética, ainda presentes em muitas das experiências pastorais (cf. Teixeira, 1992, p. 577).

As conclusões de Medellín assumiram e consagraram as CEBs:

> A comunidade cristã de base é, assim, o primeiro e fundamental núcleo eclesial, que deve em seu próprio nível responsabilizar-se pela riqueza e expressão da fé, como também do culto que é sua expressão. Ela é, pois, célula inicial da estrutura eclesial e foco de evangelização e, atualmente, fator primordial da promoção humana e do desenvolvimento (Medellín, 15,10).

Uma contribuição intelectual da Igreja do Brasil em vista da Conferência de Medellín, alvo de feroz perseguição de parte da sociedade e também de alguns segmentos da Igreja Católica, foi o texto que se tornou conhecido como "Documento Comblin", produzido pelo padre belga José Comblin a pedido de Dom Helder.

O Padre Comblin, como teólogo e sociólogo radicado na América Latina, havia sido convidado por Dom Helder para ser o prefeito de estudos do Curso de Teologia no recém-criado Instituto de Teologia Regional (Iter), de Recife. Foi ali que se iniciou a discussão do referido texto, que teve grande repercussão e chegou também às mãos de jovens universitários assistidos pelo Padre Antônio Henrique Pereira Neto[44]. Reproduzido e distribuído amplamente nos círculos juvenis, acabou em mãos de Wandenkolk Wanderley, vereador de Recife filiado ao partido do governo (Arena). Junto a ele, o deputado estadual Adije Maranhão, também da Arena, abriu um processo judicial contra Dom Helder Camara, para que ele fosse aprisionado e para que o Padre Comblin fosse expulso do país, alegando ser aquele documento "altamente subversivo" (cf. Coutinho, 2018, p. 57).

O vereador era historicamente opositor do arcebispo. O jornal *Diário de Pernambuco* publicou partes do texto de Comblin em 11 de junho de 1968 e publicou-o integralmente na edição seguinte, estampando na primeira página o título: "Transferência de D. Helder e expulsão de Comblin. Para Wandenkolk, Dom Helder deveria estar em prisão". Assim lançado, em meio a uma agitação estudantil e às vésperas da Conferência de Medellín, o "caso Comblin" apareceu durante três meses nas colunas da imprensa nacional. A culminância foi o fato de Comblin ter sido impedido de entrar no Brasil em 1972 (cf. Souza, 2018, p. 40).

Tratava-se de um documento interno, destinado a um grupo de assessores, mas que foi publicado na íntegra em inúmeras reportagens. A perseguição a Comblin e a Helder Camara, acusados de serem "comunistas", ampliou-se por meio de um gigantesco

44. O jovem padre Antônio Henrique Pereira Neto, com 28 anos de idade, foi torturado e assassinado por agentes da ditadura militar em 27 de abril de 1969. Era assessor da JUC do Recife e secretário de Dom Helder Camara (cf. Dussel, 1992b, p. 254).

abaixo-assinado em campanha realizada pela TFP no Brasil, no Uruguai e na Argentina, solicitando ao papa a condenação do Padre Comblin. Por outro lado, multiplicaram-se os gestos de solidariedade e apoio a ambos, inclusive com um alerta que chegou ao Cardeal Suenens em Roma. Dessa maneira, nenhuma repartição do Vaticano recebeu o abaixo-assinado.

Naquele texto, Comblin[45] apontava o que considerava serem as causas de um subdesenvolvimento da Igreja da América Latina enquanto instituição: o abandono das massas camponesas; a solidariedade com a elite dominante; o colonialismo; o ensino classista; o assistencialismo sem base na realidade, apesar de bem-intencionado; a indiferença para com os trabalhadores; a burocracia cartorial; e a incapacidade de organização. Também apontava, na Igreja da América Latina, o desconhecimento a respeito das massas rurais com seu caráter humano, o que vinha a ser a mesma postura dos grandes proprietários.

Comblin propunha incisivamente uma Igreja verdadeiramente pobre, como era o desejo dos bispos que fizeram o Pacto das Catacumbas. Um gesto significativo seria a imediata distribuição dos bens eclesiásticos improdutivos aos pobres, bem como os bens acumulados com fins de capitalização. Nesse ponto, lembrava que, conforme a doutrina social da Igreja, a propriedade privada

45. Comblin foi expulso do Brasil em 24 de março de 1972. Retornou ao Chile, onde havia atuado por quatro anos e contava com um círculo de amigos. Porém, devido ao golpe militar nesse país, teve que ser discreto em suas contribuições intelectuais, notadamente junto ao Vicariato da Solidariedade de Santiago, única instituição que enfrentou o ditador Pinochet no caso das torturas e dos desaparecimentos. Mesmo assim, foi expulso do Chile em 1980. Retornou ao Brasil com visto de turista, obrigando-se a sair do país a cada três meses para renová-lo. Só recebeu o visto permanente em 1986, quando foi anistiado. Em 1981, fundou o grupo da Teologia da Enxada, com apoio do arcebispo de João Pessoa, Dom José Maria Pires. Essa experiência, com o objetivo de formar sacerdotes e missionários populares para a evangelização da população rural, e com uma adequada metodologia que valorizava a cultura camponesa, estabeleceu-se em Serra Redonda, na Paraíba, como Seminário Rural. Posteriormente, foi denominado Centro de Formação Missionária (cf. Dados..., 2011).

é ilegítima quando não contribui para o bem comum (cf. Coutinho, 2018, p. 58).

Nessa questão da terra e da reforma agrária já havia iniciativas corajosas na Igreja da América Latina. O Papa Paulo VI, em seu discurso de abertura da Conferência de Medellín, afirmou estar informado

> dos gestos generosos realizados em algumas dioceses, que puseram à disposição das populações necessitadas as propriedades de terrenos que lhes restavam, seguindo bem estudados planos de reforma agrária que estão se realizando (Paulo VI, 1968, p. 22).

De fato, em 1962, o bispo chileno Dom Manuel Larraín havia entregue os 342 hectares de terra do Alto de las Cruces ao Instituto para a Reforma Agrária (Improa), a fim de que este organizasse os camponeses como proprietários das antigas terras da Igreja. O Cardeal Raul Silva Henríquez, também no Chile, entregara 1.212 hectares a seus camponeses em Las Pataguas. No Peru, Dom Jurgens Byrne, arcebispo de Cuzco, em 1963, havia entregue 15 mil hectares da Igreja a seus camponeses. Em 1969, no Equador, Dom Leônidas Proaño faria o mesmo com a estância Tepeyac, de 3 mil hectares, entregues à Central Ecuatoriana de Servicios Agrícolas (Cesa). Eram atos de voluntário empobrecimento da Igreja, acompanhados de ações concretas no sentido de promoção do movimento popular (cf. Dussel, 1992a, p. 247-248).

Na fidelidade ao Pacto das Catacumbas, alguns bispos passavam a uma vida de proximidade e inserção no meio dos mais empobrecidos e explorados. Podem ser lembrados alguns do Brasil que, juntamente com não poucos membros de suas Igrejas locais, viveram um profetismo que lhes acarretou calúnias e perseguição.

O arcebispo de Olinda e Recife, Helder Camara, em 1968, deixou o Palácio de São José dos Manguinhos e foi residir na sacristia da Igreja das Fronteiras, modesta capela no centro de Recife.

Camara quis viver à maneira dos pobres. Durante o Concílio, ele havia expressado, numa de suas cartas, o anseio para que "se acabasse de vez a casta de bispos-príncipes e se firmasse para sempre a figura do pastor, do servidor, do Pai" (Camara, 2004, circular de 1 nov. 1962). Viveu sem possuir bens materiais, nem mesmo automóvel, e sequer tinha motorista. Vestia uma surrada batina branca, com uma cruz de madeira pendendo-lhe no peito, e entregou propriedades de terra da arquidiocese a camponeses pobres, com garantia de assistência técnica, jurídica e social, para que conquistassem autonomia e cidadania (cf. Beozzo, 2009b; Hoornaert, 2023, p. 93).

Dentre suas iniciativas em favor dos mais pobres estavam a Cruzada de São Sebastião, fundada por ele em 1956 para que os favelados pudessem ter moradia decente, e o Banco da Providência, também fundado por ele três anos depois.

O padre espanhol catalão e religioso claretiano Pedro Casaldáliga (cf. Escribano, 2000) escolheu viver como missionário no sertão do Mato Grosso. O Vaticano havia instituído ali a Prelazia de São Félix do Araguaia, numa área de 150 mil quilômetros quadrados, que atualmente abrange 15 municípios. Desde que chegou a essa prelazia, em 1968, exerceu seu ministério na inserção entre indígenas, lavradores e gente abandonada na pobreza e perseguida por latifundiários. Foi sagrado bispo em 1971 e continuou vivendo numa casa simples e despojada, sempre aberta ao acolhimento.

Com sua chegada, a recém-criada prelazia tornou-se um dos focos importantes para a mudança de rumos da Igreja no Brasil. Em toda essa região do Araguaia havia bispos habituados a frequentar a mesa dos coronéis, dos empresários e dos políticos que os favoreciam. Mas a Igreja ali passou a ser referencial na luta pelos direitos humanos, defendendo os posseiros, os peões e os povos indígenas. Dom Pedro Casaldáliga visitava as aldeias indígenas e as casas dos pobres para defendê-los contra as violações dos direitos humanos e todas as arbitrariedades dos latifundiários. Nesse confronto, sempre se deslocava com seu chapéu de palha, usando os meios de transporte utilizados pelo povo, como ônibus de linha e embarcação voadeira no percurso do Rio Araguaia (cf. Castravechi, 2015).

Pedro, que é como Casaldáliga gostava de ser chamado, desde logo descobriu o problema social básico: a Superintendência do Desenvolvimento da Amazônia (Sudam) havia oficialmente destinado aquela região a ser latifúndio de gado bovino, causando uma desintegração desumana de indígenas, posseiros e peões. Ele escreveu um informe intitulado *Escravidão e feudalismo no norte de Mato Grosso*, que enviou às altas autoridades do país, à presidência da CNBB e à Nunciatura Apostólica. Um segmento da Igreja Católica, reforçando a reação contrária dos fazendeiros, pediu aos generais da repressão militar que expulsassem do país o Bispo Casaldáliga, a quem acusavam de comunista[46]. Então, o arcebispo de São Paulo, Dom Paulo Evaristo Arns, foi falar com o Papa Paulo VI, que era seu amigo, deixando-o a par dessa situação. A resposta do papa foi clara: "Faça saber que mexer com Pedro é mexer com o papa" (Silva Cruz, 2023, p. 258-259).

O franciscano Dom Paulo Evaristo Arns era bispo desde 1966, quando foi nomeado auxiliar de Dom Agnelo Rossi na Arquidiocese de São Paulo. Trazia a experiência de uma década de convivência e trabalho pastoral junto dos pobres, nos morros de Petrópolis. Em 1970, passou a ser o arcebispo de São Paulo. Com seu sorriso habitual e intrépida coragem em defender os perseguidos pela ditadura, os pobres e vulneráveis, manteve constante proximidade com as pessoas humildes. De maneira sinodal desde a base da Igreja, e com um colegiado de bispos, concretizou a eclesiologia do

46. Em 25 de fevereiro de 1977, o arcebispo de Diamantina, Dom Geraldo Sigaud, levantou forte acusação contra Dom Pedro Casaldáliga, dizendo que ele era comunista e o apontando como responsável pelo clima tenso existente entre a Igreja e o governo (cf. Centro de Pastoral Vergueiro, 1987, vol. 5, p. 71).

Vaticano II. Animava as comunidades em comunhão ao seu redor à vivência de um processo permanente de laboratório pastoral e de aprendizado como Igreja missionária, nas periferias e nos becos de miséria da megalópole e onde houvesse gente perseguida e em situação vulnerável (cf. Domezi; Sanchez; Marchini, 2023, p. 244-245).

Em 1973, quando recebeu de Paulo VI o título de cardeal, já havia deixado o luxuoso palácio episcopal Pio XII para residir numa casa simples, de muro baixo, situada no bairro Sumaré. O fato foi largamente noticiado pela imprensa, inclusive pela Rádio Vaticano, que afirmou ter ele vendido o palácio "para ajudar as pessoas que vivem nos barracos da cidade"[47]. O dinheiro dessa venda facilitou às comunidades eclesiais de base a aquisição de terrenos, nos quais os próprios membros construíam seus centros comunitários. Neles se reuniam para celebrar sua fé religiosa, bem como para discutir e solucionar os problemas do povo. Cada centro comunitário funcionava como capela, lugar de fazer promoção humana e de oferecer treinamento profissional aos moradores da periferia (cf. Domezi, 1995, p. 31-32).

Também Dom José Maria Pires, na capital da Paraíba, foi morar numa casinha perto do convento histórico dos franciscanos. Ele chegou em 1965, nomeado arcebispo de João Pessoa, após oito anos de experiência como bispo da Diocese de Araçuaí, no Vale do Jequitinhonha. À luz do Concílio Vaticano II, do qual participou nas quatro sessões, fiel às opções de Medellín e no compromisso do Pacto das Catacumbas, trabalhava em equipe, partilhando trabalhos, competências e decisões. Em meio às opressões e incertezas do regime militar, colocou-se na defesa e na promoção dos direitos

---

47. A venda do Palácio Pio XII foi noticiada pelo *Radiogiornale*, da Rádio Vaticano, em 11 de setembro de 1973 (foglio C-6), e também pela revista italiana *Vita Nuova*, em 9 de novembro de 1973, que acrescentou ter o cardeal de São Paulo vendido um "monumental palácio episcopal, dotado de um magnífico parque, no centro da cidade", retirando-se para morar numa casa mais modesta.

humanos, enquanto também tinha de enfrentar discriminação por sua origem simples, sua cor negra e sua opção pela Igreja dos Pobres. Entre suas iniciativas pioneiras esteve a fundação da Pastoral dos Negros, com um movimento junto à CNBB em favor dessa causa. Marcante especialmente foi sua homilia na Missa dos Quilombos, celebrada em Recife junto a um grande público, em 22 de novembro de 1981 (cf. Pires, 1982; Passos, 2023, p. 177-195).

No Ceará, Dom Antônio Fragoso foi o primeiro bispo da Diocese de Crateús. Ali chegou no início do regime militar, passando a conviver com o povo em meio à pobreza, a sérios conflitos de terra e à grande seca de 1979-1983. A repressão da ditadura militar "abateu-se sobre essa Igreja de rosto novo, inspirada no Concílio Vaticano II e na Conferência de Medellín". Desde os primeiros meses, Dom Fragoso ajustou sua vida cotidiana ao seu projeto pastoral. Discretamente, abandonou o palácio episcopal para morar numa casa modesta, alugada, com a porta sempre aberta, redes prontas para serem penduradas e a mesa posta para todos, principalmente para os colaboradores que vinham do interior. Vestindo calça e camisa, ia à casa das pessoas do povo, visitava os doentes e conhecia cada um pelo nome. Suas posições firmes e corajosas, principalmente durante a repressão, o tornaram conhecido para além das fronteiras de sua diocese e também fora do país (cf. Thomé, 1994, p. 23, 168).

Para escapar da fome, levas de pessoas buscavam as Frentes de Serviço que o governo oferecia no esquema da "indústria da seca", com feitores que submetiam os trabalhadores a condições deploráveis. Nessa situação, a Igreja viva de Crateús multiplicava seus gestos de solidariedade. Quem tinha um pouco de comida partilhava com quem nada tinha. E uma atitude coletiva foi especialmente marcante: em abril de 1981 chegaram à cidade centenas de famintos à procura de trabalho. Os comerciantes, com medo, fecharam suas portas. A polícia aparelhou-se contra possíveis agitações e saques. Já o bispo e os agentes de pastoral se reuniram e decidiram começar por nove dias de jejum e oração, protestando contra a injustiça causadora da fome. Em seguida, aderindo a uma iniciativa do Padre Alfredinho, lançaram a campanha denominada Porta Aberta aos Famintos. Cerca de 4 mil cartões verdes foram pendurados nas portas das casas, a começar pela do bispo. O cartão sinalizava que ali havia sempre um prato de comida para um faminto. Esse movimento ajudou os moradores a mudarem a mentalidade, vendo os agricultores não como invasores, mas como irmãos (cf. Thomé, 1994, p. 53-57).

O padre suíço Frédy Kunz[48], popularmente chamado Alfredinho por ser um homem pequeno de estatura e de vida simples, era membro da Congregação dos Filhos da Caridade. De origem pobre, desde criança trabalhou como cozinheiro, geralmente 15 horas por dia. Sofreu prisão durante a Segunda Guerra, quando servia no Exército. Com um grupo de colegas prisioneiros, recusou-se a aceitar as vantagens do estatuto de trabalhadores civis, o que os faria colaborar com o inimigo. Por isso, foi levado a um campo de punição. Dali, quase no fim da guerra, viu a chegada de cerca de mil prisioneiros do campo de concentração de Mauthausen, Áustria. Mais tarde, num seminário na França, tomou conhecimento de um deles, Maximiliano Kolbe, franciscano polonês que voluntariamente tomou o lugar de um pai de família sorteado para ser morto. Ordenado sacerdote em 1954, Alfredinho passou a inspirar-se no exemplo de Kolbe.

Alfredinho chegou à Diocese de Crateús em 1968. É impactante este seu testemunho, ao ser chamado logo no início para atender a uma trabalhadora da prostituição que estava morrendo de tuberculose, e tendo lhe ministrado os sacramentos:

---

48. Padre Alfredinho Kunz (1920-2000) viveu e atuou durante 20 anos na Diocese de Crateús. Em 1988, mudou-se para Santo André, na Grande São Paulo, onde passou a morar na Favela Lamartine. E, na busca de um compromisso ainda mais radical com as pessoas sofredoras, também viveu em situação de rua.

> Vi então aparecer no seu rosto, como um reflexo da presença de Cristo, uma expressão de paz e alegria. Ela morreu quinze dias depois. Arrancaram a porta de seu casebre para pôr o corpo em cima. Um mês depois, combinado com o bispo, aluguei o "casebre da finada", e fui viver na zona... E lá descobri um verdadeiro santuário de Deus (Irmandade do Servo Sofredor, 2004, p. 21).

Em 1983, enquanto ocorria a grande seca no Ceará, Alfredinho foi trabalhar como voluntário na Frente de Serviço de Santa Fé, carregando pedras sob um sol ardente, para solidarizar-se com aquele povo. E, naquele mesmo ano, durante a Quaresma, juntou-se aos cerca de 1.500 moradores dos bairros de Crateús, mobilizados aos domingos para varrer o lixo das ruas. Desses e de outros passos foi nascendo a Irmandade do Servo Sofredor, uma organização de pessoas pobres que se inspira nos cânticos bíblicos do Dêutero-Isaías a respeito do Servo Sofredor. Em pequenos grupos, essa irmandade oferece integração e trato fraterno aos sofredores (cf. Irmandade do Servo Sofredor, 2004, p. 153-157).

Não foram poucos os religiosos e as religiosas, majoritariamente jovens, que, fiéis ao espírito e ao projeto da Conferência de Medellín, foram morar em comunidades pequenas nas periferias urbanas, em lugares empobrecidos do campo e em aldeias indígenas. O documento 12 de Medellín, sobre os religiosos, bem como a Teologia da Libertação que estava surgindo, lhes traziam encorajamento e apoio para a inserção no meio dos pobres e o fortalecimento das pastorais sociais. Assim, por toda a América Latina, espalharam-se comunidades religiosas inseridas que davam significativa contribuição aos movimentos sociais e às CEBs, como também exerciam forte influência na revitalização da própria vocação religiosa. As religiosas e os religiosos inseridos no meio popular viviam uma profunda mística de comunhão e espiritualidade libertadora na relação com os vizinhos. Enfrentaram muitos conflitos, seja pela falta de uma teologia da Vida Religiosa que acompanhasse esse processo, seja por certo descompasso com o conjunto das congregações e comunidades religiosas. Superiores das congregações e capítulos gerais, fixados na compreensão da realidade a partir da Europa, chegaram a cercear essa experiência. Contudo, não poucas comunidades religiosas inseridas seguiram na proposta de Medellín em diversos lugares do continente, dando corajoso testemunho de vida consagrada e de missão no meio dos empobrecidos (cf. Barros, 2018, p. 320-322).

No Brasil, o protagonismo de religiosas inseridas no meio dos pobres, desde o Concílio Vaticano II e no marco da Conferência de Medellín, evidenciou uma transformação para além de mudanças externas ou de só algumas reformas. Houve uma profunda alteração em suas formas de expressão histórica, que fez o carisma prevalecer sobre o elemento institucional e possibilitou a realização da radicalidade do projeto religioso, na solidariedade e no compromisso com os pobres. E, dada a peculiaridade de amplos segmentos das classes trabalhadoras brasileiras, que têm a religião como elemento importante para formar sua cosmovisão, essas religiosas desenvolveram uma compreensão da fé articulada ao empenho pelo estabelecimento de estruturas sociais favorecedoras do cultivo de valores evangélicos fundamentais, como a justiça, a fraternidade e a paz. Além disso, sendo as CEBs o espaço privilegiado de sua prática, elas desenvolveram e consolidaram a amizade, a convivência e a participação nas Igrejas locais (cf. Rosado Nunes, 1984, p. 128-134).

No entanto, é preciso termos em conta o refluxo que vinha se intensificando. A década entre as conferências de Medellín e de Puebla foi marcada por conflitos gravíssimos entre Igreja e governos ditatoriais, calúnia, perseguição e muito martírio de cristãos. Mas também setores eclesiais faziam críticas e tomavam atitudes contrárias à vivência e à consolidação do novo projeto eclesial-pastoral, atacando principalmente as práticas libertadoras e a Teologia da Libertação, que viam como ligadas ao marxismo ateu (cf. Manzatto, 2018, p. 336).

Especialmente marcante nesse refluxo foi a intervenção da Cúria Romana no Celam, em novembro de 1972, quando este fazia sua 14ª reunião geral em Sucre, na Bolívia. De forma autoritária, a pauta dos bispos latino-americanos foi substituída por aquela vinda de Roma, com metas de reestruturação do próprio Celam, mudança dos dirigentes, outra programação dos institutos especializados e do financiamento das atividades, como também outro traçado das linhas diretrizes para a pastoral no continente.

Um dos primeiros segmentos atingidos por esta intervenção foi a Comissão de Estudos de História da Igreja Latino-Americana (Cehila), que estava nascendo em princípios de janeiro de 1973, vinculada ao Celam. Em Quito, Enrique Dussel expunha os argumentos para a busca de novos paradigmas de interpretação da história da América Latina. Dom Alfonso López Trujillo, bispo auxiliar de Bogotá, que na reunião de Sucre havia sido eleito secretário-geral do Celam, entendeu a perspectiva dessa comissão como marxista e imediatamente providenciou a retirada de US$ 5 mil que estavam reservados para as viagens dos seus membros. Trujillo pensou tê-la sufocado em seu berço, mas o bispo mexicano de Cuernavaca, Sergio Mendes Arceo, logo sugeriu e apoiou o seu registro civil em cartório, na cidade de Quito. Assim, a Cehila nasceu pobre e livre, e passou a formar equipes nacionais, sem problemas com as dioceses, a não ser em casos isolados, recebendo acolhimento maior no mundo acadêmico (cf. Hoornaert, 2023, p. 300-301).

Eduardo Hoornaert, incumbido de formar uma equipe de historiadores e historiadoras da Igreja no Brasil, empreendeu muitas viagens, buscou participantes e liderou os encontros. A Cehila-Brasil, fiel na perspectiva decolonial, tem dado sua importante contribuição em inúmeros simpósios, textos publicados e atividades no meio popular (cf. Hoornaert, 2023, p. 301-307).

Como um todo, a Igreja da América Latina e do Caribe não foi mais a mesma desde Medellín. As transformações passaram a ocorrer em diversos lugares, com maneiras e intensidade diferentes, somando-se àquelas mudanças que já estavam em curso. Essa conferência marca o nascimento e a oficialização da Igreja dos Pobres, que já vinha sendo gestada. No Brasil, o episcopado alinhou-se à proposta de Medellín praticamente por inteiro, e a CNBB passou a traduzi-la de maneira muito prática. As resistências foram sendo percebidas mais como dissonâncias do que como linhas de comportamento (cf. Manzatto, 2018, p. 333).

4.4 De volta às questões iniciais

Com uma década de existência da CNBB, o episcopado brasileiro participou do Concílio já afeito à ação conjunta, à articulação e à colegialidade, o que o ajudou a amadurecer na visão e na prática sinodal. Tão grande foi o aprendizado como foram importantes as contribuições no âmbito da universalidade da Igreja, inclusive nas redes informais de influência, especialmente no Grupo Igreja dos Pobres. Mas também pessoas do laicato – inclusive não poucas mulheres – foram sujeitos ativos nesse dar e receber do evento conciliar e de sua irradiação.

A Igreja no Brasil, como em toda a América Latina, encarnou de modo original os apelos e o espírito do Concílio Vaticano II na realidade histórica e concreta do seu povo, optando pelos pobres. Sua adesão ao projeto eclesial e pastoral da Conferência de Medellín foi corajosa e decisiva, mesmo havendo posicionamentos contrários da parte de alguns segmentos e de alguns bispos.

Nas décadas de 1960 e 1970 houve impasses gigantescos para a sociedade e para a Igreja, notadamente os causados pelos regimes de exceção e pelas ditaduras militares na América Latina. Em meio a esses impasses, os setores da Igreja do Brasil que estavam mais próximos dos camponeses e de suas lutas deram uma importante contribuição para que essa Igreja mudasse seu posicionamento reformista em estreita colaboração com o Estado, para ir a fundo nas reformas necessárias (cf. Beozzo, 1994, p. 48). Ir do desenvolvimentismo a uma prática pastoral decisivamente voltada para a libertação integral das pessoas e das multidões empobrecidas fez toda a diferença. Essa e outras novidades precursoras, somadas às de todo o continente latino-americano, foram compartilhadas com intensidade no curto tempo de preparação da Conferência de Medellín.

A Igreja do Brasil impulsionou sua própria renovação à medida que se engajou em favor dos pobres e da justiça social. Para além do empenho em expandir sua estrutura tradicional, ela passou a planificar experiências e iniciativas pioneiras e a impulsionar a pastoral de conjunto, na perspectiva da transformação da sociedade.

Três fatores podem ser destacados como favoráveis a esse engajamento: os esforços de renovação desde algumas décadas anteriores; o "aparelhamento" para uma prática pastoral conjunta; e o acréscimo no episcopado, com um número considerável de bispos jovens que, com carisma e coragem profética, se empenharam nos novos rumos da Igreja.

Especial importância teve o carisma e a liderança de Dom Helder Camara, juntamente com o protagonismo de alguns regionais da CNBB, especialmente do Nordeste.

A fidelidade ao Pacto das Catacumbas, evidenciada no testemunho de vida e de pastoreio de diversos bispos, foi acompanhada pelos testemunhos corajosos de agentes de pastoral, religiosas e religiosos, e também sacerdotes, inseridos no meio dos empobrecidos.

5
A Igreja do Brasil sob a ditadura militar

O golpe militar desfechado no Brasil em 1º de abril de 1964 instaurou a prolongada ditadura que, levada ao extremo do autoritarismo em 1968, mergulhou o país numa "noite escura" de 21 anos. Seus autores e sustentadores que, via de regra, declaravam-se católico-romanos atingiram também a Igreja com sua perseguição e repressão sem limites. Desbarataram movimentos, grupos e instituições, no âmbito da sociedade civil e também no âmbito eclesiástico. Muitas pessoas católicas do laicato, religiosos e religiosas, sacerdotes e também bispos estiveram entre a multidão das suas vítimas.

Sob o pretexto de "salvar a civilização ocidental cristã" do "comunismo ateísta", os militares tomaram o poder para defender a oligarquia dominante que se viu ameaçada com o surgimento de movimentos sociais no governo de João Goulart (cf. Löwy, 2000, p. 140).

As décadas de 1960, 1970 e 1980 constituíram um período trágico na história da América Latina, com regimes de exceção, golpes de Estado, muito sangue derramado, censura e arbitrariedades em nome da "segurança nacional". Foram muitas as perversidades, com prisões arbitrárias, cassações, expurgos, torturas, atentados e desaparecimento de cadáveres (cf. Souza, 2022, p. 426).

Quase todos esses regimes de ditadura militar e de exceção configuraram mais um fenômeno de política internacional continental do que uma política nacional interna. Desse modo, a intervenção das Forças Armadas no processo político brasileiro visou principalmente alterar diretrizes de política externa e ditar decisões diplomáticas conforme os objetivos estratégicos dos Estados Unidos. Isso explica o empenho em enfraquecer e derrubar o governo do Presidente João Goulart, cuja política externa defendia os princípios de autodeterminação dos povos (cf. Bandeira, 2014, p. 14).

Jango, como era popularmente chamado João Goulart, fora eleito vice do Presidente Jânio Quadros, em chapa diversa. Com a inesperada renúncia do Presidente Quadros em agosto de 1961, após apenas sete meses no cargo, Jango assumiu a presidência do país. Os ministros militares das três forças, instados por setores antidemocráticos das classes dominantes, trataram de vetar sua posse, que só pôde ocorrer mediante o estabelecimento de um parlamentarismo de ocasião, que foi curto e tumultuado, além do compromisso de reforma da Constituição. Em meio a uma grave crise política e a uma ameaça de guerra civil, houve grande mobilização em defesa da legalidade (cf. Segatto, 2014, p. 44).

Um ano depois, Jango restabeleceu o presidencialismo por meio de um plebiscito que lhe deu esmagadora maioria. Tinha a seu favor os movimentos populares e sindicais que, em rápido crescimento, aceleravam a luta por reformas estruturais. Os trabalhadores conseguiram reajustes salariais. Em todo o país, a pressão por reformas de base envolvia estudantes, artistas, muitos setores das classes médias urbanas e também uma frente parlamentar nacionalista. No campo, era forte a atuação das Ligas Camponesas.

Por outro lado, deterioravam-se os parâmetros econômicos, com alta espiral inflacionária. Para enfrentar a oposição e o cerceamento da parte de grupos contrários à sua proposta, o governo lançou o Plano Trienal, coerente e avançado frente à economia mundial, mas que não pôde ser implementado por falta de apoio político. No Congresso acirrou-se o debate ideológico, enquanto os grupos militares e econômicos que conspiravam contra o regime articularam-se para a derrubada do presidente. Vendo-se sem alternativa, João Goulart passou a buscar apoio das esquerdas mais radicais (cf. Mariae, 1994, p. 149-150).

Posições extremadas se confrontaram. Os conflitos não vinham só das elites dirigentes, mas também envolveram os sindicatos, as massas trabalhadoras urbanas e significativos segmentos do campesinato devido ao processo de conscientização que ocorria. Por sinal, havia sido aprovada a Lei de Diretrizes e Bases da Educação, fato que incentivou os debates em torno da democratização do ensino e da reforma universitária. Do Ministério da Educação vinha um apoio sem precedentes às atividades de educação popular na perspectiva do processo pedagógico de Paulo Freire (cf. Mariae, 1994, p. 150).

A pedagogia de Paulo Freire era posta em prática por muitos membros da JUC. Esses jovens ativistas, enquanto participavam de movimentos de cultura popular na aliança operário-estudantil, buscavam uma forma de socialismo compatível com o evangelho cristão. Isso trouxe tensões, principalmente para o episcopado. Então muitos membros da JUC, juntamente com ativistas do MEB, em 1962, fundaram a Ação Popular (cf. Gómez de Souza, 1984, p. 144), um movimento não confessional de opção socialista e independente da Igreja. No entanto, muitos jucistas e ex-jucistas continuaram a atuar no MEB.

A Juventude Universitária Católica recebeu importante contribuição do monge beneditino Cândido Padin, que era seu assistente nacional e que sempre manteve um diálogo aberto e construtivo com os seus dirigentes e militantes. Em 1962 Padin foi nomeado bispo auxiliar do Rio de Janeiro e também assistente-geral da Ação Católica Brasileira. Com sua ajuda, a JUC e outros movimentos especializados conseguiram elaborar um documento com bases comuns de orientação, mas as tensões ideológicas continuaram.

No Rio de Janeiro, Dom Helder Camara passou a ser pressionado por antigos amigos pertencentes à elite social. Queriam que, como secretário-geral da CNBB e arcebispo auxiliar, ele retirasse o apoio que vinha dando às reformas de base, às mudanças de estrutura e às bandeiras defendidas pelas esquerdas, passando a apoiar as manifestações anticomunistas. Dom Helder lhes fez ponderações lembrando que havia recebido do cardeal Dom Jaime Câmara a missão de se dedicar, prioritariamente, aos pobres daquela arquidiocese, mas os "amigos" ficaram insensíveis, passando a marginalizá-lo e até a hostilizá-lo. Não tardou a sua transferência para Pernambuco, sendo ele designado, em 12 de março de 1964, para ser arcebispo de Olinda e Recife.

Na perspectiva da questão social, da paz e da justiça em favor dos pobres, é importante lembrar as encíclicas sociais do Papa João XXIII *Mater et Magistra*, de 15 de maio de 1961, e *Pacem in Terris*, de 11 de abril de 1963.

Tão logo foi publicada a *Pacem in Terris*, a comissão central da CNBB reuniu-se para refletir sobre a realidade brasileira à luz desse documento pontifício e lançou "ao povo de Deus" uma mensagem, lembrando a missão da Igreja no tocante às transformações da sociedade humana em prol da justiça social. Ali, o foco esteve nas inadiáveis transformações exigidas pela sociedade brasileira, com as reformas agrária, empresarial, tributária, administrativa, eleitoral e educacional. A partir desse momento, os grupos conservadores mobilizaram-se na tentativa de alertar o episcopado de que haveriam riscos de uma revolução comunista, e que os defensores dessas reformas estariam sendo inocentes úteis nas mãos dos radicais de esquerda (cf. Mariae, 1994, p. 150-151).

O desfecho de 31 de março de 1964 foi precedido pelas manifestações denominadas "marchas da família com Deus pela liberdade", nas capitais mais importantes do país, acusando o Governo Goulart de perigo comunista. Organizadas por governos estaduais, entidades do empresariado e setores da Igreja Católica, essas manifestações contaram com centenas de milhares de pessoas (cf. Centro de Pastoral Vergueiro, 1986, vol. 1, p. 23).

A recepção do Concílio Vaticano II, concretizada especialmente no projeto de Medellín, seguiria seu curso dentro de uma situação muito conflitiva. A CNBB com novos dirigentes não teria voz suficientemente forte para defender as vítimas do regime imposto, mas as interpelações seriam muito mais fortes a partir de 1968.

A ditadura militar é um componente pesado no período de 1964 a 1985, justamente quando a Igreja do Brasil, na aceleração do Vaticano II e abraçando o projeto de Medellín, avança com sua pastoral de conjunto, a coragem profética dos bispos do Pacto das Catacumbas, o despontar e o florescimento das CEBs, o protagonismo marcante de diversas dioceses e prelazias. Importa entender de que maneira ela foi afetada por esse regime e que atitudes tomou.

5.1 A posição do episcopado ante o golpe (1964-1968)

Nos primeiros dias desde 1º de abril de 1964, o Brasil foi governado por uma Junta Militar. Em 15 de abril, por eleição indireta, o Marechal Humberto de Alencar Castello Branco assumiu a presidência. Sucedeu-o o Marechal Artur Costa e Silva, de 1967 a 1969.

Nesse contexto político, a Igreja do Brasil posicionou-se com algumas contradições e ambiguidades. Pode-se lembrar, por exemplo, a negociação feita por Dom Helder Camara com o Presidente Castello Branco, para a continuidade de um acerto feito com o governo de João Goulart, de que os bispos iriam a cada sessão do Concílio e regressariam ao Brasil em avião cedido pelo governo brasileiro. Dom Helder, um corajoso opositor dos abusos do governo militar, fez essa negociação como secretário-geral da CNBB. Assim, a comitiva de mais de 100 bispos brasileiros que foi a Roma para a terceira sessão do Vaticano II, em outubro de 1964, viajou no avião "Brás Cubas", da Panair do Brasil, sob os auspícios do governo da ditadura militar (cf. Beozzo, 2005, p. 61).

A questão era a da tradicional dependência de recursos do governo em que estava a Igreja, em muitos âmbitos, como o das obras sociais e caritativas e, particularmente, o do sistema educacional. Acertos feitos em 1961 durante o Governo Jânio Quadros também haviam incluído verbas para o Movimento de Educação de Base através do Rádio e para o MEB, que estava numa extraordinária expansão (cf. Beozzo, 2005, p. 61).

Novos dirigentes assumiram a direção da CNBB, eleitos na 6ª Assembleia Geral da entidade, que se realizou em Roma no mês de setembro de 1964. A presidência passou a ser exercida por Dom Agnelo Rossi, que também foi nomeado arcebispo de São Paulo, sendo secretário-geral o bispo auxiliar do Rio de Janeiro Dom José Gonçalves Costa. Enfraquecia-se a influência do núcleo hegemônico que estivera junto de Helder Camara desde 1952, constituído pelos prelados do Nordeste: Dom José Vicente Távora, Dom José Delgado, Dom Eugênio Sales e Dom José Mousinho (cf. Porto, 2014, p. 96).

Era uma CNBB sem liderança para impulsionar o Plano de Pastoral de Conjunto e para agir em tempo de perseguição militar cada vez mais intensa. E Dom Helder estava ausente no Rio de

Janeiro, que ainda era a capital do país. Uma reunião extraordinária da comissão central foi convocada para assegurar o exercício da corresponsabilidade dos bispos face ao novo contexto político, mas a gravidade da situação fez a CNBB ampliar essa convocação. Foram incluídos os bispos responsáveis pelos recém-criados secretariados regionais e também todos os arcebispos metropolitanos (cf. Mariae, 1994, p. 155).

Dom Helder tomou posse como arcebispo de Olinda e Recife em 12 de abril. Sua mensagem ao povo pernambucano, na presença do comando do IV Exército e do novo governador, deixou clara a sua maneira de diálogo, participação e serviço aos pobres.

Recife, com uma pobreza já secular e em meio à recessão econômica que crescia em todo o país, tornava-se palco de numerosas prisões arbitrárias, repressão e mortes. Ali apresentou-se o novo bispo, consciente da sua missão que transcendia o espaço territorial. O papel singular que vinha desempenhando no Concílio já o havia lançado como missionário do mundo, peregrino da justiça e da paz. Enquanto secretário-geral da CNBB, fizera contatos com os episcopados do mundo todo, além de fomentar laços de amizade com os bispos que tinham maior sensibilidade para a problemática do chamado Terceiro Mundo. Por ser amplamente conhecido o seu posicionamento em defesa dos direitos dos pobres, da democracia e da liberdade de expressão, o simples fato da sua presença já representava um divisor de águas (cf. Pinheiro, 1999, p. 77-78).

No dia anterior, Castello Branco passara a ser o presidente do Brasil. Em seu governo, segundo o modelo da Escola Superior de Guerra, ele implantou as bases do aparato repressor. Com isso, aumentou a caçada a líderes das organizações de trabalhadores, aos dirigentes e militantes dos movimentos da Ação Católica e do MEB, com prisões, torturas e desmedidas lesões aos direitos humanos.

O MEB foi atingido em várias frentes. Alguns bispos o acusavam abertamente de "ninho de subversivos". Já outros, como Dom Helder e o bispo de Goiânia Dom Fernando Gomes, mantinham diálogo constante com suas equipes e as defendiam ante autoridades militares e políticas. Mas a repressão militar, de forma caótica, aprisionava funcionários e aterrorizava monitores-animadores, que eram também hostilizados por proprietários de terras. Acabou que os militantes mais radicais, ao menos no MEB nacional, optaram pelo desligamento, enquanto um pequeno grupo da JUC ainda sonhava com a possibilidade de resistir (cf. Bandeira, 2013, p. 175-176).

Todo o setor da Educação foi atingido. Cortes financeiros drásticos foram impostos às universidades e aos educandários católicos, as instituições católicas passaram a ser discriminadas, especialmente aquelas colocadas sob suspeita de defender ideologias de esquerda. E o episcopado logo sentiu a linha agnóstica e positivista do novo governo nas relações entre Estado e Igreja.

A reunião ampliada da comissão central da CNBB foi realizada no fim de maio, sem pauta especial. Com foco na nova situação do país, o debate foi marcado por três aspectos: alívio do episcopado em geral por ter sido evitada uma guerra civil e, como entendiam alguns, por ter sido evitada a instalação de um regime comunista; apoio às reformas de base em sintonia com a *Pacem in Terris* e de acordo com as exigências evangélicas da justiça; e preocupação, da parte de alguns bispos, com as arbitrariedades e as torturas que começavam a atingir líderes operários e leigos cristãos engajados.

Nesse início, muitos bispos acreditavam que a intervenção militar seria por um breve período de tempo. Pode-se ver um entusiasmado apoio aos militares, bem como o entendimento do golpe como revolução, neste trecho da longa declaração da comissão central da CNBB, de 2 de junho de 1964, intitulada *Declaração da CNBB sobre a situação nacional*:

> O Brasil foi há pouco cenário de graves acontecimentos que modificaram profundamente os rumos da situação nacional. Atendendo à geral e angustiosa expectativa do povo brasileiro, que via a marcha acelerada do comunismo para a conquista do poder, as Forças Armadas acudiram em tempo, e evitaram que se consumasse a implantação do regime bolchevista em nossa terra. Seria além do mais que se pode imaginar a supressão das liberdades mais sagradas e, de modo especial, da liberdade religiosa e civil. Logo após o movimento vitorioso da revolução, verificou-se uma sensação de alívio e de esperança, sobretudo porque, em face do clima de insegurança e quase desespero em que se encontravam as diferentes classes ou grupos sociais, a proteção divina se faz sentir, de maneira sensível e insofismável. De uma a outra extremidade da pátria, transborda dos corações o mesmo sentimento de gratidão a Deus pelo êxito incruento de uma revolução armada. Ao rendermos graças a Deus, que atendeu às orações de milhões de brasileiros e nos livrou do perigo comunista, agradecemos aos militares que, com grave risco de suas vidas, se levantaram em nome dos supremos interesses da nação, e gratos somos a quantos concorreram para libertarem-na do abismo iminente (Centro de Pastoral Vergueiro, 1986, vol. 1, p. 36-37).

Evidenciam-se as contradições que marcaram o topo da hierarquia eclesiástica nos primeiros anos após o golpe militar. Mas entre os louvores à ação dos militares estão a defesa de pessoas do clero e do laicato atuantes em movimentos sociais e o alerta sobre os abusos do regime (cf. Souza, 2022, p. 428-429).

Os posicionamentos do episcopado tinham a sua complexidade. Dom Avelar Brandão afirmaria, em 1973: "[...] não sou fixista petrificado nem um sonhador utópico. Por isso, os mais avançados não conseguem entender-me suficientemente, nem os conservadores podem contar-me entre os seus" (Centro de Pastoral Vergueiro, 1987, vol. 3, p. 168). Alguns bispos que, no campo político, se mostravam mais alinhados com o *status quo*, no âmbito interno da Igreja buscavam seguir o Vaticano II. Considere-se, por exemplo, a contribuição de Dom Agnelo Rossi com os catequistas populares, enquanto bispo de Barra do Piraí entre 1956 e 1972; e a de Dom Eugênio Sales com o Movimento de Natal, enquanto bispo auxiliar na Arquidiocese de Natal entre 1954 e 1964. Ambos lideraram as primeiras experiências pastorais que acabaram possibilitando, junto a outros fatores, a eclosão das CEBs. E as continuaram apoiando, embora de maneira menos enfática (cf. Costa, 2013, p. 1.471).

Entretanto, o episcopado brasileiro deu legitimação eclesiástica ao regime militar instaurado no Brasil, e por extensão também aos golpes militares na América Latina. Embora muitos dos bispos apoiassem as reformas sociais, e apesar da nova abertura defendida por João XXIII e pelos primeiros debates do Concílio Vaticano II, a escolha foi a do campo das forças antidemocratas, autoritárias e conservadoras. Em nome de desgastados argumentos da Guerra Fria, aludia-se a um imaginário perigo bolchevique no Brasil (cf. Löwy, 2000, p. 140-141).

Para a comemoração do primeiro aniversário da instauração do regime militar, o governo ordenou que, em 31 de março, houvesse o repicar dos sinos em todas as catedrais. Dom Agnelo Rossi presidiu essa comemoração como arcebispo de São Paulo e como presidente da CNBB. Dois meses antes havia recebido o título de cardeal. Em seu sermão, expressou ação de graças a Deus porque

> a nação brasileira, fiel à sua vocação histórica, com a proteção do Senhor e pela bravura, a piedade e a força de seus filhos, descartou o iminente complô comunis-

> ta que queria pôr a grande nação cristã na triste zona do silêncio e da servidão [...] (Centro de Pastoral Vergueiro, 1986, vol. 1, p. 46).

Por sua vez, o regime militar patrocinou a repressão contra setores bem determinados da Igreja, na tentativa de contê-la. Isso foi bastante visível entre 1964 e 1980. Mas, como o conflito foi evoluindo para a relação com a Igreja no seu todo, o governo contou com apoios de dentro da própria Igreja, que foram se debilitando à medida que a repressão se fazia mais dura. Um fato que especialmente nos faz pensar nessa conexão interna foi uma carta ao presidente da República, escrita e assinada por 12 bispos e arcebispos, na ocasião da IX Assembleia Geral da CNBB, em julho de 1968. Os 12 prelados ali denunciavam uma onda de pronunciamentos de eclesiásticos e de pessoas leigas católicas, que entendiam terem tendências subversivas. Também faziam votos de "íntima cooperação do Poder Espiritual com o Civil e Militar" (Beozzo, 1994, p. 210-211).

Os autores dessa carta[49], que não constituíam uma comissão oficial da CNBB, a enviaram ao Presidente Costa e Silva apenas cinco meses antes de este decretar o Ato Institucional n. 5 (AI-5). Entre eles estavam Dom Geraldo Proença Sigaud e Dom Antônio de Castro Mayer, que foram participantes da rede extraoficial *Coetus Internationalis Patrum*, atuante no Concílio em posição contrária às suas reformas.

Mas não faltaram bispos assumindo uma posição crítica e combativa frente aos militares. Um deles foi Dom Jorge Marcos de Oliveira, bispo de Santo André de 1954 a 1975. Desde logo, tornaram-se uma constante suas mensagens de repúdio à política

49. Para ver a carta na íntegra, cf. Sigaud *et al.* (1968, p. 448-449). Cf. também Castro (1985, p. 17-18).

traçada pela ditadura (cf. Souza, 2022, p. 427). Dom Jorge assinou um manifesto que a Ação Católica Operária (ACO) de sua diocese divulgou em 9 de maio de 1965, alertando para o problema do desemprego, que ali atingia o índice de 40%. A indústria paulista estava em grave crise, trazendo dramáticas consequências para os trabalhadores (cf. Centro de Pastoral Vergueiro, 1986, vol. 1, p. 47-49).

Ainda em maio de 1965, o bispo de Santo André fez parte de um grupo de padres e bispos que enviaram ao Presidente Castelo Branco uma carta[50], na qual diziam querer emprestar sua voz ao povo impedido de falar. Citando documentos da doutrina social da Igreja, apontavam o descuido do governo com o bem-estar social e alertavam sobre o desemprego que se alastrava por todo o país, trazendo a fome como consequência (cf. Centro de Pastoral Vergueiro, 1986, vol. 1, p. 51-54).

O primeiro Plano Pastoral de Conjunto, programado para vigorar de 1966 a 1970, foi publicado em janeiro de 1966 e dava ênfase às CEBs. Entre suas linhas fundamentais estava a de "promover a melhor inserção do povo de Deus como fermento na construção de um mundo segundo os desígnios de Deus", cuidando especialmente da presença do cristão no mundo e na política (cf. Centro de Pastoral Vergueiro, 1986, vol. 1, p. 62-63). Tinha profundidade teológica, potencialidade multidimensional e cunho catequético e pastoral. A Igreja do Brasil, depois de buscar inspiração em outras Igrejas irmãs, principalmente do continente europeu, mostrava a capacidade de criar, operacionalizar e organizar sua ação pastoral de um modo próprio (cf. Mariae, 1994, p. 179).

50. Essa carta foi publicada pelo jornal *Última Hora*, em 10 de maio de 1965.

5.2 A Igreja em meio à violência institucional

Foram 17 os atos institucionais do governo militar, ou seja, seus grandes decretos. Sobremaneira drástico, chamado por muitos de "o golpe dentro do golpe", foi o AI-5, que representou a vitória da chamada "linha-dura". Decretado por Costa e Silva em 13 de dezembro de 1968 para vigorar por tempo indeterminado, seria revogado por uma emenda constitucional em 13 de outubro de 1978, após marcar a década das medidas repressoras mais radicais. O AI-5 fechou o Congresso, retirou o *habeas corpus*, impôs censura à imprensa, cerceou as liberdades e possibilitou ao presidente ordenar intervenções nos estados e municípios, fazendo com que parlamentares contrários aos militares perdessem o mandato. E o fato de suspender quaisquer garantias constitucionais abriu brecha para a institucionalização da tortura.

O regime de exceção legalizou-se desde o ano anterior, com progressiva definição de suas bases jurídicas: justamente a Constituição e a Lei de Segurança Nacional. Fixaram-se os conflitos entre Igreja e Estado, principalmente em relação aos estudantes e aos problemas do Nordeste (cf. Centro de Pastoral Vergueiro, 1986, vol. 1, p. 61).

Foi importante a eleição de Dom Aloísio Lorscheider como secretário-geral da CNBB, em abril de 1968, para que a cúpula da Igreja Católica no Brasil passasse a se distanciar das autoridades políticas. Reconhecido em sua contribuição como teólogo, desde a participação no Concílio, o grande teste de Dom Lorscheider no novo cargo foi como mediador de conflitos. No fim de novembro de 1968 o Exército abriu um inquérito penal militar contra a JOC de Minas Gerais e mandou aprisionar diversos membros da Congregação dos Agostinianos da Assunção que atuavam no bairro operário do Horto, em Belo Horizonte. Eram os padres franceses Michel Le-Ven, Xavier Berthon e Hervé Croughennec, além do seminarista José Geraldo da Cruz. O motivo alegado pelo General Álvaro Cardoso era o de que eles teriam abandonado a pregação do evangelho, dedicando-se à pregação e à organização da subversão e das guerrilhas armadas para a derrubada do regime (cf. *Jornal do Brasil*, 5 dez. 1968, p. 7). Dom Aloísio foi imediatamente convocado para se encontrar, em São Paulo, com o presidente da CNBB, o Cardeal Rossi (cf. Coutinho, 2023, p. 25-26).

Após esse encontro, Lorscheider escreveu uma nota contundente sobre a intervenção dos militares em assuntos que deveriam ser tratados dentro do fórum eclesiástico. Embora admitindo a possibilidade de momentos de ações equivocadas da parte do clero, enfatizou a luta pela dignidade da pessoa humana. E acrescentou:

> [...] esta exigência de transformação que propugna pela mudança de uma ordem econômica, política, social e cultural manifestadamente injusta não deve ser confundida com subversão de autênticos valores humanos e cristãos que todos nós queremos preservar (*Jornal do Brasil*, 5 dez. 1968, p. 7).

Mas a situação criada pelo AI-5 fazia as tensões se agravarem. Da parte da CNBB, a coragem de denunciar as arbitrariedades passava por alguns recuos, no cuidado por salvaguardar a colaboração da Igreja com o governo e na preocupação em combater o marxismo e o materialismo.

A hierarquia da Igreja, a princípio bastante cuidadosa e disposta a cooperar com o governo militar, ao mesmo tempo era favorável a um gradual retorno à ordem constitucional. Porém, a repressão brutal por parte dos militares aos segmentos radicais da Igreja forçaria a instituição como um todo a reagir, criando uma dinâmica de conflito permanente entre o Estado e a Igreja (cf. Löwy, 2000, p. 142, 149).

Em abril de 1969, em Recife, o Padre Henrique Pereira Neto foi sequestrado, torturado, amarrado seminu a uma árvore e assassinado. Com 28 anos de idade, ele era professor de Sociologia, capelão da JEC e da JUC de Recife e auxiliar direto de Dom Helder Camara. Seguiu-se a prisão de toda a equipe nacional da JOC, em 24 de setembro (cf. Dussel, 1981, p. 188).

Entretanto, mais determinante para um posicionamento da Igreja contra as atrocidades do governo militar no tocante aos direitos humanos foi o caso dos religiosos dominicanos. Em 2 de novembro de 1969 foram presos no Rio de Janeiro Fernando de Brito e Yves do Amaral Lesbaupin, conduzidos, em seguida, para São Paulo. Na noite de 3 para 4 de novembro, o convento dos dominicanos do bairro das Perdizes, em São Paulo, foi invadido, e ali foram efetuadas as prisões de Tito de Alencar Lima e Giorgio Callegari, além de João Antônio Caldas Valença, que não mais residia no convento porque se beneficiava de um indulto de exclaustração. E, no mesmo dia 4, foi preso no Rio de Janeiro Roberto Romano da Silva. Em Porto Alegre, no dia 9, a Polícia Militar prendeu Carlos Alberto Libânio Christo, conhecido como Frei Betto (cf. Centro de Pastoral Vergueiro, 1987, vol. 3, p. 203-213; Betto, 1982, p. 81-108).

Os religiosos dominicanos foram presos sob a acusação de darem apoio às ações do grupo de guerrilha urbana chamado Ação Libertadora Nacional (ALN), dirigido por Carlos Marighella, ex-deputado federal do Partido Comunista Brasileiro (cf. Coutinho, 2023, p. 28). Na verdade, eles davam apoio a ativistas jovens contrários ao regime e proteção aos perseguidos, tanto assim que “os dominicanos eram vistos, no meio estudantil, como uma espécie de guarda-chuva ao qual se recorria na hora da tempestade” (Betto, 1982, p. 59).

> O auxílio que prestávamos, no convento das Perdizes, aos antigos colegas de faculdade ou de profissão, não chegava a ser um trabalho sistemático e muito menos organizado como célula de uma facção política. Acolhíamos pessoas filiadas a tendências políticas diversas que, por se colocarem em oposição ao regime, eram perseguidas. Esse apoio caracterizava-se sobretudo em guardá-los em locais seguros, transportá-los de uma cidade a outra e tranquilizar suas famílias. Dentro de nossas possibilidades e de nossa condição de religiosos, ajudávamos pessoas sob o risco de prisão, de tortura e de morte (Betto, 1982, p. 50).

Também foram encarceradas muitas pessoas ligadas a eles de alguma forma. Em Recife, Monsenhor Marcelo Pinto Carvalheira, assessor de Dom Helder Camara e reitor do Seminário Maior do Nordeste, foi preso por simplesmente ter estado junto de Frei Betto num curso para formadores de seminaristas em São Leopoldo. Foi solto após 51 dias de cárcere, absolvido por "absoluta falta de provas", conforme os autos. Seria sagrado bispo no final de 1975 (cf. Domezi, 1995, p. 48).

Na presidência da República estava o General Emílio Garrastazu Médici, desde 30 de outubro.

Alguns bispos se recusaram a defender os dominicanos, mesmo depois de tomarem conhecimento das torturas que estavam sofrendo. Foram os casos de Dom Vicente Scherer, Dom Lucas Moreira Neves – que também era dominicano – e Dom Agnelo Rossi, e quem lhes deu apoio foi Dom Paulo Evaristo Arns (cf. Serbin, 2001, p. 266).

Como bispo auxiliar na Arquidiocese de São Paulo, Dom Paulo Arns foi vigário episcopal da Região Norte, no período de 1966 a 1970. Conforme seu próprio testemunho, tão logo da sua chegada verificou que ali estava a maior casa de detenção do país e, provavelmente, também a maior penitenciária. Ouvindo as

Irmãs do Bom Pastor, que trabalhavam na penitenciária feminina, além do capelão salesiano e de outras pessoas, impressionou-se com a realidade de sofrimento e descaso pela qual passavam as pessoas presas ali. Chegou a pedir a revisão dos processos ao ministro da Justiça, ao secretário de Segurança e ao governador do Estado, mas sua intercessão não obteve resultado. Passou, então, a fazer visitas habituais, a participar das reuniões da Legião de Maria e das atividades humanitárias feitas para as pessoas encarceradas. Semanalmente, prontificava-se a celebrar a Eucaristia junto às irmãs encarregadas do presídio feminino. Bem-acolhido pelo diretor e pelos funcionários, distribuía revistas e jornais, levava alguma notícia acerca dos recursos judiciais e ouvia as queixas. Os prisioneiros e as prisioneiras o recebiam como um grande amigo (cf. Arns, 2001, p. 146, 349-350).

O caso que especialmente o impactou, motivando-o a iniciar uma luta decisiva e duradoura contra a tortura, foi o de Madre Maurina Borges da Silveira, religiosa da Congregação das Franciscanas da Imaculada Conceição:

> Um dia me avisaram que a Irmã Maurina Borges havia chegado ao presídio feminino como presa política e iria assistir à minha celebração eucarística no dia seguinte. Através dela fiquei sabendo não só das torturas praticadas pela polícia em Ribeirão Preto, mas também do ato de excomunhão lançado sobre os autores dos crimes por meu amigo e arcebispo daquela arquidiocese, Dom Felício Vasconcelos, meu antigo professor franciscano (Arns, 2001, p. 147).

Madre Maurina foi presa em novembro de 1969, na cidade de Ribeirão Preto, interior de São Paulo, onde dirigia o Lar Sant'Ana, que abrigava crianças órfãs. A acusação era a de estar acobertando ali grupos terroristas. Mantida incomunicável, foi cruelmente torturada, humilhada, submetida a sevícias sexuais. As tentativas de diálogo, da parte daquela arquidiocese, foram repelidas com ironia e ameaças de novas prisões. Por isso, o arcebispo Dom Felício excomungou os delegados Renato Ribeiro Soares e Miguel Lamano, da polícia de Ribeirão Preto (cf. Centro de Pastoral Vergueiro, 1986, vol. 2, p. 134-135).

Estranhamente, em março do ano seguinte, o nome de Madre Maurina constou na lista dos presos políticos a serem extraditados, em troca da vida do cônsul japonês Nobuo Okuchi, que militantes da Vanguarda Popular Revolucionária haviam sequestrado. Dom Arns tentou em vão impedir sua expulsão do Brasil. Tempos depois, conseguiu visitá-la na capital mexicana, "com a licença e a bênção do cardeal-arcebispo daquela cidade" (Arns, 2001, p. 147). Ela permaneceu por 14 anos exilada no México. Retornou ao Brasil em 1979, para o julgamento que a absolveu por falta de provas, e só pôde regressar definitivamente em 1984.

Numa nota como presidente da CNBB, em 10 de novembro de 1969, Dom Agnelo Rossi rechaçou os métodos de violência e terrorismo, reclamando a observância dos direitos humanos. Ao mesmo tempo, aludia às generalizações apressadas sobre o que podia ser culpa pessoal de alguns. Na semana seguinte, manteve uma demorada audiência em Brasília com o Presidente Médici. Não revelou à imprensa o teor dessa audiência, mas entregou uma breve nota, dizendo ter ido ao presidente para lhe apresentar "os sinceros votos pelo feliz êxito de seu governo" e para afirmar que a Igreja manteria com ele relações cordiais, visando somar forças para o bem do país. No entanto, a imprensa noticiou a preocupação do cardeal pela forma negativa como se projetava a imagem do Brasil no exterior (cf. Centro de Pastoral Vergueiro, 1987, vol. 3, p. 16-17).

De fato, jornais de grande circulação na Europa e nos Estados Unidos falavam em torturas a presos políticos no Brasil. Era o caso de *Time*, *The New York Times*, *Washington Post*, *Le Monde* e outros, além do eco das denúncias em revistas como a francesa *Informations catholiques internationales* (15 out. 1969) (*REB*, 29, n. 4, 1969, p. 973-976). O escândalo das torturas nas prisões brasileiras, que atingia também muitos membros da Igreja, passou a comover a opinião católica internacional e também a Cúria Romana. A Comissão Justiça e Paz do Vaticano chegou a fazer declaração, e também o próprio Papa Paulo VI, embora sem mencionar explicitamente o Brasil (cf. Löwy, 2000, p. 143).

Contra as torturas, também ecoava no exterior a voz eloquente de Dom Helder Camara. Por suas muitas viagens internacionais, principalmente no decênio 1965-1975, ele alcançou audiência no mundo todo com sua mensagem simples e universal. Apresentava-se sempre na pobreza e no despojamento em que vivia, vestindo uma batina de padre feita de pano de algodão marrom. Sem adereços episcopais, sem cíngulo nem colarinho romano, tinha apenas uma pequena cruz de madeira no peito. Também sem secretário, ia sempre atendendo ao convite de alguma organização. Quando começava a falar, seu corpo frágil e pequeno parecia crescer e irradiava vitalidade (cf. Hoornaert, 2023, p. 92-93).

Em 26 de maio de 1970, Dom Helder esteve em Paris, atendendo a um convite para falar sobre "a responsabilidade da França diante da revolução". Pediram-lhe que demonstrasse a atualidade das ideias da Revolução Francesa, de liberdade, igualdade e fraternidade. Naquele ano, a capital francesa hospedava a muitos exilados latino-americanos, fugitivos da repressão. E um pedido insistente da parte deles foi a de que o bispo de Recife falasse sobre a situação política no Brasil. A enorme audiência obrigou os organizadores a mudarem o local previsto para o Palais des Sports, com capacidade para 10 mil pessoas, onde ele denunciou a prática de torturas no Brasil (cf. Hoornaert, 2023, p. 93).

Pela primeira vez essa denúncia era feita explicitamente. No Brasil, de imediato, as autoridades e os setores da imprensa conformista passaram a promover uma campanha violenta contra Dom Helder, acusando-o de "caluniar nossa terra entre os estrangeiros". E o governador de São Paulo, Abreu Sodré, chegou a chamá-lo de "um Fidel Castro de batina", pertencente à máquina de propaganda do Partido Comunista (cf. Löwy, 2000, p. 143).

Em novembro do mesmo ano, Dom Aloísio Lorscheider denunciou em Roma as torturas praticadas no Brasil e afirmou ter provas delas. Estava lá participando do encontro anual da Cáritas Internacional, quando foi entrevistado pela agência católica alemã KNA (cf. KNA divulga..., 1970, p. 12). Havia tensões entre a Igreja e o Estado brasileiro desde 1968, revelou ele, porque alguns setores do governo tentavam impedir a Igreja no Brasil de agir segundo o Vaticano II e a Conferência de Medellín. Assim, a Igreja constantemente tinha que proteger os direitos humanos. Repetidas vezes, os bispos brasileiros tiveram que se opor às tentativas do governo de imiscuir-se na vida, na doutrina e nos direitos da Igreja (cf. Coutinho, 2023, p. 31).

O governo brasileiro, em nota oficial do Ministério da Justiça no dia 8 de maio de 1970, havia desmentido categoricamente a prática de torturas, as prisões políticas e o genocídio de indígenas. Afirmara a existência de terroristas detidos enquanto respondiam a processo regular. Porém, Dom José Pedro Costa[51], da Comissão Justiça e Paz, fora informado de 98 casos de tortura só na Guanabara. Esse debate tornou-se mais intenso quando o ministro da Justiça Alfredo Buzaid, atendendo ao convite de um cardeal, compareceu à reunião de alguns bispos por ocasião da Assembleia

51. Dom José Pedro Costa era arcebispo coadjutor de Uberaba, além de escritor brasileiro.

Geral da CNBB em Brasília. Era uma reunião reservada, mas o ministro a divulgaria nos jornais do dia seguinte, como costumava fazer. Levantada ali a questão das torturas, a situação ficou tensa quando o subsecretário de Opinião Pública pediu a palavra e contestou as respostas dadas por Buzaid. Também as contestaram Dom Cândido Padin, bispo de Bauru, e Dom Edmilson Cruz, bispo auxiliar de São Luís, que defenderam a tese da necessidade de se estabelecer um sistema de processamento dos acusados que lhes permitisse a defesa (cf. Centro de Pastoral Vergueiro, 1987, vol. 3, p. 19-21).

Dom Agnelo Rossi, defensor da colaboração franca e leal da Igreja com o governo, continuava entendendo a sistemática campanha feita no exterior, de denúncia das torturas a presos políticos e do genocídio de indígenas, como desagradável e prejudicial à ajuda que o Brasil poderia obter de entidades europeias. Ponderava quanto ao que poderia ser exagero, generalização e abuso de alguns (cf. Centro de Pastoral Vergueiro, 1987, vol. 3, p. 21).

Mas era outra a visão de Alceu Amoroso Lima, um dos principais líderes do laicato católico. Numa carta a Dom Aloísio Lorscheider, ele afirmava as responsabilidades civis históricas do laicato e de toda a Igreja, "mantendo-nos fiéis às nossas concepções de liberdade, de participação do povo no governo, de legalidade, de não violência", como também "de luta constante pelas reformas de estruturas indispensáveis". Compreendendo bem a solicitação de Alceu, Dom Lorscheider passou a conduzir a CNBB num posicionamento mais assertivo e firme diante dos abusos autoritários (cf. Coutinho, 2023, p. 27-28).

Entretanto, ele mesmo sofreu prisão em outubro de 1970. Por se tratar de um bispo, e nada menos do que o secretário-geral da CNBB, a prisão de Dom Aloísio representou um ponto alto nas tensões entre o governo militar e a Igreja. O foco era a perseguição à JOC, um dos alvos principais da repressão militar por causa da sua liderança junto aos movimentos populares, da sua crítica radical ao regime e do seu compromisso com o socialismo. A polícia invadiu o prédio em que se situava a JOC, prendeu jocistas e também moradores do morro ao redor. Na ocasião, agentes do Departamento de Ordem Política e Social (Dops) invadiram também a sede do Instituto Brasileiro de Desenvolvimento (Ibrades), então dirigido por jesuítas. Muitos líderes jovens e também padres foram presos e torturados. Dom Aloísio foi detido e mantido incomunicável por quatro horas. Esse fato teve grande repercussão, também internacional, sendo noticiado inclusive pela imprensa do Vaticano (cf. Coutinho, 2023, p. 29-30).

Foram muito importantes os protestos no exterior, que quase provocaram um desastre diplomático para o governo. O episcopado brasileiro via Dom Aloísio como um moderado, não pertencente ao grupo dos bispos perseguidos pelo Exército por serem abertamente críticos ao regime. Sendo assim, numa incomum demonstração de unidade, protestaram por meio de uma carta particular ao Presidente Médici todos os cinco cardeais do Brasil: Dom Agnelo Rossi, Dom Jaime Câmara, Dom Vicente Scherer, Dom Eugênio Sales e Dom Carlos Carmelo de Vasconcelos Motta (cf. Serbin, 2001, p. 191-193).

Os padres seriam libertados em 22 de novembro, e os militantes leigos só em 7 de dezembro. Num encontro reservado, alguns bispos, juntamente com algumas outras pessoas, foram ouvir de jocistas os relatos pessoais de tortura no DOI-Codi (Destacamento de Operações de Informação – Centro de Operações de Defesa Interna), querendo saber como ajudar as vítimas. Ali estavam Dom Aloísio Lorscheider, Dom Vicente Scherer, Dom Avelar Brandão, Dom Lucas Moreira Neves, Dom Alberto Trevisan e o Padre Celso de Queiroz. Os jocistas pediram aos bispos que ajudassem com urgência os que ainda permaneciam na prisão (cf. Serbin, 2001, p. 197-198).

Em fevereiro de 1971, com a transferência de Dom Agnelo Rossi para Roma, Dom Aloísio foi eleito presidente da CNBB. Para secretário-geral foi eleito seu primo, Dom Ivo Lorscheiter, que era bispo auxiliar de Porto Alegre. Esse resultado ao revés do conservadorismo foi fruto da vontade da maioria dos bispos, descontentes com o regime político vigente e preocupados em preservar a autonomia da Igreja frente ao Estado (cf. *Jornal do Brasil*, capa e p. 3, 19 fev. 1971).

Dom Paulo Evaristo Arns foi nomeado arcebispo de São Paulo em 22 de outubro de 1970. Sem esperar a celebração da posse no cargo, que seria em 1º de novembro, foi visitar os frades dominicanos no presídio Tiradentes. A eles concedeu a honra da sua primeira visita pastoral como arcebispo. Temos este testemunho de Frei Betto:

> [...] Dom Paulo tornara-se nosso defensor e amigo. Quando bispo auxiliar de São Paulo, responsável pela Região Norte, ele fora proibido pelos militares de nos visitar no presídio Tiradentes. Nomeado arcebispo, desafiou a ordem e fez questão de estar conosco antes de tomar posse. Sua atividade à frente da Sé paulista nascia de um gesto concreto em defesa dos direitos humanos. Corajoso, lúcido, dotado de extrema sensibilidade para as questões sociais, Dom Paulo não marcaria data nem hora para nos levar apoio nos momentos mais difíceis do cárcere [...] (Betto, 1982, p. 167).

Sob o Presidente Médici, a perseguição às pessoas consideradas subversivas se fazia por meio de uma integração de organismos do Estado. Daí as muitas ondas de detenção para averiguações e inquéritos, que resultavam em inúmeras prisões ilegais, torturas, difamações, provocações, exílios, assassinatos e desaparecimentos.

Os dominicanos foram mantidos por longo tempo em prisão preventiva e sem julgamento, no presídio Tiradentes, região central de São Paulo. Indescritível é o horror a que foi submetido especialmente Frei Tito de Alencar Lima[52]. Após extremas sessões de tortura, prolongadas e repetidas, além dos ferimentos no corpo restaram-lhe sequelas psicológicas profundas. A tentativa de suicídio foi a única saída vista por ele para mostrar o que estava ocorrendo nos cárceres brasileiros. Por isso, teve de ser levado ao Hospital Militar, no bairro Cambuci, em São Paulo.

Para conseguir ir ver o Frei Tito, o superior provincial dos dominicanos, Frei Domingos Maia Leite, recorreu ao Cardeal Rossi. O cardeal, após conversa por telefone com o Governador Abreu Sodré, encarregou seu bispo auxiliar Dom Lucas Moreira Neves de falar com o juiz auditor, Nelson Guimarães. O bispo e o juiz auditor eram velhos conhecidos, desde a JUC da década de 1950 no Rio de Janeiro. Outro detalhe era o da pertença de Dom Lucas à Ordem dos Dominicanos. Após muita insistência do provincial, o juiz auditor concordou em ir ao Hospital Militar acompanhado por Dom Lucas, mas antes impôs a condição de que nada seria revelado do que veriam e ouviriam. A visita foi acompanhada pelo major-oficial do dia e pelo capitão-médico de plantão (cf. Betto, 1982, p. 236-237).

Dom Paulo Arns relata já ter percebido que algo grave estava acontecendo, na ocasião de uma dramática visita aos quatro dominicanos no presídio Tiradentes. O encargo dessa visita lhe fora dado pelo Cardeal Rossi, e ele foi acompanhado pelo dominicano Frei Gilberto Gorgulho. Os militares os cercavam o tempo todo com atitude ameaçadora, tornando impossível obterem dos prisioneiros

52. A respeito de Frei Titto de Alencar Lima, é oportuna a obra clássica, que contém o Dossiê Frei Tito: Betto (1982).

alguma informação. Porém, um sinal com os olhos feito por Frei Betto, que estrategicamente se pusera atrás dos militares e de frente para os visitantes, possibilitou que estes vissem onde estava Frei Tito e se aproximassem dele. Acamado e todo ensanguentado, fora deixado em isolamento por muitos dias. "Levei um choque ao constatar o quanto ele havia sido torturado", afirma Dom Paulo, e acrescenta: a tortura "penetrara em seu ser e iria tomar posse dele até lhe ordenar o ato supremo de desespero". Mesmo sem saber se Tito conseguia ouvi-lo, procurou comunicar-lhe que estava ali em nome da Igreja buscando informações sobre sua condição, e que seriam ajudados pelo cardeal-arcebispo de São Paulo (cf. Arns, 2001, p. 149).

Para comunicar com precisão ao cardeal-arcebispo Dom Agnelo Rossi o que presenciara, antes conversou longamente com Frei Gorgulho, que o ajudou a recordar todos os detalhes. Dom Agnelo o ouviu e, de imediato, quis saber qual era a sua impressão. "Minha impressão é de que Frei Tito de Alencar foi horrivelmente torturado e que alguma coisa grave está acontecendo com os demais", respondeu Dom Paulo sem hesitar. E a resposta do Cardeal Rossi ao levantar-se de súbito o deixou chocado: "Muito obrigado, Dom Paulo, mas devo lhe confiar que outros me garantem que não há tortura nas nossas prisões". No entanto, o bispo auxiliar e futuro arcebispo de São Paulo, nas diversas vezes em que conseguiu ter acesso ao presídio Tiradentes, viu muitos ferimentos e ouviu tristes relatos, o que lhe deu a certeza de que a tortura se havia instalado como método de interrogatório para todos os presos políticos (cf. Arns, 2001, p. 150).

Quando do julgamento de Frei Tito, um pedido da província dominicana do Brasil ao confrade Dom Lucas Moreira Neves foi que ele desse um depoimento, na forma de um simples relato, sobre o estado em que viu o frade no hospital, assim poderia contribuir para a apuração das responsabilidades por aquelas torturas.

Mas o bispo se recusou a fazê-lo, alegando não querer prejudicar suas atividades pastorais. Em dezembro de 1970 o embaixador da Suíça, Giovanni Enrico Bücher, foi sequestrado no Rio de Janeiro por um comando da Vanguarda Popular Revolucionária (VPR), que exigia em troca da sua liberdade 70 prisioneiros políticos – entre eles, Frei Tito. Assim, ele foi solto e banido do país, iniciando o seu exílio no Chile. Depois de poucas semanas, foi para Roma, pois queria ficar no Colégio Pio Brasileiro para se dedicar aos estudos, mas a fama de "terrorista" foi um obstáculo para ele, então partiu para Paris, fixando-se no convento dominicano de Saint Jacques, e, depois, no convento de Lyon, também da Ordem dos Pregadores. Porém, mesmo com todo o amparo de sua Ordem, agravava-se mais e mais a longa agonia das torturas e ameaças, prolongadas em sua mente, levando-o ao suicídio em 12 de agosto de 1974 (cf. Betto, 1982, p. 237-257).

Os demais dominicanos foram soltos em meados de março daquele ano. Em julgamento no Supremo Tribunal Federal (STF), sua pena foi reduzida de quatro para dois anos, mas já haviam cumprido quase quatro anos.

O regime militar calou a voz de Dom Helder e o colocou no mais rigoroso ostracismo. A censura do AI-5 proibiu as rádios, os jornais e as televisões de todo o país de retransmitirem suas mensagens e até mesmo de escreverem ou pronunciarem o seu nome. Porém, no exterior, ele se pronunciava livremente, para multidões cada vez mais numerosas e entusiastas, em diversos países da Europa, dos Estados Unidos e do Canadá. Sua presença internacional marcante, que incomodava os mandatários do regime imposto no Brasil, também causou incômodo a alguns episcopados pelo mundo e, finalmente, a autoridades da Igreja em Roma, que acabaram por cerceá-lo, limitando suas viagens e seus pronunciamentos. O cerceamento da própria Igreja foi reparado de alguma forma, na ocasião da primeira visita do Papa João Paulo II ao Brasil em 1980.

Assim que desceu do avião no aeroporto de Guararapes, em Recife, o papa abraçou o "arcebispo banido" e exclamou, diante de todos os meios de comunicação do país: "Dom Helder, irmão dos pobres, meu irmão" (Beozzo, 2009a).

Da parte da Igreja do Brasil não lhe faltou apoio solidário, a começar pelo governo colegiado da sua arquidiocese, a de Olinda e Recife. Os bispos do Regional Centro-Oeste lhe enviaram apoio através de um telegrama no dia 4 de setembro de 1970, também com enérgica repulsa contra a campanha difamatória que se fazia contra ele. No início de outubro, também os bispos do Nordeste I se pronunciaram em seu apoio e protestaram contra a negação do seu direito de defesa. A comissão central da CNBB recebeu uma moção de repúdio à campanha difamatória, da parte de 30 bispos reunidos em Salvador. Também havia pronunciamentos de Dom Eugênio Sales, Dom Agnelo Rossi, Dom Avelar Brandão Vilela e Dom Vicente Scherer, todos eles insistindo para que fossem apresentadas provas das acusações e cobrando o legítimo direito de defesa de Dom Helder. Então a própria CNBB tomou posição em 16 de outubro, repudiando a campanha difamatória e caluniosa e enviando a Dom Helder uma carta de "conforto fraternal" (cf. Centro de Pastoral Vergueiro, 1987, vol. 3, p. 32-35).

É pertinente destacar os esforços de alguns prelados diante da persistência do governador de São Paulo, Abreu Sodré, em acusar Dom Helder de estar a serviço do comunismo internacional em campanha contra o Brasil. O arcebispo de São Paulo, Dom Agnelo Rossi, por meio de uma carta exigiu do governador provas dessas acusações. Embora se dizendo constrangido, solicitava o direito de defesa do acusado. De forma mais contundente, o arcebispo de Porto Alegre, Dom Vicente Scherer, exigiu que ele tivesse sua liberdade e meios de defesa das agressões, não raro veementes. Do contrário, acrescentava, a ordem jurídica seria subvertida e, no mínimo, haveria desrespeito a uma prerrogativa fundamental da criatura humana (cf. Centro de Pastoral Vergueiro, 1987, vol. 3, p. 34-35).

O jornal *O São Paulo*, semanário da Arquidiocese de São Paulo, foi um alvo especial da censura, por ordem do ministro da Justiça, Alfredo Buzaid. Desde 1971, o redator-chefe esteve sob censura telefônica periódica, e, desde março do ano seguinte, os censores agiam à noite na própria tipografia. Dois investigadores acompanhavam todo o processo de "rodagem" da redação. A arquidiocese manteve sempre em branco os espaços das matérias censuradas (cf. Centro de Pastoral Vergueiro, 1987, vol. 3, p. 83-86).

O bispo da Prelazia de São Félix do Araguaia, Dom Pedro Casaldáliga, esteve entre os mais perseguidos e foi ameaçado de expulsão do país. O motivo era a sua defesa dos indígenas, dos lavradores e dos pobres em geral. Em junho de 1973 a prelazia foi invadida por militares que revistaram e fotografaram todos os arquivos. No mês seguinte eles puseram a residência do bispo em estado de sítio. Também aprisionaram quatro padres e oito leigos colaboradores, submetendo-os a interrogatórios sob tortura. O arcebispo de Goiânia, Dom Fernando Gomes, e o secretário-geral da CNBB, Dom Ivo Lorscheider, após contato em Brasília com a Nunciatura Apostólica e com os ministérios da Justiça e do Exército, foram a São Félix para se certificarem dos acontecimentos. Ao regressarem, solicitaram às mesmas instâncias superiores que tomassem providências cabíveis (cf. Centro de Pastoral Vergueiro, 1987, vol. 3, p. 142-143).

Em sinal de comunhão e solidariedade a Casaldáliga e aos membros dessa Igreja particular, ali compareceram caravanas de todas as localidades e patrimônios da região, numa Eucaristia concelebrada por 12 bispos e 14 sacerdotes. Outros 7 bispos fizeram-se representar (cf. Centro de Pastoral Vergueiro, 1987, vol. 3, p. 144).

Entre os muitos fatos de perseguição e agressão ao bispo e às comunidades da Prelazia de São Félix do Araguaia, pode-se destacar o ocorrido em 11 de outubro de 1976. O padre jesuíta João Bosco Penido Burnier, em visita aos vários povoados da prelazia, chegou juntamente com ele a Ribeirão Bonito. Da rua ouviam-se os gritos de duas mulheres na pequena delegacia local, mantidas já por um dia inteiro sem comer nem beber e submetidas a horríveis torturas. Elas eram Margarida e Santana, da família de Jovino Barbosa. Os filhos de Jovino haviam sido presos uma semana antes, em meio a um clima de terror policial, no qual foi assassinado o Cabo Félix, da Polícia Militar do Mato Grosso[53]. O bispo decidiu ir à delegacia interceder por elas, e o padre fez questão de acompanhá-lo. Os policiais os receberam em atitude agressiva e, mesmo após os dois se apresentarem serenamente, continuaram lhes dirigindo insultos e ameaças. Quando o Padre João Bosco disse aos policiais que denunciaria aos superiores deles as arbitrariedades que estavam praticando, o soldado Ezy Ramalho Feitosa pulou até ele, desfechou-lhe uma forte bofetada no rosto, em seguida um golpe de revólver e, depois, um tiro fatal em sua cabeça (cf. Casaldáliga, 1978, p. 128-174; Centro de Pastoral Vergueiro, 1987, vol. 4, p. 270-284).

Permaneceu o consenso de um erro de identificação, pois o provável alvo era Casaldáliga, que sofreu inúmeras ameaças de morte, até mesmo em sua idade avançada. Além disso, o único apoio rece-

53. No mesmo dia do assassinato do Padre João Bosco Burnier, o Cimi divulgou uma nota oficial com informações complementares a respeito das duas mulheres. Margarida Barbosa, irmã do senhor Jovino, foi presa nos dias 5 e 11 de outubro, submetida a interrogatório sob a mira de fuzil e com dois revólveres nos ouvidos, espancada e torturada. Fizeram-na ajoelhar-se em cima de garrafas, de braços abertos, enquanto lhe enfiaram agulhas na garganta, nos braços, nos joelhos e nas unhas das mãos. Durante esse tempo, não recebeu comida nem água. No dia 11, às 17h, ouviam-se da rua seus gritos: "Não me batam!" A outra mulher era Santana, esposa do filho do senhor Jovino, Paulo. Santana, que estava em resguardo de parto havia duas semanas, também foi presa nos dias 5 e 11 e violentada por vários soldados, que também queimaram a casa e a roça do seu marido Jovino, com todo o arroz na tulha (cf. Arquidiocese de Goiânia, 1975, p. 768).

bido pelos indígenas nos anos de ditadura partiu da Igreja Católica, especialmente da Prelazia de São Félix do Araguaia e do Conselho Indigenista Missionário (Cimi) (cf. Silva Cruz, 2023, p. 266).

A condenação da tortura foi persistente no episcopado brasileiro como um todo, mas com uma cautela desproporcional à agudeza dos fatos. O Documento Pastoral de Brasília, elaborado pela CNBB em maio de 1970, condenou a princípio qualquer uso da tortura, mas declarando que a verificação jurídica das denúncias ia além da competência dos bispos e mostrando a convicção de que, "se tais fatos forem comprovados, é pouco provável que correspondam a uma política oficial do governo". Esse posicionamento, porém, tornou-se inviável à medida que aumentou o ultraje da opinião católica internacional e brasileira. Pode-se entender aqui a transferência de Dom Agnelo Rossi para uma alta posição em Roma, pouco depois do discurso de Paulo VI (1970) contra a tortura, e sua substituição justamente por Dom Paulo Evaristo Arns, um bispo conhecido por seu envolvimento em defesa dos direitos humanos e sua solidariedade com os religiosos presos. Além disso, logo foi eleito presidente da CNBB outro bispo que levaria a Igreja a uma aberta oposição à ditadura militar: Dom Aloísio Lorscheider (cf. Löwy, 2000, p. 144).

O General Ernesto Geisel passou a ocupar o cargo de presidente do Brasil em 15 de março de 1974, prometendo ordem e estabilidade. Havia a expectativa de uma retomada do diálogo, principalmente com o operariado, os universitários e a Igreja. Além disso, o país tinha, pela primeira vez, um presidente com formação luterana, o que agradou à comunidade evangélica e também foi visto com simpatia pela maioria católica (cf. Centro de Pastoral Vergueiro, 1987, vol. 3, p. 155-156; 1987, vol. 4, p. 13-14).

Porém, a perspectiva de dias melhores continuava envolta em grandes interrogações. Entre o fim de janeiro e o início de fevereiro de 1975, uma onda de prisões de pessoas ligadas diretamente à Igreja sacudiu o país. No Rio de Janeiro e em São Paulo, especialmente, foram presas dezenas de pessoas do laicato católico que atuavam em atividades pastorais e assistenciais, inclusive na Pastoral Operária e na Comissão Justiça e Paz de São Paulo. Por causa da censura imposta à imprensa, não se veiculavam notícias dessas prisões totalmente arbitrárias. Muitos foram detidos, interrogados, ameaçados e torturados, obrigados a ficar em cubículos minúsculos e infectos, com alimentação péssima ou suprimida, tanto assim que alguns emagreceram mais de dez quilos em um mês. Abrandadas as torturas físicas, intensificou-se a pressão moral e psicológica. Alguns foram soltos em questão de horas, outros depois de vários dias, outros só em meados de março (cf. Domezi, 1995, p. 57).

Nos interrogatórios, a Igreja aparecia claramente como um alvo que os militares queriam atingir e desmoralizar. Eles suspeitavam de toda a ação social da Igreja, em tudo vendo subversão contra o regime, insistiam em que as pessoas ativas na Igreja não passavam de "inocentes úteis" no jogo dos comunistas e tentavam forçá-las a renegar seu engajamento cristão, enfraquecer sua confiança no sentimento de fraternidade e até utilizá-las como uma espécie de reféns. Também tentavam desmoralizar os membros da hierarquia da Igreja. Os nomes de arcebispos e bispos mais citados por eles eram os de Paulo Evaristo Arns, Ivo Lorscheiter, Antônio Fragoso, Davi Picão, Valdir Calheiros, Helder Camara, além do abade beneditino da Bahia, Dom Timóteo Amoroso Anastácio (cf. Domezi, 1995, p. 58).

A onda de repressão de 1975 atingia o Partido Comunista Brasileiro (PCB), ao qual estava ligado o jornalista Vladimir Herzog, que também era membro da comunidade israelita de São Paulo. Preso em 24 de outubro, ele recorreu ao Cardeal Arns, que em vão tentou obter garantia para os jornalistas presos. Herzog foi assassinado sob tortura nas dependências do II Exército, dez horas após ter se dirigido para lá a fim de prestar esclarecimentos. A polícia divulgou nota com a versão de que ele cometera suicídio na prisão (cf. Arquidiocese de São Paulo, 1985, p. 258-259).

Um culto ecumênico no sétimo dia da sua morte foi realizado em São Paulo, na Catedral da Sé, ao qual compareceram membros de igrejas evangélicas e alguns judeus, juntamente com cerca de 8 mil católicos. À frente estiveram o Cardeal Arns, o Pastor Jaime Wright da Igreja Presbiteriana Unida, e o Rabino Henry Sobel, recém-chegado dos Estados Unidos para presidir a Congregação Israelita Paulista. O governador havia tentado convencer o cardeal-arcebispo a cancelar o culto, alegando que um chefe católico não poderia rezar por um suicida, mas Dom Arns rejeitava convictamente essa versão de suicídio. Outra tentativa de impedir esse culto religioso foi o aparato montado pelas Forças Armadas, causando um grande congestionamento que chegou a paralisar o tráfego (cf. Arquidiocese de São Paulo, 1985, p. 258-259).

A "linha-dura" dos militares agiu também através do braço clandestino de uma organização terrorista. Era uma espécie de terrorismo branco do próprio regime, com muitas ameaças, depredações e assaltos, que atuou intensamente até outubro de 1978, completando pelo menos 24 ações contra entidades, sendo 13 delas atentados a bomba.

Foi o caso do atentado contra Dom Adriano Hypólito, bispo de Nova Iguaçu, na Baixada Fluminense. Em setembro de 1976 ele foi sequestrado e torturado. Duas horas depois, foi abandonado num subúrbio do Rio de Janeiro, nu, tingido de vermelho e com os pés e as mãos amarrados. O carro que dirigia, emprestado por um sobrinho, explodiu em frente à sede da CNBB. O atentado, assumido pela Aliança Anticomunista Brasileira, foi noticiado por meio de telefonemas anônimos a importantes meios de comunicação (cf. Centro de Pastoral Vergueiro, 1987, vol. 4, p. 240-269). Eram "as humilhantes consequências de sua denúncia contra torturas de militares de baixa patente" (Bandeira, 2013, p. 267).

5.3 A Igreja em resistência

A tensão criada pela ditadura militar levou a Igreja do Brasil, com sua direção colegiada na CNBB, a uma luta constante por sua coesão interna. Esta era tanto maior quanto mais forte se fazia a repressão. Os bispos apoiavam publicamente seus irmãos no episcopado, podendo, em privado, discordar ou mesmo se opor a eles. Na impossibilidade de um consenso por inteiro, valia a estrutura descentralizada, que possibilitava aos regionais darem respostas setoriais para os problemas mais conflituosos. Assim, o ano de 1973 foi especialmente marcante na questão de documentos fundamentais da vida da Igreja no Brasil, originados nos regionais ou nas pastorais setoriais (cf. Beozzo, 2005, p. 535-536).

A CNBB como um todo era a principal interlocutora com a Santa Sé. Havia também a função estratégica da Nunciatura Apostólica. Mas um pequeno e aguerrido grupo de bispos, numa oposição interna, passou a contar com o apoio do Vaticano, de maneira velada e às vezes explícita. Inicialmente restrito a umas poucas dioceses articuladas à Arquidiocese do Rio de Janeiro e ao redor do cardeal Dom Eugênio Sales, esse segmento dentro do episcopado brasileiro foi se expandindo e consolidando à medida que vinham de Roma transferências e nomeações de novos bispos (cf. Beozzo, 1994, p. 212-213).

Em março de 1967 o Papa Paulo VI comunicou, em sua encíclica *Populorum Progressio* (n. 5), a criação de uma comissão pontifícia voltada para a missão de todo o Povo de Deus de promover o progresso dos povos mais pobres, favorecer entre as nações a justiça social e oferecer às menos desenvolvidas auxílio que lhes possibilitasse prover seu progresso "por si próprias e para si próprias". Essa comissão, a de Justiça e Paz, estaria entre os organismos centrais da Igreja.

Fruto maduro do Concílio, a pontifícia Comissão Justiça e Paz era um meio de concretizar os princípios e as motivações da *Gaudium et Spes*. Helder Camara logo se empenhou em criá-la no âmbito da Arquidiocese de Olinda e Recife. Após tentativas através de movimentos como "Pressão moral libertadora" e "Não violência ativa", a Comissão Justiça e Paz de Recife conseguiu cidadania em 1977, passando a prestar serviços ao povo em momentos de aflição e perplexidades. Voltava-se à defesa da pessoa humana em todas as suas dimensões, especialmente os pobres, oprimidos e marginalizados. Tornou-se bastante conhecida, desde o imediato desafio de defender os presos políticos nos porões do cárcere (cf. Pinheiro, 1999, p. 83-84).

A *Populorum Progressio* motivou a publicação, em 15 de agosto de 1967, do *Manifesto dos bispos do Terceiro Mundo*, feito por um coletivo amplo de bispos da África (Argélia e Egito), da América Latina (Brasil e Colômbia), da Ásia (China, Indonésia, Laos e Líbano), do Leste Europeu (Iugoslávia) e da Oceania. No total de 17 bispos, havia cinco brasileiros: Helder Camara, que liderou a iniciativa; Antônio Fragoso; Francisco Austregésilo de Mesquita Filho; Manuel Pereira da Costa; e Severino Aguiar (cf. Costa, 2013, p. 1.480).

A década de 1970 trouxe atitudes e organizações imprescindíveis à luta por justiça social. No Brasil, nasceram entidades especialmente comprometidas com a defesa e o apoio aos povos indígenas e camponeses. O Cimi e a Comissão Pastoral da Terra (CPT), vinculados à CNBB, foram fundamentais na mobilização e na formação das bases, antes de surgirem o movimento indígena organizado e o Movimento dos Trabalhadores Rurais Sem Terra (MST).

Em outubro de 1971, ao ser ordenado bispo, Casaldáliga publicou sua carta pastoral *Uma Igreja da Amazônia em conflito com o latifúndio e a marginalização social*. Em 30 páginas, apresentava a Igreja local de São Félix do Araguaia com toda a sua realidade sociogeográfica e humana, marcada pela opressão aos mais fracos, aos pobres e aos indígenas. Após minuciosa análise da situação, fazia denúncias: dos problemas ambientais; do genocídio dos povos indígenas praticado por latifundiários com o beneplácito do governo militar brasileiro; e da extrema pobreza dos peões, frequentemente escravizados, fato ausente na mídia e também distante do foco eclesiástico. Conclamava a Igreja a sair do eurocentrismo e atuar nos rincões da opressão. Às autoridades do Governo Federal, fazia apelo público para que escutassem o clamor abafado do povo dessa região e subordinassem os interesses dos particulares ao bem comum (cf. Casaldáliga, 1971).

Esse documento eclesiástico – marco inovador e interpelante na defesa da Amazônia, da causa indígena e da preocupação pelo meio ambiente – teve eco em todo o Brasil, através da maioria dos periódicos e das publicações, desencadeando uma revolução em plena repressão militar. Também repercutiu no exterior, desvendando a cruel situação econômica, social e ambiental da Amazônia. Mas teve que ser impresso na clandestinidade, fora da região do Araguaia, pela Irmã Irene Franceschini, fiel colaboradora de Casaldáliga. Enfrentando a ditadura, ela levou o documento numa caixa envolta em pano, num avião militar. Perguntada sobre o que levava, respondeu: "Medicamentos, alguma roupa, coisas sem importância... Se quiser, pode abrir..." (cf. A carta..., 2019). Chamada carinhosamente de tia Irene, essa religiosa da Congregação das Irmãs de São José dedicou sua vida à formação das mulheres, sobretudo as camponesas, como também à organização e aos cuidados dos arquivos da prelazia.

O nascimento do Cimi, em 24 de abril de 1972, foi fruto de uma das resoluções do 3º Encontro de Estudos sobre Pastoral Indígena, promovido pela CNBB, que reuniu bispos, padres, missionários e antropólogos (cf. Centro de Pastoral Vergueiro, 1987, vol. 3, p. 76-79). Essa organização assumiu, entre seus maiores compromissos, o apoio aos indígenas quanto a terra, a cultura e a autodeterminação. Em sua primeira assembleia, realizada em junho de 1975 na cidade de Goiânia, o Cimi optou por uma conscientização sistemática da própria Igreja, a fim de que esta passasse eficazmente da aliança com os poderosos para o lado dos oprimidos – no caso, os indígenas (cf. Beozzo, 1994, p. 128).

Um ano após a criação do Cimi, um documento-denúncia dos múltiplos e sistemáticos casos de violação dos direitos dos povos indígenas, intitulado *Y-Juca-Pirama. O índio: aquele que deve morrer* (cf. CNBB, 1974), foi elaborado por um grupo de missionários indigenistas que se reuniu às escondidas no interior de Goiás. Os autores desse documento foram os jesuítas Egydio Schwade e Antônio Iasi Júnior, juntamente com Dom Pedro Casaldáliga, Dom Tomás Balduíno, Elizeu Lopes, Ivo Poletto e o dominicano Frei Mateus Rocha. O Padre Antônio Iasi, experiente e reconhecido indigenista, num breve período em que havia assessorado a presidência da Fundação Nacional do Índio (Funai) percebera como os militares anti-indigenistas aparelhavam esse órgão, fazendo incontáveis desvios e abusos para favorecerem os latifundiários. Rompeu com essa assessoria e chegou a defender a extinção da Funai. Depois, tornou-se secretário executivo do Cimi (cf. Vilardi, 2024).

A publicação do documento *Y-Juca Pirama* estava programada para dezembro de 1973, na ocasião do 25º aniversário da Declaração Universal dos Direitos Humanos, da Organização das Nações Unidas (ONU). Porém, pela dificuldade de encontrar uma editora que assumisse o risco da crítica ao governo militar, ele só foi lançado em março de 1974, impresso por uma pequena gráfica em Goiânia, cuja localização só era conhecida por Dom Tomás Balduíno e pelo jornalista Antônio Carlos Moura, que se dedicou ao serviço da distribuição (cf. Vilardi, 2024).

A preocupação pelos direitos humanos foi marcante, já bem antes da campanha até certo ponto ambígua desencadeada pelo presidente dos Estados Unidos, Jimmy Carter. Tomou conta de importantes setores da Igreja no Brasil, sobretudo no Nordeste, no Centro-Oeste e em São Paulo. Começando por protestar contra a prisão de padres, seminaristas e militantes cristãos, a Igreja passou a defender estudantes e intelectuais não necessariamente seus membros. No culto ecumênico após o assassinato de Vladimir Herzog, e logo depois perante o do operário Manoel Fiel Filho[54], atingiu o ponto do profetismo, pois, para além da sua instituição, defendia a pessoa humana ferida e humilhada em sua dignidade, ainda que sem nome ou desconhecida, ou mesmo de outro credo político ou religioso. Outro passo foi a tomada de consciência da violência constante e brutal contra os humildes e os pobres. Assim, defendia os direitos do povo ao pão, ao trabalho, à segurança, à liberdade (cf. Beozzo, 1994, p. 131-134).

Em junho de 1972 o episcopado do Estado de São Paulo (Regional Sul 1), reunido na cidade de Brodósqui, lançou uma declaração intitulada "Testemunho de paz" (cf. CNBB, 1972), com incisiva condenação da tortura e denúncia das prisões ilegais, do cerceamento das autoridades judiciais e da supressão do instituto do *habeas corpus* (cf. Beozzo, 1994, p. 132).

Os bispos do Regional Sul 1, cujo presidente era Dom Paulo Evaristo Arns, foram unânimes na decisão de divulgar essa declaração, conhecida como "Documento de Brodósqui". O texto tomava como refrão as palavras ditas por João Batista a Herodes, conforme o evangelho (Mc 6,17-18): "Não te é lícito". Apesar da censura, das desinformações e da onda de perseguição que se insurgia contra membros da Igreja, o texto ganhou grande repercussão pela imprensa. Além disso, foi afixado em todas as igrejas e centros comunitários da Arquidiocese de São Paulo. Esse docu-

54. Manoel Fiel Filho foi morto nas dependências do DOI-Codi do II Exército. Os militares forjaram o seu suicídio.

mento serviu de base a uma série de pronunciamentos da parte da hierarquia da Igreja (cf. *O São Paulo*, n. 854, 17 jun. 1972, p. 10; Domezi, 1995, p. 42-43).

A reação do governo militar se fez sentir, especialmente numa medida traiçoeira e sem explicação, que, em 30 de outubro de 1973, fechou a Rádio Nove de Julho, importante veículo de comunicação da Arquidiocese de São Paulo. Os transmissores foram lacrados em 5 de novembro pelo Ministério das Telecomunicações e por dois decretos do Presidente Médici. A rádio funcionara regularmente durante 17 anos e cobria toda a região de São Paulo, atingindo também a maioria dos estados do Brasil e até vários países da América Latina. Semanalmente, o Cardeal Arns ali transmitia o seu Encontro com o Pastor (cf. *O São Paulo*, a. 38, n. 1928, 27 mai. 1993, p. 10). Além da perda da emissora, a arquidiocese precisou realizar uma grande coleta para indenizar os seus 45 funcionários, muitos deles já com mais de dez anos de casa (cf. Bettencourt; Markum, 1979, p. 20-21).

O ano de 1973 foi especialmente marcante na resistência contra o regime, inclusive desde as bases populares. Em março desse ano foi assassinado em condições mal-explicadas Alexandre Vannuchi Leme, com 22 anos de idade. De família católica praticante, com um sacerdote e várias religiosas entre os tios maternos, ele cursava, na Universidade de São Paulo (USP), o quarto ano de Geologia. Foi acusado de participar de operações de luta armada. Um telefonema anônimo para a sua família, residente em Sorocaba, informou que ele devia ser buscado no Dops, mas todas as buscas foram em vão. Três dias depois os jornais noticiaram a informação dada pelos órgãos de Segurança de que ele havia sido atropelado e morto em São Paulo. Após longa espera no Dops em busca de explicações, o pai do estudante foi atendido pelo delegado Fleury, o torturador do Esquadrão da Morte, que lhe informou: Alexandre fora sepultado como indigente no cemitério de Perus, pois ninguém havia reclamado o corpo (cf. Domezi, 1995, p. 69).

Já no dia seguinte, Dom José Melhado Campos, bispo de Sorocaba, denunciou as diversas violações aos direitos humanos naquele episódio através de um relato datado de 13 de maio (cf. Centro de Pastoral Vergueiro, 1987, vol. 3, p. 117-122) que foi lido nas missas, naquela cidade e em algumas cidades vizinhas. O relato de Dom José foi publicado por muitos semanários e boletins católicos, além do *Diário de Sorocaba*.

Em São Paulo, em meio a uma intensa movimentação de estudantes, 22 presidentes de diretórios acadêmicos da USP procuraram o Cardeal Arns em sua residência, dizendo que os estudantes queriam sair em marcha. Diante da advertência do cardeal de que seria um suicídio, o pedido foi para que se celebrasse missa na USP. Mas lá os militares não permitiriam, ponderou ele. Então os estudantes propuseram a catedral de São Paulo. Dom Paulo aceitou a proposta, com a condição de primeiro submetê-la ao Conselho de Presbíteros. O conselho, em reunião extraordinária, aprovou com unanimidade. Também enviou um memorial aos ministros da Educação e da Justiça, bem como ao presidente da República, exigindo providências acerca dos direitos humanos. E enviou, ainda, uma nota de solidariedade à família de Alexandre Vannuchi (cf. Bettencourt; Markum, 1979, p. 62).

Apesar da grande tensão, a missa de Réquiem foi celebrada na Catedral da Sé em 30 de março, com a participação de cerca de 3 mil pessoas. Houve quem passasse de fileira em fileira fotografando e filmando os rostos das pessoas. Ao fim da missa, atravessando o grande aparato bélico montado ao redor da catedral pelo Coronel Erasmo Dias, todos saíram cantando o refrão "Certeza na frente, a história na mão/ em Cristo Jesus, nossa libertação", da Celebração da Esperança, composta pelo Padre Antonio Haddad, que exercia trabalho pastoral na Igreja-irmã de Itacoatiara, região amazônica, e que também foi vítima da repressão militar (cf. Domezi, 1995, p. 70).

Em 6 de maio de 1973 partiu de Recife o primeiro grito mais consistente de crítica social e política ao regime militar, através de um manifesto intitulado "Eu ouvi os clamores de meu povo" (cf. CNBB, 1973, p. 607-628). Considerado subversivo pelo regime, só pôde se espalhar de forma clandestina, em edições mimeografadas, obviamente recolhidas de pronto pela polícia quando encontradas (cf. Beozzo, 2009a). Porém foi lançado em vários países, alcançando grande repercussão internacional. Os militares do governo sentiram-se muito ofendidos pela acusação de praticarem violação dos direitos humanos, e principalmente por terem sido definidos como terroristas oficiais (cf. Serbin, 2001, p. 337).

De fato, ali estava a denúncia da violência institucionalizada: com a finalidade de contenção das resistências contra a opressão e a injustiça, era praticada a violência do terrorismo oficial, que exercia sobre os cidadãos um controle instituído, por meio de espionagem interna, política secreta, tortura e assassinato. Esse documento, escrito por bispos e superiores religiosos do Nordeste, trazia uma análise da realidade brasileira e particularmente da nordestina, com a utilização de dados de entidades oficiais. De forma contundente, denunciava também a farsa do propalado "milagre brasileiro" e o controle da propriedade da terra e do capital por minorias (cf. Centro de Pastoral Vergueiro, 1987, vol. 3, p. 132-136).

Na mesma data, um documento semelhante foi publicado pelos bispos do Centro-Oeste, intitulado "Marginalização de um povo" (cf. CNBB, 1974). Extenso e com muitos dados, mas em linguagem mais popular, analisava a realidade nacional e seus reflexos sobre a população da região (cf. Centro de Pastoral Vergueiro, 1987, vol. 3, p. 136-138).

Dom Vicente Scherer, através do seu programa radiofônico como arcebispo de Porto Alegre, declarou posicionamento contrário ao desses dois documentos e ao de diversos outros emitidos pelo episcopado brasileiro. Incomodado com a expressão "propriedade social dos meios de produção", dizia que não cabia à Igreja proferir juízos em assuntos de planejamento econômico. Dom Fernando Gomes enviou-lhe uma extensa carta pessoal, com análise da situação do país nos aspectos político e econômico, na qual apontava as atrocidades do regime, que acobertava a própria impunidade considerando-se "onisciente, onipresente, onipotente, infalível e irreversível". Ele afirmava ser dever da Igreja proclamar que a economia está subordinada à lei moral, estabelecida por Deus, e apontava linhas de ação pastoral para a conscientização e a promoção da pessoa humana (cf. Centro de Pastoral Vergueiro, 1987, vol. 3, p. 152-155).

Dom Fernando também refutou as críticas de Dom Scherer numa carta pública, alguns dias depois. Citando João XXIII e a *Gaudium et Spes*, explicou que os autores dos documentos não eram comunistas, não aceitavam o monopólio estatal da propriedade nem a tirania de grupos econômicos. E observou que a fala de Dom Scherer "mereceu a permissão de ser divulgada em diversos órgãos da imprensa de todo o país" (cf. Centro de Pastoral Vergueiro, 1987, vol. 3, p. 148-152).

O tom irônico dessa frase se justificava. A imprensa fazia divulgação seletiva de matérias e desencadeava campanhas de difamação contra pessoas da Igreja. No segundo semestre de 1975, jornais e redes de televisão veicularam uma intensa campanha nacional de difamação, que também se utilizou de cartas e fotos grosseiramente falsificadas. Os principais alvos eram Dom Paulo Evaristo Arns, Dom Pedro Casaldáliga e Dom Ivo Lorscheiter. Contra o Padre José Oscar Beozzo, da Diocese de Lins, circulou amplamente em todo o país uma carta apócrifa, intitulada "Carta aberta a S. Ex.ma Dom Evaristo Arns". Beozzo a desmentiu, através de uma carta ao Cardeal Arns, com firma reconhecida passada em cartório. Explicou que a falsa carta servia-se do seu nome "para tentar montar mais uma das desacreditadas campanhas contra eminentes figuras do episcopado nacional, utilizando-se a um tempo de calúnia, montagem de documentos e do anonimato covarde" (cf. Centro de Pastoral Vergueiro, 1987, vol. 4, p. 75-77).

No clima de tensão dessa campanha difamatória, retornou a ameaça de expulsão de Dom Pedro Casaldáliga, que tinha em aberto na justiça um processo sumário e sem direito à defesa. O Cardeal Arns conseguiu aval do Vaticano para a sua defesa (cf. Bettencourt; Markum, 1979, p. 33).

Em 30 de outubro de 1975 os bispos do Regional Sul 1 lançaram o documento intitulado "Não oprimas teu irmão" (cf. CNBB, 1975). Na mesma linha do "Testemunho de paz", de Brodósqui, denunciavam as prisões arbitrárias efetuadas a modo de sequestros, o recrudescimento das torturas e as ameaças públicas e particulares:

> O mais grave é que muitos desses atos, que levam a um clima de insegurança, são praticados sob o pretexto de defender e manter a paz e a tranquilidade da sociedade, alegando seus patrocinadores estar alicerçados em princípios cristãos (CNBB, 1975).

Entre 1976 e 1980, a CNBB, em sua instância nacional, lançou três documentos de grande impacto na opinião pública:

- *Comunicação pastoral ao povo de Deus*, documento emitido pelo seu Conselho Permanente em 25 de outubro de 1976 (cf. CNBB, 1976), em que narrou detalhadamente fatos graves que abalaram a Igreja e o povo brasileiro, principalmente os assassinatos dos padres Rodolfo Lunkenbein e João Bosco Burnier, do indígena Simão e de outros indígenas da etnia Bororo, bem como o sequestro do bispo de Nova Iguaçu Dom Adriano Hypolito. Os bispos ali apontaram as raízes mais profundas da onda de perversidade que ia assumindo proporções alarmantes: o duplo tratamento que só pune os pobres deixando impunes criminosos que têm dinheiro e policiais protegidos por poderes mais altos, a má distribuição da terra, a situação dos indígenas e a ideologia da Segurança Nacional. O documento também trazia "princípios pastorais e novos apelos de Deus".

• *Exigências cristãs de uma ordem política*, emitido no início do governo de João Figueiredo, quando estava em curso o processo de distensão do regime, com crescente pressão de diversos setores da sociedade. Esse documento resultou da XV Assembleia da CNBB, em fevereiro de 1977 (cf. CNBB, 1977). Os bispos ali afirmaram que a conjuntura "escandalosa" reclamava urgente intervenção e a Igreja permitia-se funcionar como grupo de pressão, embora sem querer se prevalecer da força da sua palavra. Entendiam que a democracia é "forma legítima de ordenação política da sociedade", um dos resquícios indeclináveis da liberdade e da dignidade humana defendidas pela ética cristã. E reclamavam legitimação e viabilização de uma participação efetiva de todo o povo no processo democrático, com liberdade dos indivíduos e das organizações.

• *Igreja e problemas da terra*, aprovado e lançado por toda a CNBB em sua XVIII assembleia, no dia 14 de fevereiro de 1980 (cf. CNBB, 1980). Ocorriam diferentes formas de mobilização, em resistência contra a militarização da questão agrária e a repressão violenta à crescente organização dos camponeses. A Igreja, perante o martírio de muitos agentes de pastoral e lideranças populares, assumiu os problemas da terra como tema de sua assembleia apenas cinco anos após o nascimento da CPT e do Cimi, entidades que já tinham forte atuação nas áreas de conflito e no apoio às organizações camponesas e indígenas. Através da CPT, que se tornou ponto de referência na elaboração de um texto-base e na assessoria dos trabalhos dessa assembleia, o documento resultou de uma construção conjunta, inclusive com movimentos e organizações camponesas (cf. Poletto, 2014).

Conforme testemunho de Dom José Maria Pires, entre os documentos lançados por bispos individualmente, um que causou grande conflito foi o de Dom Fernando Gomes, que desmentia a afirmação dos militares de que a "revolução" de 1964 foi feita para combater o comunismo e a corrupção. Dom Fernando ali explicava que não existia comunismo no Brasil e que a corrupção se tornara maior do que antes. Esse documento não pôde ser publicado, sendo espalhado apenas na forma mimeografada (cf. Passos, 2011, p. 81).

Em um compromisso com os povos indígenas, em 22 de abril de 1979, foi celebrada, na Catedral da Sé em São Paulo, a "Missa da terra sem males"[55], com o comparecimento de grande multidão.

A catedral que passara a aglutinar o povo de São Paulo tornava-se porta-voz de todo o Brasil. Assim, numa reunião da CNBB em Itaici, uma parte dos bispos, ao denunciar as agressões aos indígenas, enfatizou que "eles nunca chegaram a sentir-se irmãos dos demais brasileiros". E Dom Pedro Casaldáliga, que havia composto junto com alguns artistas a chamada "Missa da terra sem males", perguntou ao Cardeal Arns se poderiam levá-la à catedral de São Paulo "como verdadeira celebração e purificação dos males causados aos primeiros proprietários da nossa terra". Conforme testemunhou o próprio cardeal, a celebração foi realizada ali como uma experiência única, com os bispos que compareceram livre e espontaneamente, naquela noite em que "o coração, a mente e todos os nossos anseios se reuniram para uma expressão única diante de Deus, pedindo justiça e amor" (Arns, 2001, p. 302-303).

Em 1981 foi celebrada a "Missa dos quilombos", composta por Casaldáliga junto com o poeta Pedro Tierra e o músico Milton

55. A "Missa da terra sem males" foi composta por Pedro Casaldáliga e Pedro Tierra (letra) e Martin Coplas (melodia). Para ver o texto completo, cf. Centro de Estudios y Publicaciones (1986, p. 62-75). Também disponível em: https://www.servicioskoinonia.org/Casaldaliga/poesia/terra.htm (acesso em: 19 mar. 2025).

Nascimento. A celebração em União dos Palmares, Alagoas, foi no dia 20 de novembro, data da morte do líder quilombola Zumbi dos Palmares. Dois dias depois foi celebrada em Recife, Pernambuco, com uma multidão de cerca de 8 mil pessoas. O lugar da celebração, a Praça do Carmo, foi onde, em 1695, ficou exposta a cabeça desse líder negro decapitado (cf. Lima, 2020).

Em atitude de penitência e com pedido de perdão pelo posicionamento histórico da Igreja diante dos negros da África, especialmente os aquilombados, a "Missa dos quilombos" constituiu-se numa liturgia penitencial inédita no Brasil, na América e no âmbito católico em geral. Participaram diversos bispos, como José Maria Pires, Helder Camara, Manuel Pereira, Pedro Casaldáliga e Marcelo Carvalheira, além de outros membros do clero. Embora a iniciativa não tenha brotado das bases negras do povo nem das práticas eclesiais das CEBs, mas sim da sensibilidade de alguns intelectuais, essa missa lançou para a Igreja e a sociedade o desafio de se situar em profundidade diante da realidade negra do país, como mostrou Dom José Maria Pires em sua homilia[56] (cf. Hoornaert, 1982).

João Batista Libanio realça como a causa negra foi crescendo na consciência e na práxis de Dom José Maria Pires, que, "de maneira galharda, viveu a condição étnica de negro", desde a Conferência de Puebla, quando um grupo de negros lhe escreveu denunciando a Igreja como contrária aos negros. A "Missa dos quilombos", uma das consequências da sua nova militância, provocou a ira dos adversários e a proibição de Roma. Paradoxalmente, a Conferência de Santo Domingo, que ocorreu em 1992, daria aval a esse tipo de celebração ao valorizar o tema da inculturação (cf. Libanio, 2011, p. 18-19).

56. A "Homilia para a missa dos quilombos", de Dom José Maria Pires, pode ser lida em Passos (2011, p. 113-118).

De fato, chegou ao presidente da CNBB uma carta da Congregação dos Ritos, do Vaticano, vetando celebrações como a "Missa da terra sem males" e a "Missa dos quilombos". Materiais com montagem de elementos que poderiam sugerir tendências comunistas haviam sido enviados como denúncia para a Santa Sé (cf. Passos, 2011, p. 65-66).

No entanto, a Igreja do Brasil passou por uma profunda mudança durante a década de 1970, a ponto de se tornar a principal opositora do Estado autoritário depois que o regime da ditadura militar eliminou a chamada "esquerda clandestina". Com maior força que a oposição parlamentar tolerada e até domesticada do Movimento Democrático Brasileiro (MDB), através da voz dos bispos a Igreja denunciava, de maneira cada vez mais direta e explícita, as violações aos direitos humanos e a ausência de democracia. Também criticava o método de desenvolvimento e o processo de modernização, que considerava desumano e opressor dos pobres (cf. Löwy, 2000, p. 144-145).

De suma importância foi o projeto "Brasil: nunca mais". Gestado cuidadosamente em surdina, teve seu início em 21 de agosto de 1979, com uma carta confidencial do Cardeal Arns ao secretário-geral do Conselho Mundial de Igrejas, Philip Potter, de Genebra. Um trecho dessa carta, publicado por Wright (1979, p. 70), diz:

> Através do Brasil, nos tribunais militares, há uma abundância de material que consubstancia quinze anos de repressão, em centenas de processos. Além disso, existem muitas outras declarações informais em meu poder e com outros grupos de Igreja. Uma equipe profissionalmente competente está montada para reunir, cotejar e publicar esse material. A atual "abertura democrática" poderá oferecer a única oportunidade de acesso ao referido material e para sua preservação. Isto significa, naturalmente, que deveríamos realizar este projeto o mais breve possível. Achamos que as Igrejas precisam tomar a iniciativa para assegurar que, através da publicação desse material, tais coisas não aconte-

> çam mais. Instamos no Conselho Mundial de Igrejas, por conseguinte, que aceite a tarefa de levantar a proporção maior dos fundos necessários, através de seus membros, numa base confidencial [...].

Essa pesquisa corajosa, empreendida ecumenicamente no silêncio da discrição e do sigilo por um reduzido grupo de especialistas durante quase seis anos, consistiu no estudo da repressão exercida pelo regime militar no Brasil a partir de documentos produzidos pelas próprias autoridades do regime. Através de inúmeros caminhos foram obtidas cópias de 707 processos completos, além de dezenas de outros incompletos, entre abril de 1964 e março de 1979, especialmente aqueles que chegaram ao Superior Tribunal Militar. Foram mais de 1 milhão de páginas imediatamente microfilmadas em duas vias, para que uma via pudesse ser guardada com segurança fora do país. Todo o trabalho sobre os microfilmes resultou num relatório de aproximadamente 5 mil páginas, do qual foram distribuídas cópias entre universidades, bibliotecas, centros de documentação e entidades voltadas para a defesa dos direitos humanos, no Brasil e no exterior. Enfrentando todo o tipo de riscos e correndo contra o relógio, a divulgação dos resultados desse projeto representou uma animadora vitória para os promotores dos direitos humanos (cf. Arquidiocese de São Paulo, 1985, p. 22-23).

Como testemunhou o Cardeal Arns, o que mais o impressionou ao longo dos anos de vigília contra a tortura foi a maneira como os próprios torturadores se degradam (cf. Arquidiocese de São Paulo, 1985, p. 13).

Os bispos do Brasil em seu conjunto encomendaram ao Centro Ecumênico de Documentação e Informação (Cedi) um levantamento de dados dos ataques à Igreja nos dez anos entre 1968 e 1978 (cf. Arquidiocese de São Paulo, 1978). Mesmo incompletos, esses dados podem nos dar uma ideia de quanto e como a Igreja foi atingida. É preciso ter em conta que cada ataque, via de regra, era acompanhado de múltiplas ações arbitrárias e violentas.

O levantamento conta ao menos 273 membros da Igreja que sofreram prisão. Foram padres, religiosos e religiosas, seminaristas, bispos, leigos e leigas engajados no trabalho e no compromisso pastoral. Os motivos eram: homilias que desagradaram às autoridades do governo; participação em manifestações operárias e estudantis; celebração de luto à promulgação do A-I 5; acusação de subversivos e ativistas de organizações clandestinas; ajuda a pessoas perseguidas e fugitivas; trabalho junto a jovens, estudantes, lavradores e operários, e junto aos movimentos JOC, ACO e JAC; denúncia de arbitrariedades contra indígenas, lavradores, posseiros, operários e outras pessoas; presença em locais invadidos; e o fato de ser considerado "suspeito".

Nessa década foram assassinados seis padres e um seminarista, além de um grande número de lavradores, operários, estudantes e outros que lutavam por seus direitos. Incontáveis foram as ameaças de morte. Bispos, sacerdotes, religiosos e agentes de pastoral sofreram sequestros. Padres expulsos do país ou pressionados a sair somam mais de uma dezena, além de alguns leigos. Frei Tito de Alencar Lima e Madre Maurina Borges foram banidos.

Muitas invasões foram efetuadas: na catedral de Goiânia, com tiroteio, deixando feridos dois estudantes; nas catedrais de Brasília, Porto Alegre, João Pessoa, Recife e Belo Horizonte; e na Igreja de Santo Antônio, em Brasília, durante a celebração de sétimo dia da morte do estudante Edson Souto, assassinado no Rio de Janeiro em janeiro de 1968. As sedes da CNBB invadidas foram: em São Paulo, o prédio dos serviços locais em 1968 e a sede do Regional Sul I em 1969; em Recife, a sede do Regional Nordeste II em 1971; e a sede da CNBB nacional em 1976. Também houve invasões em cúrias, sedes de bispados e residências, como em Olinda e Recife (1973); Bonfim, Bahia (1977); a residência de Dom Agnelo Rossi em São Paulo (1968); a casa dos Maristas em Mendes,

Volta Redonda (1969 e 1970); a casa dos Maristas em Recife; dos Dominicanos em São Paulo e Belo Horizonte; dos Beneditinos em Curitiba; das Irmãzinhas de Jesus no Morro de São Carlos, Rio de Janeiro; o convento das Oblatas de Belo Horizonte; e a casa de Dom Alano Pena, em Marabá, invadida e saqueada (1977). Foram inúmeras as invasões a casas paroquiais, sedes pastorais e centros de trabalho, áreas de prelazia e missões, áreas paroquiais e sedes de movimentos cristãos.

Universidades foram invadidas: a Pontifícia Universidade Católica do Rio de Janeiro (PUC-Rio), em 1969; a PUC-SP, com prisão de aproximadamente 2 mil estudantes e depredação das instalações, em 1977; o Instituto Teológico de Belo Horizonte, em 1969. Foram invadidas também a sede do Ibrades, dos jesuítas, com detenção de Dom Aloísio Lorscheider e outras pessoas, em 1970; a Cooperativa de Camurupim da Diocese de Propriá, Sergipe, em 1973; e a Rádio Assunção da Diocese de Jales, em 1977. Invasões ocorreram até em assembleias, reuniões e missa campal.

A expressiva incidência de absolvições por falta de provas faz constatar que os processos se constituíram muito mais em prejuízo à Igreja do que em peças de justiça com vistas a esclarecer os fatos.

Nos anos de ditadura militar, de 1964 a 1985, vários movimentos sociais e sindicatos de trabalhadores abrigaram-se sob o guarda-sol protetor da Igreja. E, para a redemocratização gradual do país, na década de 1980, uma grande parte dos membros dos novos movimentos sociais e políticos viria das CEBs e das pastorais dos trabalhadores, da terra, das favelas e da juventude (cf. Löwy, 2000, p. 144-148).

Ernesto Geisel preparou seu sucessor, João Batista Figueiredo, que assumiu a presidência da República em março de 1979, num contexto de dívida externa e inflação brutais. Sem um projeto político próprio e sem conseguir se impor ao Alto Comando Militar,

Figueiredo teve que negociar reformas e ampliar limites. A sociedade civil, através de múltiplas lutas sociais e políticas, impediu a permanência do regime autoritário. O Estado se fortaleceu, mas o vencedor foi um projeto militar, restando para os movimentos sociais o jogo de pressões (cf. Mathias, 1995, p. 143-144). Esse projeto foi o da distensão "lenta e gradual" de um setor das Forças Armadas que conseguiu vencer os vários grupos defensores de um maior endurecimento do regime. Civis puderam reingressar ao poder, mas os centros nevrálgicos do mesmo poder ficaram retidos, numa garantia de impunidade (cf. Saint-Pierre, 1995, p. 15-16).

Desde a anistia em 1979 e o retorno dos partidos políticos à legalidade, a sociedade brasileira foi ingressando em certa abertura política. A repressão continuou, mais posicionada no campo ideológico e atingindo seletivamente os movimentos sociais mais ativos, enquanto mantinha uma criminosa inércia frente ao assassinato de lavradores e indígenas no campo por pistoleiros contratados, e de crianças e jovens nas grandes cidades por esquadrões da morte e pela polícia (cf. Beozzo, 1994, p. 208).

5.4 De volta às questões iniciais

A Igreja Católica no Brasil foi frontalmente atacada pelo regime da ditadura militar, a ponto de nem mesmo serem poupados membros da sua hierarquia. Além dos muitos ataques difamatórios a pessoas, a grupos e à Igreja como um todo, ondas de perseguição a determinados bispos evidenciaram a intenção de prejudicar a ação da Igreja.

Antes do AI-5, como escreveu Alceu Amoroso Lima em sua coluna no *Correio da Manhã*, os bispos ainda não haviam sido presos porque o regime militar temia se tornar ainda mais impopular. E os frades dominicanos de Belo Horizonte, em entrevista ao mesmo jornal, afirmaram: "A falta de respeito com que bispos, padres, fiéis e militantes da Ação Católica foram tratados está próxima de uma perseguição religiosa" (Centro de Pastoral Vergueiro, 1986, vol. 1, p. 45). A perseguição se fez sem limites, sem censura, sem respeito.

O regime instaurado em 1964, imbuído de um anticomunismo obsessivo, foi absolutizando cada vez mais sua doutrina de segurança nacional. A partir do AI-5 chegou ao puro arbítrio, à tortura sistemática, aos sequestros e assassinatos, mantendo-se na impunidade. Foi inevitável um conflito à luz do dia entre os chefes militares do país com suas diretrizes e os cristãos, inclusive bispos e padres, comprometidos com os marginalizados e oprimidos (cf. Centro de Pastoral Vergueiro, 1987, vol. 5, p. 11).

Ao fechar progressivamente os canais institucionais para a expressão do protesto popular, o próprio regime acabou transformando a Igreja no último reduto da oposição. Assim, toda a força dos movimentos populares ajudou a Igreja a tomar posição a favor das vítimas e contra os algozes. Mas também os segmentos da própria Igreja mais radicalmente comprometidos com as causas dos pobres e dos direitos humanos, ao sofrerem repressão brutal da parte dos militares, forçaram a instituição eclesiástica como um todo a reagir, mantendo uma permanente dinâmica de conflito com o Estado (cf. Löwy, 2000, p. 149).

Porém, a sociedade brasileira tem seu traço explosivo. Ao ser confrontada com um cristianismo livre e mais evangélico, conferiu à atuação profética da Igreja um caráter diretamente político. E a Igreja, ao optar pela resistência, perdeu sua imunidade diante da censura, da difamação, da espionagem, das torturas e das prisões, deixando, assim, de ser um refúgio seguro (cf. Palácio, 1979, p. 30).

No entanto, a Igreja enfrentou o Estado opressor como missão evangélica, principalmente através de iniciativas em lugares mais específicos, que foram como injeção de coragem ao seu conjunto. Como testemunhou Dom Paulo Evaristo Arns, "a Igreja sofreu muito junto com o povo", e a porção do Povo de Deus constituída pela Igreja particular de São Paulo ampliou-se para tornar a Igreja do Brasil responsável por toda a nação (cf. Arns, 2000, p. 299).

A estrutura descentralizada da CNBB possibilitou que, apesar da pluralidade interna desse colegiado, documentos corajosos fossem primeiro iniciativa dos seus regionais, bem como de entidades e organizações pastorais específicas vinculadas a ela. Fundamental também foi a solidariedade fraterna entre os bispos, como afirmou Dom José Maria Pires a respeito de Dom Helder Camara:

> [...] procurou fazer as coisas de modo que não ficássemos isolados, mas que, conservando a nossa identidade pessoal, fôssemos capazes de discutir os problemas comuns, buscando não soluções individuais, mas eclesiais (Passos, 2011, p. 89).

6
Desde o Vaticano II e Medellín-Puebla: conflitos e enraizamentos

A repressão da parte dos regimes militares ainda atingia graus insuportáveis na América Latina no fim dos anos de 1970. Essa política repressora se justificava pela ilusão do milagre econômico. Porém, o capitalismo transnacional impunha regras econômicas que submetiam os países periféricos a uma dura espoliação e faziam os estados nacionais perderem autonomia. As conquistas sociais eram desfeitas com o crescimento do neoliberalismo, e, no campo cultural, a censura ideológica fechava os horizontes críticos (cf. Libanio, 2007b, p. 27-28).

No Brasil, os governos militares gabaram-se de um crescimento na base de 10% ao ano, mas as altas taxas de lucro mostradas eram as das empresas multinacionais, que investiam no Brasil porque o consideravam área segura e rentável para seus investimentos, sobretudo na indústria automobilística. E os índices desse "milagre econômico" escondiam a situação socioeconômica de quem realizava a real produção interna do país. Mais da metade da massa de trabalhadores assalariados recebia menos de um salário-mínimo, e por péssimas condições de trabalho. Desse modo, o Brasil era um dos primeiros em questões como subnutrição, mortalidade infantil e acidentes de trabalho (cf. Habert, 1992, p. 11-12).

A Igreja do Brasil, além das suas muitas dioceses e da CNBB, tinha outras forças internas importantes, como uma grande rede de CEBs, múltiplas pastorais específicas e organismos nacionais, como a Conferência dos Religiosos do Brasil, o Conselho Nacional de Leigos do Brasil (CNLB) e a Sociedade de Teologia e Ciências da Religião (Soter). Num livre-jogo de tendências pastorais e teológicas, em meio a sensibilidades diversas e diferentes graus de compromisso com os pobres, a pluralidade interna refletia-se nas diferenças regionais em função dos desafios e dos problemas enfrentados por cada Igreja particular (cf. Beozzo, 1994, p. 209).

No continente latino-americano foram realizadas as conferências de Medellín (1968) e de Puebla (1979). E, em 1980, o Papa João Paulo II fez sua primeira visita ao Brasil. Nessa efervescência, os bispos entenderam a Campanha da Fraternidade como uma realização expressiva da renovação conciliar e da pastoral de conjunto, além de ser um momento forte de evangelização (cf. CNBB, 1983, p. 7-8, 23).

Com suas particularidades, a Igreja do Brasil tem participação ativa no conjunto das Igrejas da América Latina, para cujo protagonismo o Celam abriu o horizonte no projeto e na mística de libertação explicitado em Medellín e confirmado em Puebla. Porém, do próprio Celam partiram ataques que tiveram de ser enfrentados ao longo dos anos de 1980. Esse organismo do episcopado do continente esteve, desde 1972, sob a liderança do bispo colombiano Alfonso López Trujillo, com divergências de orientação, principalmente no tocante às CEBs, à Teologia da Libertação e à Clar, cujo projeto "Palavra e Vida" foi proibido, mas seguiu apoiado pela Igreja do Brasil (cf. Beozzo, 1994, p. 209).

A influência de Trujillo foi marcante no Celam durante 11 anos. Sua inesperada eleição como secretário-geral em 1972, contra os votos da maioria da assembleia e com apoio de alguns setores da Cúria Romana, deu-se ao mesmo tempo de uma modificação nos estatutos desse organismo continental dos bispos. Ele próprio, empenhado numa campanha de vários anos contra o comunismo que se teria instalado na Igreja da América Latina, passou a denunciar engenhosamente a Teologia da Libertação como marxismo disfarçado, a Clar como um magistério paralelo e as CEBs como uma Igreja separada e condenada pelo papa (cf. Comblin, 1979, p. 2). Em 1976, foi reeleito no cargo de secretário-geral; em 1979, foi eleito presidente; e, em 1983, deixou essa função, mas garantiu a permanência de dirigentes de sua confiança.

Até chegar à eleição do Papa Francisco, em 2013, seriam três décadas de uma orientação eclesial que retrocedia, assentada no pontificado de João Paulo II, na promoção de Joseph Ratzinger à Congregação para a Doutrina da Fé e na presença do Cardeal Ângelo Sodano na Secretaria de Estado. Da parte da Igreja da América Latina, a sustentação viria de um grupo de cardeais e bispos conservadores, tendo à frente o Cardeal Trujillo (cf. Brighenti, 2019a, p. 1.412).

Universalmente, na Igreja Católica, ressaltava-se a expressão "nova evangelização", que se tornou um dos pontos nevrálgicos do longo pontificado de João Paulo II (de 1978 a 2005). Em 9 de maio de 1983 ela esteve em seu discurso aos bispos da América Latina em Porto Príncipe, Haiti. Nessa ocasião, ele declarou que o quinto centenário da primeira evangelização das Américas (1492-1992) deveria marcar o início de uma nova era de evangelização. Não seria uma reevangelização, mas uma evangelização nova em seu ardor, seus métodos e sua expressão (cf. João Paulo II, 1983). A essência desse projeto ficou clara em seus discursos nas Jornadas Mundiais da Juventude: apelo a uma grande mobilização católica que serviria de alavanca a uma regeneração global do mundo moderno.

A nova evangelização estava na continuidade com o *aggiornamento* lançado por João XXIII e com as proposições do Concílio Vaticano II, especialmente *Lumen Gentium*, *Dei Verbum* e *Gaudium et Spes*. Na América Latina, a Conferência de Medellín assumiu essa evangelização como uma nova maneira de ser e de agir da Igreja, a fim de levar adiante a renovação conciliar. Em 2010,

Bento XVI instituiria um novo dicastério para a sua promoção, por meio do "Motu Proprio" *Ubicumque et Semper*. E, na proposta do Papa Francisco (2013, n. 20), ganharia a expressão e a atitude da "Igreja em saída".

No entanto, essa categoria passou a ser utilizada objetivando uma "reforma da reforma" do Vaticano II, num deliberado contraponto à renovação e à efervescência eclesial do Concílio e de Medellín e com o retorno de posicionamentos de neocristandade (cf. Gutiérrez, 1987, p. 228). A Igreja da América Latina deparou-se com novos desafios. Enquanto, no âmbito sociopolítico, as ditaduras militares iam ficando para trás e a democracia se restabelecia pouco a pouco, no âmbito eclesial, cada vez mais, os projetos restauracionistas da neocristandade ganhavam terreno através de movimentos eclesiais conservadores tidos como "a nova primavera" da Igreja e com apoio de segmentos do Celam e da Cúria Romana (cf. Brighenti, 2019a, p. 1.416).

Mas é a Igreja no mundo todo que se depara com conflitos e desafios na recepção do Concílio Vaticano II, com seu programa pastoral de abertura ao mundo em rápidas transformações e sua convocação ao diálogo ecumênico e inter-religioso. Certa insegurança nessa recepção deixa margem para surtos conservadores e até fundamentalistas (cf. Libanio, 2005, p. 176-177). Diante do desmoronamento da sólida e gigantesca identidade católica construída a partir do Concílio de Trento, um fenômeno de desorientação e de exigência de reorientação é sentido por muitos. Em *A volta à grande disciplina* (Libanio, 1983, p. 179-180), uma tendência é a de confiar que pequenos grupos poderão, livre e espontaneamente, perpetuar a mensagem de Cristo, já que a identidade tridentina teria desaparecido de forma irreversível, e outra tendência é a de lançar-se ardorosamente na manutenção ou na reconstrução dessa identidade. Além disso, a tendência neofundamentalista moderada é a dos que se propõem a criar uma "verdadeira codificação" do Concílio

Vaticano II. E há, ainda, a posição do pluralismo e do compromisso, que foi aquela tomada pelo episcopado latino-americano em Medellín e Puebla, apesar dos riscos e dos desafios.

Nessa tensão que permanece há um contínuo arranjo institucional inspirado na velha concepção de Igreja. A "revolução copernicana" da eclesiologia do Vaticano II tem como eixos a Igreja enquanto comunhão e não sociedade, o equilíbrio entre as dimensões universal e local, a consciência crescente da condição multicultural do catolicismo, a subordinação do institucional e organizativo à natureza da Igreja como mistério e como itinerante, a sensibilidade ecumênica e a amizade com o mundo. Mas essas orientações ainda não têm profunda e extensiva aquisição nem são institucionalmente traduzidas de forma adequada e satisfatória (cf. Alberigo, 2000, p. 134-135).

Para a Igreja do Brasil, que recebeu apoio e estímulo da Santa Sé ao alçar voos maiores no pós-concílio, veio uma tendência à contenção e até mesmo à intervenção. Desenhou-se uma agenda bastante extensa de atritos e conflitos maldisfarçados, que culminaram numa clara estratégia para obrigá-la a mudar alguns dos seus rumos, inclusive em sua democratização interna (cf. Beozzo, 1994, p. 210-213).

Contudo, sua significativa contribuição na Conferência de Aparecida, em 2007, evidenciaria sua fidelidade às corajosas opções, e mesmo sua liderança entre as Igrejas do continente latino-americano-caribenho. Durante o Concílio Vaticano II essa liderança foi exercida pela Igreja chilena, que também contribuiu de modo eficaz para a Conferência de Medellín, mas foi duramente atingida pela repressão do governo de Eduardo Frei (1964-1970). Então a Igreja do Brasil – que, em 1968, entrou em nova fase com Dom Aloísio Lorscheider na função de secretário-geral da CNBB – passou a ser referencial no conjunto do continente.

A trajetória da Igreja do Brasil, bastante entremeada à da Igreja da América Latina e do Caribe, em alguns pontos tem sua evolução própria. O que os bispos vivenciaram durante o Concílio tem grande importância. Pode-se citar a cooperação entre eles e os teólogos, que prosseguiu de modo fecundo, garantindo à pastoral uma reflexão teológica crítica e o foco da teologia na realidade. Tornou-se constante o empenho numa inserção eclesial mais orgânica na vida secular com seus desafios, com proximidade das pastorais, das comunidades e dos movimentos populares. Também os laços de amizade e comprometimento tecidos desde a convivência na *Domus Mariae*, inclusive com expoentes do mundo protestante e com os irmãos de Taizé, foram ponto de partida para uma caminhada ecumênica com a qual a Igreja do Brasil tem se destacado no continente por meio de organismos oficiais de cooperação e comunhão, como a Coordenadoria Ecumênica de Serviço (Cese) e, depois, o Conselho Nacional de Igrejas Cristãs (Conic) (cf. Beozzo, 2005, p. 539-540).

Ao nos voltarmos, aqui, para essa trajetória nas duas últimas décadas do século XX, parecem ser mais pertinentes as seguintes questões: Como a Igreja do Brasil enfrentou os ventos contrários ao seu comprometimento na realidade social? O que a ajudou a prosseguir alinhada com o Vaticano II e com o projeto Medellín-Puebla?

6.1 Em torno da Conferência de Puebla

A III Conferência Geral do Celam foi realizada em Puebla, no México, de 27 de janeiro a 13 de fevereiro de 1979.

Durante dois anos o Celam dirigiu o processo de preparação, que constituiu o maior mecanismo de consulta e participação desenvolvido até então na Igreja do continente. Lançado o Documento de Consulta, este recebeu numerosas e severas críticas da maioria das conferências episcopais e de importantes teólogos latino-americanos, que o consideraram distante do espírito de Medellín. Ali, o tema da opressão e da injustiça social era deslocado para o do perigo do processo de secularização com suas consequências. Isso forçou um novo empenho, que culminou na publicação do Documento de Trabalho em agosto de 1978, com significativa melhora quanto à realidade socioeclesial e à visão pastoral dos episcopados latino-americanos (cf. Keller, 2018, p. 85).

Em meio ao clima de suspeita instaurado em amplos setores eclesiásticos latino-americanos, bem como em instâncias romanas, o Celam enveredava-se por uma linha cada vez mais conservadora, embora essa tendência não fosse unânime entre os bispos do continente. Havia denúncias de radicalismo na opção pelos pobres e no compromisso social; as CEBs eram rechaçadas como "Igreja popular"; a vida religiosa consagrada, propugnada pela Clar e consubstanciada na inserção em meios populares, era acusada de "magistério paralelo" em atrito com os bispos locais; a Teologia da Libertação era estigmatizada de marxismo; e as conferências episcopais – sobretudo a do Brasil – eram acusadas de excessiva autonomia (cf. Libanio, 2007b, p. 28-29).

A Conferência de Puebla se iniciou sob grande tensão. Entre os bispos, um agrupamento com pretensões de neutralidade política e discurso eclesiástico que partia de velhos axiomas dogmáticos, sem nenhum caráter de historicidade, aglutinava-se em torno do secretário-geral do Celam e refletia melhor os interesses das elites latino-americanas. Outro segmento era o dos bispos sensíveis à base popular que, com visão histórica, priorizavam os interesses dos oprimidos. Mas a maioria ia definindo sua tendência no decorrer da assembleia, assim amenizando as tensões internas (cf. Christo, 1979, p. 92-93).

Foram excluídos os teólogos e as teólogas da libertação. Porém, levados por vários bispos para que os assessorassem a partir de fora da assembleia, seu trabalho de ajuda na reflexão e na produção de textos garantiu que os participantes tivessem em mãos a memória de Medellín. Além disso, a consulta aos teólogos, pastoralistas e cientistas sociais que estiveram em Puebla numa serena atitude de serviço acabou causando boa impressão à maioria dos participantes, pondo fim a qualquer pretensão de condenar a Teologia da Libertação (cf. Brighenti, 2019a, p. 1.413; Christo, 1979, p. 94).

O longo discurso inaugural feito por João Paulo II, que, estando bem no início do seu pontificado, desconhecia a realidade da Igreja da América Latina, refletiu a tendência de desconfiança em face da Igreja que seguia as opções de Medellín. O papa, porém – que, em seguida, entrou em contato com o sofrimento do povo mexicano nos vários dias da sua visita àquele país –, produziu afirmações corajosas que foram incorporadas ao Documento de Puebla. Além disso, houve a coragem profética de alguns bispos e a repercussão do tom evangélico das propostas da Igreja voltada para a libertação. Assim, a Conferência de Puebla continuou a abertura para o social inaugurada em Medellín (cf. Libanio, 2007b, p. 29-30).

Participaram da Conferência de Puebla 45 bispos do Brasil, três deles em razão de ofício: Aloísio Lorscheider, arcebispo de Fortaleza, presidente da CNBB e do Celam, que esteve entre os que presidiram a conferência; Romeu Alberti, bispo de Apucarana, Paraná, presidente do Departamento de Liturgia do Celam; e Luciano Cabral Duarte, arcebispo de Aracaju, Sergipe, que era presidente do Departamento de Ação Social do Celam (cf. Souza; Ferreira, 2019, p. 720-725).

Havia vazado para a imprensa uma troca de correspondência entre López Trujillo e Cabral Duarte, amigos entre si e alinhados na perspectiva eclesial, de modo que se expôs uma convocação do secretário-geral do Celam para que o arcebispo de Aracaju fosse a Puebla "com as armas em punho" para vencer o combate contra os teólogos da libertação[57].

57. A carta de Trujillo, publicada no periódico mexicano *Uno más Uno*, foi republicada integralmente em *Sedoc*, 122, vol. 11 (1979), p. 959-960.

Na Igreja do Brasil, o Documento de Consulta para a Conferência de Puebla, conhecido como "livro verde", foi intensamente debatido, pelo conjunto do Episcopado e pelas bases eclesiais, principalmente nas CEBs. Despertou muita reflexão e contribuições, que resultaram num documento intitulado *Subsídios para Puebla* (cf. CNBB, 1979, doc. 13). Esse documento alternativo, aprovado pela CNBB em abril de 1978, avançava substancialmente no conteúdo e no tom em relação ao Documento de Consulta. E a CNBB mostrava sua liderança no episcopado latino-americano (cf. Souza; Ferreira, 2019, p. 725-726).

A partir dos *Subsídios para Puebla* o episcopado brasileiro construiu uma contribuição considerável, com opções claras. Entre seus pedidos e apelos estavam a associação dialética entre ortodoxia e ortopráxis na evangelização; a defesa dos direitos humanos; e a construção de uma América Latina mais justa, fraterna e solidária. Essas sugestões foram levadas a Puebla pelos bispos brasileiros eleitos que, antes de irem para a conferência, fizeram reflexões e estudos, e definiram os temas prioritários a serem defendidos nos esquemas preparatórios das comissões provisórias (cf. Souza; Ferreira, 2019, p. 726-727).

Para o desenrolar da conferência, vale ressaltar a contribuição dos bispos brasileiros Dom Aloísiso Lorscheider e Dom Luciano Mendes de Almeida, além do Padre José Marins. A contribuição do Cardeal Lorscheider teve seu peso desde a preparação da Conferência de Puebla. A ele – então presidente do Celam – coube debruçar-se sobre os interesses e as tensões do bastante criticado Documento de Consulta, e reescrever o texto na forma do Instrumento de Trabalho. Em sua perspicácia, ele introduziu no corpo do texto a noção de "comunhão e participação", que já estava na reflexão da Igreja do Brasil, particularmente no Regional Sul II da CNBB. O conceito de comunhão e participação tornou-se o mote das opções de Puebla, a chave de interpretação e o fio condutor do documento conclusivo da conferência (cf. Souza; Ferreira, 2019, p. 728-732).

Em seu discurso de abertura como presidente do Celam, ele falou da "vitalidade nova" das Igrejas do continente, manifestada na sede de Deus e em sua busca na oração e na contemplação; na colegialidade e na presença junto ao povo vividas cada vez mais pelos bispos; no grande desenvolvimento das pequenas comunidades eclesiais (CEBs) em comunhão com a hierarquia; nos novos ministérios; na vida de fé mais profunda por parte de muitos jovens; na intensa ação pastoral de religiosos e religiosas, sobretudo com a inserção comunitária cada vez maior nas zonas mais pobres; no planejamento pastoral participativo em todos os níveis, com metodologia de análise da realidade; na liberdade cada vez maior frente ao braço secular; e na consciência mais aguda dos leigos quanto à sua identidade e missão eclesial (cf. Lorscheider, 1979, p. 47).

Assim como muitos bispos, Lorscheider pensava a partir das referências da teologia latino-americana, centrada na história, no discernimento e na ação pastoral. Seu discurso mostrou que estava consolidada uma tradição eclesial na América Latina. Com o protagonismo da reflexão assumido por uma leva crescente de teólogos jovens e produtivos, a frente eclesial libertadora configurava práticas e imaginários consolidados pelo continente afora (cf. Passos, 2019, p. 1.397-1.398).

O Instrumento de Trabalho, entregue aos participantes, era apenas um "instrumento de ajuda à criatividade", afirmou o presidente do Celam. Assim ele dirimiu o mal-estar gerado com o discurso que o papa havia pronunciado no dia anterior, entendido por uma parcela dos bispos presentes como, de certo modo, uma crítica ao trabalho pastoral e teológico latino-americano. Seu discurso de abertura foi efusivamente ovacionado, embora também tenha recebido críticas (cf. Souza; Ferreira, 2019, p. 728-729).

Dom Luciano Mendes de Almeida, jesuíta, havia sido nomeado bispo auxiliar da Arquidiocese de São Paulo em 1976. Com seu estilo persuasivo, ele contribuiu de modo relevante em diversas frentes de trabalho. Sua contribuição foi especialmente na comissão chamada de Articulação, constituída por cinco membros eleitos pela assembleia no início da conferência, em vez de nomeados, como previa o regulamento. A função dessa comissão era ajudar na redação dos textos e oferecer ferramentas para uma redação mais aprofundada do Documento Final. E dado que o esquema previamente preparado pelo secretário executivo do Celam foi rejeitado, coube às comissões chamadas transitórias apresentarem um temário de reflexão que fincaria as bases do Documento Final. A comissão de Articulação, encarregada de organizar o material e fazer uma proposta de roteiro de trabalho para a manhã seguinte, conseguiu organizar, articular e dar rumo às sugestões, reunindo-as em torno de quatro núcleos e de um eixo norteador, o da "comunhão e participação", proposto por Dom Luciano. O esquema foi aprovado com unanimidade em plenário (cf. Souza; Ferreira, 2019, p. 729-731).

Diante dessa mudança de rumo da conferência, o segmento dos bispos contrários às orientações de Medellín resolveu denunciar o que viam como infiltração comunista na assembleia. Apontaram diretamente quatro bispos, dos quais dois eram do Brasil: Dom Paulo Evaristo Arns e Dom Cândido Padin. A presidência do Celam viu-se obrigada a defender os acusados por meio de uma nota (cf. Christo, 1979, p. 94).

Foi sob a influência direta de Dom Luciano que a assembleia refez o método originalmente apresentado, que restringiria a discussão em plenário. Essa mudança no método permitiu uma relativa porosidade nas comissões de trabalho, bem como uma composição plural (cf. Dussel, 1983, p. 590-591).

O Documento de Puebla foi estruturado de acordo com o método "ver-julgar-agir", indo da pastoral à teologia, com visão comprometida pastoralmente na realidade impactante de pobreza injusta e pecado social. Precisamente por ter partido da escandalosa realidade do continente latino-americano, chegou-se à compreensão da evangelização libertadora e à formulação da opção preferencial pelos pobres (cf. Keller, 2018, p. 87).

Dom Luciano deixou em Puebla uma marca importante. Havia levado no coração as contribuições do episcopado brasileiro. E como anjo noturno trabalhava na calada da noite para que os textos se aproximassem mais das opções evangélicas (cf. Souza; Ferreira, 2019, p. 731).

Já a contribuição do padre brasileiro José Marins foi mais especificamente em torno das CEBs. Integraram o grupo de trabalho que tratou das "pequenas comunidades eclesiais", como eram denominadas as CEBs, vários prelados fortemente empenhados na oposição a esse caminho da Igreja. Pode-se citar, da parte do Vaticano: o Cardeal Sebastiano Baggio, então prefeito da Congregação para os Bispos e presidente da Pontifícia Comissão para a América Latina (CAL); o bispo belga Jean Jérôme Hamer, secretário da Congregação para a Doutrina da Fé; e o Bispo Michele Buro, secretário da CAL. De Buenos Aires, o Cardeal Juan Aramburu. Da crítica cerrada desse grupo resultou um documento que foi rejeitado pelo plenário. Então um pequeno grupo – coordenado pelo Padre José Marins – passou a noite em claro escrevendo um novo texto para ser votado na manhã seguinte. Resultou uma alegre afirmação no Documento de Puebla (n. 629) das pequenas comunidades como "esperança da Igreja", conforme *Evangelii Nuntiandi* n. 58. Ali também está dito que a sua multiplicação é um fato eclesial relevante e caracteristicamente nosso (cf. Beozzo, 1994, p. 226-227).

O Documento de Puebla também afirma que:

> [...] as comunidades eclesiais de base são expressão do amor preferencial da Igreja pelo povo simples; nelas se expressa, valoriza e purifica sua religiosidade e se lhe oferece a possibilidade concreta de participação na tarefa eclesial e no compromisso de transformar o mundo (Puebla, 643).

Com maior efervescência e expansão na década de 1970 e primeira metade da década de 1980, desde 1975, as CEBs no Brasil vêm realizando seus Encontros Intereclesiais[58], tendo chegado ao 15º encontro em 2023. Em todo esse percurso evidencia-se a sinodalidade vivida desde a base da Igreja.

As contribuições da Igreja do Brasil também estiveram nos bastidores da Conferência de Puebla, inclusive através de pessoas do laicato. Algumas mulheres, ali atuantes em diversos serviços, conseguiram passar para os bispos ideias e argumentos a respeito da dignidade das mulheres latino-americanas. A efetividade dessa sua persistência aparece no Documento Final, que apresenta o rosto da mulher latino-americana, salienta a sua dignidade ao menos em algumas linhas e reconhece a sua contribuição para a evangelização do continente (cf. Gebara, 1989, p. 5).

6.2 A recepção de Puebla e os ventos contrários

A recepção do Documento de Puebla foi marcante em toda a Igreja da América Latina e do Caribe após a "década de sangue e esperança". Nos dez anos entre as conferências de Medellín e de Puebla houve um número incontável de pessoas perseguidas e martirizadas, mas também eclodiram esperançosas novidades na Igreja e nos movimentos sociais. A Igreja do Brasil ganhou novo impulso.

58. A respeito das Comunidades Eclesiais de Base e dos seus Encontros Intereclesiais no Brasil, cf. Souza (2022, p. 500-546).

Um texto "paradigmático" da recepção no Brasil, segundo João Décio Passos (2019, p. 1.401-1.404), foi o livreto de Frei Betto intitulado *Puebla para o povo*, que teve sucessivas edições. Fiel ao documento oficial, esse subsídio traduziu a terceira conferência para a linguagem popular, na perspectiva da Teologia da Libertação e das CEBs, expressando a recepção de Puebla numa perspectiva libertadora, amplamente praticada nos grupos e nas pastorais populares da América Latina. Consciente ou espontaneamente, aconteceu de fato uma circularidade e uma hermenêutica de continuidade entre as conferências de Medellín e de Puebla. A recepção renovadora dos ensinamentos de Puebla se deve às forças eclesiais ativas e portadoras dos carismas renovadores do Concílio e de Medellín. Assim, foram superadas as contradições internas da assembleia e do Documento Final.

Porém, no marco da queda do Muro de Berlim no fim dos anos de 1980, começou uma agenda conflitiva para a Igreja da América Latina. A Associação Ecumênica de Teólogos do Terceiro Mundo (Asett) promoveu um Congresso Internacional Ecumênico de Teologia, realizado na cidade de São Paulo de 21 de fevereiro a 1º de março de 1980. Simultaneamente, no período noturno, foi realizada uma Semana Teológica na PUC-SP, com quase 2 mil pessoas, entre agentes de pastoral e membros das comunidades de base. O arcebispo de São Paulo, Cardeal Arns, foi presidente de honra desse congresso, juntamente com o bispo metodista Dr. Paulo Ayres Matos. No entanto, às vésperas do evento, por meio de uma carta, o Cardeal Baggio havia proibido os bispos católicos convidados de participarem e intimado o Cardeal Arns a retirar seu patrocínio. Mas Dom Paulo Arns manteve seu apoio, pois se tratava de um congresso ecumênico e porque, através do Secretariado para a União dos Cristãos, ele já vinha mantendo a Santa Sé informada. O Cardeal Arns recorreu diretamente ao papa, através da Secretaria de Estado, e o congresso foi mantido (cf. Beozzo, 1994, p. 227-228).

O cardeal italiano Sebastiano Baggio, que tentou uma intervenção desde Roma para impedir o congresso, era prefeito da Congregação para os Bispos e tinha bastante influência na América Latina.

Ainda nos primeiros meses de 1980, preparava-se com grande expectativa a primeira visita do Papa João Paulo II ao Brasil, que se realizou de 30 de junho a 12 de julho. O país ainda declaradamente católico tinha um episcopado experiente e afeito ao diálogo, com seus mais de 300 bispos. Como observou Mainwaring (2004), o papa encontrou aqui uma Igreja vista pelo lado externo como a mais progressista do mundo, que causava impacto na política brasileira ao vincular a fé ao compromisso social e aos pobres. Dentro da ditadura militar que ainda vigorava, era favorável a ela a relativa abertura política do governo do General João Batista Figueiredo.

Governo e Igreja, após os anos de graves confrontos, tiveram que discutir juntos as implicações práticas da visita do papa. No interior da Igreja havia certo temor por sua orientação mais conservadora nos campos da teologia e da pastoral, mas também esperança diante das posições firmes de João Paulo II na defesa dos direitos humanos. De fato, seu apoio claro e decidido à causa da justiça e da dignidade dos pobres confirmou as opções e a prática pastoral da Igreja do Brasil. Isso se evidenciou principalmente no seu encontro com os operários em São Paulo, com os favelados no Rio de Janeiro, com os indígenas em Manaus e com os camponeses no Recife, onde ele abraçou Dom Helder Camara, exclamando: “Dom Helder, irmão dos pobres, meu irmão!” (Beozzo, 1994, p. 228-229). Porém, não se amainaram os ventos contrários.

Uma carta do papa, de 10 de dezembro daquele ano da visita (João Paulo II, 10 dez. 1980, in *Sedoc* 13 mar. 1981, p. 807-812), foi enviada individualmente a todos os bispos do Brasil. A carta tecia críticas e reservas à atuação da Igreja deste país, principalmente relacionadas com: a adesão às orientações e normas dos organismos da Santa Sé; o caráter essencialmente religioso da missão da Igreja, que pode ter risco "a pretexto de atuar na sociedade"; e a importância de inserir na pauta das assembleias nacionais, regionais e diocesanas temas como catequese, vocações sacerdotais e religiosas, bem como de vetar qualquer abertura à ordenação presbiteral de homens casados. Pedia uma firme determinação dos bispos em promover as vocações sacerdotais e cuidar da sua formação e os convocava à vigilância pastoral e doutrinal. Concluía exortando a "manter e incrementar entre vós aquela autêntica unidade que mais de uma vez defini como sendo afetiva e efetiva ao mesmo tempo" (Beozzo, 1994, p. 232-233).

Era evidente que essa carta havia sido preparada pela Congregação dos Bispos, presidida pelo Cardeal Baggio, como espinha-dorsal do discurso que o papa faria à CNBB em Fortaleza. Porém, como se dizia, a caminho de Fortaleza, João Paulo II teria reescrito o texto da sua mensagem para os bispos. De fato, ali ele fez um pronunciamento mais fraterno, que expressou sua sincera admiração pelos trabalhos dos bispos do Brasil e lhes deu incentivo. E a carta enviada no fim do ano a cada bispo foi seguida de uma outra, vinda do secretário de Estado do Vaticano e endereçada ao presidente da CNBB. Esta trazia diretrizes severas para a pauta e o funcionamento da próxima assembleia da conferência dos bispos (cf. Beozzo, 1994, p. 230-232).

Um processo contra o teólogo brasileiro Leonardo Boff foi preparado por denúncias da Comissão de Defesa da Fé da Arquidiocese do Rio de Janeiro, cujo arcebispo, o cardeal Dom Eugênio Sales, era defensor da ortodoxia. O alvo dessas denúncias eram as proposições de Boff em sua obra *Igreja: carisma e poder*, publicada em 1981. Chamado a depor em Roma, na Congregação da Defesa da Fé, ele compareceu em 7 de setembro de 1984, acatando a conclusão com uma série de reparos, que lhe foi enviada seis meses depois. Foi-lhe imposto um tempo de silêncio obsequioso com duração de cerca de um ano, seguido de diversas restrições das atividades que ele exercia dentro da Ordem Franciscana à qual pertencia, quanto ao ensino e às publicações (cf. Comblin, 1992, p. 626).

As suspeitas e os temores em relação à Teologia da Libertação foram reunidos pelo Cardeal Ratzinger na Instrução *Libertatis Nuntius* (Congregação para a Doutrina da Fé, 1984), cuja postura condenatória recebeu muitas críticas. Isso exigiu outro documento, a Instrução *Libertatis Conscientiae*. Em anexo nessa segunda instrução está uma carta do Papa João Paulo II à CNBB sobre a missão da Igreja e a Teologia da Libertação, na qual ele afirma: "[...] estamos convencidos, nós e os senhores, de que a Teologia da Libertação é não só oportuna, mas útil e necessária" (Congregação para a Doutrina da Fé, 1986, anexo nas p. 81-96).

Os teólogos da libertação da América Latina não se reconheceram na primeira instrução, assinada pelo Cardeal Ratzinger. Bastante dura, ela mostrava essa teologia como uma síntese das heresias e assimilada ao marxismo. O mesmo Cardeal Ratzinger fez a segunda instrução, bem mais matizada e com uma retomada de muitos dos temas avançados pela Teologia da Libertação. O papa, em sua carta aos bispos do Brasil, mostrou confiar-lhes a missão especial de conduzir essa teologia, no seu país e em toda a América Latina (cf. Comblin, 1992, p. 626-627).

Entretanto, não se estancaram as suspeitas e as condenações, ao mesmo tempo em que se intensificava a nomeação de bispos conhecidos por sua hostilidade à Teologia da Libertação.

A faculdade de Teologia de São Paulo havia sido visitada em maio de 1984 pelo Cardeal Höffner, arcebispo de Colônia. Conhecendo de antemão o conteúdo ali ensinado, o cardeal cumpriu o objetivo de denunciar o marxismo. Seguiram-se visitas apostólicas em todos os seminários do Brasil, com a mesma finalidade. O resultado mais visível foi o fechamento, em 1989, de duas instituições fundadas 20 anos antes sob o patrocínio de Dom Helder Camara e do episcopado do Nordeste: o Segundo Seminário Regional do Nordeste (Serene 2) e o Instituto de Teologia do Recife (Iter) (cf. Comblin, 1992, p. 627).

Em 1989 a Congregação para os Religiosos, do Vaticano operou uma intervenção na Clar. Essa organização continental constituía uma espécie de alternativa à liderança conservadora do Celam (cf. Löwy, 2000, p. 217). Em abril foi proibida a publicação do seu projeto "Palavra e Vida", um programa de reciclagem bíblica para as religiosas e os religiosos. Da Santa Sé veio também uma interferência nos estatutos da instituição e a nomeação de um secretário-geral, contrariando a escolha por eleição (cf. Comblin, 1992, p. 627).

Também a Conferência dos Religiosos do Brasil passou a enfrentar dificuldades. Fundada em fevereiro de 1954, antes do Concílio Vaticano II, mas já na perspectiva de atualização da vida religiosa consagrada, numa primeira etapa, buscou favorecer um maior conhecimento dos diversos carismas das congregações e institutos e também criar condições para tarefas conjuntas, visando a uma presença apostólica mais eficiente dos religiosos no país. Em uma segunda etapa, estabeleceu sua colaboração com a CNBB nos projetos pastorais, porém dificuldades de entrosamento com o colegiado dos bispos, além de um peso demasiado dado à burocracia e às atividades financeiras, de certa forma, ofuscaram os projetos mais voltados à renovação da vida religiosa e à colaboração com os bispos na pastoral (cf. Azzi, 2008, p. 631).

É oportuno lembrar que, em 1958, numa assembleia geral da CRB, o Núncio Apostólico Armando Lombardi fez incisivo apelo aos religiosos para um maior entrosamento com a CNBB, também solicitando que esse fosse um critério importante na eleição dos membros que comporiam a nova diretoria. E dado que o redentorista Tiago Cloin relutava em aceitar sua eleição para secretário-geral da entidade, o Núncio pediu-lhe que aceitasse a decisão da assembleia em nome da obediência religiosa. Também lhe confiou como tarefa primordial a inserção na pastoral da Igreja do Brasil, com maior coordenação com a CNBB (cf. Mariae, 1994, p. 137-138).

A atuação de Tiago Cloin foi fundamental para uma aproximação efetiva com a CNBB. Durante sua gestão como secretário-geral multiplicaram-se os cursos de formação para os religiosos em seus diversos setores de atuação. E a revista da CRB, que era mais informativa, passou a ser um periódico promotor de renovação dos institutos religiosos (cf. Azzi, 2008, p. 631).

A CRB apoiou a inserção de religiosas e religiosos nos meios populares. Podemos aqui destacar o processo de inserção das religiosas no Brasil, que se deu numa relação direta com a emergência e o florescimento das CEBs.

A liderança exercida por religiosas consagradas, num trabalho coletivo com pessoas leigas, acompanhou o nascimento das CEBs no início dos anos de 1960. Essas comunidades desempenharam um papel fundamental na adesão ao projeto de Medellín. Sua permanência como um novo modo de ser Igreja deve-se, principalmente, à atuação diária e constante dessas pessoas leigas e dessas religiosas (cf. Boff; Boff, 1998, p. 89, 95). Desde a década de 1970 houve uma significativa multiplicação dos grupos de religiosas que escolheram viver e realizar seu trabalho pastoral em regiões rurais distantes e isoladas, bem como em bairros periféricos das grandes cidades (cf. Rosado Nunes, 1997, p. 504).

Quando da Conferência de Puebla, as religiosas que já possuíam uma experiência de vida em comunidades pequenas no meio do povo mostravam o desejo de "comungar" da mesma situação dos pobres. Passaram, então, a mudar suas condições materiais de vida. Com nova visão de mundo e nova consciência vieram as possibilidades concretas para uma transformação substancial que alcançou, além do nível do cotidiano partilhado, também a prática pastoral. A proposta de atuação dessas religiosas acabou redirecionada pelas urgências do atendimento às necessidades básicas da classe trabalhadora. E passando a incorporar o discurso dos setores da Igreja voltados para a libertação integral, com seus teólogos, elas se posicionaram conscientemente na opção pelos pobres (cf. Rosado Nunes, 1986, p. 213-214). Em lugares remotos e desassistidos e nas periferias urbanas, elas assumiram a precariedade e a dureza de condições de vida bem diferentes das que tinham antes, em colégios e obras das suas congregações (cf. Rosado Nunes, 1997, p. 504).

Consequentemente, vieram tensões e conflitos. Além do conflito institucional entre Celam, Vaticano e Clar, que se estendeu às conferências de religiosos de diversos países, muitas religiosas e religiosos foram atingidos na base onde viviam e atuavam. Não poucos deles e delas foram expulsos de dioceses e paróquias. Entre os motivos estava a intransigência de vigários totalmente apoiados pelos seus bispos, a cumplicidade de alguns bispos com o poder político local e uma eclesiologia aliada com o *status quo* dominante, explorador do povo (cf. Gebara, 1992, p. 99).

Mas os ventos contrários eram enfrentados no cotidiano da Igreja do Brasil, como se pode ver, por exemplo, na perseverança em realizar, anualmente, a Campanha da Fraternidade. Ao se completarem 20 anos dessa campanha em 1983, o episcopado brasileiro publicou um estudo a respeito do seu significado e da sua trajetória (cf. CNBB, 1983). Eram duas décadas desde o surgimento de uma Igreja renovada a partir do Concílio, que se despertou para o valor da consciência histórica e procurou se situar diante dos "sinais dos tempos".

A CNBB assumiu e dirigiu a Campanha da Fraternidade desde a década de 1960, num interrupto incentivo à vivência da Quaresma em fidelidade à opção pelos pobres, juntamente com a reflexão teológica e a prática pastoral-missionária a partir da análise da realidade histórica e concreta em que estão os irmãos e as irmãs sofrendo carências e exclusões (método "ver-julgar-agir"). Desde sua gestação no Movimento de Natal, com Dom Eugênio Sales e através da Cáritas Brasileira, a fraternidade foi entendida e traduzida em gestos concretos em favor dos mais necessitados, como atitude de conversão quaresmal. Nascida na comunidade eclesial de Nísia Floresta, no ano de 1963, teve seu lançamento em âmbito nacional no ano seguinte. Em 1970, passou a ter, em cada edição, a mensagem do papa. E, a partir do ano 2000, começou a ser feita de um modo ecumênico. Assim, seguindo ininterrupta em cada Quaresma, a Campanha da Fraternidade da Igreja do Brasil completou 60 anos em 2023, alcançando a terceira década do século XXI.

6.3 Em torno da Conferência de Santo Domingo

A Conferência de Santo Domingo, IV Conferência Geral do Celam, foi realizada em 1992 na República Dominicana, Caribe. A escolha da sede da chegada à América, Santo Domingo, se fez no marco dos 500 anos de evangelização. O tema "Nova evangelização, promoção humana e cultura cristã" foi definido dois anos antes pelo Papa João Paulo II e seus assessores.

A expectativa de amplos segmentos eclesiais era de uma celebração triunfalista, na convicção de que a nova evangelização devia iluminar a promoção humana e projetar-se sobre as culturas latino-americanas-caribenhas. Em outro polo, porém, emergia uma consciência de que os economicamente empobrecidos são ricos em suas culturas, antigas e novas, diversas e quase sempre oprimidas.

A proposta da nova evangelização ia ganhando vigor decisivo na década de 1990, com a carta encíclica *Redemptoris Missio*, de João Paulo II, sobre a validade permanente do mandato missionário. Perante o enfraquecimento do tecido social da comunidade católica, abraçava-se decisivamente o anúncio explícito de Cristo, ficando em segundo plano a dinâmica de testemunho e compromisso com os valores evangélicos como a justiça e a paz. E a Conferência de Santo Domingo poria em evidência traços desse refluxo eclesial (cf. Teixeira, 1996, p. 108-109).

As novas autoridades do Celam, eleitas em 1991, buscavam reparar de algum modo o refluxo eclesial ocorrido na América Latina, mas enfrentavam uma linha contrária no Vaticano, especialmente as intervenções cada vez mais frequentes da CAL.

Do Brasil, além dos 53 bispos participantes, outras 14 pessoas foram convidadas, entre padres, religiosas, pessoas do laicato e um diácono. O arcebispo de Belo Horizonte, Dom Serafim Fernandes, foi um dos membros da presidência, e Dom Raymundo Damaceno Assis, bispo auxiliar de Brasília, participou da secretaria-geral (cf. Altemeyer Júnior, 2018, p. 469). Reforçava-se aquele clima eclesial neoconservador já manifestado em Puebla. E com a assembleia organizada desde os poderes centrais da Igreja, em Santo Domingo a Igreja da América Latina teria pouca liberdade de expressão (cf. Libanio, 2007b, p. 32).

Em seu discurso inaugural, que marcou completamente o rumo dessa conferência, por diversas vezes o Papa João Paulo II mudou da língua espanhola para a portuguesa. Alguns interpretaram isso como um gesto de deferência à numerosa delegação de bispos brasileiros, mas outros entenderam ser uma mensagem velada a esse notável grupo de participantes, para que seguissem a nova orientação. No entanto, entre os que se empenhavam em gerar atitudes construtoras do futuro estava o bispo brasileiro Dom Luciano Mendes de Almeida, com a tarefa de coordenar as sessões plenárias. Muito do êxito da Conferência de Santo Domingo se deve à providencial sabedoria desse "homem realmente evangélico, sábio e lúcido, que se atreveu a 'esperar contra toda esperança'" (cf. Arroyo, 2018, p. 98-99).

De fato, foi fundamental a atuação do jesuíta Dom Luciano, com sua capacidade de articulação permeada de espírito fraterno, além de profundo conhecimento teológico-pastoral. Os limites ali impostos pelo centralismo romano chegaram a provocar entre os participantes um receio de que não resultasse dessa quarta conferência um documento, como era praxe nas conferências gerais. Contudo, resultou o documento das Conclusões de Santo Domingo, que reafirma as grandes opções de Medellín-Puebla e acrescenta o compromisso com a evangelização inculturada. Isso se condensa principalmente na última parte do documento, graças à dedicação de Dom Luciano Mendes de Almeida junto à Comissão de Promoção Humana.

Houve ruptura com a Conferência de Medellín quanto ao método "ver-julgar-agir" e à Teologia da Libertação. O eixo crítico-social deslocou-se para o cultural, no prisma da nova evangelização da cultura descristianizada. Em um cenário conservador e espiritualista, a insistência maior se pôs nos movimentos apostólicos de leigos, de cunho internacional, como renovação carismática, comunhão e libertação, movimento dos focolares e movimento neocatecumenal. Mas também houve passos significativos na linha do compromisso social e libertador, nesse momento da história em que surgiam em diversos países outros movimentos sociais como os feministas, os ecológicos, os pacifistas, os antirracistas e os inter-religiosos. A opção pelos pobres foi mantida e reafirmada, embora matizada na perspectiva da dimensão universal da evangelização. Também se afirmou o protagonismo dos leigos e o chamado à evangelização inculturada, com valorização das culturas afro-indígenas e da religiosidade popular (cf. Libanio, 2007b, p. 32-34).

A Igreja do Brasil prosseguiu, nos anos de 1990, com sua grande vitalidade. Em seu cotidiano estava a atuação das CEBs consolidadas, a leitura popular da Bíblia, a multiplicação dos ministérios, uma liturgia mais encarnada e popular, a vida religiosa inserida entre os mais pobres, o ecumenismo e o compromisso social e político dos cristãos. No seio da Teologia da Libertação surgiam outras contextualizações na realidade do povo negro, dos povos indígenas, das mulheres, ao lado da recuperação crítica e ecumênica da sua memória histórica como Igreja local, bem como da memória histórica da Igreja da América Latina (cf. Beozzo, 1994, p. 291).

Entretanto, novas pressões vindas do Vaticano tornavam mais difícil ir adiante com seu projeto participativo e libertador. Sua presença pública se enfraqueceu, particularmente a da CNBB, que em anos anteriores havia tido destacada atuação na sociedade brasileira. O perfil dos dirigentes da conferência dos bispos em meados dos anos de 1990[59] evidenciou uma mudança de perspectiva, embora a linha de continuidade se tenha mantido na composição das comissões de Pastoral e de Doutrina. E a onda restauradora incidiu também em outras instâncias específicas da pastoral (cf. Teixeira, 1996, p. 109-110).

6.4 De volta às questões iniciais

Fundamental para o enfrentamento dos ventos contrários à caminhada da Igreja do Brasil foi a eclesiologia do Vaticano II enraizada desde as suas bases populares, com a práxis assentada nas opções eclesiais e pastorais das conferências de Medellín e de Puebla. É claro que pesaram as interferências, as intervenções e as orientações que vieram de setores do Vaticano e também de segmentos do Celam herdeiros da "era Trujillo", fechados num entendimento de "nova evangelização" contrário a todo empenho em favor da justiça social.

Porém o enfrentamento dessas orientações contrárias se deu no cotidiano da Igreja do Brasil. Ali esteve um fermento profético da vida religiosa consagrada, além da perseverança em realizar anualmente a Campanha da Fraternidade. Ao mesmo tempo, o protagonismo de um laicato mais maduro que, como sujeito eclesial, levava a Igreja a persistir em sua opção pelos pobres, respondendo a cada novo desafio.

---

59. O presidente da CNBB era o cardeal Dom Lucas Moreira Neves, que renunciou em junho de 1998 ao ser nomeado prefeito da Congregação para os Bispos, em Roma. Sucedeu-o Dom Jayme Henrique Chemello, que era vice-presidente. O secretário-geral era Dom Raymundo Damasceno Assis.

Como testemunhou o Cardeal Arns, a grande dedicação das pessoas leigas como "porção do Povo de Deus" mostrava que o Espírito Santo as ouvia e orientava. "Nunca se leu tanto e com tanto sabor a Sagrada Escritura como nas reuniões dos pobres que discutiam seus problemas", afirmou. Com o texto sagrado e os subsídios que forneciam a base para os seus trabalhos, esse laicato também era atuante nas grandes assembleias, propondo prioridades na direção dos direitos fundamentais dos trabalhadores e dos mais marginalizados (cf. Arns, 2000, p. 298).

A CNBB, não obstante certa vulnerabilidade a depender da composição dos seus dirigentes, seguiu com o protagonismo dos seus regionais e a histórica tradição do seu colegiado, num país de dimensões continentais que contava com a efervescência dos movimentos sociais para fazer o regime de ditadura militar recuar. Como integrante da cúpula do episcopado brasileiro e em comunhão com o pulsar dessa Igreja viva, Dom Aloísio Lorscheider teve uma atuação nevrálgica, como se evidenciou em torno da visita do Papa João Paulo II ao Brasil em 1980.

Como vimos, no fim do ano dessa visita, chegou a já temida insistência numa drástica mudança de rumos, através das cartas do papa, aquela endereçada a cada bispo e a que foi enviada ao presidente da CNBB. Essa força contrária vinha mais especificamente da congregação que, no Vaticano, é responsável pelos bispos. Por outro lado, o papa sentiu o calor da recepção do povo, entrou em contato com as realidades do país e teve longas conversas com o presidente da CNBB, Dom Ivo Lorscheiter, que também o acompanhou nos deslocamentos aéreos durante os 12 dias da sua visita. Seu encontro com os bispos em Fortaleza foi bastante fraterno. Chegou-se a dizer que, a caminho de Fortaleza, João Paulo II teria reescrito o texto de sua mensagem para o episcopado (cf. Beozzo, 1994, p. 228-237).

7
A Igreja do Brasil no referencial da Conferência de Aparecida

O lugar escolhido para a quinta conferência foi o Brasil com seu Santuário de Aparecida, o maior santuário mariano do mundo e que tem o título de basílica menor. Mais do que uma escolha pela Igreja do Brasil com seus criativos avanços no último meio século, provavelmente foi a opção deliberada por um santuário mariano, num país gigantesco cuja identidade católica mostrou-se ameaçada.

O processo da convocação da quinta conferência e a definição do lugar são explicados por Libanio (2007, p. 37-43). A Conferência de Santo Domingo parecia ter sido a última com caráter de conferência. Em seu discurso inaugural, João Paulo II havia lançado a ideia de uma nova estrutura continental que substituiria a conferência e traria uma ação comum das três Américas. Realizando-se em Roma, com a presença próxima do papa e dos dicastérios, eliminaria o perigo de tensões. De fato, implantava-se a instituição do Sínodo Continental. Após o da Europa (1991) e o da África (1994), foi a vez do Sínodo da América, que se realizou em Roma, em dezembro de 1997, com o tema "Encontro com Jesus Cristo vivo, caminho para a conversão, a comunhão e a solidariedade na América". Os padres sinodais passaram as sugestões ao papa, que promulgou, em janeiro de 1999, sua Exortação Apostólica Pós-Sinodal *Ecclesia in America*.

Apesar das opiniões desfavoráveis à continuidade das conferências gerais no âmbito da América Latina e do Caribe, em 2005 seria a comemoração de 50 anos da primeira conferência e da fundação do Celam. Com a opinião favorável da maioria dos bispos do continente, a presidência do Celam apresentou ao papa a proposta da realização da quinta conferência. A resposta de João Paulo II em 27 de maio de 2003, "eu quero o que a Igreja da América Latina quer", teve o acréscimo de *mantenete la vostra forma* (mantende a vossa forma). O secretário de Estado do Vaticano notificou oficialmente que o papa havia aceito a petição: a conferência seria realizada em fevereiro de 2007 e o local seria Roma.

A definição de Roma como local foi por razão da saúde precária do papa, que desejava participar pessoalmente, mas perdeu consistência porque ele veio a falecer em 2 de abril de 2005. Após tentativa em vários países da América Latina, o Papa Bento XVI surpreendeu a todos indicando Aparecida, no Brasil. Não deu razões dessa escolha, mas muitos a entenderam pelo significado transnacional e pastoral do gigantesco santuário mariano de Aparecida. Esse lugar favoreceria uma recolocação da Igreja do Brasil no nível mundial e traria um melhor clima para a recomposição das suas relações com Roma.

A virada de século e de milênio, que provocava uma tomada de consciência da grande e complexa pluralidade da humanidade e do mundo, não escondia o imenso contingente de pessoas tentando sobreviver abaixo da linha de pobreza. Evidenciava-se que as novidades aceleradas nos campos científico, tecnológico e cultural conviviam com velhos e novos problemas.

O Censo do Instituto Brasileiro de Geografia e Estatística (IBGE) do ano 2000 trouxe dados que assustaram a maior parte do episcopado brasileiro. Constatou-se uma perda numérica implacável de fiéis católicos, justamente neste país conhecido como o mais católico do mundo.

Os censos brasileiros das décadas de 1940, 1950 e 1960 já haviam mostrado a tendência geral a uma diminuição dos adeptos da Igreja Católica, num declínio moderado, mas constante (cf. Camargo, 1973, p. 24). Nas três décadas de 1970 a 2000, a queda no número de católicos no Brasil foi de 18%. De 1991 a 2000, segundo o Censo do ano 2000, os católicos passaram de 83,8% a 73,8% da população, enquanto os evangélicos, predominantemente os pentecostais, aumentaram de 9,05% para 15,45%. Ou seja, em uma década, os evangélicos tiveram um crescimento de 70,7%, enquanto os católicos sofreram uma redução de 11,9%. Note-se que os que se declararam sem religião passaram de 4,8% para 7,3%.

No Brasil do ano 2000, com tendência a uma crescente situação de pluralismo e diversidade religiosa, o catolicismo apresentava índices diferentes nas diversas regiões, além de uma complexidade de tendências modernizantes e resistência tradicional (cf. Camurça, 2006, p. 35-48). Em suas dimensões continentais, o Brasil continuava sendo um país majoritariamente católico, mas a histórica hegemonia desse catolicismo que por tanto tempo vigorou como obrigatório mostrava-se inconsistente. Ao mesmo tempo, aqui e no mundo todo era palpável o avanço da secularização, com efervescentes mutações no campo religioso[60].

Entretanto, o processo de secularização se faz de maneira diferenciada na América Latina e no Caribe, onde o capitalismo neoliberal estabeleceu e mantém uma forma de modernização periférica, cuja lógica é geradora de profundas desigualdades. No Brasil, especialmente, uma urbanização extremamente rápida fez com que se ampliassem as desigualdades estruturais. Assim, diminui a pressão da hegemonia do catolicismo à medida que aumenta o impacto dessa modernização desigual e excludente. Transformam-se

---

60. Para entender as transformações que ocorrem na identidade cultural dos brasileiros, dentro dos processos de modernização, cf.: Gómez de Souza; Alves Fernandes (2002).

continuamente o campo religioso, a consciência e o sentimento religioso das pessoas. Os empobrecidos e excluídos passam a buscar sentido em fontes parciais e símbolos num campo religioso segmentado (cf. Parker, 1996, p. 80-93, 102-103).

A particularidade da realização da quinta conferência nos espaços da Basílica Nacional de Aparecida tem muito a dizer em meio a tudo isso. Esse lugar teve implicações profundas sobre o desenrolar e os resultados da conferência. Os bispos foram tocados de um modo especial pelo fluxo contínuo de romeiros que chegam desde as madrugadas cantando e rezando, e que transitam em silencioso e lento cortejo na subida da rampa por detrás do altar, para chegar pertinho da pequena imagem negra da Virgem (cf. Beozzo, 2008, p. 39-41).

Neste último capítulo, o foco se põe no impacto da experiência vivida pela Igreja do Brasil desde a Conferência de Aparecida. Buscamos chegar a uma compreensão dos desdobramentos dessa participação e experiência no exercício da sua missão, frente aos desafios trazidos pela mudança de época da humanidade e pela entrada no século XXI.

7.1 Protagonismo na Conferência de Aparecida

O evento da V Conferência Geral do Episcopado da América Latina e do Caribe foi realizado em Aparecida, de 13 a 31 de maio de 2007.

Em um setor predominante da hierarquia e do clero em geral estava o desejo do lançamento de uma grande missão continental, à maneira de uma reconquista católica. Seria empreendida com o recrutamento de todas as forças de atuação do clero e do laicato e com a ênfase posta nos novos movimentos católicos. Entendia-se superada a fase da Teologia da Libertação, das CEBs e da valorização dos mártires envolvidos nas causas da justiça social, vistos como causadores de dessacralização. A hora seria a de lançar uma investida missionária, um "recomeçar desde Cristo". O incentivo a esse recomeço estava no *Documento de participação* que, com uma visão da realidade social e histórica somente a partir das verdades doutrinais formuladas, entendia a evangelização no continente como "semeadura de vida nova" e com uma disposição militante de autodefesa da Igreja Católica (cf. Domezi, 2007, p. 123).

Mas os frutos dessa conferência foram alicerçados num processo de preparação que não foi exatamente aquele dos organizadores. O *Documento de participação* – pré-conciliar em grande medida – encontrou forte reação, como atestaram as contribuições das Igrejas locais, compiladas pelos episcopados nacionais e enviadas ao Celam. Embora o texto *Síntese das contribuições recebidas* pouco tenha recolhido dessas contribuições, um efetivo trabalho de base foi decisivo para que se formasse uma espécie de "opinião pública" da Igreja do continente, influenciando os participantes (cf. Brighenti, 2008, p. 26-27).

A participação da Igreja do Brasil nesse processo de preparação foi intensa e desde as bases, com envolvimento de muitas comunidades, paróquias, pastorais e movimentos. A partir de um roteiro com questões propostas para o estudo do *Documento de participação* elaborado pelo Celam, a CNBB recolheu as contribuições enviadas pelos seus 16 regionais, bem como as enviadas diretamente por institutos de teologia, congregações religiosas, movimentos eclesiais e organismos de pastoral em nível nacional. Resultou uma síntese bastante representativa da comunhão e da participação de toda essa Igreja local.

Da pluralidade das propostas para a quinta conferência destacavam-se algumas grandes insistências (cf. CNBB, 2006). Uma delas era a recomendação para que não se perdesse de vista o método "ver-julgar-agir", que, vindo da Ação Católica e assumido pelo Concílio Vaticano II na *Gaudium et Spes*, foi abraçado pela Teologia da

Libertação. Com consciência das contradições do processo de evangelização no continente, naquele momento e nos 500 anos de história, insistia-se na retomada dos passos fundamentais da Igreja da América Latina e do Caribe com seu dinamismo evangelizador, como a opção pelos pobres com seus rostos concretos, a expressiva participação do laicato, a redescoberta da palavra que gera a Igreja e tem nas CEBs uma das formas genuínas de ser sacramento do Reino de Deus na história.

Outras insistências eram quanto aos movimentos e grupos de oração, a vida missionária, a participação ativa na liturgia, o aumento das celebrações da palavra, as campanhas da fraternidade e os projetos de evangelização. Entre os grandes desafios, apontavam-se a pobreza crescente e os grandes contrastes, a violação dos direitos humanos, a ameaça de um desastre ecológico, o pluralismo religioso, a massificação e o anonimato do mundo urbano e a família como célula da comunidade e da sociedade (cf. CNB-Brasil, 2006).

Aparecia a consciência da dimensão numérica da Igreja do Brasil. O êxodo de católicos era visto como oportunidade de superar o centralismo do ministro ordenado. De uma parte, pedia-se que fosse cogitada a possibilidade de reinserir na vida pastoral os padres que deixaram o ministério; de outra parte, apontava-se a necessidade da criação de novos ministérios leigos, sobretudo das mulheres, que são maioria nas comunidades:

> No mundo de hoje, cada vez mais as mulheres vêm tomando consciência de sua dignidade e exigindo igualdade no trato e igualdade de oportunidades. A Igreja não pode ficar insensível a esse novo sinal dos tempos, também em nível interno, pois nela são os homens os mais privilegiados, que normalmente tomam as decisões. As tendências conservadoras, que rejeitam o pensamento e a participação das mulheres em tarefas de direção e coordenação eclesial, inclusive nas CEBs, não podem inibir a Igreja a gestos proféticos. O acesso das mulheres ao ministério ordenado é uma dívida pendente (CNBB, 2006, cap. I, 3.5, d).

Essa síntese foi bastante consultada por segmentos dentre os participantes e especialmente pelo grupo Ameríndia (cf. Domezi, 2007, p. 124). A organização Ameríndia teve seu início em 1978. Sua atuação veio se destacando especialmente nos eventos mais importantes da Igreja latino-americana, como as conferências de Puebla e de Santo Domingo e o Sínodo da América. Em Aparecida, constituía-se numa rede de teólogos e teólogas, pastoralistas, biblistas e cristãos de perspectiva ecumênica, representantes dos ideais da Teologia da Libertação (cf. Libanio, 2007b, p. 48). Ali prestou um serviço imprescindível, assessorando os bispos pelo lado de fora da assembleia. A novidade foi o claro consentimento da presidência do Celam, pois, nos outros eventos, esse serviço teve que se fazer de maneira paralela e, de certa forma, clandestina (cf. Brighenti, 2008, p. 32).

Ainda no processo de preparação, no Brasil houve inúmeras atividades acadêmicas e pastorais que trouxeram à memória as conferências gerais e lançaram luzes em direção ao futuro. Em São Paulo, constituiu-se o Fórum de Participação da V Conferência, com o tema "Povo de Deus com Jesus Libertador rumo a Aparecida", e o lema "Vida plena para todas as criaturas". Nascido do trabalho conjunto entre CEBs, Ceseep, CNL, Cimi, PO, CPT, PJ, Pastoral Carcerária, algumas congregações religiosas e o setor social da CNBB, esse fórum organizou e desenvolveu várias atividades antes e durante a quinta conferência, com perspectiva de atuação também depois dela. Merece destaque a série de conferências realizadas em São Paulo, no auditório das Irmãs Paulinas, em março de 2007. Palestras foram promovidas também em Belo Horizonte pela Faculdade Jesuíta (Faje), e artigos relevantes foram publicados em revistas como *Revista Eclesiástica Brasileira* (*REB*), *Perspectiva Teológica*, *Vida Pastoral* e outras (cf. Libanio, 2007b, p. 53-54).

O Fórum de Participação moveu as bases populares da Igreja do Brasil. Estava empenhado em ocupar espaços ao redor do

Santuário de Aparecida para ali manter diversas tendas em vigília permanente durante a quinta conferência, mas esbarrou no cerceamento por parte de autoridades eclesiásticas, temerosas de que a mídia mostrasse isso como uma conferência paralela. Então o fórum prosseguiu aberto ao diálogo com essas autoridades, disposto a acampar onde fosse possível (cf. Domezi, 2007, p. 124).

Sua força simbólica impactou bastante a Conferência de Aparecida. Três das suas iniciativas tiveram maior significado e efeito, na busca de estreitar laços com o trabalho dos bispos e os demais participantes. A primeira foi o Seminário Latino-Americano de Teologia, realizado em Guaratinguetá, cidade vizinha à de Aparecida. Coordenado pelo Conselho Nacional de Leigos, foi transmitido pela internet. Participaram presencialmente pessoas de quase todos os estados do Brasil e de 16 países da América Latina e da Europa, além dos muitos que acompanharam na forma on-line, sendo 27 salas só no Brasil. O segundo evento foi a Romaria das Pastorais Sociais, das CEBs e da Pastoral da Juventude, com cerca de 5 mil pessoas a pé, que saíram à meia-noite da cidade de Roseiras e chegaram de manhã ao Santuário de Aparecida para a missa. E a terceira iniciativa mais marcante foi a Tenda dos Mártires da Caminhada, na margem do Rio Paraíba do Sul, em lugar próximo ao Porto de Itaguassu, onde os pescadores encontraram, em 1717, a imagem de Nossa Senhora Aparecida. Não poucos bispos participantes da quinta conferência estiveram ali, onde diariamente havia celebrações litúrgicas, reflexões e outras atividades (cf. Brighenti, 2008, p. 32-33).

Na fase mais imediata da preparação esteve a visita do Papa Bento XVI ao Brasil, que, iniciada em 9 de maio de 2007, culminou na abertura da quinta conferência, no dia 13.

Circulavam através da internet muitos comentários pessimistas e informações negativas, como a de uma definitiva marginalização do movimento que gerou a Teologia da Libertação. Assim, crescia um sentimento coletivo de desconforto, desconfiança, desinteresse e frustração, ainda mais porque, poucas semanas antes da visita do novo papa, foi tornada pública a notificação da Cúria Romana ao teólogo Jon Sobrino do seu afastamento do ensino de Teologia. Em outro polo, porém, havia uma incontida satisfação. Mas não se confirmou nem o ponto de vista dos pessimistas nem o dos eufóricos contrários à tradição da Igreja latino-americana. Bento XVI, mesmo assumindo pautas de matiz conservador, esteve longe de impor mudanças ao episcopado brasileiro. Também as diretrizes que apresentou no âmbito da quinta conferência não puseram obstáculo à liberdade de discussão, ao contrário do centralismo autoritário que havia imperado em Santo Domingo. Sua visita ao Brasil, de ordem eclesiástica e interna, orientou-se para a abertura da Conferência de Aparecida (cf. Valle, 2007, p. 71, 80-82).

Bento XVI encontrou, no Brasil, um mapa religioso bem mais plural do que aquele visto por seu antecessor. O contato com o povo, que estava incluído em sua pauta de atividades, ocorreu de modo secundário e restrito, quase reduzido à cidade de São Paulo. Porém, com uma influência para além do círculo eclesiástico mais estreito, despertou emoções e simpatias. Um momento de particular densidade e emoção foi o da visita à Fazenda Esperança, no município de Guaratinguetá, na manhã de 12 de maio de 2007. Nesse centro de tratamento de dependentes químicos, o papa sentiu o apelo de cerca de 2 mil jovens sofredores. Também ali ele consagrou a primeira capela dedicada a Santo Antônio de Sant'Anna Galvão, canonizado por ele na véspera em São Paulo, fato raro por ser uma canonização fora do Vaticano. Na Eucaristia da canonização de Frei Galvão, um roteiro a ser cumprido e o rígido sistema de proteção impediram uma empatia mais direta com os 40 mil jovens que o cercavam. Essa empatia ocorreu na Fazenda Esperança (cf. Valle, 2007, p. 71-76).

Milhares de pessoas o esperaram ao longo dos trajetos que ele percorreu. Notadamente no Largo de São Bento, em São Paulo, a presença dos fiéis fazia contraste à ostentação militar e à pesada "limpeza urbana" que retirara as pessoas em situação de rua. Bento XVI tocou no coração do povo fiel e também deixou-se tocar por ele. Isso contrastou com o aparato de segurança que o cercou, maior do que aquele providenciado dois meses antes para o Presidente Georg W. Bush, segundo a imprensa[61]. O sentido apostólico da viagem do papa ficou ofuscado pelas notícias e imagens veiculadas pela mídia, interessada na aparência, na riqueza e no poder, com detalhes exóticos. E enquanto mais de 3 mil jornalistas cobriram a visita de Bento XVI, no desenrolar da quinta conferência haveria, no máximo, 300 jornalistas, e quase todos ligados a organismos da Igreja (cf. Libanio, 2007b, p. 59-60).

O discurso de abertura da quinta conferência contribuiu decisivamente para o seu bom desempenho. Ao contrário da expectativa de muitos, de que seria marcado por coerção e fechamento, foi propositivo e favorecedor da abertura de portas para uma evangelização sintonizada com a causa dos mais pobres (cf. Brighenti, 2008, p. 29). Ali esteve a nevrálgica afirmação de Bento XVI: "A opção preferencial pelos pobres está implícita na fé cristológica naquele Deus que se fez pobre por nós, para enriquecer-nos com sua pobreza".

Nesse discurso, embora focando mais a crise da cultura moderna, ele afirmou a continuidade com as conferências gerais anteriores e entendeu a evangelização em sua constante ligação com a promoção humana. Uma dissonância esteve em seu modo de abordar a evangelização do continente latino-americano e a inculturação, unicamente sob o prisma da positividade da mensagem

61. George W. Bush, então presidente dos Estados Unidos, esteve no Brasil em 8 de março de 2007 (cf. Gallas, 2007).

ideal cristã, como se não tivesse havido violência sobre as outras culturas. Isso produziu um grande mal-estar. Houve reações especialmente de antropólogos e historiadores que vinham mostrando como essa evangelização se fez à custa de terrível destruição da cultura e da vida de milhões de indígenas. Bento XVI retificou suas afirmações após regressar a Roma, em sua audiência da quarta-feira em 23 de maio. Apesar de continuar se opondo às tendências antropológicas que buscam recuperar a cultura indígena anterior à evangelização, reconheceu as sombras dessa evangelização na América Latina, ou seja, os crimes injustificáveis contra as populações indígenas (cf. Libanio, 2007b, p. 75-78, 373-374).

A Conferência de Aparecida teve por tema "Discípulos e missionários de Jesus Cristo, para que nele nossos povos tenham vida", com o lema "Eu sou o caminho, a verdade e a vida" (Jo 14,6). Foi marcada por diversidade e pluralismo. No entanto, sua assembleia atuou com um espírito de grande cordialidade (cf. Brighenti, 2008, p. 28). Entre os que a presidiram esteve o Cardeal Geraldo Majella Agnelo, arcebispo de Salvador na Bahia e também Primaz do Brasil. No cargo de secretário esteve o cardeal-arcebispo de São Paulo, Odilo Pedro Scherer, juntamente com o bispo de Reconquista, na Argentina, Andrés Stanovnik (cf. Altemeyer Júnior, 2018, p. 494). Pela primeira vez uma conferência geral da Igreja latino-americana-caribenha contou com a telefonia celular e a conectividade da internet.

Reafirmações importantes dessa conferência foram: a fidelidade ao Concílio Vaticano II e à tradição eclesial latino-americana; a opção pelos pobres, também levada a um nível mais radical (DAp 396); as CEBs como "célula inicial da estruturação eclesial e foco de evangelização" (DAp 178); a necessidade de mudança de cada pessoa e das estruturas, como condição para uma sociedade justa (DAp 146, 384); a herança dos mártires das causas sociais, denominando-os "nossos santos", e também dos não canonizados

(DAp 98); e o método "ver-julgar-agir" reassumido e legitimado (DAp 33) (cf. Brighenti, 2008, p. 32-36, 22-24).

Mesmo num clima de cordialidade e participação ocorreram alguns conflitos. Pode-se lembrar aquele ocasionado por censuras impostas veladamente ao documento, enquanto ele ia sendo escrito e aprovado pela assembleia e também após o término da conferência.

Entretanto, a inserção no coração de um santuário mariano favoreceu um importante diferencial dessa conferência. A configuração do entorno da Basílica de Aparecida, com o povo e com as múltiplas atividades que ali se criaram, afetou o ambiente geral, desde o desenrolar da assembleia até a redação dos textos (cf. Libanio, 2007b, p. 85).

A liturgia celebrada junto com o povo foi uma característica inovadora. Deu-se preferência à língua do lugar para os cânticos e as orações e também foram acolhidas muitas músicas do hinário do Brasil, como também dos demais países do continente. Os bispos ali tiveram contato com a experiência da fé e da piedade do povo dos pobres. Consequentemente, no Documento Final, eles reconhecem humildemente que os romeiros os edificaram e evangelizaram (cf. DAp 3). Apesar da permanência da hierarquização dos lugares dentro da basílica, deixando leigos e leigas na última fila, a disposição não era piramidal. Em círculos concêntricos, os membros do clero ficavam no mesmo nível dos simples fiéis. Em certos momentos, a celebração pensada para os membros da conferência mostrou mais o descompasso com a multidão de devotos que se apinhava pelas naves e pelos átrios, haja vista a missa no dia de Pentecostes, com mais de 40 mil romeiros que sequer receberam uma saudação do presidente da celebração. Não obstante, os romeiros inseriram-se na celebração por conta própria, aplaudindo o cortejo dos bispos na entrada e na saída, além de se somarem aos cantos entoados pelo coral (cf. Beozzo, 2008, p. 40-43).

7.2 No pontificado do Papa Francisco

Um dos participantes da quinta conferência foi o cardeal argentino Jorge Mário Bergoglio, arcebispo de Buenos Aires e futuro Papa Francisco. Ele ali presidiu a comissão de redação do Documento de Aparecida.

Passados 15 anos, o cardeal venezuelano Baltazar Enrique Porras expressou sua convicção de que a experiência de participação e de liderança na Conferência de Aparecida preparou e autorizou Bergoglio para ser pensado como sucessor de Bento XVI (cf. Cardozo, 2022).

Já como papa, ele voltou ao Brasil em julho de 2013, por ocasião da 28ª Jornada Mundial da Juventude. Na Eucaristia celebrada dentro da Basílica de Aparecida, afirmou em sua homilia:

> Queria dizer-lhes, primeiramente, uma coisa. Neste Santuário, seis anos atrás, quando aqui se realizou a V Conferência Geral do Episcopado da América Latina do Caribe, pude dar-me conta pessoalmente de um fato belíssimo: ver como os bispos – que trabalharam sobre o tema do encontro com Cristo, discipulado e missão – eram animados, acompanhados e, em certo sentido, inspirados pelos milhares de peregrinos que vinham diariamente confiar a sua vida a Nossa Senhora: aquela conferência foi um grande momento de vida de Igreja. E, de fato, pode-se dizer que o Documento de Aparecida nasceu justamente deste encontro entre os trabalhos dos pastores e a fé simples dos romeiros, sob a proteção maternal de Maria. A Igreja, quando busca Cristo, bate sempre à casa da Mãe e pede: "Mostrai-nos Jesus". É de Maria que se aprende o verdadeiro discipulado. E, por isso, a Igreja sai em missão sempre na esteira de Maria (Francisco, 2013b).

Foi nessa mesma jornada que começou todo o processo do Sínodo para a Amazônia.

7.2.1 Participação no Sínodo para a Amazônia

É oportuno aqui o resgate histórico feito pelo Cardeal Hummes (2019), que, durante a Conferência de Aparecida, esteve muito próximo do Cardeal Bergoglio.

Em 2007, em seu discurso aos jovens no Estádio do Pacaembu, em São Paulo, o Papa Bento XVI já havia chamado a atenção para "a devastação ambiental da Amazônia e as ameaças à dignidade de seus povos". Ele também pedira aos jovens "um maior compromisso nos mais diversos espaços de ação" (Hummes, 2019, p. 11).

Um destaque especial à Igreja na Amazônia foi dado pelo Papa Francisco, ao discursar para os bispos brasileiros no Rio de Janeiro em 27 de julho de 2013, durante a JMJ. Ele identificou essa região como "teste decisivo, banco de prova para a Igreja e a sociedade brasileira" e convidou todos a refletirem sobre o que diz o Documento de Aparecida a propósito da Amazônia, inclusive o seu forte apelo à salvaguarda de toda a criação que Deus confiou à pessoa humana "não para que a explorasse rudemente, mas para que a tornasse um jardim" (DAp 85, 475). Papa Francisco afirmou ser determinante para o futuro da região amazônica a presença da Igreja, que desde o início ali se faz com missionários, congregações religiosas, sacerdotes, leigos e bispos. A Igreja na Amazônia precisa consolidar seu "rosto amazônico" e "formar clero autóctone", disse o papa. E acrescentou um pedido de coragem e ousadia (cf. Hummes, 2019, p. 10-11).

Na Praça de São Pedro, em Roma, o Papa Francisco presidiu, em 15 de outubro de 2017, a missa solene de canonização dos protomártires brasileiros de Cunhaú e Uruaçu[62]. Outros mártires canonizados nessa ocasião foram dois adolescentes indígenas do México. Dom Cláudio Hummes concelebrou essa missa. Na noite anterior, o papa lhe havia dito: "Amanhã vou anunciar o Sínodo

62. Trata-se de 30 cristãos católicos, vítimas de dois massacres das invasões holandesas em 1645, no Rio Grande do Norte (cf. Santos, 2017).

Especial para a Amazônia". De fato, no encerramento da celebração, Francisco fez a convocação para esse sínodo, a ser realizado em Roma no mês de outubro de 2019. Perante a crise da Floresta Amazônica e o sofrimento dos indígenas, essa convocação tinha por finalidade principal "encontrar novos caminhos para a evangelização daquela porção de Povo de Deus, sobretudo dos indígenas" (Hummes, 2019, p. 9).

O Sínodo para a Amazônia, na continuação prática da encíclica *Laudato Si'*, do Papa Francisco, foi amplamente sinodal desde a sua preparação. Com o tema "Amazônia: novos caminhos para a Igreja e para uma ecologia integral", esse sínodo foi proposto na continuidade do processo conciliar e da tradição eclesial latino-americana-caribenha desde Medellín. Sintonizado com o programa do Papa Francisco para uma "Igreja em saída", pôs em prática a sinodalidade vivida desde as bases da Igreja. Resultou em dois documentos: a Exortação Apostólica *Querida Amazônia* e o Documento Final da Assembleia Sinodal (cf. Assembleia Especial do Sínodo dos Bispos, 2019), ambos declarados oficiais pelo Papa Francisco, que, em todo o percurso, deu um marcante testemunho de sinodalidade. Na fase preparatória, ele possibilitou e garantiu a participação ampla da Igreja da Amazônia. Durante o evento, marcou presença constante na assembleia, nas celebrações e na fila do cafezinho durante os intervalos. De modo sempre humilde e fraterno, Papa Francisco deu sugestões em momentos oportunos e votou como os demais padres sinodais (cf. Brighenti, 2019b, p. 594).

O processo de preparação foi longo e participativo, com uma fase de escuta que envolveu diretamente cerca de 87 mil pessoas, pertencentes a 120 povos distintos. Nada menos do que 280 eventos foram levados a cabo no seio das Igrejas locais dos nove países da Pan-Amazônia (cf. Brighenti, 2019b, p. 592). A mola propulsora de todo esse processo foi a Rede Eclesial Pan-Amazônica (Repam), que nasceu em setembro de 2014. Essa rede foi fundada em Brasília pelo Celam, juntamente com a CNBB, a Clar e o Secretariado da América Latina e Caribe de Cáritas (Selacc), com o objetivo de fortalecer a rede em defesa da vida, dos povos e do bioma amazônico. Seguia-se a proposta do Documento de Aparecida (n. 475) de "estabelecer entre as Igrejas locais dos diversos países sul-americanos que estão na Bacia Amazônica uma pastoral de conjunto com prioridades diferenciadas" (Rede Eclesial Pan-Amazônica – Brasil, c2025).

Em mensagem, o Papa Francisco abençoou essa fundação e afirmou que ela podia "transformar-se numa verdadeira experiência de fraternidade, de caravana solidária, numa peregrinação sagrada". Rapidamente, essa rede conseguiu abranger os nove países da Pan-Amazônia. Acompanhada e patrocinada em Roma pelo Dicastério para o Serviço do Desenvolvimento Humano Integral, a Repam foi incumbida pela Secretaria-Geral para o Sínodo dos Bispos, do Vaticano, de "ajudar, animar e promover a preparação do sínodo no território pan-amazônico" (Hummes, 2019, p. 89-91).

Essa rede atuante e sempre em construção presta um serviço eclesial católico, com abertura ecumênica e objetivando articular as muitas realidades eclesiais da região. São sujeitos prioritários da sua missão os povos da Pan-Amazônia, especialmente os povos indígenas com sua riqueza e diversidade culturais, bem como os grupos mais vulneráveis do território. O Cardeal Hummes, que foi o primeiro presidente, afirmou, em 2019, já ter visitado 38 dioceses e prelazias da Amazônia brasileira – entre elas, todas as situadas na floresta. Enquanto isso, a presidência da rede fazia visitas às conferências episcopais dos outros oito países da Pan-Amazônia (cf. Hummes, 2019, p. 89).

Entre 2016 e 2017 foram realizados, em 15 dioceses e prelazias da Amazônia brasileira, os Seminários *Laudato Si'*, a partir dos quais se formaram núcleos ou comitês locais da Repam, cada um com as características da Igreja particular (diocese ou prelazia) na qual estava inserido e em comunhão com ela. Esses seminários foram concluídos em novembro de 2017 com o Seminário Geral. Desse modo, consolidou-se a Repam-Brasil, que, juntamente com a Comissão Especial para a Amazônia, da CNBB, passou a acompanhar esses núcleos. Dom Erwin Kräutler, bispo emérito do Xingu, foi eleito coordenador da Repam-Brasil.

Em 11 de março de 2019 Dom Erwin apresentou uma importante análise da realidade amazônica e dos desafios para a Igreja nessa região do mundo, na ocasião de uma aula inaugural na Faculdade Jesuíta de Belo Horizonte. Como afirmou, reiterava o pedido do papa aos bispos no Rio de Janeiro, durante a JMJ em 2013: "Nisto lhes peço, por favor, que sejam corajosos e tenham *parrhesia*! No modo 'porteño' (de Buenos Aires) de falar, lhes diria que '*sean corajudos*'". Retomamos, aqui, alguns pontos dessa palestra do coordenador da Repam-Brasil (cf. Kräutler, 2019).

O *slogan* "A Amazônia é nossa", defendido até a exaustão no Sul e no Sudeste do Brasil e também nos gabinetes de Brasília, poderia ser consequência de uma montagem que circulou em livro escolar fictício nos Estados Unidos, trazendo a Amazônia como um enorme espaço em branco no mapa da América do Sul. Mesmo desfeita a confusão e comprovada a fraude pela embaixada do Brasil em Washington, esse fantasma permaneceu. Mas a Amazônia não tem sido dos indígenas nem dos trabalhadores lá explorados. Tem sido de empresas estrangeiras lá estabelecidas com o aval de diversos governos brasileiros.

Centenas de homens e mulheres lá tiveram a vida ceifada e foram enterrados como indigentes, em cemitérios com cruzes sem nomes e cemitérios clandestinos sem cruzes. Esses crimes violentos permanecem sem apuração. "A mata cresce por cima das sepulturas e esconde o sangue derramado. A justiça, se não é conivente, é ausente!" A mais conhecida é a mártir Irmã Dorothy Mae Stang, que, em 1982, atraída pelos pobres, ofereceu-se para trabalhar na Prelazia do Xingu. "Não acreditei muito nessa disposição de uma irmã norte-americana, mas indiquei para ela uma das regiões mais pobres, a Transamazônica-Leste", testemunhou Dom Erwin. Ela realmente se inseriu entre os pobres dali e passou a pertencer à família deles. Depois de 23 anos de doação abnegada e generosa, em 12 de fevereiro de 2005, cumpriram-se as ameaças de morte que circulavam contra ela em Altamira e Anapu. Outro mártir que merece ser lembrado é o capixaba pai de família Ademir Alfeu Federicci, conhecido como Dema, dirigente de comunidade e sindicalista. Ele denunciou a exploração ilegal de madeira na área indígena Arara, da Rodovia Transamazônica. Em 21 de agosto de 2001, Dema foi brutalmente executado em sua casa. Caindo aos pés de sua esposa Maria da Penha, balbuciou: "Maria, tome conta de nossos filhos!" (Kräutler, 2019).

Com a pergunta insistente "A Igreja da Amazônia é nossa?", Dom Erwin fez um recuo na história da Igreja na Amazônia para mostrar sua diferença em relação à história da Igreja em outras partes do Brasil. Durante séculos ela foi esquecida pelas dioceses do Centro, do Sudeste e do Sul do país, mas os bispos da Amazônia brasileira reuniram-se periodicamente desde 1954. Um marco na caminhada da Igreja nessa imensa região se deu no Encontro Inter-Regional dos Bispos da Amazônia, em Santarém, Pará, de 24 a 30 de maio de 1972. Ali, os bispos já falaram de "uma Igreja com rosto amazônico", inspirados na palavra do Papa Paulo VI: "Cristo aponta para a Amazônia"[63]. Como evidencia o Documento de Santarém, os bispos dispuseram-se a renunciar a todo e qualquer triunfalismo e lançaram linhas prioritárias que significaram uma virada na pastoral da Amazônia. A partir das experiências e dos anseios recolhidos das bases, lançaram duas diretrizes básicas: encarnação na realidade, pelo conhecimento e pela convivência

63. Em outubro de 1971, em mensagem enviada ao povo brasileiro, o Papa Paulo VI afirmou: "Ele (Cristo) aponta para a Amazônia" (CNBB, 2014, p. 27). Nesse encontro em Santarém também nasceu o Cimi.

com o povo, na simplicidade; e evangelização libertadora. Nessa orientação, as prioridades eram: formação de agentes de pastoral; comunidades cristãs de base, primeiro e fundamental núcleo eclesial; pastoral indigenista; estradas; e outras frentes pioneiras.

Para o Sínodo da Amazônia partiam do Brasil dez desafios:

1) A valorização de leigas e leigos a serviço (ministério) de suas comunidades, sem clericalizá-los;

2) O papel da mulher como evangelizadora na família e nas comunidades, como vigorosa defensora dos direitos humanos e com acesso ao diaconato;

3) O carisma das ordens e congregações religiosas e sua inserção nas comunidades amazônicas;

4) A busca de alternativas para enfrentar a ausência da Eucaristia em milhares de comunidades, quiçá descobrindo ao lado do modelo tradicional um outro modelo de presbítero (não reservado apenas aos homens);

5) O revigoramento das CEBs como primeiro e fundamental núcleo das dioceses e prelazias;

6) A inculturação dos sacramentos na vida dos povos originários e a integração de expressões culturais autóctones na liturgia;

7) A conscientização e a sensibilização de toda a sociedade brasileira em relação à defesa da Amazônia diante da voracidade de empresas que golpeiam e arrasam esse macrobioma;

8) A implementação da encíclica *Laudato Si'* nas comunidades amazônicas;

9) Um incentivo especial à pastoral urbana frente ao inchaço das cidades e ao êxodo rural;

10) O escasso uso de meios modernos de comunicação ou a ausência de equipamentos apropriados nas dioceses e prelazias.

O Sínodo para a Amazônia teve sua assembleia em Roma de 6 a 27 de outubro de 2019. Do Brasil participaram 118 pessoas convocadas pelo Papa Francisco. Com direito a voto eram 56 bispos das dioceses e prelazias da Amazônia brasileira e 2 padres administradores, além de 7 padres representantes da União dos Superiores Gerais. Foi fundamental a atuação do Cardeal Cláudio Hummes como relator do Sínodo e presidente da Repam, e fez parte da presidência o Cardeal João Braz de Aviz, prefeito da Congregação para os Institutos de Vida Consagrada e Sociedades de Vida Apostólica (cf. *Vatican News*, 21 set. 2019).

Participaram os bispos de todas as dioceses e prelazias da Pan-Amazônia, juntamente com 55 auditores, 12 convidados especiais, 6 delegados fraternos (representantes de outras Igrejas de tradição cristã) e 25 peritos das ciências humanas e teológicas. Também estiveram representantes da Igreja na Europa, na América, na África, na Oceania e na Ásia, já que os desafios da região amazônica ultrapassam suas próprias fronteiras. Em suma, junto com os 186 padres sinodais, estiveram mais de 100 pessoas, predominantemente indígenas e mulheres, numa harmoniosa sinfonia da Igreja da Amazônia e dos povos preocupados com o evangelho da vida e o cuidado da Casa Comum. Ali, todos ouviam todos (cf. Brighenti, 2019b, p. 592-593).

A afirmação do mundo como "casa comum" é uma demarcação ética. A Igreja em saída está convocada para a tarefa de buscar condições sustentáveis de vida para todas as pessoas e todos os seres. Mas é uma convocação na convergência das pessoas crentes e das não crentes, das tradições e das tecnologias, da fé e da ciência (cf. Passos, 2016, p. 12).

Na Assembleia Sinodal houve uma destacada participação de mulheres. Elas deram contribuições nevrálgicas ao trazer conteúdos de grande qualidade e relevância, com questões centrais para o debate. Destacaram a ecologia integral, a organização e articulação do trabalho em rede, as pastorais de conjunto, o diálogo inter-religioso e intercultural, a formação de lideranças, a participação política, as intervenções sociais e outros temas. A participação delas constituiu um fato histórico quanto ao número e à qualidade, tanto é que, na cobertura do evento pela mídia mundial, elas ocuparam 41% das principais matérias. Havia cinco peritas, doutoras em diversas áreas do conhecimento e uma observadora internacional, e o grupo das auditoras somava 32 mulheres, entre religiosas, leigas e líderes de movimentos e organizações sociais (cf. Oliveira, 2019).

As brasileiras eram 19, sendo 13 religiosas e 6 leigas. Podemos citar a religiosa Maria Irene Lopes dos Santos, da Congregação das Carmelitas Missionárias de Santa Terezinha do Menino Jesus, que era membra do Conselho Pré-Sinodal, além de assessora da Comissão Episcopal Especial para a Amazônia, da CNBB, e diretora-executiva da Repam-Brasil. No Sínodo, ela fez parte da Comissão de Informação. Entre os peritos estiveram as brasileiras Márcia Maria de Oliveira, doutora em Sociedade e Cultura Amazônica, assessora da Repam-Brasil; e Ima Célia Guimarães Vieira, membra da Comissão Nacional do Meio Ambiente (Conama). Os delegados fraternos do Brasil eram quatro, representantes de três Igrejas (cf. *Vatican News*, 21 set. 2019).

No Conselho Pré-Sinodal, além de Irmã Maria Irene, estiveram quatro bispos brasileiros: Cardeal Hummes; Dom Erwin Krautler; Dom Neri José Tondello, bispo de Juína, Mato Grosso; e Dom Roque Paloschi, arcebispo de Porto Velho, Rondônia (cf. *Vatican News*, 21 set. 2019).

Duas iniciativas foram simbolicamente importantes no Sínodo para a Amazônia. Uma delas foi a denominada Casa Comum, uma espécie de tenda permanente, na Igreja Santa Maria in Traspontina, Via della Conciliazione, onde se dinamizavam atividades abertas ao público que envolviam muitas pessoas. Eram celebrações, como a romaria dos mártires da Amazônia, além de exposições, apresentações de iniciativas de populações nativas amazônicas, testemunhos, conferências e orações. A outra iniciativa foi a do "Pacto das Catacumbas pela Casa Comum. Por uma Igreja com rosto amazônico, pobre e servidora, profética e samaritana". Em continuidade com o Pacto das Catacumbas idealizado por Dom Helder Camara no fim do Concílio Vaticano II, também o da "Casa Comum" foi celebrado nas Catacumbas de Domitila, sendo assinado por duas centenas de pessoas. Os padres sinodais constituíram a metade dos que assinaram. Na celebração eucarística estava a estola de Dom Helder e o cálice do Padre Ezequiel Ramim, mártir brasileiro da Amazônia (cf. Brighenti, 2019b, p. 593).

Um dos frutos do Sínodo para a Amazônia foi a criação da Conferência Eclesial da Amazônia (Ceama), que o Papa Francisco instituiu canonicamente e com estrutura sinodal. Atendeu-se, assim, à proposta do Documento Final do Sínodo (n. 115), de que fosse criado um organismo eclesial permanente e representativo para promover a sinodalidade entre as jurisdições eclesiásticas da região, além de ajudar a delinear o rosto amazônico da Igreja, em coordenação com o Celam e a Repam. Eleito presidente em 29 de junho de 2020, o Cardeal Hummes apresentou sua renúncia por motivos de saúde. Seu desejo era de que a Ceama se consolidasse como um organismo da Igreja Católica, com *status* legal, canônico e público. Tratava-se de um organismo eclesial regional, original e sem precedentes. Com a aprovação dos Estatutos pelo Decreto Pontifício de 3 de outubro de 2022, concretizou-se o desejo de Dom Cláudio, que havia falecido três meses antes[64] (cf. Repam-Brasil, 28 out. 2023).

7.2.2 Participação na I Assembleia Eclesial da América Latina e do Caribe

64. O cardeal Dom Cláudio Hummes faleceu em São Paulo no dia 4 de julho de 2022, aos 87 anos.

Pela primeira vez a Igreja da América Latina e do Caribe realizou uma assembleia, proposta como entrada no grande processo sinodal de toda a Igreja.

Em 7 de setembro de 2021 o Papa Francisco convocou a 16ª Assembleia Ordinária do Sínodo dos Bispos, a ser realizada de 2021 a 2023, com o tema "Por uma Igreja sinodal: comunhão, participação e missão".

Uma importante inovação de Francisco ao convocar essa assembleia que refletiria sobre a sinodalidade foi prever um processo de escuta mais abrangente, envolvendo todo o Povo de Deus, de todas as dioceses. Programou-se que desse processo de escuta resultaria um Documento de Trabalho, e que nova etapa seria a das assembleias continentais, de cujos resultados se faria o *Instrumentum Laboris*, orientador da assembleia da totalidade da Igreja. Esta foi realizada em Roma, em sua primeira etapa, em outubro de 2023, após um adiamento por causa da pandemia de covid-19. A segunda etapa ficou prevista para outubro de 2024. Novidades significativas também foram o "método da conversa/diálogo no Espírito" e a participação de todos os segmentos do Povo de Deus com voz e voto (cf. Mori, 2024, p. 12).

Na etapa dos continentes, a assembleia da Igreja da América Latina e do Caribe foi realizada na Cidade do México, de 20 a 28 de novembro de 2021, com o tema: "Todos somos discípulos missionários em saída". O Papa Francisco, ao convocá-la por meio de mensagem de vídeo, disse ao presidente do Celam, Dom Miguel Cabrejos Vidarte:

> Estimado Miguel, no domingo terá lugar o lançamento da primeira assembleia eclesial. Quero estar convosco naquele momento e durante a preparação, até novembro. É a primeira vez que se realiza a Assembleia eclesial, que não constitui uma conferência do Episcopado latino-americano, como se fazia nas anteriores –

> a última foi em Aparecida – da qual ainda temos muito a aprender. Não! É algo diferente, é um encontro do povo de Deus, leigas, leigos, consagradas, consagrados, sacerdotes, bispos, todo o povo de Deus a caminho. Reza-se, fala-se, pensa-se, debate-se, em busca da vontade de Deus (Francisco, 2021b).

Na mesma mensagem, Papa Francisco apresentou dois critérios. O primeiro era a realização dessa assembleia junto ao povo, e não como uma elite separada, pois todos somos parte do Povo de Deus, que nos dá a pertença, e a Igreja se dá no partir do pão, com todos, sem exclusão. E o segundo critério era a oração. Em sua adesão, o Celam observou que a pandemia expunha com força, no continente latino-americano-caribenho, problemas como a grande desigualdade social, as condições insalubres para uma vida digna, o difícil acesso aos serviços de saúde e educação de qualidade, a impossibilidade de água potável, a falta de esgoto e eletricidade, a discriminação e a exclusão de milhões de pessoas. Obviamente, eram os pobres que enfrentavam os maiores riscos de contágio (cf. Celam, 2021, p. 4, 7-8).

Em 15 de outubro o Papa Francisco assim iniciou sua mensagem aos participantes:

> Saúdo cordialmente os participantes na Assembleia Eclesial da América Latina e do Caribe, que se realiza de 21 a 28 de novembro na Cidade do México, com o desejo de promover uma Igreja sinodal em saída, de reavivar o espírito da V Conferência Geral do Episcopado que, em Aparecida em 2007, nos chamou a ser discípulos missionários, e a encorajar a esperança, tendo em vista o Jubileu Guadalupano em 2031 e o Jubileu da Redenção em 2033 (Francisco, 2021a).

Com o lugar escolhido, "sob o olhar amoroso de Nossa Senhora de Guadalupe, na Cidade do México", a prática da sinodalidade desde a base era colocada dentro do paradigma guadalupano. A assembleia estaria no horizonte das celebrações dos 500 anos do evento guadalupano em 2031 e dos 2 mil anos do Evento Redentor de Jesus Cristo em 2033. Além disso, como afirmou o papa na mesma mensagem, ela era "nova expressão do rosto latino-americano e caribenho da nossa Igreja" e estava em sintonia com o processo preparatório para a XVI Assembleia Geral do Sínodo dos Bispos. Comunhão, participação e missão é o que estrutura e guia a sinodalidade, segundo o tema do Sínodo dos Bispos: "Por uma Igreja sinodal: comunhão, participação e missão".

Merece destaque a distribuição mais equitativa dos participantes, representantes dos diversos segmentos do Povo de Deus na América Latina e no Caribe: 40% eram representantes do laicato; os demais, 20% em cada categoria (bispos, religiosos e religiosas, clero). Foi um passo a mais na experiência de sinodalidade desde a base da Igreja, já vivida no Sínodo para a Amazônia. Entretanto, dada a situação de pandemia, a assembleia foi realizada num formato híbrido. Do total dos 1.036 participantes, 100 estiveram presencialmente no México, enquanto os demais participaram de forma remota.

A delegação do Brasil era formada por 314 pessoas convidadas. A Comissão Episcopal Pastoral para o Laicato, vinculada à CNBB, convocou 94 pessoas atuantes no CNLB, nas CEBs, na Pastoral Familiar, na Pastoral da Juventude e em outras pastorais. Religiosas, religiosos e membros de institutos seculares somaram 63 pessoas, e outros 63 eram padres e diáconos. Os bispos, convocados proporcionalmente ao número de dioceses dos 19 regionais da CNBB, somaram 64. Foram convidadas, também, 31 pessoas pertencentes a grupos excluídos, entre as quais 5 indígenas brasileiros. Fora dessa lista dos 314 convidados estava o arcebispo de Belo Horizonte, Dom Walmor Oliveira de Azevedo. Por ser presidente da CNBB, ele foi considerado "membro nato" da assembleia. Estiveram no México participando presencialmente o Cardeal Odilo Pedro Scherer, arcebispo de São Paulo e delegado pela CNBB junto ao Celam, e a Irmã Maria Inês Ribeiro, presidente da CRB (cf. Em 2021, CNBB... 2021).

As contribuições da Igreja do Brasil recolhidas na fase de escuta foram enviadas diretamente no website da Assembleia Eclesial, tanto as que resultaram de atividades comunitárias quanto as contribuições individuais. Durante esse processo, uma Equipe Nacional de Animação Pastoral da Assembleia, articulada pela CNBB, esteve a serviço da formação, da orientação e da mobilização. Em 29 de julho de 2021, a equipe realizou uma live com 244 pessoas representantes de dioceses, além de secretários-executivos dos 19 regionais da CNBB e de outras pessoas convidadas. Nos dias 9 e 10 de outubro o papa abriu em Roma a 1ª fase do processo de escuta do Povo de Deus, a fase das Igrejas particulares. Logo, a Equipe de Animação promoveu outra live com o tema "Por uma Igreja Sinodal", realizada no dia 14 de outubro através das redes oficiais da CNBB. O objetivo era formar e capacitar os coordenadores e animadores em cada lugar para conduzirem nas Igrejas particulares o processo de escuta sinodal. Um hotsite foi lançado no site da CNBB para dinamizar o processo de mobilização, dar notícias e explicações e divulgar os documentos preparatórios (cf. CNBB, 2023b, p. 20-21).

Diversos encontros foram realizados on-line. Em cada um dos regionais da CNBB fez-se partilha de notícias do processo de escuta, além da sistematização do relatório de cada diocese. As Igrejas particulares, por todo o país, promoveram celebrações para marcar a conclusão da primeira fase do Sínodo, sendo enviada à CNBB a síntese de cada diocese até 31 de julho. A alta adesão na Igreja do Brasil evidenciou-se com as respostas que chegaram de 97% das 279 Igrejas particulares. A Equipe de Animação, seguindo as orientações da Secretaria-Geral do Sínodo dos Bispos, reuniu as contribuições num documento de dez páginas (cf. CNBB, 2023b, p. 22-23).

A síntese se fez no empenho de manter a abrangência das contribuições. Como pontuação, pode-se ver, por exemplo, uma carta das pessoas do laicato que participaram do evento dessa I Assembleia Eclesial da América Latina e do Caribe.

Essa carta endereçada à coordenação, no penúltimo dia do evento no México, lembrava que esse era o primeiro passo de um longo processo iniciado nas escutas. Conforme o desejo do Papa Francisco, o objetivo era "introduzir a sinodalidade eclesial como forma habitual de tomar decisões e repensar estruturas de organização, indo além da colegialidade episcopal". Mesmo reconhecendo as dificuldades pelo formato híbrido da assembleia, os participantes leigos ali apontaram uma defasagem metodológica. Com os esquemas propostos e por não ser seguido adequadamente o método "ver-julgar-agir" deixou-se de captar contribuições importantes, notadamente dentre aquelas vindas dos primeiros trabalhos em grupos de discernimento (cf. Carta..., 2021).

Sentiu-se a ausência de temas que são historicamente parte da caminhada da Igreja da América Latina e do Caribe, como: o das CEBs, sem confundi-las com as várias modalidades de comunidades eclesiais missionárias e de pequenas comunidades; o do Cimi e das Pastorais Sociais, como da terra, dos trabalhadores e trabalhadoras, do menor, da criança, do negro, dos migrantes e refugiados, da população em situação de rua. Outros temas ausentes eram os das Comissões de Justiça e Paz, dos centros de defesa dos Direitos Humanos e das contribuições da Teologia da Libertação à Doutrina Social da Igreja. Ficaram na sombra questões sociopolíticas, econômicas e ambientais que arrastam o continente para um violento empobrecimento dos seus povos, fato que torna a missão da Igreja hoje mais necessária e urgente (cf. Carta..., 2021).

Contudo, aprofundou-se a experiência eclesial. Inovações pastorais resultantes de lutas históricas foram lançadas como sementes a se cultivar. Houve uma significativa participação das mulheres, mas o espaço delas deve se alargar, incluindo o ministério ordenado e a paridade nos espaços de decisão sinodal. A atenção que foi dada às culturas originárias e às de raiz africana é uma abertura que deve se aprofundar, inclusive em celebrações mais inculturadas em nossa realidade. Houve convites específicos a representantes das periferias e das juventudes. Uma Igreja que "envelhece a olhos vistos" precisa abrir suas estruturas à contribuição do protagonismo juvenil, para fortalecer sua vitalidade missionária. A Igreja deve construir meios de mudança social que favoreçam os jovens marginalizados e sem acesso ao estudo e a outras oportunidades. A acolhida que houve à comunidade LGBTQIAPN+ deve ser um apelo constante, para que haja participação igualitária de pessoas dessa comunidade e de setores excluídos (cf. Carta..., 2021).

A importância dessa assembleia, com toda a sua intenção e seus esforços, esteve na boa ousadia da sua própria realização passo a passo.

Como afirmou o historiador italiano Massimo Faggioli (2021), a maneira como ela foi realizada é dificilmente imaginável em outras partes do mundo. A Igreja latino-americana-caribenha contribuiu com toda a Igreja, ao dar continuidade à sua própria história e experiência, com sua maneira particular de "caminhar juntos" e sua concepção de Igreja como Povo de Deus. O caminho da sinodalidade, natural a essa Igreja que tem uma relação saudável entre seus membros e uma governança compartilhada entre os bispos do Celam, vem também do "ser Igreja" do povo e do espírito eclesial dos teólogos.

A primeira etapa da assembleia sinodal em Roma foi realizada de 4 a 29 de outubro de 2023. Entre os participantes do Brasil esteve a presidente do CNLB, Sônia Gomes de Oliveira, que expressou sua alegria ao vivenciar essa experiência de sinodalidade, sendo "mulher preta, pobre e do sertão", como afirmou. Consciente da responsabilidade de representar o laicato da Igreja do Brasil, sendo o laicato visto como "um sujeito de função menor", Sônia apontou o avanço concretizado dessa participação no Sínodo dos Bispos com direito de todos e todas a voz e voto. A sinodalidade vivida conforme a insistência do Papa Francisco é mais do que um evento, disse ela, é um processo, uma expressão das forças vivas da Igreja toda Povo de Deus, o "caminhar juntos" como batizados e iguais, sem maiores ou menores (cf. Oliveira, 2024, p. 5).

Para a segunda etapa em Roma, em outubro de 2024, foi divulgado o *Instrumentum Laboris* que embasará as discussões e os trabalhos dos participantes. Considerado por alguns muito genérico e por outros muito abstrato, esse documento não entusiasmou os especialistas. É importante lembrar que o Sínodo está entre as muitas iniciativas do Papa Francisco, que, desde 2013, busca promover na Igreja as mudanças necessárias (cf. Vilardi, 2024).

7.3 Atuação durante a pandemia de covid-19

Em meio aos impactos da pandemia de covid-19, uma importante motivação e inspiração para atitudes concretas em defesa da vida veio da Campanha da Fraternidade de 2020, cujo tema era "Fraternidade e vida: dom e compromisso", com o lema "Viu, sentiu compaixão e cuidou dele" (Lc 10,33-34).

Ao término, no domingo da Páscoa, outra campanha chamada "É tempo de cuidar" foi lançada pela CNBB juntamente com a Cáritas Brasileira, como ação solidária e emergencial em favor da população mais empobrecida. Foi uma mobilização que, ao longo de dois anos, se traduziu em serviços de escuta e atendimentos terapêuticos; arrecadação, produção e entrega de alimentos e de equipamentos de proteção individual. Foram realizadas lives, reportagens em áudio e matérias em programas da TV Aparecida. Ações de comunicação discutiam os impactos da pandemia na população. Também foram criados dias temáticos de oração pelo fim da pandemia. Às quartas-feiras, o Terço da Esperança e da Solidariedade era transmitido pelos canais de televisão de inspiração católica a diversas regiões do país (cf. CNBB, 2023b, p. 10-11).

A gravidade da pandemia no Brasil era levada ao extremo dentro de um novo ciclo político, como mostrou a análise de conjuntura feita por um grupo a serviço da CNBB. Jair Messias Bolsonaro assumiu o cargo de presidente da República em janeiro de 2019. No país, emergiu uma elite dirigente sem reservas em mostrar o seu conservadorismo. A burocracia militar retornou ao quadro do poder, com a adesão de setores das polícias que organizaram em muitos estados um tipo de "milícia" com presença na política. Desse projeto fazia parte um segmento de neopentecostais, pertencentes a denominações evangélicas e também à Igreja Católica. Temas morais tornaram-se mobilizadores de muitas pessoas. Em meio ao avanço antidemocrático que ameaçava as instituições, faltava um mínimo de competência e coordenação da parte do Governo Federal para resolver os problemas do país (cf. Grupo de Análise de Conjuntura, 2020a).

Em 22 de abril de 2020 houve uma reunião ministerial de Bolsonaro no Palácio do Planalto, cuja gravação teve a exibição autorizada no ano seguinte pelo Ministro Celso de Melo, do Supremo Tribunal Federal. A divulgação do vídeo desencadeou uma crise no governo, pelas críticas em diversos setores da sociedade, enquanto a base de apoio do presidente se inflamava. Ficaram especialmente marcadas as falas de dois ministros. Ricardo Salles, então ministro do Meio Ambiente, disse que era preciso aproveitar a atenção gerada pela pandemia para "ir passando a boiada" das reformas que desregulamentariam a área do meio ambiente. E o ministro da Educação, Abraham Weintraub, disse que, por ele, "botava esses vagabundos todos na cadeia, começando no STF". Destacou-se, ainda, a reclamação do Presidente Bolsonaro acerca da atuação da Polícia Federal, que não lhe estaria dando informações suficientes[65] (cf. Mori, 2021).

A partir de então, o meio ambiente sofreu o efeito direto das modificações operadas pelo governo em centenas de normas e portarias, em diversas instâncias. O impacto foi grande, com desmatamento e facilitação da atuação de criminosos ambientais. Enquanto isso, o governo era alvo de fortes críticas por sua atuação diante da pandemia. Contrário à medida do *lockdown*, recomendada por cientistas e autoridades sanitárias, Bolsonaro promoveu a ideia de tratamento precoce com medicamentos sem comprovação científica para essa finalidade. O então presidente também fez críticas às vacinas, minimizou a gravidade da pandemia e o número de mortes, vetou a lei do uso de máscaras e mudou repetidas vezes o ministro da Saúde. Em março de 2021, o número de mortos pelo novo coronavírus ultrapassou 300 mil enquanto ocorria um colapso do sistema de saúde em diversas cidades do país. Todo esse cenário levou à instauração da Comissão Parlamentar de Inquérito (CPI) da Pandemia, para investigar as ações do governo durante a crise sanitária (cf. Mori, 2021).

Enquanto a desigualdade social aumentava no Brasil a olhos vistos, cortes orçamentários eram efetuados na Educação, na Saúde e na Assistência Social, sendo mais drásticos na área de assistência às populações vulneráveis, como indígenas, quilombolas e ribeirinhos. Apoiados pela corrupção do sistema político, exploradores dos recursos naturais investiam-se criminosamente contra

65. Sérgio Moro, ao ser demitido do cargo de ministro, acusou o Presidente Bolsonaro de tentar interferir na Polícia Federal. Com a projeção nacional que havia ganho como juiz de primeira instância na "Operação Lava Jato" do Paraná, no Governo Bolsonaro Moro assumira o cargo de ministro na pasta que uniu Justiça e Segurança Pública, com promessa de autonomia e *status* de "superministro". Após cerca de um ano e meio, acumulou recuos, derrotas e polêmicas, como as do vazamento de trocas de mensagens com procuradores da "Lava Jato", da perda de controle do seu ministério sobre o antigo Conselho de Controle de Atividades Financeiras (Coaf) e da desidratação do seu pacote anticrime (cf. Moro..., 2020).

comunidades indígenas defensoras dos seus territórios e comunidades cuidadoras das florestas. A própria organização do Governo Federal sofreu desmonte, com vários ministérios entregues a pessoas sem capacitação para o posto e com pouco conhecimento a respeito dos assuntos da pasta ocupada. Buscava-se a instauração de um Estado forte, guardião do direito privado e da exploração do capital, inclusive com uma gradativa ampliação da participação militar na gestão do setor público federal (cf. Grupo de Análise de Conjuntura, 2021).

Uma reação da sociedade foi expressa no documento intitulado "Pacto pela vida e pelo Brasil", lançado em 7 de abril de 2020, Dia Mundial da Saúde. A Igreja Católica uniu-se às organizações da sociedade brasileira que o formularam: Ordem dos Advogados do Brasil (OAB), Comissão Arns, Academia Brasileira de Ciências, Associação Brasileira de Imprensa e Sociedade Brasileira para o Progresso da Ciência. Entre os caminhos apontados para a garantia da saúde do povo estava a valorização do Sistema Único de Saúde (SUS). Entregue em 20 de abril ao Ministro Dias Toffoli, presidente do STF, era um importante esforço para conter as forças antidemocráticas, como afirmou Michelle Bachelet, Alta Comissária da ONU. Para dinamizar as ações e os compromissos ali assumidos, a CNBB criou um Grupo de Trabalho, constituído por cinco bispos representantes das grandes regiões do Brasil. Esse grupo integrou a Comissão Episcopal Pastoral para a Ação Sociotransformadora. Ao longo do ano, o pacto ganhou a adesão de outras 150 organizações do país (cf. CNBB, 2023b, p. 12-14).

Com esforços coletivos de parlamentares, de representações das comunidades tradicionais e de organizações da sociedade civil, fez-se um projeto de lei que dispunha sobre medidas de proteção social às comunidades tradicionais, como as de indígenas, quilombolas e pescadores artesanais, para prevenção do contágio e da disseminação de covid-19[66]. Mas o presidente impôs 16 vetos, eticamente injustificáveis e desumanos, como afirmou a CNBB em sua "Carta aberta ao Congresso Nacional", de 13 de julho. Os bispos solicitavam ao Poder Judiciário a análise e a derrubada daqueles vetos, que eximiam o governo da obrigação de garantir e disponibilizar para essas comunidades bens essenciais como água potável, material de higiene, leitos hospitalares, terapia intensiva, ventiladores e máquinas de ventilação sanguínea, alimentação e auxílio emergencial. A carta citava a afirmação do Papa Francisco, em sua encíclica *Laudato Si'* (n. 30), de que o acesso à água potável e segura "é um direito humano essencial, fundamental e universal, porque determina a sobrevivência das pessoas e, portanto, é condição para o exercício dos outros direitos humanos". Vetar tudo isso era atentar contra a Constituição Federal e violar direitos humanos fundamentais para a sobrevivência dessas pessoas, dizia o episcopado em seu conjunto (cf. Em carta..., 2020).

Um posicionamento mais corajoso da parte da Igreja veio de um grande grupo de prelados através da "Carta ao Povo de Deus", de 22 de julho de 2020 (cf. Carta..., 2020).

Assinada por 152 bispos, arcebispos e bispos eméritos das várias regiões do país, essa carta foi suspensa para ser analisada pelo Conselho Permanente da CNBB, cuja reunião se realizaria na primeira semana de agosto. Mas veio a público quatro dias depois, através da imprensa. Foi encaminhada também ao Papa Francisco e ao Cardeal João Braz de Aviz. Logo teve o acréscimo das assinaturas de outros bispos e foi endossada por mais de mil padres e diáconos. Houve múltiplas manifestações públicas em seu apoio e divulgação, notadamente de organizações como o CNLB, a Comissão Nacional de Fé e Política (Cefep), a Comissão Nacional de Justiça e Paz, o Núcleo de Estudos Sociopolíticos, a Conferência

66. Tratava-se do Projeto de Lei n. 1.142/2020, convertido na Lei n. 14.021.

da Família Franciscana do Brasil, o Serviço Interfranciscano de Justiça Paz e Ecologia, a Comissão Dominicana de Justiça e Paz, a Pastoral da Juventude, as CEBs, o Conic, os Padres da Caminhada e diversas pastorais sociais.

O Regional Nordeste 4 da CNBB a publicou integralmente, noticiando que havia sido divulgada no dia 26, pela coluna de Mônica Bergamo, do jornal *Folha de S.Paulo*. Um comentário introdutório dizia que a carta "encurrala o antipresidente Jair Bolsonaro e o desgoverno federal de forma semelhante aos documentos de bispos em 1973 nos anos de chumbo da ditadura militar-civil-empresarial". Dentre os que a assinaram estavam: cardeal Dom Claudio Hummes, Dom Angélico Sândalo Bernardino, Dom Zanoni Demettino Castro, Dom Edson Taschetto Damian, Dom Alberto Taveira Corrêa, Dom Erwin Kräutler, Dom Joaquim Mol, Dom Leonardo Steiner.

Assim se inicia a Carta ao Povo de Deus (cf. Carta de 152 arcebispos e bispos da CNBB ao Povo de Deus, 29 jul. 2020):

> Somos bispos da Igreja Católica, de várias regiões do Brasil, em profunda comunhão com o Papa Francisco e seu magistério e em comunhão plena com a Conferência Nacional dos Bispos do Brasil, que no exercício de sua missão evangelizadora sempre se coloca na defesa dos pequeninos, da justiça e da paz. Escrevemos esta Carta ao Povo de Deus, interpelados pela gravidade do momento em que vivemos, sensíveis ao evangelho e à Doutrina Social da Igreja, como um serviço a todos os que desejam ver superada esta fase de tantas incertezas e tanto sofrimento do povo.

Os bispos ali mostravam o cenário de perigosos impasses causados pela combinação de três fatores: uma crise de saúde sem precedentes, um avassalador colapso da economia e uma tensão sobre os fundamentos da República que resultava numa profunda crise na política e na governança. Denunciavam ações do então presidente como os sistemáticos discursos anticientíficos, a tentativa de normalizar as milhares de mortes, a aproximação do totalitarismo, os conchavos políticos para se manter a qualquer preço no poder, o estímulo e o apoio a atos contra a democracia, a flexibilização das leis de trânsito, o incentivo ao uso de armas de fogo pela população e a prática de ações de comunicação suspeitas. Outros fatos denunciados eram o desprezo pela educação, pela cultura, pela saúde e pela diplomacia com outros países; a repugnância pela consciência crítica e pela liberdade de pensamento e de imprensa; e o uso da religião para manipular sentimentos e crenças, provocar divisões, difundir o ódio e criar tensões entre Igrejas e seus líderes.

Ao invés de colocar no centro a pessoa humana e o bem de todos, o sistema de governo fazia defesa intransigente dos interesses de uma "economia que mata", afirmavam os bispos, citando a *Evangelii Gaudium* (n. 53). Daí a constante ameaça à Casa Comum pela ação inescrupulosa de madeireiros, garimpeiros, mineradores e latifundiários, enquanto se afrouxava o controle dos desmatamentos e havia liberação de agrotóxicos antes proibidos. Os mais pobres e vulneráveis, mais atingidos pela pandemia, eram alvo de apatia e rechaço, em meio à precarização da vida e na iminência de um caos econômico com desemprego e carestia.

O apelo dos bispos era pela unidade, no respeito à pluralidade. Eles propunham um amplo diálogo nacional envolvendo humanistas, os movimentos sociais, todas as pessoas comprometidas com a democracia e todas as de boa vontade, para o restabelecimento do respeito à Constituição Federal e ao Estado Democrático de Direito, com ética na política, transparência, economia do bem comum, justiça socioambiental, com "terra, teto e trabalho", alegria e proteção à família, educação e saúde integrais e de qualidade para todos.

O ano de 2021 iniciou-se com uma tragédia em Manaus, capital do Amazonas, que escancarava a negligência política na pandemia. Muitas pessoas com covid-19 morriam sufocadas por falta de oxigênio. Ao redor dos centros de atendimento era cada vez maior o desespero das equipes médicas e dos parentes das vítimas. Uma operação hercúlea chegou a ser montada na tentativa de salvar os pacientes, colocando-os de bruços para melhorar a oxigenação e numa corrida para buscar pequenas quantidades de oxigênio onde fosse possível (cf. Schimidt, 2021).

O presidente da CNBB, Dom Walmor de Azevedo, divulgou em vídeo a iniciativa da Conferência dos Bispos em colaborar, levando oxigênio aos hospitais de Manaus. Ele também fez apelo aos líderes empresariais, empreendedores e políticos, para que ajudassem com oxigênio, vacinação e combate à "especulação de quem quer lucrar com o sofrimento e as perdas humanas" (CNBB, 2023b, p. 14-15).

Como afirmaram os coletivos Padres da Caminhada e Padres contra o Fascismo, os óbitos no Brasil por covid-19 chegavam a 212 mil, correspondentes a 10% dos óbitos em todo o planeta, quando a população do país constituía 2,7% da população mundial. Era inadmissível, diziam, pregadores católicos despreparados e até ideologizados minimizarem as medidas sanitárias básicas e indisporem as pessoas contra a vacina, como vinha fazendo sistematicamente o presidente da República. Lembravam que Jesus não veio para enganar, roubar, matar e destruir (Jo 10,9), mas "para anunciar a Boa Notícia aos pobres, proclamar a liberdade aos prisioneiros, dar visão aos cegos, pôr em liberdade os oprimidos" (Lc 4,18), a fim de que "todos tenham vida e a tenham com abundância" (Jo 10,10). E apontavam as atitudes coerentes e generosas do Papa Francisco, da CNBB e da Repam a serviço da vida.

Uma nota do "Pacto pela vida e pelo Brasil", intitulada "O povo não pode pagar com a própria vida!", foi entregue em 15 de março ao Fórum Nacional dos Governadores e à Frente Nacional de Prefeitos. A busca era de soluções integradas para enfrentar a pandemia frente ao seu agravamento com trágicas consequências para o povo e para o SUS. A Igreja particularmente conclamava as comunidades de fé a se unirem num grande mutirão de ajuda aos mais necessitados. No dia 11 de abril, Domingo da Misericórdia, iniciou-se com um repicar de sinos à segunda fase da ação "É tempo de cuidar", enquanto se somavam a ela a CRB, o MEB e a Associação Nacional de Educação Católica (Anec) do Brasil (cf. CNBB, 2023b, p. 11, 14-15).

Em junho, o Brasil alcançou a triste marca de 500 mil mortos por covid-19, um ano e três meses após o primeiro registro de vítima fatal. As pessoas infectadas já somavam 17,8 milhões. Por todo o país eram organizados atos contra o presidente (cf. Brasil..., 2021).

As entidades signatárias do "Pacto pela vida e pelo Brasil" manifestaram numa carta sua solidariedade às tantas famílias afetadas e enlutadas. Também expressaram indignação pelo posicionamento do Governo Federal contrário às medidas recomendadas pela Organização Mundial da Saúde (OMS) e por organismos sanitários, destacando a importância do trabalho da CPI da Pandemia, instalada no Congresso Nacional. Em agosto, expressaram solidariedade ao presidente do Tribunal Superior Eleitoral, o Ministro Luís Roberto Barroso, pois havia ataques às instituições e ao sistema eleitoral brasileiros. Como afirmaram, o processo de erosão democrática prosseguia, "atingindo contornos incompatíveis com o equilíbrio entre os poderes e a manutenção do clima de paz e concórdia entre os cidadãos" (cf. CNBB, 2023b, p. 15).

Foram muitas as dificuldades no Brasil para o enfrentamento da covid-19 em suas três ondas. Sem testagem em massa e com desigualdade na cobertura vacinal nas diferentes regiões do país, o flagelo foi maior nas regiões menos favorecidas socioeconomicamente, como Norte, Nordeste e Centro-Oeste. A rapidez da disseminação da doença e as propostas de controle e tratamento sem sustentação científica, com uso de antibióticos, antiparasitários e outros medicamentos, impossibilitaram que evidências científicas pudessem dar apoio às decisões governamentais em tempo oportuno (cf. Moura *et al.*, 2022).

A chegada das vacinas reduziu o risco de complicações moderadas e graves, mas o início da vacinação foi pouco ágil, com baixa cobertura da população em risco e em meio a notícias falsas sobre o benefício da imunização e infundados efeitos colaterais. Aliou-se a isso a baixa aceitação de medidas não farmacológicas de proteção, como isolamento social e uso de máscara. Houve sobrecarga do Sistema Único de Saúde (SUS) e falta de insumos essenciais como oxigênio, além da distribuição diferenciada dos parcos recursos. Positivamente fortaleceram-se os gestores locais, na liderança em seus territórios, mas faltou a articulação das esferas municipais, estaduais e federal na gestão do SUS, o que poderia ter reduzido os efeitos diretos e indiretos da pandemia sobre a população brasileira (cf. Moura *et al.*, 2022).

Em 31 de dezembro de 2022 estavam confirmados 36.331.281 casos de infecção e 693.853 óbitos por covid-19 no Brasil, segundo informação dos dados diários pelas Secretarias Estaduais de Saúde (cf. Brasil, 2023). Sinais de esperança apareciam no meio dos tantos desafios estruturais e conjunturais. Os movimentos sociais e populares iam ganhando as ruas com nova força. Já no início de abril desse ano realizou-se, em Brasília, a 18ª edição do Acampamento Terra Livre, com mais de 6 mil lideranças indígenas de cerca de 154 etnias. Na política, vislumbrava-se uma tendência a uma maior participação de mulheres, indígenas e negros que, embora ainda não espelhada nas eleições presidenciais, era uma tendência importante em diversos setores e cidades (cf. Grupo de Análise de Conjuntura Padre Thierry Linard, 2022).

Sinais de esperança apareciam também em meio a tragédias causadas, como a que ocorreu em Brumadinho, Minas Gerais, no dia 25 de janeiro de 2019. Rompeu-se a barragem de rejeitos da chamada Mina Córrego do Feijão, das empresas mineradoras Vale-Samarco.

Foram mais de 270 vítimas, além dos terríveis impactos que esse rompimento causou ao meio ambiente e à vida dessa população. O Papa Francisco enviou uma réplica da sua cruz peitoral à comunidade de Brumadinho, como sinal de solidariedade e preocupação com as vítimas. Chegada em 18 de maio pelas mãos do seu representante, Monsenhor Bruno Marie Duffè, secretário do Vaticano para o Desenvolvimento Integral, essa cruz passou de casa em casa das famílias das comunidades de Brumadinho. Duffè foi visitar a comunidade de Córrego do Feijão, onde ouviu testemunhos das pessoas que perderam familiares e seus meios de sobrevivência. Em junho, também a comunidade de Parque das Cachoeiras, num dos locais mais atingidos pelo rompimento da barragem, foi visitada por um grupo de aproximadamente 30 bispos do regional Leste 2 da CNBB, que abrange os estados de Minas Gerais e Espírito Santo (cf. Evangelização..., 2020).

A Arquidiocese de Belo Horizonte, com seu arcebispo Dom Walmor Oliveira de Azevedo e o colegiado de bispos auxiliares, lançou-se no apoio aos atingidos, integrando-se aos trabalhos das comunidades da paróquia de Brumadinho. Pessoas voluntárias de diferentes cidades, religiosos e religiosas, padres, diáconos e seminaristas, uniram-se numa ampla campanha chamada "Juntos por Brumadinho", destacando-se a dedicação sem trégua do bispo auxiliar Dom Vicente Ferreira. A partir da PUC-Minas, do Vicariato para a Ação Social e Política e da Defensoria Pública da União, as ações concretas foram planejadas em torno de educação, gestão, assessoria jurídico-contábil, amparo psicossocial e sociocomunitário, saúde animal, saúde humana e socioambiental (cf. Evangelização..., 2020).

Entretanto, essa tragédia de incalculáveis proporções fora causada e constituía um crime. A Igreja particular de Belo Horizonte colocou-se a favor dos direitos humanos das vítimas.

Já durante a visita do representante do papa, os fiéis que seguiam com ele em procissão até a lama de rejeitos tiveram que ultrapassar as barreiras colocadas pela empresa mineradora na tentativa de impedir esse acesso. A procissão chegou àquela imensidão de lama, sepultura de tantas vidas que Monsenhor Duffè abençoou. Ouvir as pessoas da comunidade do Córrego do Feijão o sensibilizou e o fez sentir ali o coração da Igreja e da humanidade, como ele testemunhou. Ele convidou o povo de Brumadinho a se tornar "profeta que anuncia um tempo novo, que consola os que lutam por um mundo mais justo, combatendo a ganância". Ao transmitir a mensagem de solidariedade do Papa Francisco aos familiares das vítimas, ele reafirmou o compromisso do Vaticano de apoio continuado às comunidades que defendem seus territórios frente à mineração e criticou severamente o liberalismo, que prioriza o dinheiro deixando as pessoas e a natureza em risco de ocorrências como as dos rompimentos de barragens em Mariana (2015) e em Brumadinho (2019) (cf. Papa Francisco..., 2019).

Monsenhor Duffè também participou de um seminário na PUC-Minas, em 17 de maio, com o tema "A mineração e o cuidado com a Casa Comum". Organizado pela Arquidiocese de Belo Horizonte em conjunto com a rede ecumênica Igrejas e mineração, o seminário reuniu representantes dos vários setores da sociedade para discutir a urgência de revisão do modelo econômico extrativista. Teve também o objetivo de divulgar a posição da Igreja de apoio às comunidades, aos grupos e aos movimentos defensores dos territórios ameaçados. O evento foi presidido pelo arcebispo Dom Walmor, que, como recém-eleito presidente da CNBB, viajou de Honduras, onde participava da assembleia geral do Celam. Dali foi enviada para o Vaticano uma apresentação do impacto da tragédia sobre a população de Brumadinho, como também das contradições da mineração em Minas Gerais e em todo o Brasil (cf. Evangelização..., 2020).

Outro sinal de esperança foi o surgimento da Articulação Brasileira pela Economia de Francisco e Clara (ABEFC). Essa entidade nasceu a partir da convocação do Papa Francisco a jovens empreendedores, economistas e transformadores sociais do mundo todo para um "compromisso no espírito de São Francisco, a fim de tornar a economia de hoje e de amanhã justa, sustentável e inclusiva, sem deixar ninguém para trás". Em Assis, na Itália, realizou-se o Encontro Economia de Francisco, nos dias 19, 20 e 21 de novembro de 2020, em formato on-line, devido à pandemia. Previa-se o encontro presencial no 2º semestre de 2021, caso fosse possível (cf. Articulação Brasileira sobre a Economia de Francisco e Clara, c2020). Após adiamento, já que a situação pandêmica persistiu, o encontro presencial ocorreu de 22 a 24 de setembro de 2022. Mais do que um evento marcado por um encontro de jovens com o Papa Francisco, a Economia de Francisco tornou-se um processo global, assumido por uma comunidade do mundo todo que se empenha na mudança do modelo econômico vigente.

A Articulação Brasileira constituiu-se pelos jovens que participaram do encontro global, além de professores, pesquisadores, ativistas sociais, movimentos e entidades da sociedade civil. A inserção do nome de Clara foi pela exigência de um basta às limitações impostas pelo pensamento econômico vigente, propondo que o novo modo de produzir a economia represente o caminhar lado a lado de mulheres e homens. Assim, a Economia de Francisco e Clara articula em espaços sociais, religiosos e sobretudo populares a compreensão de que é necessário pensar a economia de forma humana e ecológica (cf. Cem..., 2022).

A inspiração de Santa Clara de Assis, junto à de São Francisco, foi abraçada pela articulação brasileira desde 19 de novembro de

2019, a partir de sua contribuição para o encontro mundial através da "Carta de Francisco e Clara". Segundo Eduardo Brasileiro, um dos 100 jovens do Brasil que participariam do encontro presencial em Assis, a diferença estava na entrada de Clara juntamente com Francisco, e com ela se fez presente "a perspectiva das periferias, das mulheres, de tudo aquilo que é excluído da lógica do capitalismo" (cf. Modino, 2022).

A Carta de Francisco e Clara, fruto de ampla mobilização coletiva, expressa o compromisso com as gerações futuras pelo cuidado dedicado à Casa Comum. Propõe mudar a economia de perspectiva patriarcal, materialista, produtivista e extrativista pela economia pautada na generosidade, na sustentabilidade e na distribuição. Com uma espiritualidade inter-religiosa e opção preferencial pelos pobres, as propostas concretas preconizam princípios éticos e o real equilíbrio entre Estado e mercado (cf. Souza, 2020).

Entre essas propostas para uma nova economia que esteja a serviço da vida estão: a propagação do conceito do Bem-Viver, com proteção aos direitos da natureza, agroecologia, ecovilas, alimentação saudável e agricultura familiar; o trabalho para todos, sem precarização e com condições dignas; a valorização de coletivos e redes como os de artistas, jovens, mulheres, negras e negros, LGBTQIAPN+, quilombolas, indígenas e comunidades tradicionais. A carta afirma o propósito de fazer o Estado ser promotor de ações concretas de políticas públicas, que também trate a educação e a saúde como bens comuns e não mercadorias (cf. Articulação Brasileira sobre a Economia de Francisco e Clara, c2020).

Expressões de um Estado propulsor da ecologia sustentável e potencializador de políticas públicas de desenvolvimento territorial são: a economia solidária, com trabalho cooperado, que gera renda e supera a fome por meio da agroecologia; os bancos comunitários; e o orçamento participativo. Um grande parceiro da Economia de Francisco e Clara é o "Pacto Educativo Global", que ajudará a resgatar o sentido comunitário. A postura de Margaret Thatcher na década de 1980, ao dizer "não existe sociedade", era a de potenciar o auge do neoliberalismo no mundo. O Papa Francisco, ao contrário, pede, na *Evangelii Gaudium* (n. 92), para não deixarmos que nos roubem a comunidade. Como ele aponta, o caminho de construção de um novo pacto social, ecológico, econômico e educativo passa por uma experiência comunitária de economia para o bem comum (cf. Modino, 2022).

7.4 Desafios e perspectivas

Na década de 1970 já foi anunciado o fim da hegemonia da Igreja Católica no Brasil. Uma equipe de pesquisadores da religião coordenada pelo sociólogo e demógrafo Cândido Procópio Ferreira de Camargo expôs, pela primeira vez, um quadro sistematizado da diversidade religiosa no Brasil. Desde 1930, o protestantismo histórico ia perdendo fiéis, enquanto aumentavam os evangélicos pentecostais. Desde 1940, a diminuição do número dos católicos seguia um ritmo moderado e constante, mostrando as inconsistências históricas do catolicismo como religião obrigatória. Acrescente-se que os referenciais já não eram exclusivamente religiosos na sociedade brasileira (cf. Camargo, 1973).

Os dados do IBGE foram confirmando as previsões. Os que se declaram católicos, em 1970, constituíam 91,1% da população brasileira; passaram a 89,2% em 1980; a 83,3% em 1991; a 73,6% em 2000; e a 64,6% em 2010. O que mais chamou a atenção no Censo de 2010 foi o aumento dos que se declaram sem religião, que, de 7,4% da população no ano 2000, passaram a 8% uma década depois. Diferentemente dos ateus ou agnósticos declarados, os sem religião geralmente são os que perderam seus vínculos com instituições religiosas, passando a viver uma religiosidade mais subjetiva, bem como os que buscam caminhos alternativos sem se vincularem a uma instituição ou tradição religiosa. Com isso, intensifica-se o trânsito entre religiões, pertencimentos e movimentos.

Com um pluralismo crescente também no interior da Igreja, nas últimas décadas, têm sido dados maior atenção e apoio efetivo aos novos movimentos católicos, com sua disposição militante de autodefesa da Igreja Católica e uma ênfase na piedade intimista mais do que na práxis de transformação social.

A Renovação Carismática Católica (RCC) nasceu nos Estados Unidos nos anos de 1960 e chegou ao Brasil no início dos anos de 1970. Era vista por estudiosos, e também por seus próprios seguidores, como uma estratégia de fortalecimento da identidade católica frente ao avanço do pentecostalismo evangélico. Com o tempo, desenvolveu-se em seu interior uma busca de aproximação e encontro ecumênico. Desde a década de 1990, esse movimento realiza megaeventos como "rebanhões", cenáculos, encontrões ou festivais, semelhantes aos do campo evangélico, e quase sempre com a presença de padres cantores. Na promoção desses grandes eventos, destacam-se as emissoras regionais de rádios de inspiração católica afinadas com a RCC e principalmente as redes de televisão que a alavancam no interior do catolicismo, como a Rede Vida, mas principalmente a TV Canção Nova (cf. Oro; Alves, 2013, p. 122-123).

Ainda nos anos de 1970, com o objetivo de oferecer um guia de orientação teológica e pastoral aos membros da RCC e à Igreja em geral, o Cardeal Leon Joseph Suenens publicou um documento intitulado *Orientações teológicas e pastorais da Renovação Carismática Católica* (1994). Esse documento resultou da contribuição de uma equipe internacional de teólogos e dirigentes leigos que ele reuniu para tratar do tema em Malines, Bélgica, em maio de 1974.

Em setembro de 1987 realizou-se um Encontro Episcopal Latino-Americano em La Ceja, Colômbia, do qual resultou o documento *A renovação espiritual católica carismática* (cf. Encontro Episcopal Latino-Americano, 1997). Esse e outros encontros tiveram perspectiva de diálogo ecumênico entre católicos carismáticos e evangélicos pentecostais. Porém, o movimento da RCC tem sido quase por inteiro intolerante às outras Igrejas e religiões, de modo que só um pequeno grupo de carismáticos católicos se abriu ao ecumenismo. Por sua vez, os pentecostais evangélicos que participam dessas iniciativas ecumênicas o fazem apenas de modo fraterno, não representando oficialmente suas denominações, geralmente pequenas comunidades pentecostais. E as grandes Igrejas pentecostais brasileiras são oficialmente antiecumênicas (cf. Rosa, 2016, p. 39-40).

Segue o desafio de se viver a tensão ecumênica como oportunidade para cultivar os carismas próprios de cada denominação ou movimento, enquanto se reconhece o valor dos carismas das outras Igrejas. Nesse sentido, a unidade plural é fator de enriquecimento mútuo, convivência pacífica e comunhão (cf. Wolff, 2007, p. 223-227).

No Brasil, foram muitos os debates dos bispos em torno de práticas da RCC como a da glossolalia e do repouso no Espírito. Outros temas discutidos eram: intimismo e fundamentalismo na leitura da Bíblia; certo entendimento de que a ação do Espírito Santo se dá só no interior da RCC; e centralismo dos grupos de oração e comunidades de aliança em detrimento do conjunto das atividades paroquiais. O episcopado brasileiro tomou uma posição oficial na 34ª Reunião Ordinária do Conselho Permanente da CNBB, de 22 a 25 de novembro de 1994. Nessa ocasião, os bispos aprovaram e divulgaram o documento *Orientações pastorais sobre a Renovação Carismática Católica* (cf. CNBB, 1994), com uma série de observações e recomendações.

Temores da parte da hierarquia eram de que a RCC se tornasse um movimento religioso à margem da Igreja e se aproximasse demais das práticas e dos conteúdos do pentecostalismo. Para evitar isso, o episcopado dispôs-se a acolher os carismáticos desde que participassem dos sacramentos e que seus grupos de oração externassem sempre o reconhecimento da autoridade papal e a devoção à Virgem Maria. Foi assim que a devoção a Nossa Senhora passou a ser um demarcador de fronteiras entre catolicismo e pentecostalismo evangélico (cf. Oro; Alves, 2013, p. 124).

No início do século XXI esse movimento foi percebido como uma das forças mais organizadas e motivadas da Igreja no Brasil. Legitimado em 1973 pelo Papa Paulo VI e ratificado seguidamente pelo Vaticano, seguiu se ampliando e constituiu-se numa organização moderna, bastante eficaz em todo o país. Tornou-se marca predominante entre as novas gerações de seminaristas, padres e membros de congregações religiosas. O prestígio midiático passou a envolver muitas figuras carismáticas de padres e leigos cantores, fundadores de organizações, pregadores de televisão ou rádio, com bandas musicais e organizadores de *shows*. O movimento chegou a atingir quase todo o território nacional com programas de rádio e televisão, além do campo editorial, fonográfico e discográfico. Embora sendo um fenômeno predominantemente urbano, pôs-se no contraponto às tendências culturais de dessacralização, pluralismo e permissividade, também freando, de certa maneira, a relação com o mundo da política e da sociedade (cf. Valle, 2004, p. 101-103).

Mas cresceu a tendência ao prisma da moralização da família e da sociedade, da parte de segmentos católicos conservadores. Isso ficou bem visível no Brasil durante a campanha presidencial de 2018 e no suporte ao Governo Bolsonaro. Além do maciço apoio de evangélicos pentecostais, uma adesão pública ao seu projeto de poder veio também de segmentos católicos que se reconheceram em sua pauta de política de costumes e valorização da família tradicional. Pode-se citar, por exemplo, grupos carismáticos, Opus Dei, Canção Nova e Instituto Dom Bosco (cf. Camurça, 2023, p. 213-214, 224).

O acesso à internet pelo grande público, desde o fim do século XX, tornou-se um importante "lugar" em que grupos eclesiais exercem sua ação evangelizadora. Também ganharam grande importância os canais de televisão de inspiração católica. Alguns deles – como Canção Nova, TV Século XXI e Rede Vida – ligados fortemente ao pentecostalismo católico, aos poucos foram se tornando, para a maioria dos fiéis, os principais veículos de informação e formação a respeito da Igreja e da fé (cf. Grupo de Análise de Conjuntura Eclesial, 2023).

É antiga no mundo a difusão de boatos, mentiras e informações fora de contexto como tática política. Mas a escala de disseminação das redes sociais fez essa difusão alcançar um potencial de abalar as democracias. No Brasil, a eleição presidencial de 2018 foi bastante marcada pelas *fake news*, com uso ilegal de bancos de dados e disparo em massa de mensagens via WhatsApp. Após denúncias e tentativas de combate à desinformação por parte do Senado, constituiu-se, em setembro de 2019, a Comissão Parlamentar Mista de Inquérito (CPMI) das Fake News (cf. Rodrigues; Bonone; Mielli, 2020, p. 31-42).

Durante os 90 dias que se seguiram às eleições de outubro de 2022, com a derrota de Jair Bolsonaro, a atuação de um setor de extrema-direita radicalizada deixou suas marcas. Em meio a uma conjuntura diversa e complexa, esse setor passou a adotar um conjunto de estratégias em resistência à mudança no Poder Executivo e na tentativa de um "golpe". Os atores diversos desse setor, após promoverem uma série de atentados contra a legalidade e contra as instituições do país, com muita agitação nas redes sociais, não foram capazes de levantar uma parcela maior da sociedade brasileira, embora tenham conseguido mobilizar um segmento importante (cf. Grupo de Análise de Conjuntura Padre Thierry Linard, 2023, p. 6-7).

Ponto culminante foi o surpreendente ataque aos Três Poderes da República no Brasil, em 8 de janeiro de 2023, por parte de autodenominados patriotas, que invadiram e "vandalizaram" o Congresso Nacional, o Palácio do Planalto e o Supremo Tribunal Federal. A motivação veio do seu líder, Jair Messias Bolsonaro, que, enquanto presidente da República, pôs em dúvida a segurança das urnas eletrônicas e dos resultados eleitorais, como também converteu as comemorações de 7 de Setembro dos dois anos anteriores em celebrações golpistas, com milhares de seus apoiadores clamando por "intervenção militar já" (cf. Ricupero, 2024). O ataque de extremistas com inédita fúria e simbolismos diversos resultou de uma articulação de forças empresariais, financeiras, políticas e sociais (cf. Grupo de Análise de Conjuntura Padre Thierry Linard, 2023, p. 7).

Paradoxalmente, o insucesso de Bolsonaro na tentativa de criar condições para um golpe durante sua gestão como presidente foi crucial para o protagonismo do Poder Judiciário, com particular peso de certas ações tomadas por Alexandre de Moraes, ministro do STF. Esse protagonismo, como uma "anomalia institucional", ao menos num primeiro momento, foi feliz (cf. Ricupero, 2024). A democracia acabou fortalecida, mesmo em meio a um sentimento de decepção profunda. Imediatamente, iniciaram-se na esfera penal a prisão e o julgamento das pessoas envolvidas, inclusive dos incentivadores e financiadores, exigindo-se também indenização do patrimônio público depredado (cf. Grupo de Análise de Conjuntura Padre Thierry Linard, 2023, p. 10).

O peso da religião nesse processo é relevante para a nossa interpretação histórica. Nos acampamentos que prepararam os atentados de 8 de janeiro era marcante a utilização da religião, em meio a discursos contra o comunismo, pela salvação da pátria e da família e pedindo que as Forças Armadas interviessem contra os que estariam ameaçando a ordem social. Entre os símbolos religiosos do cristianismo, como a Bíblia, também estava a imagem da Virgem Maria e se fazia a oração do terço ou do Pai-nosso (cf. Grupo de Análise de Conjuntura Eclesial, 2023).

De certa forma, a religião assumiu o controle da agenda das eleições presidenciais de 2018 no Brasil. Uma nova onda conservadora, através de diferentes processos, em nome de "Deus, pátria e família", reuniu católicos com evangélicos de muitos matizes. Foi um protagonismo "terrivelmente" cristão, num regime de medo. Imperativos teológicos e doutrinários misturaram-se a um projeto de nação, sob o lema da campanha "Brasil acima de tudo, Deus acima de todos". Discursos de ódio e ações sistemáticas de destruição causaram um agravamento das discriminações às moralidades não cristãs, aos saberes e práticas dos afrodescendentes e indígenas. Uma consequência foi também a produção de uma forma contemporânea de neocolonização política, discursiva e territorial (cf. Miranda, 2023, p. 35).

A eleição de Bolsonaro contou com um apoio maciço de segmentos evangélicos, mas não tanto da parte dos católicos. Os evangélicos pentecostais predominaram também na base de sustentação ao seu governo, enquanto os católicos foram em menor número[67]. Ativistas da RCC e da Comunidade Canção Nova mostraram uma adesão pública ao seu projeto de poder, alinhados à sua pauta de política de costumes e de defesa da família tradicional. Esses ativistas, em *performances* disseminadas por intermédio das suas redes sociais e com sua simbólica religiosidade, o abençoaram, consagraram e legitimaram (cf. Camurça, 2023, p. 215-216, 224).

Como entende Camurça (2023, p. 230-231), "o católico mediano pode ser conservador nos costumes, mas possui uma visão solidária quanto à questão social". Além disso, a mobilização das bases da Igreja Católica junto aos movimentos populares tempera-se com a institucionalidade da hierarquia. Assim, modera-se a base, mas ela também se amplia, alcançando o católico paroquiano.

---

67. No segundo turno das eleições presidenciais de 2018, votaram no candidato eleito Bolsonaro 51% dos católicos, enquanto 49% votaram no candidato Fernando Haddad, do PT. Conforme levantamento do instituto Inteligência em Pesquisa e Consultoria Estratégica (Ipec), nas intenções de voto para as eleições de 2022, a preferência dos católicos por Lula era de 52% e por Bolsonaro era de 26%. O cenário se invertia no público evangélico, com 48% de preferência por Bolsonaro e 31% por Lula (cf. Prazeres, 2022). Uma pesquisa do PoderData de 27 a 29 de janeiro de 2024 mostrou que o governo do Presidente Lula era aprovado por 59% dos católicos, enquanto, entre os evangélicos, a aprovação era de 29% (cf. Pille, 2024).

A vitória de Luiz Inácio Lula da Silva, em 30 de outubro de 2022, como presidente do Brasil pela terceira vez, com a confirmação do resultado das urnas, representou uma importante superação dos ataques autoritários ao processo eleitoral brasileiro. Em um momento bastante difícil, o país pôde voltar ao cenário internacional com um fôlego democrático e profundo respeito ao princípio da soberania do voto popular (cf. Grupo de Análise de Conjuntura Padre Thierry Linard, 2023, p. 3). Mas a retomada da estabilidade democrática esbarra em dificuldades, como a conturbada relação do terceiro governo de Lula com o Congresso Nacional, no qual parlamentares capitaneados pelo chamado Centrão mantêm seus próprios privilégios, sobretudo orçamentários. Ademais, assim como o "trumpismo", o "bolsonarismo" segue ameaçador (cf. Ricupero, 2024).

No entanto, a crise da democracia representativa ocorre no mundo todo. Desde a Guerra Fria predomina a percepção da dignidade e da liberdade da pessoa, bem como dos direitos humanos, só sob o prisma de cada indivíduo. Falta a visão da sociedade como um todo, com o impacto de fatores como as desigualdades e as corrupções. Também falta mais atenção ao incremento das tecnologias digitais com o uso das informações como arma, que vem contribuindo em grande medida para o recrudescimento de governos autocráticos e de movimentos autoritários. Com uma polarização cada vez maior das eleições e a falta de projetos de nova sociedade, a política perde o encantamento. Os setores médios da população, com medo e insegurança, jogam ao debate político os temas morais e a religião. E a divisão da sociedade se manifesta também na Igreja Católica, bem como em outras importantes tradições religiosas (cf. Grupo de Análise de Conjuntura Padre Thierry Linard, 2023, p. 2-3).

Diversos organismos da Igreja Católica do Brasil divulgaram notas de repúdio aos atos antidemocráticos que, na tarde de domingo do dia 8 de janeiro de 2023, operaram as invasões e depredações às sedes dos Três Poderes da República. Essas notas foram divulgadas pela CNBB (cf. Organismos..., 2023).

O CNLB reiterou o apoio ao sistema democrático. Convocou mulheres e homens de boa vontade, movimentos sociais e expressões eclesiais a trabalharem unidos, a partir da cultura de paz, por uma sociedade justa e fraterna, sem exclusões e preconceitos. Fez críticas à falta de intervenção eficiente da Polícia Militar do Distrito Federal e exigiu "que os envolvidos em tais ações, bem como seus financiadores, sejam identificados e julgados pelos crimes cometidos" (Organismos..., 2023).

A nota veemente da CRB também exigiu que os "mentores, instigadores e financiadores" daqueles atos "terroristas" fossem identificados, responsabilizados e punidos conforme as leis brasileiras. E convidou toda a vida religiosa consagrada a

> unir-se em oração e em ação para que a nação brasileira tenha a força, coragem e a serenidade necessárias para superar o ódio e a violência criminosamente semeados nas mentes e corações de alguns poucos que tentam destruir a possibilidade de convivência pacífica e amizade social entre brasileiros e brasileiras (Organismos..., 2023).

A nota emitida pela Signis Brasil (Associação Católica de Comunicação), de direito pontifício, também expressou repúdio aos atos antidemocráticos. "Não podemos mais aceitar atos criminosos disfarçados de manifestações", afirmou (cf. Organismos..., 2023). Também exigiu com urgência a identificação e a punição no rigor da lei aos executores, mandantes e financiadores.

Pode-se constatar que a atuação da Igreja do Brasil no processo histórico mais recente traz marcas do refluxo eclesial ao qual já nos referimos, mas também o enfrenta de diversas maneiras. Essa Igreja contou com o apoio do Vaticano para se adequar à orientação dada durante os pontificados de João Paulo II e Bento XVI e assumiu um posicionamento moderado, com tendência ao conservadorismo, num período que foi até 2013, quando houve a eleição do Papa Francisco. Desde então, o episcopado brasileiro tem sido convocado a tomar posição mais firme em relação à degradação do meio ambiente e às desigualdades sociais. Não por acaso, o Papa Francisco enviou a réplica da sua cruz peitoral à comunidade de Brumadinho quando houve rompimento da barragem da mineradora Vale-Samarco. Aquele foi um dos primeiros atos simbólicos do novo papa em relação ao Brasil (cf. Camurça, 2023, p. 219-220).

A causa indígena, visceralmente ligada à da ecologia integral, também chamou o episcopado brasileiro a uma posição mais firme frente aos desmandos do governo. Opera-se uma articulação entre a base militante dos movimentos católicos que atuam dentro da sociedade, nas comunidades carentes, e a cúpula colegiada da hierarquia episcopal. Essa cúpula funciona como "caixa de ressonância" dos anseios e das reivindicações populares (cf. Camurça, 2023, p. 222-223).

Em 16 de julho de 2022 realizou-se um ato inter-religioso na Catedral da Sé, em São Paulo, em homenagem ao indigenista Bruno Pereira e ao jornalista britânico Dom Phillips, assassinados no dia 5 de junho na região amazônica do Vale do Javari. Essa cerimônia foi organizada pela Frente Inter-Religiosa Dom Paulo Evaristo Arns por Justiça e Paz em parceria com a Comissão Justiça e Paz do Estado de São Paulo, a Comissão Arns, o Instituto Vladimir Herzog e a Ordem dos Advogados do Brasil-SP. Pessoas de diversas Igrejas cristãs e de diversas religiões estiveram nesse ato, juntamente com a viúva de Bruno, Beatriz Matos, e a viúva de Dom Phillips, Alessandra Sampaio, bem como representantes de povos indígenas, de defensores dos direitos humanos e da sociedade civil (cf. Presidente..., 2022).

Dom Pedro Luiz Stringhini, bispo de Mogi das Cruzes e presidente do Regional Sul 1 da CNBB, ali proferiu um discurso em nome da Igreja Católica, no qual afirmou: "A Catedral da Sé de São Paulo, mais uma vez, acolheu um culto inter-religioso em favor dos direitos humanos, da justiça e da paz". Agradeceu ao cardeal-arcebispo de São Paulo, Dom Odilo Pedro Scherer, por manter essa tradição de seus antecessores, o Cardeal Arns e o Cardeal Hummes. Afirmou a urgência de se clamar por justiça, diante das sistemáticas violações dos direitos dos povos indígenas, da destruição ambiental na Amazônia e nos outros biomas brasileiros. "No Brasil, chamam a atenção e causam indignação a escalada da violência contra os povos indígenas e tradicionais, fruto do descaso oficial, e o desmonte de políticas públicas de preservação do meio ambiente, nossa casa comum", disse Dom Stringhini. Ele denunciou a adoção de uma política econômica indiferente ao sofrimento dos pobres, causadora de desemprego e da volta da fome, e também o discurso de ódio e a apologia às armas, que fizeram crescer a violência (cf. Presidente..., 2022).

Como explicou em nota o Cimi, Bruno e Dom empenharam suas vidas na defesa dos povos indígenas, inclusive fazendo monitoramento e denúncia de atividades ilegais no Vale do Javari. Em meio a uma crescente violência, ali muitas vidas vinham sendo destruídas pelo narcotráfico, pela caça clandestina, pelo agronegócio, por gananciosos pelo ouro. O indigenista e o jornalista britânico assassinados fizeram parte do amplo contexto de indígenas, indigenistas, ambientalistas e defensores de direitos humanos que, no Brasil, enfrentam constantes ataques (cf. A perda..., 2022).

Em setembro de 2023, um projeto de lei conhecido como Marco Temporal (PL 2.903/2023), aprovado rapidamente pelo Senado, previa a demarcação de territórios indígenas somente nos espaços já ocupados por eles em 5 de outubro de 1988, data da promulgação da Constituição Federal. Ignorando as históricas violações sofridas por esses povos ao longo dos anos, também previa a exploração econômica das terras indígenas, inclusive com exploração do trabalho dos próprios indígenas. Lideranças de organizações dos povos originários, de direitos humanos e socioambientais, que estavam na Suíça participando de uma sessão de Direitos Humanos da ONU, entregaram uma carta ao representante do Brasil nas Nações Unidas, a ser encaminhada ao Presidente Lula, com pedido de que ele vetasse por inteiro esse projeto de lei. A carta também se destinava aos ministérios de Direitos Humanos, Desenvolvimento Agrário e Agricultura Familiar, além do Conselho Nacional de Justiça (cf. Lideranças..., 2023).

O PL do marco temporal foi vetado por Lula em diversos itens. Porém, o Congresso Nacional derrubou a maior parte dos vetos presidenciais, inclusive o do marco temporal. Em nota, a CNBB mostrou sua posição contrária e lembrou a inconstitucionalidade dessa tese. Citando afirmações do Papa Francisco em sua encíclica *Laudato Si'*, a nota do episcopado afirmou: "Como nação democrática, precisamos assegurar o mínimo dos direitos aos povos indígenas, sendo o primeiro e primordial a garantia de seus territórios e do bem-viver, na forma da Constituição" (CNBB, 2023).

No entanto, manter-se em posicionamentos como esse acarreta perseguições, como ocorreu em junho de 2024, na ocasião de uma missa no santuário de São José de Anchieta, no Estado do Espírito Santo. O vice-presidente da CNBB, Dom João Justino, ali pronunciou-se contra o marco temporal e a favor da reforma agrária. Um expoente da bancada do agronegócio que estava presente, Evair Vieira de Melo, muito irritado, iniciou ali mesmo no santuário uma ofensiva contra o bispo, protocolando, depois, uma moção de repúdio contra ele, que foi aprovada pelo presidente da Comissão de Agricultura. O argumento do político era o de que Dom Justino teria transgredido a sacralidade do evento e desrespeitado a expectativa de devoção dos participantes (cf. Tenório, 2024).

O ativismo religioso ultraconservador de alguns setores do catolicismo também busca bloquear, na sociedade brasileira, medidas favorecedoras da diversidade cultural, moral e de costumes, como se evidenciou nas fases agudas da pandemia de covid-19. Segmentos católicos tradicionalistas e carismáticos, assim como muitos segmentos evangélicos, veicularam símbolos e discursos religiosos enquanto tomavam atitudes contrárias às orientações de saúde pública e defendiam aglomerações nos templos com a justificativa de uma pretensa liberdade religiosa. O imaginário, a ritualística e a gramática desse ativismo católico, que também eclode em rumorosas manifestações contra a interrupção de gravidez no caso de vítimas de estupro, consegue dar suporte simbólico para a legitimação de formas populistas e autoritárias de poder. Mas isso já ocorreu em outros períodos da história, como o da neocristandade dos primeiros anos do século XX e no período da ditadura militar, com os setores hegemônicos do catolicismo no Brasil (cf. Camurça, 2023, p. 228, 230).

O fato novo da comunicação por meio das mídias digitais precisa ser considerado, com suas vantagens e seus riscos. A mídia digital aproxima as pessoas usuárias e facilita a comunicação rápida entre elas. Como espaço de trocas de informações e opiniões sem fim, contribui para a formação de diversos tipos de comunidades que fazem intercâmbio de ideias e partilha de vida, bem como buscam convencer as pessoas sobre opções e convicções. Os portais de notícias e as redes sociais, através dos algoritmos e da inteligência artificial, captam o interesse de quem navega no mundo virtual. Ao estabelecer contato entre aqueles que têm interesses parecidos, criam o fenômeno das "bolhas", isto é, grupos de pessoas seguidoras dos que partilham as mesmas ideias e valores. Também criam o fenômeno dos *influencers* (influenciadores digitais), que são pessoas comunicadoras com grande capacidade de difundir opiniões, valores, convicções e ideias (cf. Grupo de Análise de Conjuntura Eclesial, 2023).

Muitos e diversos nomes ligados ao universo religioso passaram a se destacar como influenciadores digitais da fé. Isso ocorreu particularmente durante e após o período da pandemia de covid-19. Trata-se de celebridades digitais que chegam a atingir milhões de seguidores por meio da produção e divulgação de conteúdos religiosos em rede, alcançando um nível de influência tão relevante a ponto de causar preocupação, particularmente no catolicismo (cf. Livro..., 2024).

Dom Joaquim Mol – que, além de bispo auxiliar de Belo Horizonte, de 2019 a 2023, era o presidente da Comissão Pastoral para a Comunicação da CNBB – tomou a iniciativa de organizar e coordenar um estudo aprofundado desse fenômeno na Igreja Católica. A partir de diálogos com bispos, pastoralistas e pesquisadores, Dom Mol reuniu uma equipe de especialistas nos campos da Comunicação e da Teologia. Assim, o estudo da influência digital católica no Brasil se fez com base numa pesquisa empírica sobre alguns casos em destaque, realizada ao longo de três anos, de 2021 a 2023, resultando na obra *Influenciadores digitais católicos: efeitos e perspectivas* (2024)[68] (cf. Livro..., 2024).

Constatações ali trazidas pelos autores são de que a influência digital se tornou uma tendência irreversível no campo católico, e que os influenciadores digitais católicos (IDCs) são muitos. Mas há riscos. Não poucos desses perfis privilegiam nichos de público e consumo individualizado segundo a lógica das mídias digitais, o que leva a um acúmulo de discursos e estilos soltos e até con-

---

68. A publicação do livro *Influenciadores digitais católicos: efeitos e perspectivas* foi endossada por uma carta de apoio destas instituições e grupos: Signis Brasil, Cáritas Brasileira, Coletivo Bereia, Comissão Brasileira de Justiça e Paz, Conselho Nacional do Laicato do Brasil, Grupo de Pesquisa Comunicação e Religiões/Intercom, Observatório da Comunicação Religiosa e Observatório Eclesial Brasil (cf. Livro..., 2024).

traditórios. Também amiúde exaltam figuras públicas e aceitam estratégias de influência que não seguem as boas práticas da Igreja.

De modo geral, as ações desses influenciadores ligam-se à radicalização de movimentos de extrema-direita e à disputa política pela moralização ideológica das arenas de debate, mas também ao crescimento de ativismos digitais em favor de causas sociais. Vê-se, em grande parte deles, um distanciamento do sentido do evangelho e da comunidade, predominando um tom narcisista, autorreferencial e que acentua a autoridade clerical. Além disso, os IDCs que se afirmam à maneira do mercado, monetizando suas imagens, correm o risco de comprometerem seu discurso (cf. Mol, 2024).

Os IDCs têm diferentes modos de atuação. Os de modo "ultraconservador" combatem abertamente os movimentos "progressistas" e defendem as desigualdades como algo natural, fruto de escolhas individuais. O modo de "ativismo progressista" é o dos que promovem causas sociais específicas como pautas de luta para pressionar governos e outros atores sociais. Há os que fazem uma "isenção programada" de assuntos religiosos, espirituais e principalmente devocionais, evitando polêmicas e posicionamentos abertos e não se envolvendo com a transformação social. Outro modo é o dos que apresentam elementos da fé e da devoção popular com moralismos, permeados por elementos ideológicos e políticos. Estes, geralmente, partem de leituras pessoais e particulares para promover uma vivência cristã baseada em fórmulas de fé sem ligação com a realidade, além de fazer críticas sem fundamento à estrutura institucional e à hierarquia da Igreja. Há, ainda, o modo que apresenta a mensagem como neutra, ou faz uma proposição *light* do evangelho, numa perspectiva psicologista-humorística, reforçando a solução das questões humanas na forma individual (cf. Mol, 2024).

Alguns dos IDCs têm um perfil ideológico claramente contrário às grandes orientações dos documentos do Vaticano II, mas contam com uma grande adesão de fiéis com pouca formação, além de seminaristas. Esses *influencers*, apresentando-se como católicos, passaram a demonizar a Teologia da Libertação e todo o discurso da Igreja voltado para a missão na realidade social. Assim, contribuíram para transformar a oposição entre católicos "progressistas" ou "libertadores" e católicos "conservadores" ou "tradicionais" numa polarização radical. São uma espécie de "gurus" teológicos, conforme denominação do relatório da escuta sinodal da Igreja do Brasil enviado à Secretaria-Geral do Sínodo sobre a sinodalidade. Alguns deles, que fazem oposição frontal ao Papa Francisco, ao Concílio Vaticano II e às conferências episcopais, recebem apoio financeiro de grupos de perfil semelhante em outros países e frequentemente são apoiados por alguns cardeais, bispos, padres, seminaristas e pessoas leigas (cf. Grupo de Análise de Conjuntura Eclesial, 2023).

A atuação dos *influencers* ditos católicos que ganharam especial destaque com uma pregação doutrinária supostamente baseada no magistério da Igreja vem reforçando a polarização social e política da sociedade brasileira iniciada em 2013. Essa polarização é sustentada também pela influência ideológico-religiosa de grupos tradicionalistas como aqueles ligados ao Centro Dom Bosco e suas muitas filiais pelo Brasil. Sem vinculação direta com os movimentos espirituais nascidos após o Concílio nem com as inúmeras expressões do catolicismo popular, esses *influencers* e grupos têm encontrado eco e adesão num grande número de fiéis ligados a esses movimentos e expressões da religião popular (cf. Grupo de Análise de Conjuntura Eclesial, 2023).

A preocupação também se coloca no descarte do elemento comunitário, do vínculo eclesial e da práxis cristã, que ocorre em grande parte dos perfis desses influenciadores católicos. Por outro lado, é bastante positiva a atuação dos IDCs minoritários, cujas práticas não se alinham com as dinâmicas profissionais de influência digital. Eles e elas, sem superficialidade e livres dos interesses do mercado, podem promover um diálogo mais autêntico e verdadeiro com seus públicos (cf. Mol, 2024).

Para melhor situarmos esses e outros desafios precisamos desvendar o rosto da Igreja do Brasil na atualidade. Com esse objetivo realizou-se uma ampla pesquisa de campo, que incluiu entrevistas com presbíteros, leigas e leigos, jovens, seminaristas e religiosas consagradas. Especialistas em teologia, pastoral, ciências sociais e religiosas, que analisaram os dados, mostram duas perspectivas mais marcantes na Igreja do Brasil: a da evangelização/libertação e a institucional/carismática. Como constataram, na continuidade do processo de involução eclesial, em muitos aspectos, houve um sorrateiro retrocesso a práticas de neocristandade, com um posicionamento apologético da Igreja frente ao mundo e a reafirmação do clericalismo, típico de um modo de "Igreja autorreferencial", que o projeto do Papa Francisco busca superar com o resgate da renovação conciliar (cf. Brighenti, 2021a, p. 1.145-1.146; 2023, p. 320).

Nesse modelo houve mudança no perfil de bispo e de presbítero, desde a visita de inspeção efetuada pela Cúria Romana aos seminários, na década de 1980. Critérios passados às nunciaturas apostólicas foram determinantes para a eleição dos bispos, implementando-se um episcopado mais administrador do que pastor e mais qualificado em direito canônico do que em teologia. Novas orientações na formação dos candidatos ao sacerdócio levaram também a um presbiterato mais identificado com o zelo pela doutrina e com a defesa da instituição eclesial do que com a evangelização integral dentro da sociedade moderna, autônoma e plural (cf. Brighenti, 2021a, p. 1.145-1.146; 2023, p. 320).

Consequentemente, há um perfil dos chamados "padres novos", não só mais jovens de idade, mas principalmente situados numa perspectiva sociopastoral distanciada da renovação do Vaticano II e de sua recepção criativa na América Latina. Em seu comportamento pessoal e em suas práticas pastorais, geralmente, eles promovem os deslocamentos da atitude profética para a terapêutica e da ética para a estética. Isso traz tensões e entraves nos processos pastorais, mas também questiona práticas eclesiais e comportamentos em curso (cf. Brighenti; Souza, 2021, p. 1.030-1.038).

Não poucos desses presbíteros atuam como IDCs, e frequentemente com um viés narcisista. Usam a própria vida eclesial para ativar a curiosidade do público e acionar o humor como instrumento de engajamento. Os conteúdos religiosos passados por eles acabam simplificados e com visão reducionista de catequese. A seus superiores diretos no episcopado cabe orientá-los nessa atuação, em vista da comunhão com a Igreja e do respeito às sensibilidades e vivências sociais diversas. Mas toda a Igreja tem o desafio de promover a formação de mulheres e homens como líderes católicos que atuem nas redes digitais sem buscar a fama, a visibilidade e o engajamento segundo as lógicas midiático-digitais (cf. Mol, 2024).

> Uma presença significativa e qualificada em rede por parte de cristãs e cristãos move-se a partir do desejo de "tornar o Reino de Deus presente no mundo" (*Evangelii Gaudium*, 176), mediante a sabedoria do trabalho coletivo, da solidariedade e da confiança na possibilidade multiplicadora e de afetação da Palavra e do Reino de Deus, que agem como um grão de mostarda e fermento na massa (Lc 13,18-21) (Mol, 2024).

Dos "padres novos" é percebida uma perspectiva carismática e defensora da Igreja enquanto instituição. Com uma visão de mundo menos social e mais cultural, eles realçam a liberdade do indivíduo e entendem a comunidade de fé como ilha de sentido da vida num prisma moral. Na coletividade, tendem a valorizar o legado ético cristão-católico contra o que veem como ameaça aos valores cristãos. Assim, apontam soluções religiosas para os conflitos sociais. Já os chamados "padres das décadas de 1970 e 1980" abraçam a evangelização como libertação integral (cf. Brighenti, 2021b, p. 77, 24).

Destes que prosseguem no projeto de evangelização como libertação integral, algumas redes de padres têm se manifestado, compartilhando seu posicionamento e seus apelos em momentos históricos percebidos por eles como nevrálgicos. É o caso do coletivo Padres da Caminhada, que surgiu em novembro de 2019 num encontro de CEBs do chamado "Sulão" da CNBB[69].

Seu primeiro encontro, em julho de 2022, realizou-se na Prelazia de São Félix do Araguaia. O segundo foi na cidade de São Paulo, em novembro de 2023, com o tema "Pelo Reino a esperança nos faz caminhar". Participaram 40 padres das várias dioceses do Brasil. Sem querer constituir uma instituição, esse coletivo empenha-se em "dar visibilidade aos sinais do Reino anunciado e revelado por Jesus de Nazaré, na radicalidade da opção pelos pobres e descartados da nossa sociedade". Em uma não identificação com o setor da Igreja que, como veem, tem recuado na profecia e deixado de ser a voz dos sem voz, mantêm sintonia com a recepção do Concílio Vaticano II, as orientações do Papa Francisco e a tradição teológico-pastoral da Igreja da América Latina e do Caribe. Entre suas preocupações e seus compromissos está também o futuro do planeta, ameaçado por tragédias ambientais agravadas pela voracidade de corporações capitalistas (cf. Mattos, 2023).

Um dos objetivos dos Padres da Caminhada é incentivar, apoiar e acompanhar a muitos dos seus irmãos sacerdotes que, nos

69. "Sulão" é o conjunto dos regionais Sul 1 (São Paulo), Sul 2 (Paraná), Sul 3 (Rio Grande do Sul) e Sul 4 (Santa Catarina) da CNBB.

locais onde vivem e trabalham, passam por isolamento, desencanto e sofrimento, inclusive com a ocorrência de vários casos de suicídio. Para isso, realizam encontros, fazem indicações de leituras, compartilham notícias e fomentam a mística cristã, com reflexão teológica, pastoral inculturada e libertadora e política de defesa das vidas em situação de vulnerabilidade (cf. Mattos, 2023).

As CEBs, em sua origem e primeiros tempos, estavam mais situadas no mundo rural, longe das matrizes paroquiais. Com a urbanização acelerada não se multiplicaram tanto no mundo urbano, apesar do grande aumento dos excluídos nas cidades. Muitas acabaram integradas no sistema paroquial, bastante absorvidas na preparação dos sacramentos e nas celebrações de estilo mais ou menos tradicional. Outras, que continuaram sendo Igreja no mundo dos excluídos, pouco contam na vida das dioceses, das paróquias e dos movimentos eclesiais (cf. Comblin, 2004, p. 13-14).

A restauração neoconservadora no grande horizonte eclesial não é o único fator desfavorável à sua dinâmica criativa. Já nos anos de 1990, a configuração de uma espécie de transição pastoral no interior da Igreja convivia com um clima geral de ceticismo e perplexidade na sociedade brasileira. Crescia a desconfiança do povo diante dos cotidianos escândalos e corrupções envolvendo as elites e classes dirigentes. Contudo, emergia uma nova consciência da comunidade eclesial de base como realidade viva, em processo de criação e recriação permanente, como apareceu no processo de avaliação pastoral empreendido por um número significativo de dioceses que foram matrizes de experiências de CEBs no Brasil. Junto ao permanente aprofundamento da sua espiritualidade e missão no mundo dos mais empobrecidos, o novo desafio foi o da abertura a uma nova sensibilidade: na inculturação da fé e no diálogo com a religião popular; no cultivo da subjetividade, da gratuidade e do simbólico; e na relação com os setores médios da sociedade e com os formadores de opinião (cf. Teixeira, 1992, p. 580-581).

Mais assimiladas no conjunto da Igreja e com a vitalidade continuada dos seus Encontros Intereclesiais, essas comunidades seguem participando do fermento das "minorias proféticas" que Dom Helder Camara chamava de "minorias abraâmicas". Entre os dias 18 e 23 de julho de 2023 realizou-se o 15º Encontro Intereclesial em Rondonópolis, Mato Grosso. Em comunhão com o Papa Francisco, o tema foi "CEBs, Igreja em saída na busca da vida plena para todos e todas". O lema, inspirado em Isaías 65, dizia: "Vejam! Eu vou criar novo céu e uma nova terra". Bem presente esteve este chamamento do papa:

> Saiamos, saiamos para oferecer a todos a vida de Jesus Cristo! Repito aqui, para toda a Igreja, aquilo que muitas vezes disse aos sacerdotes e aos leigos de Buenos Aires: prefiro uma Igreja acidentada, ferida e enlameada por ter saído pelas estradas a uma Igreja enferma pelo fechamento e pela comodidade de se agarrar às próprias seguranças (*Evangelii Gaudium*, 49).

Mas é também a crescente participação de pessoas leigas que alimenta a esperança ativa, desde múltiplas "porções" minoritárias da Igreja em autocompreensão de Povo de Deus e servidora da humanidade. Como observaram os estudiosos do perfil da Igreja do Brasil, o laicato vem mostrando maior abertura e esperança, agindo num mundo que passa por transformações profundas. Mas há que se enfrentar o processo de involução eclesial em relação às proposições do Vaticano II, que segue em curso mesmo no pontificado de Francisco (cf. Brighenti, 2023, p. 320).

Em cada nova época é necessário o *aggiornamento* pensado pelo Papa João XXIII, para que a missão da Igreja dê respostas eficazes aos desafios que emergem de avanços misturados a contradições. É preciso rever a maneira de influenciar os indivíduos, as famílias e a sociedade.

No Brasil e em outros países latino-americanos houve recentes retrocessos em relação a políticas públicas que haviam avançado, como aquelas comprometidas com agendas igualitárias e de direitos humanos, notadamente as de gênero. Nos anos 2000, a transição para se consolidar a democracia permitiu maior participação e pressão por parte de movimentos e partidos com pautas igualitárias e de diversidade. Os avanços nos direitos sexuais e reprodutivos, com perspectiva de saúde integral das mulheres e de planejamento familiar, não foram acompanhados pelos direitos fundamentais, como creches, acesso de todos à educação de qualidade, regulação do trabalho que o compatibilize com o cuidado e igualdade de renda nos eixos de gênero e raça (cf. Biroli, 2023, p. 23).

A Igreja Católica, no longo tempo em que foi hegemônica no Brasil, exerceu um forte influxo no espaço público nacional. Muitas vezes, legitimou instituições e valores caros a ela e à sociedade; outras vezes, questionou o poder autoritário do Estado violador dos direitos humanos fundamentais dos cidadãos. No século XXI, sob o impacto da cultura moderna marcada pela afirmação do indivíduo e pela fragmentação da vida, e com o campo religioso brasileiro mais plural e diversificado, diminui a influência católica sobre as instâncias do Estado e sobre o conjunto da população (cf. Grupo de Análise de Conjuntura Eclesial, 2023).

Há que se levar em conta as formas de interpenetração dos domínios da religião, da sociedade e da política. "A religião transpassa a política, encantando-a, e a política atravessa a religião, desencantando-a." Isso aparece, por exemplo, nas cruzadas político-religiosas contra as religiões de matriz africana, apoiadas numa moral econômico-racial. A problemática mistura de imperativos teológicos e doutrinários, tal como ocorreu em projeto político recente, teve entre as consequências diretas o agravamento das discriminações aos afrodescendentes e aos indígenas, com suas moralidades, saberes e práticas, como também a produção de uma forma contemporânea de neocolonização política, discursiva e territorial (cf. Miranda, 2023, p. 46, 35).

Não resta dúvida de que o modo de ser Igreja pautado no Concílio Vaticano II conheceu uma configuração única no Brasil, assim como em toda a América Latina e Caribe. Esse modelo de Igreja alcança a sua maturidade no magistério e na liderança do Papa Francisco, que leva para toda a Igreja Católica muito da riqueza do "laboratório" eclesial vivido nesse continente (cf. Grupo de Análise de Conjuntura Eclesial, 2023).

No Brasil e em todo o continente latino-americano-caribenho, o Concílio Vaticano II teve um campo privilegiado de recepção. A Igreja do Brasil fez o seu Plano de Pastoral de Conjunto (1966) com a experiência conciliar da colegialidade episcopal e já numa prática de sinodalidade.

A sinodalidade é condição para essa Igreja enfrentar resistências e recusas em seu âmbito interno. Pode-se citar, por exemplo, a resistência à superação do clericalismo e à inclusão da mulher nas instâncias eclesiais de decisão; o ostracismo a que são relegados amiúde textos do papa referentes à questão social – como os da *Laudato Si'* e da *Fratelli Tutti* – e os que trazem orientações práticas – como o capítulo VIII da *Amoris Laetitia*; a omissão no combate aos abusos contra menores e outras pessoas vulneráveis; e a lentidão em aplicar as orientações da *Traditionis Custodes* e da *Desiderio Desideravi* (cf. Grupo de Análise de Conjuntura Eclesial, 2023).

A Igreja do Brasil, já vocacionada a viver a sinodalidade por inteiro e desde a sua base, tem também em sua trajetória experiências de coragem profética. Vale aqui o apelo de Sônia Gomes de Oliveira, representante do laicato na Assembleia Sinodal do Sínodo sobre a sinodalidade:

> Penso que, quando a Igreja fala em ter a centralidade em Jesus, uma das coisas que para mim fica muito forte é que Jesus escutava as pessoas, os sentimentos. Hoje a Igreja precisa recuperar essa arte da escuta, pois fala, escreve muitos livros e escuta pouco as periferias (Oliveira, 2024, p. 7).

Vivemos um daqueles momentos definidores que marcam a história do cristianismo, tempo de rever os caminhos e tomar decisões corajosas. Temos a inspiração dos "Padres da Igreja Latino-Americana" Dom Manuel Larraín e Dom Hélder Camara, que, na fase conturbada das décadas de 1950 e 1960, souberam liderar a Igreja desse continente com sua liberdade de falar e exercer liderança com destemor. "Mesmo contra toda a desesperança possam os padres e as madres sinodais, como disse o 'Dom' [Helder Camara] antes de partir deste mundo, 'não deixar cair a profecia'! Que não lhes falte a santa teimosia!" (Vilardi, 2024).

7.5 De volta às questões iniciais

Nas contribuições levadas pela Igreja do Brasil à Conferência de Aparecida, dentro de uma pluralidade de propostas, estava o imperativo "retomar". Era preciso abraçar de novo a genuína tradição eclesial da Igreja do continente, com as grandes opções feitas a partir das conferências de Medellín e de Puebla. Por isso, as grandes insistências eram as de retomar o método "ver-julgar-agir", a opção pelos pobres e o protagonismo das pessoas leigas, para que a Igreja da América Latina e do Caribe prosseguisse no seu dinamismo evangelizador, numa realidade de pobreza crescente, injustiças sociais, violação dos direitos humanos e ameaças à sustentabilidade do planeta (cf. CNBB, 2006).

Essa retomada foi feita pela quinta conferência, inclusive levando a opção pelos pobres à radicalidade do seguimento de Jesus. A experiência ali vivida junto à multidão de romeiros da Mãe

Negra Aparecida impactou os participantes e, de modo especial, o arcebispo de Buenos Aires, Cardeal Bergoglio, que veio a ser o primeiro papa latino-americano e também o primeiro da Ordem dos Jesuítas. Ao retornar ao Santuário de Aparecida seis anos depois, ele afirmou ter sido a quinta conferência um "grande momento de vivência eclesial".

Com toda a sua experiência na tradição genuína da Igreja latino-americana-caribenha, o Papa Francisco tem compartilhado na universalidade da Igreja o marco de Aparecida. A Igreja do Brasil, por sua vez, inseriu o seu protagonismo no projeto da Igreja em saída, do Papa Francisco, vivenciando, nessa perspectiva, eventos de grande importância, com seus processos e compromissos decorrentes, como o Sínodo para a Amazônia e a Assembleia Eclesial continental dentro do Sínodo dos Bispos voltado para a sinodalidade. Ao participar desses processos e eventos, a Igreja do Brasil levou suas contribuições e também pôde refletir sobre suas demandas e seus impasses.

Essa Igreja viveu com o povo brasileiro dias difíceis, como os da pandemia de covid-19, em meio às graves instabilidades e situações precárias agravadas por uma política antidemocrática, mas persistiu na opção pelos pobres graças ao jeito da CNBB de se manter unida a partir de focos regionais e situados no "miúdo" das maiorias empobrecidas e excluídas. O episcopado, mesmo sem ser uníssono, foi "caixa de ressonância" de organizações como as de indígenas, ribeirinhos, quilombolas, afetados por barragens e outras, bem como de organizações defensoras dessas comunidades. Campanhas de ajuda, orientação e conscientização foram planificadas e executadas. A Igreja somou-se a organizações e entidades diversas da sociedade, bem como a outras Igrejas e religiões, contra os desmontes das instituições e os crimes que, da parte do governo, atingiam principalmente as populações mais vulneráveis.

Atitudes mais corajosas vieram de coletivos que agiram em momentos mais críticos, como o grupo grande de bispos com sua Carta ao Povo de Deus e a organização dos Padres da Caminhada. Também tiveram voz forte organismos oficiais da Igreja, como o dos leigos, dos religiosos, da comunicação e de pastorais atuantes na sociedade. De outro lado, o projeto antidemocrático do governo recebeu apoio e adesão pública da parte de alguns movimentos católicos.

Em Aparecida já se havia instaurado certa perplexidade perante as rápidas mudanças da humanidade, recém-ingressada em uma nova época. No Brasil e no mundo todo aceleraram-se novidades desde a telefonia celular e a internet, inclusive com uso dos algoritmos sem nenhum limite ético, chegando ao disparo em massa de mentiras e meias-verdades. Influenciadores digitais pautados na ambição por dinheiro, poder político e fama, passaram a ser seguidos por milhões de pessoas. Algumas pesquisas e estudos interdisciplinares deram seus primeiros e importantes passos sobre o fenômeno de *influencers* católicos, traçando algumas perspectivas para o enfrentamento desse desafio. A mesma dinâmica esteve na busca de compreensão do perfil da Igreja do Brasil na atualidade, que traz consequências do refluxo eclesial pautado num entendimento de "nova evangelização" um tanto avesso à inculturação do evangelho nas realidades históricas.

Com seu carisma próprio, sua trajetória e a prática constante da sinodalidade, essa Igreja tem muito a contribuir na missão de evangelizar confiada por Jesus a seus discípulos e suas discípulas. À medida que se puser no horizonte mais largo da fraternidade social, em ecumenismo, diálogo e parcerias, poderá dar respostas pastorais que respondam de maneira mais eficaz aos desafios atuais. Para isso, terá que contar com todas as suas forças vivas. Vale aqui a exortação do Papa Francisco em sua *Evangelii Gaudium* (n. 46):

> A Igreja "em saída" é uma Igreja com as portas abertas. Sair em direção aos outros para chegar às periferias humanas não significa correr pelo mundo sem direção nem sentido. Muitas vezes é melhor diminuir o ritmo, pôr de parte a ansiedade para olhar nos olhos e escutar, ou renunciar às urgências para acompanhar quem ficou caído à beira do caminho. Às vezes, é como o pai do filho pródigo, que continua com as portas abertas para, quando este voltar, poder entrar sem dificuldade.

A Igreja do Brasil é chamada a seguir com direção e sentido, no ritmo do "caminhar juntos", como dizia a Campanha da Fraternidade de 1976. Em meio ao pluralismo complexo, frente a extremismos, agressões à Mãe Terra e retrocessos nos direitos humanos, terá que fazer parceria com os artífices que, muitas vezes desde o anonimato, tecem redes e impulsionam extraordinários avanços no sentido da paz que é fruto da justiça.

Referências

I – Documentos pontifícios

BENTO XVI, Papa. Discurso do Papa Bento XVI na sessão inaugural da V Conferência Geral do Episcopado da América Latina e do Caribe. *In*: BENTO XVI, Papa. *Palavras do Papa Bento XVI no Brasil*. São Paulo: Paulinas, 2007.

CONCÍLIO VATICANO II. Constituição dogmática *Lumen Gentium* sobre a Igreja. Roma, 21 nov. 1964. Disponível em: https://www.vatican.va/archive/hist_councils/ii_vatican_council/documents/vat-ii_const_19641121_lumen-gentium_po.html – Acesso em: 22 mar. 2025.

CONCÍLIO VATICANO II. *Compêndio do Vaticano II*. Constituições, Decretos, Declarações. 20. ed. Petrópolis: Vozes, 1989.

FRANCISCO, Papa. *Desiderio Desideravi*. Sobre a formação litúrgica do povo de Deus. Brasília, DF: Edições CNBB, 2022 (Documentos pontifícios, 53).

FRANCISCO, Papa. Exortação apostólica *Evangelii Gaudium*. A alegria do Evangelho. São Paulo: Paulus/Loyola, 2013a.

FRANCISCO, Papa. *Fratelli Tutti*. Carta encíclica sobre a fraternidade e a amizade social, out. 2020a. Disponível em: https://www.vatican.va/content/francesco/pt/encyclicals/documents/papa-francesco_20201003_enciclica-fratelli-tutti.html#_ftn9 – Acesso em: 27 fev. 2025.

FRANCISCO, Papa. *Laudato Si'*. Louvado sejas. Carta encíclica sobre o cuidado da casa comum. São Paulo: Paulus/Loyola, 2015.

FRANCISCO, Papa. Mensagem do Papa Francisco aos participantes na Assembleia Eclesial da América Latina e do Caribe. Roma, São João de Latrão, 15 out. 2021a. Disponível em: https://www.vatican.va/content/francesco/pt/messages/pont-messages/2021/documents/20211015-messaggio-ass-caribe.html – Acesso em: 20 mar. 2025.

FRANCISCO, Papa. Mensagem em vídeo do Papa Francisco por ocasião da apresentação da Primeira Assembleia Eclesial da América Latina e do Caribe. Cidade do México, 24 jan. 2021b. Disponível em: https://www.vatican.va/content/francesco/pt/events/event.dir.html/content/vaticanevents/pt/2021/1/24/videomessaggio-celam.html – Acesso em: 20 mar. 2025.

FRANCISCO, Papa. *Querida Amazônia*. Exortação apostólica pós-sinodal ao Povo de Deus e a todas as pessoas de boa vontade. São Paulo: Paulus, 2020b.

FRANCISCO, Papa. *Traditionis Custodes*. Sobre o uso da liturgia romana anterior à reforma de 1970. Brasília, DF: Edições CNBB, 2021c (Documentos pontifícios, 49).

FRANCISCO, Papa. Visita Apostólica do Papa Francisco ao Brasil por ocasião da XXVIII Jornada Mundial da Juventude. Santa Missa na Basílica do Santuário Nacional de Nossa Senhora Aparecida. Homilia do Santo Padre. Quarta-feira, 24 jul. 2013b. Disponível em: https://www.vatican.va/content/francesco/pt/homilies/2013/documents/papa-francesco_20130724_gmg-omelia-aparecida.html – Acesso em: 19 mar. 2025.

JOÃO PAULO II, Papa. Carta do Papa aos bispos brasileiros. Algumas diretrizes para a Igreja do Brasil. *Revista do Serviço de Documentação – Sedoc*, p. 807-812, 13 mar. 1981.

JOÃO PAULO II, Papa. Carta encíclica *Redemptoris Missio*. Sobre a validade permanente do mandato missionário. Petrópolis: Vozes, 1991 (Documentos pontifícios, 239).

JOÃO PAULO II, Papa. Discurso na abertura da XIX Assembleia do Celam. Catedral de Porto Príncipe, Haiti, 9 mar. 1983. Disponível em: https://www.vatican.va/content/john-paul-ii/pt/speeches/1983/march/documents/hf_jp-ii_spe_19830309_assemblea-celam.html – Acesso em: 19 mar. 2025.

LEÃO XIII, Papa. Carta encíclica *Rerum Novarum* do Sumo Pontífice Papa Leão XIII a todos os nossos veneráveis irmãos, os patriarcas, primazes, arcebispos e bispos do orbe católico, em graça e comunhão com a sé apostólica sobre a condição dos operários. Roma, 15 maio 1891. Disponível em: https://www.vatican.va/content/leo-xiii/pt/encyclicals/documents/hf_l-xiii_enc_15051891_rerum-novarum.html – Acesso em: 20 mar. 2025.

PAULO VI, Papa. Audiência geral, 21 out. 1970. Disponível em: https://www.vatican.va/content/paul-vi/pt/audiences/1970/documents/hf_p-vi_aud_19701021.html – Acesso em: 18 mar. 2025.

PAULO VI, Papa. Discurso de S. S. Paulo VI na Abertura da II Conferência. *In*: CONSELHO EPISCOPAL LATINO-AMERICANO – CELAM. *Conclusões de Medellín, 1968*: trinta anos depois, Medellín é ainda atual? São Paulo: Paulinas, 1998.

PAULO VI, Papa. Normas para a II Conferência Geral do Episcopado Latino-Americano. *Revista Eclesiástica Brasileira – REB*, Petrópolis, vol. 8, fasc. 3, p. 690-697, set. 1968.

PAULO VI, Papa. *Populorum Progressio*. Carta encíclica sobre o desenvolvimento dos povos. São Paulo: Paulinas, 1967.

II – Documentos, cartas, notas, manifestos

"NÃO TENHAMOS medo de nos sujar por nosso povo. Não tenhamos medo da lama da história, a fim de resgatar e renovar a esperança", pede Francisco aos bispos latino-americanos. *Instituto Humanitas Unisinos e Adital*, São Leopoldo, 11 maio 2017. Disponível em: http://www.ihu.unisinos.br/eventos/567507-nao-tenhamos-medo-de-nos-sujar-por-nossa-gente-manifesta-se-francisco-em-mensagem-ao-celam – Acesso em: 19 mar. 2025.

A MORTE de D. Fr. Vital. *O apóstolo*, ed. 00092, 14 ago. 1878, p. 2. Disponível em: http://memoria.bn.br/docreader/DocReader.aspx?bib=343951&pagfis=5640 – Acesso em: 11 mar. 2025.

ABREU, João Capistrano de. *Capítulos de história colonial*: 1500-1800. Brasília: Conselho Editorial do Senado Federal, 1998. Disponível em https://www2.senado.leg.br/bdsf/bitstream/handle/id/1022/201089.pdf

ANCHIETA, José de. *Cartas, informações, fragmentos históricos e sermões*. Belo Horizonte: Itatiaia/Edusp, 1988.

ANCHIETA, José de. Informação da Província do Brasil para o nosso Padre, 1585. *In*: ANCHIETA, José de. *Cartas, informações, fragmentos históricos e sermões*. Belo Horizonte: Itatiaia/Edusp, 1988. p. 442-443.

ANCHIETA, José de. *O Auto de São Lourenço*. Introdução, tradução e adaptação de Walmir Ayala. Rio de Janeiro: Ediouro, 1997.

ANTONIL, André João. *Cultura e opulência do Brasil por suas drogas e minas*. Est. bibliogr. por Affonso Taunay; notas de Fernando Sales. Belo Horizonte: Itatiaia; São Paulo: Edusp, 1992.

APM (Arquivo Público Mineiro), Cód. 11, V. 24, fasc. 2.

ARQUIDIOCESE DE SÃO PAULO. Comissão Arquidiocesana de Pastoral dos Direitos Humanos e Marginalizados. *Repressão na Igreja no Brasil*. Reflexo de uma situação de opressão (1968/1978). Rio de Janeiro: Cedi, dez. 1978 (mimeo.).

ARQUIDIOCESE DE SÃO PAULO. *Jornal O São Paulo*: 6 dez. 1971; 17 jun. 1972.

ARQUIVO HISTÓRICO ULTRAMARINO, Bahia, C.A. 26, doc. 8814.

ASSEMBLEIA ESPECIAL DO SÍNODO DOS BISPOS. *Amazônia*: novos caminhos para a Igreja e para uma ecologia integral. Documento final. Brasília, DF: Edições CNBB, 2019 (Documento 58).

AZEVEDO, João Lúcio de (ed.). *Cartas do Padre Antônio Vieira*. Coimbra: Imprensa da Universidade, 1925. vol. 1.

BENCI, Jorge. *Economia cristã dos senhores no governo dos escravos* (Livro brasileiro de 1700). 2. ed. preparada, prefaciada e anotada por Serafim Leite. S. J. Porto: Apostolado da Imprensa, 1954.

BENCI, Jorge. *Economia cristã dos senhores no governo dos escravos* (Livro brasileiro de 1700). São Paulo: Grijalbo, 1977.

BRASIL ultrapassa a marca de 500 mil mortes pela covid-19. *Correio Braziliense*, 19 jun. 2021. Disponível em: https://www.correiobraziliense.com.br/brasil/2021/06/4932403-brasil-ultrapassa-a-marca-de-500-mil-mortes-pela-covid-19.html – Acesso em: 20 mar. 2025.

BRASIL. [Constituição (1891)]. *Constituição de 1891*. Rio de Janeiro: Congresso Nacional Constituinte, 24 fev. 1891. Disponível em: https://www2.camara.leg.br/legin/fed/consti/1824-1899/constituicao-35081-24-fevereiro-1891-532699-publicacaooriginal-15017-pl.html – Acesso em: 15 mar. 2025.

BRASIL. Casa Civil. Subchefia para assuntos jurídicos. *Decreto n. 7.107, de 11 de fevereiro de 2010*. Brasília, DF: Presidência da República, [2010]. Disponível em: http://www.planalto.gov.br/ccivil_03/_ato2007-2010/2010/decreto/d7107.htm – Acesso em: 19 mar. 2025.

BRASIL. Ministério da Saúde. Secretaria de Vigilância em Saúde e Ambiente. *Boletim Epidemiológico n. 146* – Boletim COE Coronavírus. Brasília, DF: Ministério da Saúde, 6 jan. 2023. Disponível em: https://www.gov.br/saude/pt-br/centrais-de-conteudo/publicacoes/boletins/epidemiologicos/covid-19/2022/boletim-epidemiologico-no-146-boletim-coe-coronavirus/view – Acesso em: 20 mar. 2025.

CAMARA, D. Helder. *Circulares Conciliares.* Volume I, Tomo I. De 13-14 out. 1962 a março de 1964. Recife: Editora Universitária da UFPE, 2004.

CAMARA, D. Helder. *Circulares Conciliares.* Volume I, Tomo II. De 23-24 nov. 1964 a 17-18/04/1965. Recife: CEPE, 2009.

CAMARA, D. Helder. *Circulares Conciliares.* Volume I, Tomo III. De 18-19/04/a 1 set. 1965. Recife: CEPE, 2009.

CARTA à Coordenação da 1ª Assembleia Eclesial da América Latina e do Caribe. *Conselho Nacional do Laicato no Brasil – CNLB*, 27 nov. 2021. Disponível em: https://cnlb.org.br/carta-a-coordenacao-da-1a-asembleia-eclesial-da-america-latina-e-do-caribe/ – Acesso em: 20 mar. 2025.

CARTA à Coordenação da 1ª Assembleia Eclesial da América Latina e do Caribe, 29 nov. 2021

CARTA de 12 arcebispos e bispos ao Presidente da República. *Revista do Serviço de Documentação – Sedoc*, fasc. especial, set. 1968, col. 448-449.

CARTA de 152 arcebispos e bispos da CNBB ao Povo de Deus: "Não cabe omissão, inércia e nem conivência diante dos desmandos do Governo Federal. *Conferência Nacional dos Bispos do Brasil – CNBB Regional Nordeste 4*, 29 jul. 2020. Disponível em: https://cnbbne4.org.br/carta-de-152-arcebispos-e-bispos-da-cnbb-ao-povo-de-deus-nao-cabe-omissao-inercia-e-nem-conivencia-diante-dos-desmandos-do-governo-federal/ – Acesso em: 20 mar. 2025.

CARTA de D. Pedro de Almeida e Portugal, Conde de Assumar. *Arquivo Público Mineiro – APM*, SC, Códice 11.

CASALDÁLIGA, D. Pedro, bispo de São Félix, Mato Grosso. *Uma Igreja da Amazônia em conflito com o latifúndio e a marginalização social, 10 de outubro de 1971.* Disponível em: https://www.servicioskoinonia.org/Casaldaliga/cartas/1971CartaPastoral.pdf – Acesso em: 18 mar. 2025.

CASTRO, Silvio. *A carta de Pero Vaz de Caminha*: o descobrimento do Brasil. Porto Alegre: L&PM/História, 1985.

CEM jovens do Brasil se preparam para Encontro Global na cidade de Assis que vai discutir a Economia de Francisco. *Conferência Nacional dos Bispos do Brasil – CNBB*, 13 set. 2022. Disponível em: https://www.cnbb.org.br/100-jovens-do-brasil-se-preparam-para-encontro-global-na-cidade-de-assis-que-vai-discutir-a-economia-de-franciscol – Acesso em: 20 mar. 2025.

COLEÇÃO de leis anuais do Brasil. Brasília, DF: Imprensa Nacional, 1890. vol. 1 (Publicação original).

CONFERÊNCIA NACIONAL DOS BISPOS DO BRASIL – CNBB. *O cuidado com os povos indígenas é o cuidado com a Casa Comum*. Brasília, DF: CNBB, 18 dez. 2023. Disponível em: https://www.cnbb.org.br/wp-content/uploads/2023/12/Nota-O-Cuidado-com-os-Povos-Indigenas.-2.pdf – Acesso em: 20 mar. 2025.

CONFERÊNCIA NACIONAL DOS BISPOS DO BRASIL – CNBB. *Relatório da Presidência 2019-2023*. Brasília, DF: CNBB, abr. 2023b. Disponível em: https://www.cnbb.org.br/wp-content/uploads/2023/04/Relatorio-da-Presidencia-2019-2023-CNBB-DIGITAL.pdf – Acesso em: 20 mar. 2025.

CONFERÊNCIA NACIONAL DOS BISPOS DO BRASIL – CNBB. Linhas prioritárias da pastoral da Amazônia. Santarém, 24 a 30 de maio de 1972. *In*: CONFERÊNCIA NACIONAL DOS BISPOS DO BRASIL – CNBB. *Desafio missionário*. Documentos da Igreja na Amazônia. Coletânea. Brasília, DF: Edições CNBB, 2014. p. 9-29. Disponível em: https://repam.org.br/wp-content/uploads/2022/03/Desafio-Missionario-coletanea_REVISAO-FINAL-1.pdf – Acesso em: 20 mar. 2025.

CONFERÊNCIA NACIONAL DOS BISPOS DO BRASIL – CNBB. Síntese das contribuições da Igreja no Brasil à Conferência de Aparecida. *Perspectiva Teológica*, vol. 38, n. 106, p. 403-432, 2006.

CONFERÊNCIA NACIONAL DOS BISPOS DO BRASIL – CNBB. *Plano de emergência para a Igreja do Brasil*. 2. ed. São Paulo: Paulinas, 2004 (Cadernos da CNBB, n. 1).

CONFERÊNCIA NACIONAL DOS BISPOS DO BRASIL – CNBB. *Orientações pastorais sobre a Renovação Carismática Católica*. São Paulo: Paulinas, 1994 (Documentos da CNBB, n. 53).

CONFERÊNCIA NACIONAL DOS BISPOS DO BRASIL – CNBB. *Campanha da Fraternidade*: vinte anos de serviço à missão da Igreja. São Paulo: Paulinas, 1983 (Estudos da CNBB, n. 35).

CONFERÊNCIA NACIONAL DOS BISPOS DO BRASIL – CNBB. *Igreja e problemas da terra* – Documento aprovado pela XVIII Assembleia da CNBB. Itaici, 14 de fevereiro de 1980. São Paulo: Paulinas, 1980.

CONFERÊNCIA NACIONAL DOS BISPOS DO BRASIL – CNBB. *Exigências cristãs de uma ordem política* – Documento aprovado pela XV Assembleia da CNBB, Itaici, 8 a 17 de fevereiro de 1977. São Paulo: Paulinas, 1977.

CONFERÊNCIA NACIONAL DOS BISPOS DO BRASIL – CNBB. *Comunicação pastoral ao povo de Deus* – Documento do Conselho Permanente da CNBB. Rio de Janeiro, 25 de outubro de 1976. São Paulo: Paulinas, 1976.

CONGREGAÇÃO PARA A DOUTRINA DA FÉ. *Instrução sobre a liberdade cristã e a libertação.* 2. ed. Petrópolis: Vozes, 1986 (Documentos pontifícios, 207).

CONFERÊNCIA NACIONAL DOS BISPOS DO BRASIL – CNBB. *Subsídios para Puebla.* Edições CNBB, 1979 (Documentos da CNBB, n. 13).

CONFERÊNCIA NACIONAL DOS BISPOS DO BRASIL – CNBB. Regional Sul 1. Não oprimas teu irmão. *Revista Eclesiástica Brasileira – REB*, Petrópolis, vol. 35, n. 140, p. 948-951, 1975.

CONFERÊNCIA NACIONAL DOS BISPOS DO BRASIL – CNBB. Regional Centro-Oeste. Marginalização de um povo. *Revista do Serviço de Documentação – Sedoc*, 6 mar. 1974, col. 1019/1020/1021.

CONFERÊNCIA NACIONAL DOS BISPOS DO BRASIL – CNBB. *Y-Juca-Pirama.* O índio: aquele que deve morrer. Goiânia: Edições CNBB, 1974. Disponível em: https://acervo.socioambiental.org/acervo/documentos/y-juca-pirama-o-indio-aquele-que-deve-morrer – Acesso em: 19 mar. 2025.

CONFERÊNCIA NACIONAL DOS BISPOS DO BRASIL – CNBB. Nordeste. Eu ouvi os clamores de meu povo. *Revista do Serviço de Documentação – Sedoc*, vol. 6, n. 67, 1973.

CONFERÊNCIA NACIONAL DOS BISPOS DO BRASIL – CNBB. Regional Sul 1. Testemunho de Paz (Documento de Brodósqui). *In*: ARQUIDIOCESE DE SÃO PAULO. *Boletim arquidiocesano*, 200, 1972.

CONFERÊNCIA NACIONAL DOS BISPOS DO BRASIL – CNBB. Comissão Central. Declaração oficial, 2 jun. 1964. *Informations Catholiques Internationalis – ICI*, 217 (1964).

CONGREGAÇÃO PARA A DOUTRINA DA FÉ. *Instrução sobre alguns aspectos da "Teologia da Libertação"*. Petrópolis: Vozes, 1984 (Documentos pontifícios, 203).

CONSELHO EPISCOPAL LATINO-AMERICANO – CELAM. *Documento para o caminho em direção à Assembleia Eclesial da América Latina e do Caribe*. Bogotá, abr. 2021.

CONSELHO EPISCOPAL LATINO-AMERICANO – CELAM. *Documento de Aparecida*. Texto conclusivo da V Conferência Geral do Episcopado Latino-Americano e do Caribe. São Paulo: Paulus/Paulinas/CNBB, 2007.

CONSELHO EPISCOPAL LATINO-AMERICANO – CELAM. *Documento de participação*: rumo à V Conferência do Episcopado da América Latina e do Caribe. São Paulo: Paulinas/Paulus, 2005.

CONSELHO EPISCOPAL LATINO-AMERICANO – CELAM. *Conclusões de Medellín, 1968*: trinta anos depois, Medellín é ainda atual? São Paulo: Paulinas, 1998.

CONSELHO EPISCOPAL LATINO-AMERICANO – CELAM. *Santo Domingo*: conclusões. São Paulo: Loyola, 1992.

CONSELHO EPISCOPAL LATINO-AMERICANO – CELAM. *Evangelização no presente e no futuro da América Latina*: conclusões da III Conferência Geral do Episcopado Latino-Americano. 3. ed. São Paulo: Paulinas, 1979.

CÓPIA autêntica do processo instruído sobre os fatos do Juazeiro (1891-1893). Arquivo do Departamento Histórico Diocesano Padre Antônio Gomes de Araújo – DHDPG. Crato, Ceará.

EM 2021, CNBB promoveu a participação de todo o povo de Deus na animação de iniciativas eclesiais. *Conferência Nacional dos Bispos do Brasil – CNBB*, 28 dez. 2021. Disponível em: https://www.cnbb.org.br/cnbb-promoveu-animacao-de-iniciativas-eclesiaisl – Acesso em: 20 mar. 2025.

EM CARTA aberta ao Congresso Nacional, CNBB pede fim dos vetos do Presidente da República ao PL n. 1142. *Conferência Nacional dos Bispos do Brasil – CNBB*, 13 jul. 2020. Disponível em: https://www.cnbb.org.br/em-carta-aberta-ao-congresso-nacional-cnbb-pede-fim-dos-vetos-do-presidente-ao-pl-no-1142/ – Acesso em: 20 mar. 2025.

ENCONTRO EPISCOPAL LATINO-AMERICANO. *A renovação espiritual católica-carismática*. 6. ed. São Paulo: Loyola, 1997.

EVANGELIZAÇÃO e acolhimento: quase um ano após tragédia, Arquidiocese de BH continua prestando auxílio a Brumadinho. *Arquidiocese de Belo Horizonte*, 17 jan. 2020. Disponível em: https://arquidiocesebh.org.br/projetos-sociais/evangelizacao-e-acolhimento-quase-um-ano-apos-tragedia-arquidiocese-de-bh-continua-prestando-auxilio-a-brumadinho – Acesso em: 20 mar. 2025.

https://repam.org.br/ceama-anuncia-decreto-criacao-aprovacao-estatutos-pelo-vaticano/

Jornal do Brasil, 5 dez. 1968.

Jornal do Brasil, Rio de Janeiro, capa e p. 3, 19 fev. 1971.

Jornal O São Paulo, Arquidiocese de São Paulo: n. 854, 17 jun. 1972; Ano 38, n. 1928, 27 mai. 1993.

KNA DIVULGA entrevista de Dom Aloísio. *Jornal do Brasil*, Rio de Janeiro, 7 nov. 1970.

LACERDA, D. Pedro Maria. *Carta pastoral do bispo de S. Sebastião do Rio de Janeiro anunciando a Lei n. 2.040 de 28 de setembro de 1871 sobre libertação de filhos de escravas e sua criação etc*. Rio de Janeiro: Tipografia do Apóstolo, 1871.

LAS CASAS, Frei Bartolomeu de. *Único modo de atrair todos os povos à verdadeira religião* (Obras Completas, I). São Paulo: Paulus, 2005.

LEITE, Serafim. *Cartas dos primeiros jesuítas do Brasil*. São Paulo: Comissão do IV Centenário da cidade de São Paulo, 1954-1958. 3 vol.

LEITE, Serafim. *Diálogo sobre a conversão do gentio pelo P. Manuel da Nóbrega*. Preliminares e anotações críticas de Serafim Leite S. I. Lisboa: União Gráfica, 1954.

LEITE, Serafim. *História da Companhia de Jesus no Brasil*. Rio de Janeiro: Imprensa Nacional/INL, 1947. vol. IX.

LEITE, Serafim. *História da Companhia de Jesus no Brasil*. Rio de Janeiro: Imprensa Nacional/INL, 1945. vol. II.

LEITE, Serafim. *História da Companhia de Jesus no Brasil*. Rio de Janeiro: Imprensa Nacional/INL, 1945. vol. III.

LEITE, Serafim. *História da Companhia de Jesus no Brasil*. Rio de Janeiro: Imprensa Nacional/INL, 1945. vol. V e VI.

LEITE, Serafim. *Luiz Figueira*: a sua vida heroica e a sua obra literária. Lisboa: Agência Geral das Colônias, 1940a.

LEITE, Serafim (ed.). *Novas cartas jesuíticas*: de Nóbrega a Vieira. São Paulo: Companhia Editora Nacional, 1940b.

LEME, D. Sebastião. *Carta Pastoral saudando seus diocesanos*. Petrópolis: Vozes, 1916.

LISBOA, Frei Cristóvão de. *História dos animais e árvores do Maranhão*. Lisboa: Arquivo Histórico Ultramarino/Centro de Estudos Históricos Ultramarinos, 1967.

LORSCHEIDER, Aloísio Cardeal. Alocução introdutória aos trabalhos da III Conferência Geral do Episcopado Latino-Americano. *In*: CONSELHO EPISCOPAL LATINO-AMERICANO – CELAM. *Evangelização no presente e no futuro da América Latina*: conclusões da III Conferência Geral do Episcopado Latino-Americano. 3. ed. São Paulo: Paulinas, 1979.

NABUCO, Joaquim. *Minha formação*. Rio de Janeiro: José Olympio, 1957 (Coleção Documentos Brasileiros, n. 90).

NANTES, Martinho de. *Relação de uma missão no Rio São Francisco*: relação sucinta e sincera da missão do Padre Martinho de Nantes, pregador capuchinho, missionário apostólico no Brasil entre os índios chamados cariris. São Paulo: Brasiliana, 1979. vol. 368.

NÓBREGA, Manuel da. Diálogo da conversão do gentio. *Revista do Instituto Histórico e Geográfico*, Rio de Janeiro, n. 43, 1ª parte, p. 133-152.

NÓBREGA, Manuel da. Diálogo sobre a conversão do gentio. *In*: LEITE, Serafim. *Cartas dos primeiros jesuítas de São Paulo*. São Paulo: Comissão do IV Centenário da Cidade de São Paulo, 1957. vol. II, doc. 51, p. 317-435.

ORGANISMOS do Povo de Deus repudiam ataques feitos contra as sedes dos Três Poderes da República, em Brasília. *Conferência Nacional dos Bispos do Brasil – CNBB*, 9 jan. 2023. Disponível em: https://www.cnbb.org.br/organismos-do-povo-de-deus-da-igreja-no-brasil-repudiam-ataques-feitos-contra-as-sedes-dos-tres-poderes-da-republica-em-brasilia – Acesso em: 20 mar. 2025.

PASTORAL Collectiva. O Episcopado Brazileiro ao Clero e aos fieis da Egreja do Brazil. Rio de Janeiro: Typ. Montenegro, 1890.

PEREIRA, Nuno Marques. *Compêndio narrativo do peregrino da América*. Rio de Janeiro: Academia Brasileira de Letras, 1988. t. I (Coleção Afrânio Peixoto).

PIRES, Dom José Maria. *Homilia para a Missa dos Quilombos* – mudar o link para: https://www.dhnet.org.br/mndh/encontros/iencontro/rela toriosregionais/missaquilombos.htm

PIRES, Dom José Maria. Homilia para a Missa dos Quilombos. *Tempo e Presença*, n. 173, p. 3-5, jan.-fev. 1982.

PRESIDENTE do Regional Sul 1 da CNBB participa de ato inter-religioso na Catedral da Sé em homenagem a Bruno Pereira e Dom Phillips. *Conferência Nacional dos Bispos do Brasil – CNBB*, 18 jul. 2022. Disponível em: https://www.cnbb.org.br/presidente-do-regional-sul-1-da-cnbb-participa-de-ato-inter-religioso-na-catedral-da-se-em-homenagem-a-bruno-pereira-e-dom-phillips – Acesso em: 20 mar. 2025.

RECLAMAÇÃO do episcopado brasileiro dirigida ao Exmo Sr. Chefe do Governo Provisório. *In*: RIBEIRO, José Jacintho. *Cronologia paulista*. São Paulo: 1910. p. 308-313.

REGIMENTO do governador e capitão-geral Tomé de Souza dado em Almerim, Portugal, a 17 de dezembro de 1548. Salvador: Fundação Gregório de Mattos, 1998.

REPAM-Brasil. *Ceama: Conferência Eclesial da Amazônia anuncia decreto de criação e aprovação dos estatutos pelo Vaticano*, 28 out. 2022. Disponível em

Revista Eclesiástica Brasileira, vol. 29, n. 4, 1969, p. 973-976.

Sedoc – Serviço de Documentação: n. 122, vol. 11, 1979, p. 959-960; 13 mar. 1981, p. 807-812.

SIGAUD, Dom Geraldo *et al.* Carta de doze arcebispos e bispos ao presidente da República, julho de 1968. *Revista do Serviço de Documentação – Sedoc*, fascículo especial, set. 1968.

SUENENS, Cardeal (org.). *Orientações teológicas e pastorais da Renovação Carismática Católica*. São Paulo: Edições Loyola, 1994.

SUESS, Paulo (org.). *A conquista espiritual da América Espanhola*: 200 documentos – Século XVI. Petrópolis: Vozes, 1992.

TEM INÍCIO, na cidade do México, a 1ª Assembleia Eclesial da América Latina e Caribe. *Conferência Nacional dos Bispos do Brasil – CNBB*, 22 nov. 2021. Disponível em: https://www.cnbb.org.br/tem-inicio-na-cidade-do-mexico-a-1a-assembleia-eclesial-da-america-latina-e-caribe – Acesso em: 20 mar. 2025.

THEVET, André. *As singularidades da França Antártica*. São Paulo/Belo Horizonte: Edusp/Itatiaia, 1978.

VATICANO divulga lista dos participantes brasileiros que vão participar do Sínodo para Amazônia. *Conferência Nacional dos Bispos do Brasil – CNBB*, 25 set. 2019. Disponível em: https://www.cnbb.org.br/vaticano-divulga-lista-dos-brasileiros-participantes-do-sinodo-para-amazonia – Acesso em: 20 mar. 2025.

VIEIRA, Padre Antônio. *Obras completas do Padre Antônio Vieira*: sermões. Porto Alegre: Artes Gráficas, 1993. vol. 1.

VIEIRA, Padre Antônio. *Sermões*. Porto: Livraria Lello & Irmão Editores, 1945. vol. III.

VIEIRA, Padre Antônio. *Sermões*. Porto: Livraria Lello & Irmão Editores, 1948. vol. XI e XII.

WRIGHT, Jaime. Dom Paulo e os Direitos Humanos II. In: BETTENCOURT, Getúlio & MARKUM, Paulo. *Dom Paulo Evaristo Arns, o Cardeal do povo*. São Paulo: Editora Alfa Ômega, 1970, coleção História Imediata, 4.

ZURARA, Gomes Eanes de. *Crónica de Guiné*: segundo os ms. de Paris. Modernizada. Introdução, notas, novas considerações e glossário de José de Bragança. Barcelos: Livraria Civilização, 1973.

III – Livros e artigos

15º INTERECLESIAL das Comunidades Eclesiais de Base. *CEBs: Igreja em saída, na busca da vida plena para todos e todas*. Texto-base. Cuiabá: Ed. dos Autores, 2022.

ABREU, Capistrano de. *Capítulos de história colonial*: 1500-1800. Brasília, DF: Conselho Editorial do Senado Federal, 1998. p. 48-59. Disponível em: https://www2.senado.leg.br/bdsf/bitstream/handle/id/1022/201089.pdf – Acesso em: 28 fev. 2025.

A CARTA de Pedro Casaldáliga que mudou a Amazônia. *Instituto Humanitas Unisinos e Adital*, São Leopoldo, 11 out. 2019. Disponível em: https://www.ihu.unisinos.br/categorias/593403-a-carta-de-pedro-casaldaliga-que-mudou-a-amazonia – Acesso em: 18 mar. 2025.

ACCIOLY, Hildebrando Pompeo Pinto. *Os primeiros núncios no Brasil*. São Paulo: Instituto Progresso Editorial, 1949.

AFONSO, Eduardo José. *O Contestado*. São Paulo: Editora Ática, 1994 (Coleção Guerras e Revoluções Brasileiras).

AGNOLIM, Odone. *Jesuítas e selvagens*: a negociação da fé no encontro catequético-ritual americano-tupi (séc. XVI-XVII). São Paulo: Humanitas/Fapesp, 2007.

AGNOLIM, Odone. *O apetite da antropologia*. São Paulo: Humanitas, 2005.

ALBERIGO, Giuseppe. A sinodalidade após o Vaticano II. *In*: ANJOS, Márcio Fabri dos (org.). *Bispos para a esperança do mundo*: uma leitura crítica sobre caminhos de Igreja. São Paulo: Paulinas, 2000. p. 129-147.

ALTEMEYER JÚNIOR, Fernando. Anexo I – Elenco histórico: participantes da Igreja na América Latina nos Concílio de Trento, Vaticano I, Concílio Plenário Latino-Americano e nas Conferências Gerais de Rio, Medellín, Puebla, Santo Domingo e Aparecida. *In*: BRIGHENTI, Agenor; PASSOS, João Décio (orgs.). *Compêndio das conferências dos bispos da América Latina e Caribe*. São Paulo: Paulinas, 2018. p. 429-503.

ALVAREZ, Rodrigo. *Aparecida*: a biografia da santa que perdeu a cabeça, ficou negra, foi roubada, cobiçada pelos políticos e conquistou o Brasil. São Paulo: Globo Livros, 2014.

AMBIRES, Juarez Donizete. Jacob Roland: um jesuíta flamengo na América portuguesa. *Revista Brasileira de História*, São Paulo, vol. 25, n. 50, p. 201-216, jul.-dez. 2005. Disponível em: https://www.scielo.br/j/rbh/a/89ryQF5JDSSTWGWdRsTYrNC/?format=pdf – Acesso em: 4 mar. 2025.

A PERDA de Bruno Pereira e Dom Phillips evidencia o desmonte da política indigenista durante Governo Bolsonaro. *Conselho Indigenista Missionário – Cimi*, 8 ago. 2022. Disponível em: https://cimi.org.br/2022/08/a-perda-de-bruno-pereira-e-dom-phillips-evidencia-o-desmonte-da-politica-indigenista-durante-governo-bolsonaro – Acesso em: 20 mar. 2025.

ARNS, Dom Paulo Evaristo. Breve testemunho de bispo. *In*: ANJOS, M. Fabri dos (org.). *Bispos para a esperança do mundo*: uma leitura crítica sobre caminhos de Igreja. São Paulo: Paulinas, 2000.

ARNS, Dom Paulo Evaristo. *Da esperança à utopia*: testemunho de uma vida. Rio de Janeiro: Sextante, 2001.

ARNS, Dom Paulo Evaristo. Prefácio do cardeal-arcebispo de São Paulo. Testemunho e Apelo. *In*: ARQUIDIOCESE DE SÃO PAULO. *Brasil*: nunca mais. 3. ed. Petrópolis: Vozes, 1985. p. 11-14.

ARQUIDIOCESE DE GOIÂNIA. *Revista da Arquidiocese*, IX/11, 1975.

ARQUIDIOCESE DE SÃO PAULO. *Brasil*: nunca mais. 3. ed. Petrópolis: Vozes, 1985.

ARQUIVO HISTÓRICO ULTRAMARINO. Bahia, C.A. 26, doc. 8814.

ARROYO, Francisco Merlos. A IV Conferência de Santo Domingo: entre a suspeita e a esperança. *In*: BRIGHENTI, Agenor; PASSOS, João Décio (orgs.). *Compêndio das conferências dos bispos da América Latina e Caribe*. São Paulo: Paulinas, 2018. p. 95-103.

ARRUDA, José Jobson; PILETTI, Nelson. *Toda a história*. São Paulo: Editora Ática, 2000.

ARTICULAÇÃO BRASILEIRA SOBRE A ECONOMIA DE FRANCISCO E CLARA – ABEFC. *Sobre a ABEFC*. c2020. Disponível em: https://economiadefranciscoeclara.com.br/sobre – Acesso em: 20 mar. 2025.

AZZI, Riolando. *A crise da cristandade e o projeto liberal*. São Paulo: Paulinas, 1991.

AZZI, Riolando. A presença de D. Antônio de Macedo Costa na Igreja do Brasil. *In*: D. ANTÔNIO de Macedo Costa – Bispo do Pará – Arcebispo Primaz (1830-1891). São Paulo: Edições Loyola, 1982. p. 7-29.

AZZI, Riolando. *A teologia católica na formação da sociedade colonial brasileira*. Petrópolis: Vozes, 2004.

AZZI, Riolando. *História da Igreja no Brasil*: ensaio e interpretação a partir do povo – Terceira época: 1930-1964. Petrópolis: Vozes, 2008. t. II/3-2.

AZZI, Riolando. *O altar unido ao trono*: um projeto conservador. São Paulo: Paulinas, 1992.

AZZI, Riolando. O catolicismo de imigração. *In*: DREHER, Martin N. (org.). *Imigrações e história da Igreja no Brasil*. Aparecida: Editora Santuário, 1993. p. 65-98.

AZZI, Riolando. *Os pioneiros do Centro Dom Vital*. Rio de Janeiro: Educam, 2003.

AZZI, Riolando. *Razão e fé*: o discurso da dominação colonial. São Paulo: Paulinas, 2001.

BANDEIRA, Luiz Alberto Moniz. A CIA e a técnica do golpe de Estado. *In*: VALLE, Maria Ribeiro do (org.). *1964-2014*: golpe militar, história, memória e direitos humanos. São Paulo: Cultura Acadêmica, 2014. p. 11-26.

BANDEIRA, Luiz Alberto Moniz. *O feudo*: a Casa da Torre de Garcia d'Ávila: da conquista dos sertões à independência do Brasil. Rio de Janeiro: Civilização Brasileira, 2000.

BANDEIRA, Marina. *A Igreja Católica na virada da questão social (1930-1964)*: anotações para uma história da Igreja no Brasil: ensaio e interpretação. Rio de Janeiro: Vozes/Educam, 2000.

BANDEIRA, Marina. *Vigília e testemunho*. São Paulo: Editora Reflexão; Rio de Janeiro: Educam; Petrópolis: Caall, 2013.

BARROS, Francisco Borges de. *Bandeirantes e sertanistas bahianos*. Bahia: Imprensa Oficial do Estado, 1919.

BARROS, Marcelo. A profecia da vida consagrada, um olhar sobre o documento 12 das Conclusões de Medellín, 50 anos depois. *In*: SOUZA, Ney de; SBARDELOTTI, Emerson (orgs.). *Medellín*: memória, profetismo e esperança na América Latina. Petrópolis: Vozes, 2018. p. 317-328.

BEOZZO, José Oscar. A família escrava e imigrante na transição do trabalho escravo para o livre. A Igreja Católica ante os dois tipos de família. *In*: MARCÍLIO, M. Luiza (org.). *Família, mulher, sexualidade e Igreja na história do Brasil*. São Paulo: Loyola, 1993a. p. 29-100.

BEOZZO, José Oscar. *A Igreja do Brasil no Concílio Vaticano II*: 1959-1965. São Paulo: Paulinas, 2005.

BEOZZO, José Oscar. *A Igreja do Brasil*. De João XXIII a João Paulo II. De Medellín a Santo Domingo. Petrópolis: Vozes, 1994.

BEOZZO, José Oscar. A Igreja frente aos estados liberais: 1880-1930. *In*: DUSSEL, Enrique (org.). *Historia Liberationis*: 500 anos de história da Igreja na América Latina. São Paulo: Paulinas, 1992a. p. 177-222.

BEOZZO, José Oscar. A Igreja na crise final do Império (1875-1888). *In*: HAUCK, João Fagundes *et al*. *História da Igreja no Brasil*: ensaio e interpretação a partir do povo – Segunda época. 3. ed. São Paulo: Paulinas; Petrópolis: Vozes, 1992b. t. II/2, p. 255-307.

BEOZZO, José Oscar. Aparecida à luz das conferências do Rio, Medellín, Puebla e Santo Domingo. *In*: AMERÍNDIA (org.). *V Conferência de Aparecida*: renascer de uma esperança. São Paulo: Paulinas, 2008. p. 34-48.

BEOZZO, José Oscar. Apresentação. *In*: CAMARA, Dom Helder. *Obras completas*. Recife: Editora Universitária da UFPE, 2004. vol. I, t. 1.

BEOZZO, José Oscar. As igrejas e a imigração. *In*: DREHER, Martin N. (org.). *Imigrações e história da Igreja no Brasil*. Aparecida: Editora Santuário, 1993b. p. 9-64.

BEOZZO, José Oscar. Decadência e morte, restauração e multiplicação das ordens e congregações religiosas no Brasil: 1870-1930. *In*: AZZI, Riolando (org.). *A vida religiosa no Brasil*: enfoques históricos. São Paulo: Paulinas, 1983a. p. 85-129.

BEOZZO, José Oscar. Dom Helder, pastor da libertação em terras de muita pobreza. [Entrevista cedida a] IHU On-Line. *Instituto Humanitas Unisinos e Adital*, São Leopoldo, 6 fev. 2009a. Disponível em: https://www.ihu.unisinos.br/entrevistas/19826-dom-helder-pastor-da-libertacao-em-terras-de-muita-pobreza-entrevista-especial-com-jose-oscar-beozzo – Acesso em: 19 mar. 2025.

BEOZZO, José Oscar. Evangelho e escravidão da teologia latino-americana. *In*: RICHARD, Pablo (org.). *Raízes da teologia latino-americana*. São Paulo: Paulinas, 1988. p. 83-122.

BEOZZO, José Oscar. Irmandades, santuários, capelinhas de beira de estrada. *Revista Eclesiástica Brasileira – REB*, Petrópolis, vol. 37, fasc. 148, p. 741-758, dez. 1977.

BEOZZO, José Oscar. *Leis e regimentos das missões*: políticas indigenistas no Brasil. São Paulo: Loyola, 1983b.

BEOZZO, José Oscar. O diálogo da conversão do gentio: a evangelização entre a persuasão e a força. *In*: SUESS, Paulo. *Conversão dos cativos*: povos indígenas e missão jesuítica. São Bernardo do Campo: Nhanduti Editora, 2009b. p. 43-78.

BEOZZO, José Oscar. *Pacto das Catacumbas*. Por uma Igreja servidora e pobre. São Paulo: Paulinas, 2015.

BEOZZO, José Oscar *et al*. *Tecendo memórias, gestando futuro*: história das Irmãs negras e indígenas Missionárias de Jesus Crucificado (MJC). São Paulo: Paulinas, 2009.

BEOZZO, José Oscar; ALBERIGO, Giuseppe (orgs.). *Herança espiritual de João XXIII*: olhar posto no amanhã. São Paulo: Paulinas, 1993.

BETTENCOURT, Getúlio; MARKUM, Paulo Sérgio. *Dom Paulo Evaristo Arns, o cardeal do povo*. São Paulo: Editora Alfa-Ômega, 1979 (Coleção História Imediata, 4).

BETTO, Frei. *Batismo de sangue*. Os dominicanos e a morte de Carlos Mariguella. 2. ed. Rio de Janeiro: Civilização Brasileira, 1982.

BETTO, Frei. *Puebla para o povo*. Petrópolis: Vozes, 1979.

BICALHO, Maria Fernanda. Conquista, mercês e poder local: a nobreza da terra na América portuguesa e a cultura política do Antigo Regime. *Almanack Brasiliense*, São Paulo, n. 2, p. 21-34, nov. 2005.

BIDEGAIN, Ana Maria. A Igreja na Emancipação (1750-1830). *In*: DUSSEL, Enrique (org.). *Historia Liberationis*: 500 anos de história da Igreja na América Latina. São Paulo: Paulinas, 1992. p. 123-161.

BIDEGAIN, Ana Maria. *História dos cristãos na América Latina*. Petrópolis: Vozes, 1993. t. I.

BIROLI, Flávia. Conflitos em torno do gênero, conservadorismo antidemocrático e suporte popular. *In*: PAULA, Marilene; VITAL, Christina (orgs.). *Religião, democracia e a extrema direita*. Rio de Janeiro: Fundação Heinrich Böl, 2023. *Ebook*. Disponível em: https://iser.org.br/wp-content/uploads/2024/05/Webdossie-Religiao-e-Extrema-Direita.pdf – Acesso em: 20 mar. 2025.

BLUTEAU, Raphael. *Vocabulario portuguez & latino*: aulico, anatomico, architectonico. Coimbra: Collegio das Artes da Companhia de Jesus, 1712-1728.

BOFF, Clodovis; BOFF, Leonardo. Igreja, Reino de Deus, CEBs. *In*: BEOZZO, José Oscar (org.). *Curso de Verão Ano II*. São Paulo: Paulinas/Cesep, 1988.

BOFF, Leonardo. Uma história épica: irmãs negras. *Instituto Humanitas Unisinos e Adital*, São Leopoldo, 18 nov. 2009. Disponível em: https://www.ihu.unisinos.br/174-noticias/noticias-2010/503239-uma-historia-epica-irmas-negras – Acesso em: 17 mar. 2025.

BRAGA, Antonio Mendes Costa. *Padre Cícero*: sociologia de um Padre. Antropologia de um Santo. Tese (Doutorado em Antropologia Social) – Instituto de Filosofia e Ciências Humanas, Universidade Federal do Rio Grande do Sul, Porto Alegre, 2007. Disponível em: https://lume.ufrgs.br/bitstream/handle/10183/10795/000601411.pdf;jsessionid=DF9782B01D8F22EA7055C4B004BCB305?sequence=1 – Acesso em: 10 mar. 2025.

BRIGHENTI, Agenor (org.). *O novo rosto do catolicismo brasileiro*: clero, leigos, religiosas e perfil dos padres novos. Petrópolis: Vozes, 2023.

BRIGHENTI, Agenor. Crônica do desenrolar da V Conferência. *In*: AMERÍNDIA (org.). *V Conferência de Aparecida*: renascer de uma esperança. São Paulo: Paulinas, 2008. p. 25-33.

BRIGHENTI, Agenor. O distanciamento do modelo pastoral do Vaticano II e da tradição libertadora. *Revista Pistis & Praxis, Teologia e Pastoral*, Curitiba, vol. 13, p. 1.130-1.153, set./dez. 2021a. Disponível em: https://periodicos.pucpr.br/pistispraxis/article/view/28661/25357 – Acesso em: 20 mar. 2025.

BRIGHENTI, Agenor. *Perfil dos padres novos no Brasil*. Petrópolis: Vozes, 2021b.

BRIGHENTI, Agenor. Puebla 40 anos depois: a hora de retomar a tradição eclesial libertadora. *Horizonte – Revista de Estudos de Teologia e Ciências da Religião*, Belo Horizonte, vol. 17, n. 54, p. 1.408-1.425, set./dez. 2019 (2019ba). Disponível em: https://periodicos.pucminas.br/index.php/horizonte/article/view/20488/16511 – Acesso em: 19 mar. 2025.

BRIGHENTI, Agenor. Sínodo da Amazônia: o evento e seus resultados. *Revista Eclesiástica Brasileira – REB*, Petrópolis, vol. 79, n. 314, p. 541-614, 2019b. Disponível em: https://revistaeclesiasticabrasileira.itf.edu.br/reb/article/view/1905 – Acesso em: 19 mar. 2025.

BRIGHENTI, Agenor; SOUZA, Waldir. Perfil dos "Padres Novos" no Brasil. *Revista Pistis & Praxis, Teologia e Pastoral*, Curitiba, vol. 13, n. 3, p. 1.030-1.038, set./dez. 2021. Disponível em: https://periodicos.pucpr.br/pistispraxis/article/view/28846 – Acesso em: 20 mar. 2025.

BRUNEAU, Thomás C. *Catolicismo brasileiro em época de transição*. São Paulo: Loyola, 1974.

BRUSTOLONI, Júlio. *História de Nossa Senhora da Conceição Aparecida*: a imagem, o santuário e as romarias. 10. ed. rev. e ampl. Aparecida: Editora Santuário, 1998.

CABRAL, Osvaldo Rodrigues. *A campanha do Contestado*. 2. ed. Florianópolis: Lunardelli, 1979.

CABRAL, Osvaldo Rodrigues. *João Maria*. São Paulo: Companhia Editora Nacional, 1960.

CALMON, Pedro. *História da Casa da Torre*: uma dinastia de pioneiros. Rio de Janeiro: José Olympio, 1939.

CAMARGO, Cândido Procópio Ferreira de (coord.). *Católicos, protestantes, espíritas*. Petrópolis: Vozes, 1973.

CAMÕES, Luiz de. *Os lusíadas*. Ed. escolar comentada pelo Professor Otoniel Mota. 5. ed. São Paulo: Melhoramentos, [s.d.].

CAMURÇA, Marcelo Ayres. A realidade das religiões no Brasil no Censo do IBGE-2000. *In*: TEIXEIRA, Faustino; MENEZES, Renata (orgs.). *As religiões no Brasil*: continuidades e rupturas. Petrópolis: Vozes, 2006. p. 35-48.

CAMURÇA, Marcelo Ayres. A relação do catolicismo com o Governo Bolsonaro: entre o apoio dos setores conservadores e a crítica das instâncias institucionais e dos movimentos progressistas. *Debates do NER*,

Porto Alegre, a. 22, n. 42, p. 207-234, 2023. Disponível em: https://seer.ufrgs.br/index.php/debatesdoner/article/view/12748 – Acesso em: 20 mar. 2025.

CARRATO, José Ferreira. *Igreja, iluminismo e escolas mineiras coloniais*. São Paulo: Companhia Editora Nacional, 1963.

CARVALHO JÚNIOR, Roberto Z. de. *Espíritos inquietos e orgulhosos*: os frades capuchos na Amazônia joanina (1706-1751). Dissertação (Mestrado em História Social da Amazônia) – Instituto de Filosofia e Ciências Humanas, Universidade Federal do Pará, Belém, 2009.

CASALDÁLIGA, Pedro. *Creio na justiça e na esperança*. Rio de Janeiro: Civilização Brasileira, 1978.

CASALDÁLIGA, Pedro. Junto ao vosso canto. *In*: CASALDÁLIGA, Pedro *et al*. *Poetas do Araguaia*. Rio de Janeiro: Cedi, 1983.

CASTRAVECHI, Luciene Aparecida. Dom Pedro Casaldáliga: sinônimo da luta pela terra na Amazônia mato-grossense. *In*: SIMPÓSIO NACIONAL DE HISTÓRIA, 28. Florianópolis. *Anais* [...]. São Paulo: Anpuh – Associação Nacional dos Professores Universitários de História, 2015. Disponível em: http://www.snh2015.anpuh.org/resources/anais/39/1427640690_ARQUIVO_TextoAnpuh2015.pdf – Acesso em: 18 mar. 2025.

CASTRO, Marcos de. *A Igreja e o autoritarismo*. Rio de Janeiro: Zahar, 1985.

CASTRO, Marcos de. *Dom Helder*: misticismo e santidade. Rio de Janeiro: Civilização Brasileira, 2002.

CAVALCANTI, Luitgar de O. Barros. O sesquicentenário: cronologia dum mito? *Memorial – Revista Documentária dos 150 anos de nascimento do Padre Cícero Romão Batista*. Geraldo Menezes Barbosa (ed.). Juazeiro do Norte: Lions Clube, 1994.

CENTRO DE ESTUDIOS Y PUBLICACIONES – CEP. *Sinais de vida e fidelidade*: testemunhos da Igreja na América Latina (1978-1982). São Paulo: Paulinas, 1986.

CENTRO DE PASTORAL VERGUEIRO – CPV. *As relações Igreja-Estado no Brasil*. São Paulo: Loyola, 1986 e 1987. 6 vol.

CERTEAU, Michel de. *A escrita da história*. 2. ed. Rio de Janeiro: Forense Universitária, 2007.

CHRISTO, Carlos Alberto Libanio. Tensões políticas e Puebla. *Revista Eclesiástica Brasileira – REB*, Petrópolis, vol. 39, n. 153, 1979.

COMBLIN, José. A Igreja em vinte anos de luta pelos direitos humanos. *In*: DUSSEL, Enrique (org.). *Historia Liberationis*: 500 anos de história da Igreja na América Latina. São Paulo: Paulinas, 1992. p. 607-632.

COMBLIN, José. *Desafios aos cristãos do século XXI*. 3. ed. São Paulo: Paulus, 2004.

COMBLIN, José. *Padre Cícero de Juazeiro*. São Paulo: Paulus, 2011a.

COMBLIN, José. *Padre Ibiapina*. São Paulo: Paulus, 2011b.

COMBLIN, José. *Um novo amanhecer da Igreja?* 2. ed. Petrópolis: Vozes, 2002.

COMBLIN, Joseph. La conferencia episcopal de Puebla. *Mensaje*, 277, p. 117-123, 1979.

CONRAD, Robert. *Os últimos anos da escravatura no Brasil 1850-1888*. Rio de Janeiro: Civilização Brasileira, 1978.

CORDEIRO, Maryelle Joelma. *Litotoponímia mineira*. 2018. Tese (Doutorado em Linguística Teórica e Descritiva) – Faculdade de Letras, Universidade Federal de Minas Gerais, Belo Horizonte, 2018.

CORRÊA, Helidacy M. Muniz. *"Para o aumento da conquista e bom governo dos moradores"*: o papel da câmara de São Luís na conquista, defesa e organização do território do Maranhão (1615-1668). Tese (Doutorado em História) – Instituto de Ciências Humanas e Filosofia, Departamento de História, Universidade Federal Fluminense, Niterói, 2011.

COSTA, Claudio Manuel da. "Vila Rica". *In*: PROENÇA FILHO, Domício (org.). *A poesia dos inconfidentes*: poesia completa de Claudio Manuel da Costa, Tomás Antonio Gonzaga e Alvarenga Peixoto. Rio de Janeiro: Nova Aguilar, 1996.

COSTA, Iraneidson Santos. "Eu ouvi os clamores do meu povo": o episcopado profético do nordeste brasileiro. *Horizonte – Revista de Estudos de Teologia e Ciências da Religião*, Dossiê: Teologia da Libertação 40 anos. Balanço e perspectivas, Belo Horizonte, vol. 11, n. 32, p. 1.461-1.484, out./dez. 2013. Disponível em: https://periodicos.pucminas.br/index.php/horizonte/article/view/P.2175-5841.2013v11n32p1461/5848 – Acesso em: 18 mar. 2025.

COUTINHO, Sérgio Ricardo. A Igreja diante da história: o impacto da Conferência de Medellín na sociedade e na Igreja no Brasil. *In*: SOUZA,

Ney de; SBARDELOTTI, Emerson (orgs.). *Medellín*: memória, profetismo e esperança na América Latina. Petrópolis: Vozes, 2018. p. 53-69.

COUTINHO, Sérgio Ricardo. Dom Aloísio Lorscheider: carisma e poder em tempos autoritários (1962-1979). *In*: PASSOS, Mauro; CABRAL, Newton D. Andrade; SANCHEZ, Wagner Lopes (orgs.). *Profetas e místicos em terra brasileira*: histórias, espiritualidades e lutas. São Paulo: Paulus, 2023. p. 17-37.

COUTO, Jorge. Os jesuítas e a escravatura dos negros no Brasil. *In*: GADELHA, Regina M. A. F. (ed.) *Missões guaranis*: impacto na sociedade contemporânea. São Paulo: Educ/Fapesp, 1999. p. 151-165.

CUNHA, Euclides da. *Os sertões*. Campanha de Canudos. Ilustrações de Alfredo Aquino. São Paulo: Círculo do Livro, 1901.

D'ABBEVILLE, Claude. *História da missão dos padres capuchinhos na ilha do Maranhão e terras circunvizinhas*. São Paulo: Edusp; Belo Horizonte: Itatiaia, 1975.

DADOS biográficos de José Comblin. *Instituto Humanitas Unisinos e Adital*, São Leopoldo, 27 março 2011. Disponível em: https://www.ihu.unisinos.br/noticias/41803-dados-biograficos-de-jose-comblin- – Acesso em: 19 mar. 2025.

DELLA CAVA, Ralph. *Milagre em Joaseiro*. Trad. Maria Yedda Linhares. 3. ed. São Paulo: Companhia das Letras, 2014.

DOMEZI, Maria Cecilia. 300 anos de Aparecida: abordagem histórica. O contexto da aparição e a devoção popular. *Revista de Cultura Teológica*, a. XXV, n. 90, p. 179-193, jul./dez. 2017.

DOMEZI, Maria Cecilia. A mulher na Conferência de Medellín. *In*: SOUZA, Ney de; SBARDELOTTI, Emerson (orgs.). *Medellín*: memória, profetismo e esperança na América Latina. Petrópolis: Vozes, 2018. p. 86-98.

DOMEZI, Maria Cecilia. *Do corpo cintilante ao corpo torturado*: uma Igreja em operação periferia. São Paulo: Paulus, 1995.

DOMEZI, Maria Cecilia. Maria de Aparecida: rosto dos povos da América Latina e do Caribe. *In*: AMERÍNDIA (org.). *Sinais de esperança*: reflexões em torno dos temas da Conferência de Aparecida. São Paulo: Paulinas, 2007. p. 73-91.

DOMEZI, Maria Cecilia. *O Concílio Vaticano II e os pobres*. São Paulo: Paulus, 2014.

DOMEZI, Maria Cecilia. *O DNA religioso das CEBs*: entre visão mítica e consciência histórica. Saarbrücken: Novas Edições Acadêmicas, 2016.

DOMEZI, Maria Cecilia; SANCHEZ, Wagner Lopes; MARCHINI, Welder Lancieri. O profetismo de Dom Paulo Evaristo Arns. *In*: PASSOS, Mauro; CABRAL, Newton D. Andrade; SANCHEZ, Wagner Lopes (orgs.). *Profetas e místicos em terra brasileira*: história, espiritualidades e lutas. São Paulo: Paulus, 2023. p. 237-254.

DORIA, Francisco Antonio. *Caramuru e Catarina*: lendas e narrativas sobre a Casa da Torre de Garcia d'Ávila. São Paulo: Editora Senac São Paulo, 2000.

DREHER, Martin N. *História do povo luterano*. São Leopoldo: Sinodal, 2005.

DUSSEL, Enrique. A Igreja ante a renovação do Concílio e de Medellín (1959-1972). *In*: DUSSEL, Enrique (org.). *Historia Liberationis*: 500 anos de história da Igreja na América Latina. São Paulo: Paulinas, 1992a. p. 244-264.

DUSSEL, Enrique. A Igreja no processo da organização nacional e dos Estados na América Latina (1830-1880). *In*: DUSSEL, Enrique (org.). *Historia Liberationis*: 500 anos de história da Igreja na América Latina. São Paulo: Paulinas, 1992b. p. 162-176.

DUSSEL, Enrique. *De Medellín a Puebla*: uma década de sangue e esperança. De Medellín a Sucre – 1968-1972. São Paulo: Loyola, 1981. vol. 1.

DUSSEL, Enrique. *De Medellín a Puebla*: uma década de sangue e esperança. De Sucre à crise relativa do neofascismo – 1973-1977. São Paulo: Loyola, 1982. vol. 2.

DUSSEL, Enrique. *De Medellín a Puebla*: uma década de sangue e esperança. Em torno de Puebla – 1977-1979. São Paulo: Loyola, 1983. vol. 3.

EDELWEISS, Frederico. *Frei Martinho de Nantes*: capuchinho bretão, missionário e cronista em terras baianas. Bahia: Universidade Federal da Bahia, 1979. vol. 83.

ESCRIBANO, Francesco. *Descalço sobre a terra vermelha*. São Paulo: Editora Unicamp, 2000.

ESPÍN, Orlando. *A fé do povo*. Reflexões teológicas sobre o catolicismo popular. São Paulo: Paulinas, 2000.

FAGGIOLI, Massimo. Assembleia eclesial, uma contribuição singular do catolicismo latino-americano. *Instituto Humanitas Unisinos e Adital*, São Leopoldo, 1 dez. 2021. Disponível em: https://ihu.unisinos.br/614925 – Acesso em: 20 mar. 2025.

FAUSTO, Boris. *História do Brasil*. São Paulo: Edusp, 1996.

FERNANDES, Clemir. O tamanho institucional da Religião no Censo do IBGE. *Religião e Poder*, Rio de Janeiro, 22 fev. 2024. Disponível em: https://religiaoepoder.org.br/artigo/o-tamanho-institucional-da-religiao-no-censo-do-ibge/ – Acesso em: 20 mar. 2025.

FERREIRA JÚNIOR, Amarílio; BITTAR, Marisa. O padre Antonio Vieira e a pedagogia da escravidão. *In*: SIMPÓSIO NACIONAL DE HISTÓRIA, 22., 2003, João Pessoa. *Anais* [...]. São Paulo: Anpuh – Associação Nacional dos Professores Universitários de História, 2003. Disponível em: https://anpuh.org.br/uploads/anais-simposios/pdf/2019-01/1548177545_7c99831ba68be41a944eb67410bdd16c.pdf – Acesso em: 6 mar. 2025.

FRAGOSO, Hugo. A Igreja na formação do Estado liberal (1840-1875). *In*: HAUCK, João Fagundes *et al*. *História da Igreja no Brasil*: ensaio e interpretação a partir do povo – Segunda época. 3. ed. São Paulo: Paulinas; Petrópolis: Vozes, 1992. t. II/2, p. 141-253.

FRAGOSO, Hugo. Os aldeamentos franciscanos do Grão-Pará. *In*: HOORNAERT, Eduardo (org.). *Das reduções latino-americanas às lutas indígenas atuais*. *In*: SIMPÓSIO LATINO-AMERICANO DA CEHILA, 9, 1981, Manaus. *Anais* [...]. São Paulo: Paulinas, 1982. p. 119-160.

FREITAS, Maria Carmelita de. *Uma opção renovadora*: a Igreja no Brasil e o Planejamento Pastoral – Estudo genético-interpretativo. São Paulo: Loyola, 1997.

GALLAS, Daniel. Bush chega a São Paulo para visita de 20 horas. *BBC Brasil.com*, 9 mar. 2007. Disponível em: https://www.bbc.com/portuguese/reporterbbc/story/2007/03/070308_protestos_bush_cg – Acesso em: 20 mar. 2025.

GEBARA, Ivone. *As incômodas filhas de Eva na Igreja da América Latina*. São Paulo: Paulinas, 1989.

GEBARA, Ivone. *Vida religiosa*: da teologia patriarcal à teologia feminista. Um desafio para o futuro. São Paulo: Paulinas, 1992.

GOMES, Laurentino. *Escravidão* – Do primeiro leilão de cativos em Portugal até a morte de Zumbi dos Palmares. Rio de Janeiro: Globo Livros, 2019. vol. 1.

GÓMEZ DE SOUZA, Luiz Alberto. *A JUC*: os estudantes católicos e a política. Petrópolis: Vozes, 1984.

GÓMEZ DE SOUZA, Luiz Alberto; ALVES FERNANDES, Sílvia Regina (eds.). *Desafios do catolicismo na cidade*: pesquisa em regiões metropolitanas brasileiras. São Paulo: Paulus/Ceris, 2002.

GOULART, Maurício. *A escravidão africana no Brasil*: das origens à extinção do tráfico. 3. ed. São Paulo: Editora Alfa-Ômega, 1975.

GRUPO DE ANÁLISE DE CONJUNTURA. *Democracia brasileira em tempos de crises*. Conferência Nacional dos Bispos do Brasil – CNBB, jul. 2020a. Disponível em: https://www.cnbb.org.br/wp-content/uploads/2020/09/4-DEMOCRACIA-BRASILEIRA-EM-TEMPOS-DE-CRISES.pdf – Acesso em: 20 mar. 2025.

GRUPO DE ANÁLISE DE CONJUNTURA. *O desmonte do Estado brasileiro e o retrocesso civilizatório*. Conferência Nacional dos Bispos do Brasil – CNBB, 25 maio 2021. Disponível em: https://www.cnbb.org.br/wp-content/uploads/2020/09/O-DESMONTE-DO-ESTADO-BRASILEIRO-E-O-RETROCESSO-CIVILIZATORIO-maio-de-2021.pdf – Acesso em: 20 mar. 2025.

GRUPO DE ANÁLISE DE CONJUNTURA. *Os desafios da conjuntura brasileira*. Conferência Nacional dos Bispos do Brasil – CNBB, jun. 2020b. Disponível em: https://www.cnbb.org.br/wp-content/uploads/2020/09/3-OS-DESAFIOS-DA-CONJUNTURA-BRASILEIRA.pdf – Acesso em: 20 mar. 2025.

GRUPO DE ANÁLISE DE CONJUNTURA ECLESIAL – INAPAZ. *As ameaças à comunhão eclesial no contexto de polarização sociopolítica, cultural e religiosa*. Conferência Nacional dos Bispos do Brasil – CNBB, 19 abr. 2023. Disponível em: https://katholikosbrasil.com/wp-content/uploads/2023/04/ANALISE-DE-CONJUNTURA-ECLESIAL-ASSEMBLEIA-GERAL-DA-CNBB.pdf – A cesso em: 20 mar. 2025.

GRUPO DE ANÁLISE DE CONJUNTURA PADRE THIERRY LINARD. *De dezembro de 2022 a fevereiro de 2023*: os 90 dias que marcarão o nosso futuro. Conferência Nacional dos Bispos do Brasil – CNBB, 20 mar. 2023. Disponível em: https://www.cnbb.org.br/wp-content/uploads/2023/03/ANALISE-DE-CONJUNTURA_DE-DEZEMBRO-DE-2022-A-FEVEREIRO-DE-2023.pdf – Acesso em: 20 mar. 2025.

GRUPO DE ANÁLISE DE CONJUNTURA PADRE THIERRY LINARD. *Os clamores do meu povo*: a realidade brasileira de 2022. Conferência Nacional dos Bispos do Brasil – CNBB, 21 abr. 2022. Disponível em: https://www.cnbb.org.br/wp-content/uploads/2022/04/Analise-de-Conjuntura-Social-OS-CLAMORES-DO-MEU-POVO.pdf – Acesso em: 20 mar. 2025.

GRUPO DE ANÁLISE DE CONJUNTURA PADRE THIERRY LINARD. *Os grandes desafios da sociedade brasileira*: uma análise de conjuntura. Conferência Nacional dos Bispos do Brasil – CNBB, 14 abr. 2023. Disponível em: https://www.cnbb.org.br/wp-content/uploads/2023/04/OS-GRANDES-DESAFIOS-PARA-A-SOCIEDADE-BRASILEIRA-230414-191806.pdf – Acesso em: 20 mar. 2025.

GUERRA, Flávio. *A questão religiosa do Segundo Império brasileiro* – Fundamentos históricos. Rio de Janeiro: Irmãos Pongetti Editores, 1952.

GUTIÉRREZ, Gustavo. La recepción del Vaticano II en América Latina. *In*: ALBERIGO, Giuseppe; JOSSUA, Jean P. (eds.). *La recepción del Vaticano II*. Madri: Cristiandad, 1987. p. 213-237.

HABERT, Nadine. *A década de 70*: apogeu e crise da ditadura militar brasileira. São Paulo: Ática, 1992.

HAUCK, João Fagundes. A Igreja na emancipação. *In*: HAUCK, João Fagundes *et al. História da Igreja no Brasil*: ensaio e interpretação a partir do povo – Segunda época. 3. ed. São Paulo: Paulinas; Petrópolis: Vozes, 1992. t. II/2, p. 7-139.

HERMANN, Jacqueline. Religião e política no alvorecer da República: os movimentos de Juazeiro, Canudos e Contestado. *In*: FERREIRA, Jorge; DELGADO, Lucilia de A. Neves. *O Brasil Republicano*: o tempo do liberalismo excludente – Da Proclamação da República à Revolução de 1930. Rio de Janeiro: Civilização Brasileira, 2003.

HOLANDA, Gastão de; GONDIM, Adenor. *A Casa da Torre de Garcia d'Ávila*. Rio de Janeiro: Arte e Cultura, 2002.

HOORNAERT, Eduardo (coord.). *História da Igreja na Amazônia*. Petrópolis: Vozes/Cehila, 1992a.

HOORNAERT, Eduardo. A Igreja no Brasil. *In*: DUSSEL, Enrique (org.). *Historia Liberationis*: 500 anos de história da Igreja na América Latina. São Paulo: Paulinas, 1992b. p. 297-338.

HOORNAERT, Eduardo. A Missa dos Quilombos chegou tarde demais? *Tempo e Presença*, n. 173, jan./fev. 1982.

HOORNAERT, Eduardo. *Crônica das casas de caridade*. Fortaleza: Secretaria da Cultura do Ceará, 2006.

HOORNAERT, Eduardo. Ensaio histórico. Cehila no marco dos 50 anos: memórias, desafios e considerações. *In*: PASSOS, Mauro; CABRAL, Newton D. Andrade; SANCHEZ, Wagner Lopes (orgs.). *Profetas e místicos em terra brasileira*: história, espiritualidades e lutas. São Paulo: Paulus, 2023. p. 299-312.

HOORNAERT, Eduardo. *Formação do catolicismo brasileiro* – 1550-1800. Petrópolis: Vozes, 1974.

HOORNAERT, Eduardo. *Os anjos de Canudos*: uma revisão histórica. 3. ed. Petrópolis: Vozes, 1998.

HOORNAERT, Eduardo *et al. História da Igreja no Brasil*: ensaio e interpretação a partir do povo – Primeira Época. 4. ed. São Paulo: Paulinas; Petrópolis: Vozes, 1992. t. II/1.

HUMMES, cardeal Dom Claudio. *O Sínodo para a Amazônia*. São Paulo: Paulus, 2019.

HURBON, Laënnec. A Igreja e a escravidão moderna. *In*: DUSSEL, Enrique (org.). *Historia Liberationis*: 500 anos de história da Igreja na América Latina. São Paulo: Paulinas, 1992. p. 531-545.

IRMANDADE DO SERVO SOFREDOR – ISSO. *A longa caminhada do Servo Sofredor*: relato vivo de Alfredinho. Romaria da Irmandade do Servo Sofredor, Aparecida, 2004.

ISNARD, Dom Clemente. Dom Helder e a conferência dos bispos. *In*: ROCHA, Zildo (org.). *Helder, o dom*: uma vida que marcou os rumos da Igreja no Brasil. Petrópolis: Vozes, 1999. p. 97-100.

JÚLIO MARIA, Pe. *A Igreja e o povo*. São Paulo: Edições Loyola/ Cepehib, 1983.

KARSBURG, Alexandre de Oliveira. *O eremita do Novo Mundo*: a trajetória de um peregrino italiano na América do século XIX (1838-1869). 2012. Tese (Doutorado em História) – Instituto de Filosofia e Ciências Sociais, Universidade Federal do Rio de Janeiro, Rio de Janeiro, 2012.

KELLER, Miguel Ángel. A Conferência de Puebla: contexto, preparação, realização, conclusões, recepção. *In*: BRIGHENTI, Agenor; PASSOS, João Décio (orgs.). *Compêndio das conferências dos bispos da América Latina e Caribe*. São Paulo: Paulinas/Paulus, 2018. p. 83-93.

KLOPPENBURG, Boaventura. A Segunda Conferência Geral do Episcopado Latino-Americano. *Revista Eclesiástica Brasileira – REB*, Petrópolis, vol. 28, fasc. 3, p. 623-626, set. 1968. Disponível em: https://revistaeclesiasticabrasileira.itf.edu.br/reb/article/view/4789 – Acesso em: 17 mar. 2025.

KRÄUTLER, Dom Erwin. Amazônia: um desafio para a Igreja e a humanidade. Aula inaugural na Faculdade Jesuíta (Faje). Belo Horizonte, 11 mar. 2019. Disponível em https://repam.org.br/sinodo-dom-erwin-apresenta-10-desafios-para-igreja-na-amazonia – Acesso em: 20 mar. 2025.

KUHNEM, Alceu. *As origens da Igreja no Brasil*: 1500 a 1552. Bauru: Edusc, 2005.

KÜNG, Hans. *A Igreja Católica*. Trad. de Adalgisa Campos da Silva. Rio de Janeiro: Objetiva, 2002.

LANTERNARI, Vittorio. *As religiões dos oprimidos*: um estudo dos modernos cultos messiânicos. São Paulo: Perspectiva, 1974.

LIBANIO, João Batista. A V Conferência do Episcopado da América Latina e do Caribe. *Perspectiva Teológica*, vol. 39, p. 369-378, 2007a.

LIBANIO, João Batista. *A volta à grande disciplina*: reflexão teológico-pastoral sobre a atual conjuntura da Igreja. São Paulo: Loyola, 1983.

LIBANIO, João Batista. Concílio Vaticano II: os anos que se seguiram. *In*: LORSCHEIDER, Aloísio *et al*. *Vaticano II*: 40 anos depois. São Paulo: Paulus, 2005. p. 71-88.

LIBANIO, João Batista. *Conferências gerais do episcopado latino-americano*: do Rio de Janeiro a Aparecida. São Paulo: Paulus, 2007b.

LIBANIO, João Batista. Elaboração do conceito Igreja particular. *In*: LIBANIO, João Batista *et al. Igreja particular*. VI Semana de Reflexão Teológica. São Paulo: Loyola, 1974. p. 17-59.

LIBANIO, João Batista. Prefácio. *In*: PASSOS, Mauro (org.). *Um profeta em movimento* – Dom José Maria Pires desatando nós. Belo Horizonte: O Lutador, 2011. p. 13-22.

LIDERANÇAS indígenas pedem a Lula veto ao PL do marco temporal. *Conectas Direitos Humanos*, 29 set. 2023. Disponível em: https://www.conectas.org/noticias/liderancas-indigenas-pedem-a-lula-veto-ao-pl-do-marco-temporal – Acesso em: 20 mar. 2025.

LIMA FILHO, Alceu Amoroso. *Cartas do pai*: de Alceu Amoroso Lima para sua filha, madre Maria Teresa. São Paulo: Moreira Salles, 2003.

LIMA, Luís Corrêa. A Missa dos Quilombos e a importância das vidas negras. *Instituto Humanitas Unisinos e Adital*, São Leopoldo, 8 out. 2020. Disponível em: https://www.ihu.unisinos.br/categorias/603588-a-missa-dos-quilombos-e-a-importancia-das-vidas-negras – Acesso em: 19 mar. 2025.

LIVRO discute fenômeno de influenciadores digitais católicos no Brasil. *Pascom Brasil*, 8 fev. 2024. Disponível em: https://pascombrasil.org.br/influenciadores-digitais-catolicos – Acesso em: 20 mar. 2025.

LONDOÑO, Fernando Torres. Paróquia e comunidade na representação do sagrado na colônia. *In*: LONDOÑO, Fernando Torres (org.). *Paróquia e comunidade no Brasil*: perspectiva histórica. São Paulo: Paulinas, 1997. p. 51-90.

LÖWY, Michael. *A guerra dos deuses*: religião e política na América Latina. Petrópolis: Vozes, 2000.

LUSTOSA, D. Antônio de Almeida. *Dom Macedo Costa*. Rio de Janeiro: Cruzada da Boa Imprensa, 1939.

LUSTOSA, Oscar de Figueiredo. Separação da Igreja e do Estado no Brasil (1890): uma passagem para a libertação. *Revista Eclesiástica Brasileira – REB*, Petrópolis, vol. 35, fasc. 139, p. 625-628, set. 1975.

MAGALHÃES, Pablo A. Iglesias. A palavra e o império: A arte da língua brasílica e a conquista do Maranhão. *Revista de História*, São Paulo, n. 65, p. 367-401, jul./dez. 2011. Disponível em: http://www.revistas.usp.br/revhistoria/article/view/19218 – Acesso em: 4 mar. 2025.

MAINWARING, Scott. *Igreja Católica e política no Brasil 1916-1985*. São Paulo: Brasiliense, 2004.

MANZATTO, Antonio. Pobreza da Igreja. *In*: SOUZA, Ney de; SBARDELOTTI, Emerson (orgs.). *Medellín*: memória, profetismo e esperança na América Latina. Petrópolis: Vozes, 2018. p. 329-342.

MARIAE, Servus. *Para entender a Igreja no Brasil*: a caminhada que culminou no Vaticano II (1930-1968). Petrópolis: Vozes, 1994.

MARIANO, Frei Gregório de S. Os capuchinhos na Bahia. *In*: CONGRESSO DE HISTÓRIA DA BAHIA, 1950, Salvador. *Anais* [...]. Salvador: Governo do Estado da Bahia, 1950. p. 573-583. (Transcreve o Relatório do Frei João Evangelista).

MARIZ, Celso. *Ibiapina, um apóstolo do Nordeste*. 2. ed. João Pessoa: Editora Universitária da UFPB, 1980.

MARQUES, Luiz Carlos L. Introdução geral às circulares conciliares. *In*: CAMARA, Dom Helder. *Obras completas*. Recife: Editora Universitária UFPE, 2004. vol. I/t. 1. p. XXXIII-XLIX.

MATHIAS, Suseley Kalil. *Distensão no Brasil*: o projeto militar (1973-1979). Campinas: Papirus, 1995. (Coleção Estado e Política).

MATOS, Henrique C. J. *Caminhando pela História da Igreja*: uma orientação para iniciantes. Belo Horizonte: O Lutador, 1996. vol. 3.

MATOS, Henrique C. J. *Um estudo histórico sobre o catolicismo militante em Minas entre 1922 e 1936*. Belo Horizonte: O Lutador, 1990.

MATTEI, Roberto de. *Pio IX*. Porto: Livraria Civilização Editora, 2000.

MATTOS, Frei Luiz A. de. Encontro Nacional dos Padres da Caminhada. *Província Agostiniana Nossa Senhora da Consolação do Brasil*, Belo Horizonte, 2 dez. 2023. Disponível em: https://agostinianos.org.br/artigo/encontro-nacional-dos-padres-da-caminhada – Acesso em: 20 mar. 2025.

MATTOSO, José João da Conceição Gonçalves (dir.). *História de Portugal*. Antes de Portugal. Lisboa: Círculo de Leitores, 1992. vol. I.

MEDEIROS, Fernanda de Faria *et al*. *Influenciadores digitais católicos*: efeitos e perspectivas. São Paulo: Paulus/Aparecida: Ideias & Letras, 2024.

MEDEIROS, Rodrigo Dantas. *Dom Vital*: a "questão religiosa" e a crise político-institucional no Segundo Reinado. 2020. Dissertação (Mestrado em Ciências Sociais) – Faculdade de Ciências e Letras, Universidade Estadual Paulista (Unesp/Araraquara), Araraquara, 2020.

MIRANDA, Ana Paula M. de. Política de terreiros e política para terreiros: violações, reconhecimento de direitos, espaço público e resistências dos "povos tradicionais de matriz africana". *In*: PAULA, Marilene; VITAL, Christina (orgs.). *Religião, democracia e a extrema direita*. Rio de Janeiro: Fundação Heirich Böl, 2023. *Ebook*. Disponível em: https://iser.org.br/wp-content/uploads/2024/05/Webdossie-Religiao-e-Extrema-Direita.pdf – Acesso em: 20 mar. 2025.

MODINO, Luis Miguel. *Eduardo Brasileiro*: economia de Francisco e Clara, "uma resposta a partir dos territórios. *Instituto Humanitas Unisinos e Adital*, São Leopoldo, 21 set. 2022. Disponível em: https://www.ihu.unisinos.br/espiritualidade/78-noticias/622278-eduardo-brasileiro-economia-de-francisco-e-clara-uma-resposta-a-partir-dos-territorios. – Acesso em: 17 mar. 2025.

MOL, Dom Joaquim. Influenciadores digitais católicos ou evangelizadores digitais católicos? *Instituto Humanitas Unisinos e Adital*, São Leopoldo, 21 fev. 2024. Disponível em: https://www.ihu.unisinos.br/categorias/636657-influenciadores-ou-evangelizadores-digitais-catolicos-artigo-de-dom-joaquim-mol – Acesso em: 19 mar. 2025.

MONIZ BANDEIRA, Luiz Alberto. A CIA e a técnica do golpe de Estado. *In*: VALLE, Maria Ribeiro do (org.). *1964-2014*: golpe militar, história, memória e direitos humanos. São Paulo: Cultura Acadêmica, 2014. p. 11-26.

MONTEIRO, Douglas Teixeira. *Os errantes do novo século*: um estudo sobre o surto milenarista do Contestado. São Paulo: Livraria Duas Cidades, 1974.

MONTEIRO, John. O escravo índio, esse desconhecido. *In*: GRUPIONI, Luís D. B. (org.). *Índios no Brasil*. Brasília, DF: Ministério da Educação e do Desporto, 1994. p. 105-120.

MONTENEGRO, Antonio Torres. Comblin: historiografia, história oral e memória. In: *Estudos Históricos*. Rio de Janeiro, vol. 34, n. 74, p. 492-511, set./dez. 2021.

MOREL, Edmar. *Dragão do mar*: o jangadeiro da abolição. Rio de Janeiro: Edições O Povo, 1949.

MORI, Geraldo Luiz de. Ganhos e avanços, desafios e entraves do caminho sinodal. *Vida Pastoral*, a. 65, n. 358, p. 10-19, jul./ago. 2024.

MORI, Letícia. Interferência na PF, pandemia, "passar a boiada": o que fez governo Bolsonaro em um ano desde reunião ministerial. *BBC News Brasil*, São Paulo, 20 abr. 2021. Disponível em: https://www.bbc.com/portuguese/brasil-56821979 – Acesso em: 20 mar. 2025.

MORO deixa governo e acusa Bolsonaro de tentar interferir na PF: "Tenho que preservar minha biografia". *BBC News Brasil*, 24 abr. 2020. Disponível em: https://www.bbc.com/portuguese/brasil-52415933 – Acesso em: 20 mar. 2025.

MOURA, Erly Catarina *et al.* Covid-19: evolução temporal e imunização nas três ondas epidemiológicas, Brasil, 2020-2022. *Revista de Saúde Pública*, vol. 56, 2022. Disponível em: https://www.revistas.usp.br/rsp/article/view/205194 – Acesso em: 20 mar. 2025.

MURAD, Afonso Tadeu. Medellín: história, símbolo e atualidade. *Horizonte – Revista de Estudos de Teologia e Ciências da Religião*, Belo Horizonte, vol. 16, n. 50, p. 600-631, maio/ago. 2018. Disponível em: https://periodicos.pucminas.br/horizonte/article/view/P.2175-5841.2018v16n50p600 – Acesso em: 17 mar. 2025.

NASCIMENTO, Isaias. *Dom Távora, o bispo dos operários*. São Paulo: Paulinas, 2008.

NEGRÃO, Lísias Nogueira. Revisitando o messianismo no Brasil e profetizando seu futuro. *Revista Brasileira de Ciências Sociais*, vol. 16, n. 46, p. 119-129, jun. 2001.

NEVES, Tamyris Monteiro. *Entre salvar almas para Deus e gerar lucro para a Fazenda Real*: a empresa dos resgates. Trabalho de conclusão de curso (Graduação em História) – Faculdade de História, Universidade Federal do Pará, Belém, 2011.

NOBRE, Edianne dos Santos. *Incêndios da alma*: a beata Maria de Araújo e a experiência mística no Brasil do Oitocentos. 2014. Tese (Doutorado em História Social) – Instituto de História, Universidade Federal do Rio de Janeiro, Rio de Janeiro, 2014.

OLIVEIRA, Anderson José M. de. *Devoção Negra*: santos pretos e catequese no Brasil colonial. Rio de Janeiro: Quartet, 2008.

OLIVEIRA, Márcia Maria de. O protagonismo das mulheres no Sínodo da Amazônia. *Rede Eclesial Pan-Amazônica – Brasil*, 31 out. 2019. Disponível em: https://repam.org.br/o-protagonismo-das-mulheres-no-sinodo-da-amazonia – Acesso em: 20 mar. 2025.

OLIVEIRA, Pedro A. Ribeiro. *Fé e política*: uma trajetória. Vila Velha: Gráfica e Editora Quatro Irmãos, 2018.

OLIVEIRA, Pedro A. Ribeiro. *Religião e dominação de classe*: gênese, estrutura e função do catolicismo romanizado no Brasil. Petrópolis: Vozes, 1985.

OLIVEIRA, Sônia Gomes de. O sonho de uma Igreja do avental, comunidade encarnada na base e nas periferias. *Vida Pastoral*, a. 65, n. 358, p. 4-9, jul./ago. 2024.

ORO, Ari Pedro; ALVES, Daniel. Renovação Carismática Católica: movimento de superação da oposição entre catolicismo e pentecostalismo? *Religião e Sociedade*, vol. 33, n. 1, 2013. Disponível em: https://www.scielo.br/j/rs/i/2013.v33n1 – Acesso em: 20 mar. 2025.

OTTEN, Alexandre. *"Só Deus é Grande"* – A mensagem religiosa de Antônio Conselheiro. São Paulo: Loyola, 1990.

PADRE CÍCERO é reconciliado com a Igreja Católica. *Diocese de Crato*, 13 dez. 2015. Disponível em: https://diocesedecrato.org/padre-cicero-e-reconciliado-com-a-igreja-catolica – Acesso em: 10 mar. 2025.

PALÁCIO, Carlos. Uma consciência histórica irreversível. *Síntese: Revista de Filosofia*, vol. 6, n. 17, 1979.

PAPA FRANCISCO entrega sua cruz peitoral à comunidade de Brumadinho. *Instituto Humanitas Unisinos e Adital*, São Leopoldo, 20 maio 2019. Disponível em: https://ihu.unisinos.br/categorias/589279-papa-francisco-entrega-sua-cruz-peitoral-a-comunidade-de-brumadinho – Acesso em: 20 mar. 2025.

PARKER, Cristián. *Religião popular e modernização capitalista*: outra lógica na América Latina. Petrópolis: Vozes, 1996.

PASSOS, João Décio. *A Igreja em saída e a casa comum*: Francisco e os desafios da renovação. São Paulo: Paulinas, 2016.

PASSOS, João Décio. A teologia de Puebla: lutas, ambiguidades e continuidades. *Horizonte – Revista de Estudos de Teologia e Ciências da Religião*, Belo Horizonte, vol. 17, n. 54, p. 1.386-1.407, set./dez. 2019.

PASSOS, Mauro (org.). *Um profeta em movimento* – Dom José Maria Pires desatando nós. Belo Horizonte: O Lutador, 2011.

PASSOS, Mauro. José Maria Pires: artesão de fé e profeta da esperança. *In*: PASSOS, Mauro; CABRAL, Newton D. Andrade; SANCHEZ, Wagner Lopes. *Profetas e místicos em terra brasileira*: história, espiritualidades e lutas. São Paulo: Paulus, 2023. p. 171-196.

PAULA, Marilene; VITAL, Christina (orgs.). *Religião, democracia e a extrema direita*. Rio de Janeiro: Fundação Heirich Böl, 2023. *Ebook*. Disponível em: https://iser.org.br/wp-content/uploads/2024/05/Web-dossie-Religiao-e-Extrema-Direita.pdf – Acesso em: 20 mar. 2025.

PELLETIER, Denis. Une marginalité engagée. Le groupe "Jésus, l'Eglise et les pauvrers". *In*: LAMBEERIGTS, Mathijs; SOETENS, Claude; GROOTAERS, Jan (orgs.). *Les commissions conciliaires à Vatican II*. Leuven: Bibliotheek van de Faculteit Godgelecrolheid, 1966. p. 63-89.

PENNA, Lucy. *Aparecida do Brasil*: a Madona negra da abundância. São Paulo: Paulus, 2009.

PEREIRA, Nilo. *Conflitos entre a Igreja e o Estado no Brasil*. Recife: Editora Massangana, 1982.

PEREIRA, Nuno Marques. *Compêndio narrativo do peregrino da América*. Rio de Janeiro: Academia Brasileira de Letras, 1939. vol. I.

PIERSON, Donald. *O homem no Vale do São Francisco*. Rio de Janeiro: Ministério do Interior, 1960. vol. III.

PILLE, Letícia. PoderData: 50% dos católicos e 29% dos evangélicos aprovam o governo. *Poder 360*, 31 jan. 2024. Disponível em https://www.poder360.com.br/brasil/poderdata-59-dos-catolicos-e-29-dos-evangelicos-aprovam-o-governo/

PINHEIRO, Ernanne. Dom Helder Camara como arcebispo de Olinda e Recife (1964-1985). *In*: ROCHA, Zildo (org.). *Helder, o Dom*: uma vida que marcou os rumos da Igreja no Brasil. Petrópolis: Vozes, 1999. p. 77-88.

PINHEIRO, Joely A. U. *Conflitos entre jesuítas e colonos na América Portuguesa*: 1640-1700. 2007. Tese (Doutorado em Economia Aplicada) – Instituto de Economia, Universidade Estadual de Campinas, Campinas, 2007.

POLETTO, Ivo. A Igreja e a questão agrária brasileira: um posicionamento pastoral atualizado. [Entrevista cedida a] IHU On-Line. *Instituto Humanitas Unisinos e Adital*, São Leopoldo, 6 jul. 2014. Disponível em: https://www.ihu.unisinos.br/entrevistas/532868-a-igreja-e-um-posicionamento-pastoral-atualizado-sobre-a-reforma-agraria-entrevista-especial-com-ivo-poletto – Acesso em: 19 mar. 2025.

POMPA, Cristina. Profetas e santidades selvagens: missionários e caraíbas no Brasil Colonial. *Revista Brasileira de História*, São Paulo, vol. 21, n. 40, 2001.

PONTES FILHO, Raimundo Pereira. *Estudo de história da Amazônia*. Manaus: Editora Valer, 2000.

PORRAS CARDOZO, Baltazar E. Aparecida: a conferência que fabricou um papa. *Instituto Humanitas Unisinos e Adital*, São Leopoldo, 16 maio 2022. Disponível em: https://www.ihu.unisinos.br/categorias/618592-aparecida-a-conferencia-que-fabricou-um-papa – Acesso em: 19 mar. 2025.

PORTO, Márcio de Souza. *Modernidade e catolicismo*: o episcopado de Dom José de Medeiros Delgado no Ceará (1963-1973). 2014. Tese (Doutorado em Sociologia) – Departamento de Sociologia, Universidade Federal do Ceará, Fortaleza, 2014. Disponível em: https://repositorio.ufc.br/handle/riufc/7836 – Acesso em: 18 mar. 2025.

PRAZERES, Leandro. Eleições 2022: por que Lula lidera entre católicos e Bolsonaro entre evangélicos? *BBC News Brasil*, Brasília, DF, 14 set. 2022. Disponível em: https://www.bbc.com/portuguese/brasil-62896472 – Acesso em: 20 mar. 2025.

PUNTONI, Pedro. *A Guerra dos Bárbaros*: povos indígenas e a colonização do sertão nordeste do Brasil, 1650-1720. São Paulo: Hucitec/Fapesp, 2002. (Estudos Históricos, 44).

QUEIROZ, Maria Isaura P. de. *O messianismo no Brasil e no mundo*. São Paulo: Dominus, 1977.

QUEIROZ, Mauricio Vinhas de. *Messianismo e conflito social*: a Guerra do Contestado. 3. ed. São Paulo: Ática, 1981.

REDE ECLESIAL PAN-AMAZÔNICA – BRASIL. *História*. c2025. Disponível em: https://repam.org.br/historia – Acesso em: 20 mar. 2025.

RIBEIRO, Darcy. *O povo brasileiro*: a formação e o sentido do Brasil. São Paulo: Companhia das Letras, 1995.

RICHARD, Pablo. *Morte das cristandades e nascimento da Igreja*. São Paulo: Paulinas, 1982.

RICUPERO, Bernardo. O que foi o 8 de janeiro? *Jornal da USP*, 8 jan. 2024. Disponível em: https://jornal.usp.br/artigos/o-que-foi-o-8-de-janeiro – Acesso em: 20 mar. 2025.

RIZZI, Filippo. Lebret. *Instituto Humanitas Unisinos e Adital*, São Leopoldo, 22 jul. 2016. Disponível em: http://www.ihu.unisinos.br/185-noticias/noticias-2016/558024-lebret – Acesso em: 15 mar. 2025.

RODRIGUES, Theófilo Codeço Machado; BONONE, Luana Meneguelli; MIELLI, Renata. Desinformação e crise da democracia no Brasil: é possível regular *fake News*? *Confluências – Revista Interdisciplinar de Sociologia e Direito*, Niterói, vol. 22, n. 3, p. 30-52, 2020. Disponível em: https://periodicos.uff.br/confluencias/article/view/45470/27124 – Acesso em: 20 mar. 2025.

ROMEIRO, Adriana. *Paulistas e emboabas no coração das Minas*: ideias, práticas e imaginário político no século XVIII. Belo Horizonte: Editora da UFMG, 2008.

ROSA, André Luís da. Ecumenismo espiritual: um encontro entre pentecostais e católicos carismáticos. *Caminhos de Diálogo*, Curitiba, a. 4, n. 6, p. 39-49, jan./dez. 2016. Disponível em: https://periodicos.pucpr.br/caminhosdedialogo/article/view/24587/23094 – Acesso em: 20 mar. 2025.

ROSADO NUNES, Maria José F. As religiosas e o compromisso com os pobres no Brasil. *In*: MARCÍLIO, Maria Luiza (org.). *A mulher pobre na história da Igreja latino-americana*. São Paulo: Paulinas, 1984. p. 124-137.

ROSADO NUNES, Maria José F. Freiras no Brasil. *In*: PRIORE, Mary Del (org.). *História das mulheres no Brasil*. São Paulo: Contexto, 1997.

ROSADO NUNES, Maria José F. Prática político-religiosa das congregações femininas no Brasil – Uma abordagem histórico-social. *In*: AZZI, Riolando; BEOZZO, José Oscar (orgs.). *Os religiosos no Brasil*: enfoques históricos. São Paulo: Paulinas, 1986. p. 188-218.

ROSSI, Luiz Alexandre. *Messianismo e Modernidade*: Repensando o messianismo a partir das vítimas. São Paulo: Paulus, 2002.

RÖWER, Basilio. *Páginas de história franciscana no Brasil*. Petrópolis: Vozes, 1957.

SADER, Eder. *Quando novos personagens entraram em cena*: experiências, falas e lutas dos trabalhadores da Grande São Paulo (1970-1980). 2. ed. Rio de Janeiro: Paz e Terra, 1988.

SAINT-PIERRE, Héctor. Prefácio. *In*: MATHIAS, Suseley Kalil. *Distensão no Brasil*: o projeto militar (1973-1979). Campinas: Papirus, 1995. (Coleção Estado e Política).

SANTA SÉ autoriza abertura do processo de beatificação do Padre Cícero Romão Batista. *Instituto Humanitas Unisinos e Adital*, São Leopoldo, 22 ago. 2022. Disponível em: https://www.ihu.unisinos.br/categorias/621460-santa-se-autoriza-abertura-do-processo-de-beatificacao-do-padre-cicero-romao-batista – Acesso em: 10 mar. 2025.

SANTANA, Manoel Henrique de Melo. *Práticas simbólicas da fé*: uma análise discursiva de mitos, ritos e prédicas da religiosidade popular. 2014. Tese (Doutorado em Estudos Linguísticos) – Programa de Pós-Graduação em Letras, Pontifícia Universidade Católica de Minas Gerais, Belo Horizonte, 2014. Disponível em: https://bib.pucminas.br/acervo/461574 – Acesso em: 20 mar. 2025.

SANTIROCCHI, Ítalo Domingos. Ela está no meio de nós: a Santa Sé e sua tentativa de recuperação de autoridade no Brasil Imperial. *In*: ENCONTRO REGIONAL (ANPUH-MG), 18, 2012, Mariana. *Anais* [...]. Juiz de Fora: Associação Nacional de História – Seção Minas Gerais, 2012. Disponível em: http://www.encontro2012.mg.anpuh.org/resources/anais/24/1340203778_ARQUIVO_Elaestanomeiodenos.pdf – Acesso em: 10 mar. 2025.

SANTOS, João. A romanização da Igreja Católica na Amazônia (1840-1880). *In*: MACIEL, Elisângela (org.). *História da Igreja na Amazônia*. Petrópolis: Vozes, 1992. p. 306-318.

SANTOS, José Maria dos. *Os republicanos paulistas e a abolição*. São Paulo: Livraria Martins, 1942.

SANTOS, Lourival dos. A cor da santa: Nossa Senhora Aparecida e a construção do imaginário sobre a padroeira do Brasil. *In*: SILVA, Vagner

Gonçalves da. *Imaginário, cotidiano e poder*: memória afro-brasileira. São Paulo: Selo Negro, 2007. p. 87-108.

SANTOS, Neusa. Mártires de Cunhaú e Uruaçu são canonizados. *CRB Nacional*, 3 out. 2017. Disponível em: https://crbnacional.org.br/martires-de-cunhau-e-uruacu-sao-canonizados – Acesso em: 20 mar. 2025.

SANTOS, Ronaldo Marcos dos. *Resistência e superação do escravismo na província de São Paulo (1885-1888)*. São Paulo: Instituto de Pesquisas Econômicas, 1980.

SCHIMIDT, Steffanie. Morrer sem oxigênio em Manaus, a tragédia que escancara a negligência política na pandemia. *El País*, 14 jan. 2021. Disponível em: https://brasil.elpais.com/brasil/2021-01-15/morrer-sem-oxigenio-em-uma-maca-em-manaus-a-tragedia-que-escancara-a-negligencia-politica-na-pandemia.html – Acesso em: 20 mar. 2025.

SEGATTO, José Antonio. Crise política e derrota da democracia. *In*: VALLE, Maria Ribeiro do (org.). *1964-2014*: golpe militar, história, memória e direitos humanos. São Paulo: Cultura Acadêmica, 2014. p. 41-62.

SERBIN, Kenneth. *Diálogos na sombra*: bispos e militares, tortura e justiça social na ditadura. São Paulo: Companhia das Letras, 2001.

SILVA CRUZ, Jeferson F. G. da. Um homem habitado pelo espírito: a espiritualidade revolucionária de Pedro Casaldáliga. *In*: PASSOS, Mauro; CABRAL, Newton D. Andrade; SANCHEZ, Wagner Lopes (orgs.). *Profetas e místicos em terra brasileira*: História, espiritualidades e lutas. São Paulo: Paulus, 2023. p. 255-278.

SILVEIRA, Diego Omar da. Os 300 anos de Aparecida: imbricações entre religião, etnicidade e identidade nacional. *Relegens Thréskeia*, vol. 8, n. 2, p. 24-41, 2019. Disponível em: https://revistas.ufpr.br/relegens/article/view/70492 – Acesso em: 15 mar. 2025.

SOUSA, James O. Mão de obra indígena na Amazônia Colonial. *Revista Em Tempo de Histórias*, n. 6, Brasília, DF, 2002.

SOUZA, Alzirinha Rocha de. Do Recife a Medellín: aspectos históricos e pastorais. *Rever*, vol. 18, n. 2, p. 35-45, maio/ago. 2018. Disponível em: https://revistas.pucsp.br/index.php/rever/article/view/38969/26427 – Acesso em: 17 mar. 2025.

SOUZA, André Ricardo de. Resumo da Carta Brasileira pela Economia de Francisco e Clara. *Articulação Brasileira sobre a Economia de Francisco e Clara – ABEFC*, 11 nov. 2020. Disponível em: https://economiadefranciscoeclara.com.br/resumo-da-carta-brasileira-pela-economia-de-francisco-e-clara – Acesso em: 20 mar. 2025.

SOUZA, Ney de (org.). *Catolicismo em São Paulo*: 450 anos de presença da Igreja em São Paulo. São Paulo: Paulinas, 2004.

SOUZA, Ney de. *História da Igreja na América Latina*. Petrópolis: Vozes, 2022. (Coleção Iniciação à Teologia).

SOUZA, Ney de. Notas sobre os antecedentes históricos da Conferência de Medellín. *In*: SOUZA, Ney de; SBARDELOTTI, Emerson (org.). *Medellín*: memória, profetismo e esperança na América Latina. Petrópolis: Vozes, 2018. p. 23-40.

SOUZA, Ney de; ASSUNÇÃO, Elinaldo Cavalcante. *Padre Cícero e a questão religiosa de Juazeiro*. Reconciliação... E agora? São Paulo: Loyola, 2020.

SOUZA, Ney de; FERREIRA, Reuberson. Os bispos e a Igreja do Brasil em Puebla. Memória de algumas contribuições para a III Conferência Geral do Episcopado Latino-Americano vistos há 40 anos de distância. *Revista Eclesiástica Brasileira – REB*, Petrópolis, vol. 79, n. 314, p. 713-737, set./dez. 2019.

SOUZA, Thomaz Oscar Marcondes de. *O descobrimento do Brasil*. 2. ed. São Paulo: Michalany, 1956.

SUESS, Paulo. Introdução crítica. *In*: ROCHA, Manuel Ribeiro. *Etíope resgatado, empenhado, sustentado, corrigido, instruído e libertado*. Petrópolis: Vozes; São Paulo: Cehila, 1992b. p. VII-XLVI.

TAUNAY, Affonso d'E. Na Bahia colonial: 1610-1764. *Revista do Instituto Histórico e Geográfico Brasileiro*, Rio de Janeiro, t. 90, vol. 144, 1921; Rio de Janeiro: Imprensa Nacional, 1924.

TEIXEIRA, Faustino L. Couto. As comunidades eclesiais de base no Brasil: traços explicativos de sua gênese. *In*: DUSSEL, Enrique (org.). *Historia Liberationis*: 500 anos de história da Igreja na América Latina. São Paulo: Paulinas, 1992. p. 560-582.

TEIXEIRA, Faustino L. Couto. *Os encontros intereclesiais de CEBs no Brasil*. São Paulo: Paulinas, 1996.

TEIXEIRA, Francisco M. P. *Frei Caneca e a resistência pernambucana*. São Paulo: Ática, 1991.

TENÓRIO, Augusto. Bolsonarista monta ofensiva contra bispo católico que defendeu reforma agrária. *Instituto Humanitas Unisinos e Adital*, São Leopoldo, 17 jun. 2024. Disponível em: https://www.ihu.unisinos.br/categorias/640398-bolsonarista-monta-ofensiva-contra-bispo-catolico-que-defendeu-reforma-agraria – Acesso em: 19 mar. 2025.

THOMÉ, Yolanda B. *Crateús*: um povo, uma Igreja. São Paulo: Loyola, 1994.

TRINDADE, Hélgio. *Integralismo*: o fascismo brasileiro na década de 30. São Paulo: Difusão Europeia do Livro, 1974.

VAINFAS, Ronaldo. *Ideologia e escravidão*: os letrados e a sociedade escravista no Brasil colonial. Petrópolis: Vozes, 1986.

VALLE, J. Edênio dos Reis. A Renovação Carismática Católica: algumas observações. *Estudos Avançados*, vol. 18, n. 52, set./dez. 2004.

VALLE, J. Edênio dos Reis. A visita de Bento XVI ao Brasil: uma leitura psicológica. *Religião & Cultura*, São Paulo, vol. VI, n. 12, p. 71-79, jul./dez. 2007.

Vatican News, 21 set. 2019. Disponível em https://www.vaticannews.va/pt/vaticano/news/2019-09/sinodo-amazonia-lista-participantes.html

VIDE, D. Sebastião Monteiro da. *Constituições Primeiras do Arcebispado da Bahia*. Brasília: Edições do Senado Federal – Vol. 79, 2011. Disponível em https://livraria.senado.leg.br/constituicoes-primeiras-do-arcebispado-da-bahia

VIEIRA, Dilermando Ramos. *História do catolicismo no Brasil (1500-1889)*. Aparecida: Editora Santuário, 2016. vol. I.

VIEIRA, Dilermando Ramos. *O processo de reforma e reorganização da Igreja no Brasil (1844-1926)*. Aparecida: Editora Santuário, 2007.

VILARDI, Gabriel. No meio do caminho estava o Cimi: 50 anos do documento-denúncia "Y-Juca-Pirama" e a atuação do Pe. Antônio Iasi Jr., SJ. *Instituto Humanitas Unisinos e Adital*, São Leopoldo, 22 fev. 2024. Disponível em: https://www.ihu.unisinos.br/636760-no-meio-do-caminho-estava-o-cimi-50-anos-do-documento-denuncia-y-juca-pirama-e-a-atuacao-do-padre-antonio-iasi-jr-sj – Acesso em: 18 mar. 2025.

VOLPATO, Luiza. *Entradas e bandeiras*. São Paulo: Global, 1985.

WOLFF, Elias. *A unidade da Igreja*: ensaio de eclesiologia ecumênica. São Paulo: Paulus, 2007.

WRIGHT, Jaime. Dom Paulo e os Direitos Humanos II. In: BETTENCOURT, Getúlio; MARKUM, Paulo S. (org.). Dom Paulo Evaristo Arns, o Cardeal do povo. São Paulo: Editora Alfa Ômega, 1970 [História Imediata, 4].

Iniciação à Teologia

Coordenadores:

Welder Lancieri Marchini e Francisco Morás

Confira outros títulos da coleção em
livrariavozes.com.br/colecoes/iniciacao-a-teologia
ou pelo Qr Code

EDITORA VOZES LTDA.
Rua Frei Luís, 100 – Centro – Cep 25689-900 – Petrópolis, RJ
Tel.: (24) 2233-9000 – E-mail: vendas@vozes.com.br